W0200888

Allgemeines Zollrecht

Prüfungsschemata und Übersichten

Prof. Dr. Kai-Uwe Kock
Annegret Focke
Christoph Schulte

5. Auflage

Allgemeines Zollrecht
Prüfungsschemata und Übersichten

Prof. Dr. Kai-Uwe Kock
Annegret Focke
Christoph Schulte

5. Auflage

Mendel Verlag

Verlag:
Mendel Verlag GmbH & Co. KG
Wasserstr. 223, 44799 Bochum, Deutschland
Tel.: +49 2302 202930
Fax: +49 2302 2029311
E-Mail: info@mendel-verlag.de
Internet: www.mendel-verlag.de

Satz & Layout:
Mendel Verlag, Bochum

ISBN: 978-3-943011-42-5

5. Auflage

Vorwort

Das Buch „Allgemeines Zollrecht – Prüfungsschemata und Übersichten“ liegt nunmehr in der 5. Auflage vor. Nachdem der Unionszollkodex seit dem 1.5.2016 vollständig anwendbar ist und parallel dazu die Delegierte Verordnung und die Durchführungsverordnung zum Unionszollkodex Geltung erlangt haben, wurde in der letzten – also der 4. Auflage – zunächst nur ein Teil der Schemata und Übersichten an den Unionszollkodex und dessen Regelungen angepasst. Mit dieser Auflage wurden diese Lücken geschlossen und es wurden alle Schemata und Übersichten, die bereits zum „alten“ Zollkodex in diesem Buch vorhanden waren, auf das neue Recht umgestellt. Damit ist dieses Werk ab sofort vollständig UZK-aktualisiert.

Wie auch in den Vorauflagen richtet sich das Buch an alle, die einen zollrechtlichen Sachverhalt gutachtlich zu prüfen haben. Dabei sind vornehmlich die Studierenden des Fachbereichs Finanzen der Hochschule des Bundes angesprochen. Sie haben in den Prüfungsklausuren in einer gutachtlichen Form eine Lösung zu erbringen, wobei die Schemata eine wesentliche Hilfe sein werden.

Aber nicht nur in der zollrechtlichen Ausbildung ist es erforderlich, sich mit Falllösungen zum allgemeinen Zollrecht zu befassen. Auch von einem Praktiker in einem außenwirtschaftlich orientierten Unternehmen, einem Verband oder bei einer Zollstelle wird ein strukturiertes Bearbeiten und Lösen zollrechtlicher Sachverhalte immer wieder gefordert sein.

Die Schemata und Übersichten, die in diesem Buch zusammengefasst sind, werden den Leser in die Lage versetzen, einen zollrechtlichen Sachverhalt planmäßig und strukturiert zu bearbeiten, um ein folgerichtiges Ergebnis zu erzielen.

Die Schemata umfassen u.a., neben allgemeinen Übersichten, ein Kapitel zur Zollschuldentstehung und dem Zollwertrecht einschließlich der Einfuhrumsatzsteuer sowie mehreren Kapiteln zu allen prüfungsrelevanten Zollverfahren mit entsprechenden Schemata. Ebenfalls enthalten sind ein Kapitel über das Thema Erstattung und Erlass sowie abschließend ein Kapitel zum Reiseverkehr. Die Schemata sind streng systematisch aufgebaut. Eben genau so, wie auch eine Klausur oder ein Fall in der Praxis methodisch, systematisch durchdacht und bearbeitet werden sollte. Alle Schemata und Übersichten sind konsequent an den neuen Regelungen des Unionszollkodex sowie den hierzu erlassenen Verordnungen orientiert.

Natürlich wäre es vermessen, zu behaupten, dass alle denkbaren zollrechtlichen Sachverhalte mit den Schemata lösbar sind. Abweichungen bzw. neue Sachverhaltsgestaltungen sind selbstverständlich immer möglich. Eines lässt sich indes sagen: Wenn Sie gelernt haben, mit den Schemata umzugehen, werden Sie ohne Weiteres in der Lage sein, sich auf geänderte Situationen einzustellen und auch diese lösen können.

Ab dieser Auflage ist ein weiterer Autor zum bestehenden Team Kock und Focke hinzugekommen. Herr Christoph Schulte hat als neuer Autor einige Kapitel des Buches in eigener Verantwortung erstellt. Mit Herrn Schulte konnten wir einen Autor gewinnen, der sich besonders durch seinen methodisch-systematischen Scharfsinn auszeichnet. Er ist langjähriger Dozent für das allgemeine Zollrecht und das Zolltarifrecht am Fachbereich Finanzen der Hochschule des Bundes.

Münster, März 2018

Kai-Uwe Kock, Annegret Focke und Christoph Schulte
Hochschule des Bundes für öffentliche Verwaltung
– Fachbereich Finanzen –

Inhaltsverzeichnis

Abkürzungsverzeichnis

ABl.	Amtsblatt
Abs.	Absatz
AEO	Authorized Economic Operator
AEUV	Vertrag über die Arbeitsweise der Europäischen Union
Alt.	Alternative
AO	Abgabenordnung
Art.	Artikel
ATLAS	Automatisiertes Tarif- und Lokales Zollabwicklungssystem
ATLAS-EAS	Summarische Eingangs- und Ausgangsanmeldungen
AV	Allgemeine Vorschrift
aV	aktive Veredelung
BGB	Bundesgesetzbuch
BFH	Bundesfinanzhof
BFHE	Entscheidungssammlung des Bundesfinanzhofs
BMF	Bundesministerium der Finanzen
DA	Delegierter Rechtsakt (Delegated Act)
EF-VO	Einreise-Freimengen-Verordnung
EORI-Nummer	Economic Operators' Registration and Identification Number
ESumA	summarische Eingangsanmeldung
EuGH	Europäischer Gerichtshof
Euratom	Europäische Atomgesellschaft
EUSt	Einfuhrumsatzsteuer
EUStBV	Einfuhrumsatzsteuer-Befreiungsverordnung
EWG	Europäische Wirtschaftsgemeinschaft
EZT	Elektronischer Zolltarif
Fifo-Prinzip	First-in-first-out-Prinzip
GATT	General Agreement on Tariffs and Trade
GG	Grundgesetz
ggf.	gegebenenfalls
HGB	Handelsgesetzbuch
HZA/HZÄ	Hauptzollamt/Hauptzollämter
IA	Durchführungsrechtsakt (Implementing Act)
ICC	International Chamber of Commerce
i.V.m.	in Verbindung mit
KN-VO	Verordnung über die Kombinierte Nomenklatur
MwStSystRL	Mehrwertsteuer-Systemrichtlinie

OdV	Ort des Verbringens
PARIS	PreArrival-RiskRules
RZZ	Rat für die Zusammenarbeit auf dem Gebiet des Zollwesens, Brüsseler Zollrat
S.	Satz, Seite
TDA	Delegierter Übergangsrechtsakt (Transitional Delegated Act)
UAbs.	Unterabsatz
UStG	Umsatzsteuergesetz
UZK	Unionszollkodex
VSt	Verbrauchsteuern
VO	Verordnung
VuB	Verbote und Beschränkungen
VVAM	Anmeldung zur vorübergehenden Verwahrung
VVSumA	summarische Anmeldung zur vorübergehende Verwahrung
WCO	World Customs Organisation
WTO	World Trade Organisation
ZK	Zollkodex
ZKA	Zollkriminalamt
ZK-DVO	Zollkodex-Durchführungsverordnung
ZollbefrVO	Zollbefreiungsverordnung
ZollV	Zollverordnung
ZollVG	Zollverwaltungsgesetz

Legende

§ Auszüge aus gesetzlichen Bestimmungen

 Auszüge aus Urteilen

ⓘ Definitionen, Hinweise, Erläuterungen

Anmerkung zur Kopfzeile

In der Kopfzeile sind zur besseren Orientierung das Kapitel und dessen Überschrift sowie die Nummer des jeweiligen Schemas angegeben.

Kapitel 1

Allgemeine und themenübergreifende Übersichten und Schemata

Schema 1
Wissenswertes zum Zollbegriff und zur Zolltheorie

I. Eine kurze Geschichte der Zölle

Die Erhebung von Zöllen war und ist ein Teil der Kulturgeschichte der Menschheit. Bereits die Herrscher im altorientalischen Babylon bedienten sich ca. 2.000 vor Christus für ihre Zwecke der Zölle.

Die ursprünglichste und damit auch älteste Funktion des Zolls, die auch heute noch eine, wenn auch untergeordnete, Rolle spielt, ist die Erzielung von Einnahmen. Die Erhebung von Zöllen diente der Deckung des Finanzbedarfs eines Gemeinwesens bzw. Staates (sog. Finanz- oder Fiskalzölle). Bis ins Mittelalter wurde ein Zoll (der seinerzeit auch als Maut bezeichnet wurde) für die Benutzung von bestimmten Verkehrswegen oder Einrichtungen, beispielsweise von Land- oder Wasserstraßen, Brücken, Häfen und Marktplätzen erhoben. Die Entrichtung des Zolls ermöglichte besonders bei Verkehrswegen das Passieren, weshalb dieser Zoll auch als Passierzoll bezeichnet wurde.

Etwa im 16. Jahrhundert, zu Beginn der Neuzeit, prägte die Weiterentwicklung der Staatsgebilde sowie die Errichtung von Zoll- und Wirtschaftsgebieten auch die Zollpolitik.

Beginnend in der Zeit des Absolutismus (ca. 16. Jahrhundert) und motiviert durch die wirtschaftspolitischen Grundsätze des Merkantilismus kam den Zöllen, neben der Einnahmeerzielung, eine wirtschaftsregulierende Funktion zu. Die Zölle sollten als sog. Schutzzölle die heimische Wirtschaft vor Konkurrenz aus anderen Wirtschaftsgebieten schützen. In zolltechnischer Hinsicht wurde dieser Staatsprotektionismus durch die Erhebung der Zölle mit dem Passieren von Waren über die Gebietsgrenze umgesetzt. Dieses Grenzzollsystem, das auf den tatsächlichen Eingang einer Ware in ein Staats- bzw. Wirtschaftsgebiet abstellt, wird auch als Gebietszoll bezeichnet.

Das reine Schutzzollsystem hatte nicht zuletzt wegen der insgesamt nachteiligen Auswirkungen auf eine nachhaltige Wirtschaftsentwicklung keinen dauerhaften Erfolg. Es zeigte sich nämlich, dass die Entwicklung der Wirtschaft und damit auch der Wohlstand der Menschen nur durch eine möglichst liberale Handels- und Zollpolitik zu verwirklichen sind.

Im Zeitalter der Aufklärung (17. bis 18. Jahrhundert) setzte sich der sog. wirtschaftliche Liberalismus mehr und mehr durch. Der englische Ökonom und Philosoph Adam Smith (1723 bis 1790) schrieb in seinem ökonomischen Hauptwerk [1], dass „je mehr eine Branche dem freien Wettbewerb ausgesetzt ist, desto mehr Nutzen und Vorteile bringt sie der Gemeinschaft. Auch unter verschiedenen Nationen steigert die Freiheit den Warenaustausch. Wenn alle Nationen das liberale System der freien Ein- und Ausfuhr befolgten, so würden die verschiedenen Staaten eines großen Erdteils den Provinzen eines großen Reiches gleichen". [2] Diese Erkenntnis formte fortan die zollgeschichtliche und zollpolitische Entwicklung.

Im Jahr 1834 wurde der Deutsche Zollverein ins Leben gerufen. Es handelte sich dabei um einen Zusammenschluss deutscher Bundesstaaten zu einem wirtschaftspolitischen Verbund. Mit dem Vereinszollgesetz aus dem Jahr 1869 setzte der Deutsche Zollverein für alle Mitglieder ein einheitlich geregeltes gemeinsames Verzollungssystem in Kraft, das Binnenzölle für den Warenverkehr zwischen den Mitgliedern des Zollvereins grundsätzlich abschaffte und einheitliche Außenzölle für Waren aus fremden Wirtschaftsgebieten vorsah.

Eine Zollunion war geboren, die einen wichtigen Schritt hin zu einer politischen Einigung Deutschlands bedeutete. Der Zoll wurde auch nicht mehr in Form des Gebietszolls erhoben, sondern hatte den Charakter eines Wirtschaftszolls, was u.a. dazu führte, dass der Zoll erst erhoben wurde, wenn die Ware in den Wirtschaftskreislauf des Zollgebiets einging. Für lediglich durchgeführte oder zur Lagerung bestimmte Waren wurde beispielsweise kein Zoll verlangt.

Das 1939 von den Nationalsozialisten erlassene Zollgesetz basierte zwar dem Grunde nach auf dem Vereinszollgesetz, wurde allerdings auch durch nationalsozialistisches Gedankengut geprägt. Das Bestreben nach nationaler Autarkie führte zu zahlreichen Einfuhr- und Ausfuhrverboten oder Beschränkungen des Warenverkehrs.

Nach dem 2. Weltkrieg kam es im Jahr 1951 zur Gründung der Europäischen Gemeinschaft für Kohle und Stahl (Montanunion); anschließend wurden 1957 durch die Römischen Verträge die Europäische Wirtschaftsgemeinschaft (EWG – 1993 in Europäische Gemeinschaft umbenannt) und die Europäische Atomgemeinschaft (Euratom) gegründet. Diese Entwicklung führte zum Inkrafttreten des Zollgesetzes von 1962. Im Jahr 1993 wurde zudem die Europäische Union gegründet, gewissermaßen als „Dach" der Europäischen Gemeinschaften, die weiterhin fortbestanden. Zum 1.1.1994 wurde sodann der europäische Binnenmarkt errichtet.

1) Der Titel lautet: „Der Wohlstand der Nationen – Eine Untersuchung seiner Natur und seiner Ursachen", erschienen 1776.

2) Neben Adam Smith zählt auch der Engländer John Stuart Mill zu den namhaften Vertretern des Liberalismus.

Neben diesen Rechtsentwicklungen dürfen die Fortschritte auf internationaler Ebene selbstverständlich nicht außer Acht gelassen werden. Der florierende Welthandel machte es erforderlich, international einheitliche Regelungen für den grenzüberschreitenden Warenverkehr zu finden.

Der Abschluss des Allgemeinen Zoll- und Handelsabkommens, der GATT-Vertrag (General Agreement on Tariffs and Trade) von 1947 sah vor, die Zölle und andere Handelshemmnisse stetig abzubauen. Der GATT-Vertrag wird gegenwärtig von der 1995 gegründeten Welthandelsorganisation (World Trade Organisation, kurz WTO) verwaltet und weiterentwickelt.

Der im Jahr 1950 in Brüssel ins Leben gerufene Rat für die Zusammenarbeit auf dem Gebiet des Zollwesens (Brüsseler Zollrat, kurz RZZ) hat als selbstständige internationale Organisation u.a. die Aufgabe, die Zollvorschriften und Zollförmlichkeiten weltweit zu vereinfachen und zu harmonisieren. Seit 1995 trägt diese Organisation die Bezeichnung Weltzollorganisation (World Customs Organisation, kurz WCO).

II. Der Begriff Zoll und seine sprachliche Herkunft

Die Etymologie, also die sprachliche Herkunft, des Begriffs „Zoll" geht auf das vorchristliche altgriechische Wort „telos" zurück, was übersetzt „Ziel" bzw. „Grenze" bedeutet. Im Spätlateinischen wurde daraus der Ausdruck „teloneum", der als „Abgabe" übersetzt werden kann. Angelehnt an diese Begrifflichkeiten entwickelte sich im Niederdeutschen das Wort „tol", das später zu „tsol" abgewandelt wurde und durch einen Sprachwandel schließlich zur heutigen Bezeichnung „Zoll" führte.

III. Definition der Abgabe Zoll nach heutigem Verständnis

Zölle sind Abgaben, die im Zusammenhang mit dem Grenzübertritt und der Integration einer Ware in den Wirtschaftskreislauf erhoben werden (moderner Ansatz der Theorie vom Wirtschaftszoll).

IV. Zoll als Steuer

Nach § 3 Abs. 3 AO werden Zölle ausdrücklich als Steuern qualifiziert. Steuern sind gem. § 3 Abs. 1 AO Abgaben, für die keine Gegenleistung durch den Staat erbracht wird. Zumindest der Nebenzweck einer Steuer muss die Erzielung von Einnahmen sein.

Die Zuständigkeit für gesetzgeberische Maßnahmen im Bereich der Zölle ist gem. Art. 105 Abs. 1 GG dem Bund zugewiesen (Gesetzgebungskompetenz). Den Anspruch auf diese Einnahmen hat gem. Art. 106 Abs. 1 GG ebenfalls der

Bund (Ertragskompetenz). Nach Art. 108 Abs. 1 GG werden die Zölle durch die Bundesfinanzverwaltung verwaltet (Verwaltungskompetenz).

Die durch die Erhebung der Zölle erzielten Einnahmen unterliegen zwar grundsätzlich der Ertragshoheit des Bundes, sie sind aber aufgrund des Beschlusses des Rates der Europäischen Union über das System der Eigenmittel der Europäischen Gemeinschaften (sog. Eigenmittelbeschluss) zu 75% an die Europäische Union zu überweisen und bilden einen Teil des Haushalts der Europäischen Union. Die Mitgliedstaaten behalten demzufolge von diesen Einnahmen 25% als Eigenanteil.

V. Funktionen des Zolls

1. Finanzzoll/Fiskalzoll

Das älteste Motiv der Erhebung von Zöllen ist wie bereits erwähnt die Erzielung von Einnahmen. Dieses Motiv der Zollerhebung spielt heutzutage nach wie vor eine gewisse Rolle; schließlich werden in der Bundesrepublik Deutschland etwas über fünf Milliarden Euro pro Jahr an Zöllen eingenommen.

2. Schutzzoll

a) Klassischer Schutzzoll

Der klassische Schutzzoll hat im Fall eines Einfuhrschutzzolls die Funktion, über die Höhe des für eine Ware zu entrichtenden Zolls den Markt faktisch zu verschließen, mit der Folge, dass der Marktzugang für einen Einführer vollkommen unwirtschaftlich wird. Dadurch wird der heimische Markt vor konkurrierenden Nicht-Unionswaren geschützt. Über einen Ausfuhrschutzzoll kann zudem erreicht werden, dass Produkte der heimischen Wirtschaft unter betriebswirtschaftlichen Gesichtspunkten am Export de facto gehindert werden. Der klassische Schutzzoll geht auf den merkantilistischen Absolutismus zurück und ist in dieser Form überholt.

b) Moderne Schutzzollmotive

In Ausnahmesituationen werden auch heute noch schutzzöllnerische Motive vorübergehend angewandt. Vier wichtige Konstellationen stehen dabei im Vordergrund:

- **Erziehungszölle:** Diese Variante dient dem zeitweiligen Schutz neuer aufstrebender Industriezweige.

- **Krisenzölle:** Diese, auch Notstandszölle genannten Schutzzölle, werden eingesetzt, um vorübergehenden wirtschaftlichen Schwierigkeiten entweder der gesamten Wirtschaft oder einzelner Wirtschaftszweige entgegenzuwirken.
- **Antidumpingzölle:** Der Antidumpingzoll dient als Abwehrmaßnahme von Subventionen, die andere Staaten oder Wirtschaftsgebiete ihren Wirtschaftsbeteiligten einräumen, damit Waren zu einem Preis angeboten werden können, der unterhalb der tatsächlichen betriebswirtschaftlichen Kosten liegt (sog. Dumping).
- **Währungszölle:** Die zeitweilige Erhebung eines Währungszolls soll dazu beitragen, währungspolitische Krisen zu bewältigen, wie z.B. bei Währungsunterbewertungen oder bei Zahlungsbilanzproblemen.

3. Wirtschaftszoll

Die moderne Zolltheorie ist vom Wirtschaftszollgedanken geprägt. Der Wirtschaftszoll hat die Funktion eines Preisregulativs. Durch die Erhebung eines Zolls sollen unterschiedliche Produktionsbedingungen und damit bestehende Wettbewerbsunterschiede ausgeglichen werden. Eine eingeführte Ware wird durch den Zoll verteuert, um bestehende unterschiedliche Preisgestaltungen zwischen den eingeführten Waren und den in der Gemeinschaft hergestellten Waren zumindest teilweise zu egalisieren.

Die Erhebung des Zolls erfolgt nach der Wirtschaftszolltheorie erst, wenn eine Ware in den Wirtschaftskreislauf eines Wirtschaftsgebiets eingeht. Es ist nicht von Bedeutung, ob diese Integration ordnungsgemäß erfolgt oder nicht.

Schema 2
Summarische Eingangsanmeldung

I. Rechtsgrundlagen

Der Titel IV des UZK ist überschrieben mit „Verbringen von Waren in das Zollgebiet der Union“ und ist in zwei Kapitel eingeteilt. Kapitel 1 umfasst die Art. 127 bis 132 UZK, die die Regelungen zur summarischen Eingangsanmeldung (ESumA) enthalten. Der Vorgang des Verbringens beginnt demnach mit der ESumA.

Weitere Regelungen zur ESumA finden sich in den Art. 104 bis 113 DA und in den Art. 182 bis 188 IA.

§ **Art. 5 Nr. 9 UZK – Begriffsbestimmungen** ***(Definition „Summarische Eingangsanmeldung“)***
Handlung, durch die eine Person die Zollbehörden in der vorgeschriebenen Art und Weise und innerhalb einer bestimmten Frist darüber informiert, dass Waren in das Zollgebiet der Union verbracht werden.

Ziel der ESumA ist gem. Art. 128 UZK eine effektive Risikoanalyse für Zwecke der Sicherheit und des Schutzes bereits vor dem Eingang der Waren in das Zollgebiet der Union. In Deutschland geschieht dies durch das ZKA und ihr IT-Verfahren PARIS (PreArrival-RiskRules). Das IT-Verfahren PARIS übermittelt anschließend das Analyseergebnis in Form von Risikocodes und -beschreibungen an ATLAS-EAS. Anhand dessen sind die erforderlichen Sicherheitsmaßnahmen durchzuführen.

Erforderliche Maßnahmen aufgrund der Risikoanalyse können die Erteilung eines Ladeverbots oder die Durchführung von Zollkontrollen sein. Als Zollkontrollen gem. Art. 46 Abs. 1 i.V.m. Art. 5 Nr. 3 UZK kommen beispielsweise eine papiermäßige Überprüfung, die Beschau der Waren oder auch eine Verschlusskontrolle in Betracht.

II. Regelungen im Einzelnen

1. Anmeldepflicht

Grundsätzlich sind **alle** Waren, die in das Zollgebiet der Union verbracht werden, gem. Art. 127 Abs. 1 UZK mittels einer ESumA anzumelden.

ⓘ Ein Verstoß gegen die Anmeldepflicht führt grundsätzlich nicht zu zollschuldrechtlichen Konsequenzen.

Ausnahmen gem. Art. 127 Abs. 2 UZK

Für folgende Waren ist keine ESumA abzugeben:

- für Beförderungsmittel und darauf befindliche Waren, die die Gewässer oder den Luftraum des Zollgebiets ohne Zwischenstopp durchqueren
- für bestimmte Waren- oder Verkehrsarten, die in Art. 104 DA genannt sind

  Beispiele:
  - Elektrizität, in Pipelines verbrachte Waren
  - Briefe, Postkarten, Druckschriften
  - Hausrat, der nicht im Rahmen eines Beförderungsvertrags transportiert wird
  - Waren, für die eine mündliche oder konkludente Zollanmeldung abgegeben werden kann
  - Reisegepäck
- im Warenverkehr mit bestimmten Ländern, mit denen internationale Übereinkommen bestehen. Das sind zurzeit die Schweiz und Norwegen, wenn diese Länder auch das jeweilige Versendungsland sind.

Ausnahme gem. Art. 130 UZK

Die Zollstelle kann auf die separate Abgabe einer ESumA verzichten, wenn stattdessen vor Ablauf der Frist eine Zollanmeldung oder eine Anmeldung zur vorübergehenden Verwahrung mit den erforderlichen Angaben abgeben wird. In diesem Fall gelten bis zur Annahme der Zollanmeldung die Zollanmeldung bzw. bis zur Gestellung die Anmeldung zur vorübergehenden Verwahrung als ESumA.

Ausnahme gem. Art. 136 UZK

Eine ESumA ist zudem im Luft- und Seeverkehr bei direkter Beförderung zwischen zwei im Zollgebiet der Union gelegenen Orten nicht abzugeben, wenn die Ware im Verlauf der Beförderung das Zollgebiet der Union nur vorübergehend verlässt und kein Zwischenstopp außerhalb des Zollgebiets der Union erfolgt.

2. Anmeldepflichtiger

a) Der Beförderer der Waren, Art. 127 Abs. 4 UAbs. 1 UZK

Der Beförderer der Waren ist verpflichtet, die ESumA für die von ihm beförderten Waren abzugeben.

ⓘ **Definition „Beförderer" gem. Art. 5 Nr. 40 a) UZK**
(außer im kombinierten Verkehr und See- bzw. Luftverkehr mit Chartervereinbarung)

- die Person, die die Waren in das Zollgebiet der Union verbringt (sog. Verbringer, z.B. der Fahrzeugführer) oder
- Person, die für die Verbringung der Waren in das Zollgebiet verantwortlich ist

§ **Art. 5 Nr. 4 UZK – Begriffsbestimmungen** ***(Definition „Person")***

Eine „Person" ist eine natürliche Person, eine juristische Person oder eine Personenvereinigung, die keine juristische Person ist, die jedoch nach Unionsrecht oder nach einzelstaatlichem Recht die Möglichkeit hat, im Rechtsverkehr wirksam aufzutreten.

b) Alternative Personen, Art. 127 Abs. 4 UAbs. 2 UZK

Anstelle des Beförderers kann auch eine der folgenden in Art. 127 Abs. 4 UAbs. 2 UZK genannten Personen die ESumA abgeben:

- der Einführer oder
- der Empfänger oder
- eine andere Person, in deren Name oder für deren Rechnung der Beförderer handelt oder
- eine Person, die die Waren bei der Eingangszollstelle selbst gestellt oder durch Dritte gestellen lässt.

Dies ist jedoch nur ungeachtet der Verpflichtung des Beförderers möglich. Die Pflichtenstellung des Beförderes bleibt also erhalten, auch wenn andere die Abgabe der ESumA übernehmen.

3. Form der ESumA

Entsprechend dem Grundsatz in Art. 6 Abs. 1 UZK ist die ESumA stets mit Mitteln der elektronischen Datenverarbeitung abzugeben. In Deutschland erfolgt dies i.d.R. mittels ATLAS-EAS.

Zudem besteht die Möglichkeit, nach Art. 127 Abs. 7 UZK Handels-, Hafen- oder Verkehrsinformationssysteme zur Abgabe der ESumA zu verwenden, sofern den Zollbehörden die erforderlichen Angaben vor Ablauf der Frist vorliegen. Als weitere Alternative können die Zollbehörden gem. Art. 127 Abs. 8 UZK akzeptieren, dass anstelle der Abgabe einer ESumA eine Mitteilung erfolgt und den Zollbehörden ein Zugriff auf Angaben im Computersystem des Wirtschaftsbeteiligten gewährt wird.

4. Inhalt der ESumA

Die ESumA muss gem. Art. 127 Abs. 5 UZK alle Angaben, die für eine Risikoanalyse zu Zwecken des Schutzes und der Sicherheit (vgl. Art. 128 UZK) erforderlich sind, enthalten.

Um welche Angaben es sich im Einzelnen handelt, kann den gemeinsamen Datenanforderungen i.S.d. Art. 6 Abs. 2 UZK entnommen werden. Diese befinden sich gem. Art. 2 Abs. 2 DA im Anhang B.

5. Ort der Abgabe

Die ESumA ist gem. Art. 127 Abs. 3 UAbs. 1 UZK bei der ersten Eingangszollstelle abzugeben.

§ **Art. 1 Nr. 15 DA – Begrisffsbestimmungen** ***(Definition „erste Eingangszollstelle“)***

„erste Eingangszollstelle“ ist die Zollstelle, die für die zollamtliche Überwachung an dem Ort zuständig ist, an dem das die Waren befördernde Beförderungsmittel aus einem Gebiet außerhalb des Zollgebiets der Union im Zollgebiet der Union eintrifft;

Mit Zulassung des zuständigen HZA ist die Abgabe auch bei einer anderen Zollstelle möglich. Diese Zollstelle muss jedoch gem. Art. 127 Abs. 3 UAbs. 2 UZK der Eingangszollstelle die Daten elektronisch übermitteln.

6. Zeitpunkt der Abgabe

Die ESumA ist gem. Art. 127 Abs. 3 UZK **vor** dem Eingang der Waren in das Zollgebiet der Union, also vor dem Überschreiten der EU-Außengrenze, abzugeben. Die genauen Fristen unterscheiden sich je nach Verkehrsart und sind in den Art. 105 ff. DA geregelt.

Verkehrsart	Abgabe
Seeverkehr (Art. 105 DA)	
1. Container	**24 Std.** vor Verladung im Abgangshafen
2. Massen- oder Stückgut	**4 Std.** vor Einlaufen im ersten Hafen im Zollgebiet der Union
Luftverkehr (Art. 106 DA)	
1. Kurzstrecke (< 4 Std.)	**Tatsächlicher Abflug** des Flugzeugs
2. Langstrecke	**4 Std.** vor Ankunft auf dem ersten Flughafen im Zollgebiet der Union
Eisenbahnverkehr (Art. 107 DA)	
1. Kurzstrecke (< 2 Std.)	**1 Std.** vor Ankunft bei der Eingangszollstelle
2. Langstrecke	**2 Std.** vor Ankunft bei der Eingangszollstelle
Weitere Regelungen	
Straßenverkehr (Art. 108 DA)	**1 Std.** vor Ankunft bei der Eingangszollstelle
Binnenschifffahrtsverkehr (Art. 109 DA)	**2 Std.** vor Ankunft bei der Eingangszollstelle

ⓘ **Verspätete/fehlende ESumA**

Wurde bis zur Gestellung keine ESumA abgegeben, ist gem. Art. 139 Abs. 4 UZK die ESumA **oder** an ihrer Stelle eine Zollanmeldung **oder** eine Anmeldung zur vorübergehenden Verwahrung unverzüglich abzugeben.

Schema 3
Ankunftsmeldung

I. Rechtsgrundlagen

Die Ankunftsmeldung ist in Art. 133 UZK geregelt. Sie ist nur im See- und Luftverkehr erforderlich und dient den Zollbehörden als zeitliche Vorwarnung, um eventuelle Zollkontrollen entsprechend vorbereiten zu können.

§ **Art. 133 Abs. 1 UAbs. 1 UZK – Meldung der Ankunft eines Seeschiffs oder eines Luftfahrzeugs**

Der Betreiber eines Seeschiffs oder eines Luftfahrzeugs, das im Zollgebiet der Union eintrifft, meldet der ersten Eingangszollstelle die Ankunft des Beförderungsmittels.

Wird ein Seeschiff oder Luftfahrzeug umgeleitet, ist zudem Art. 189 IA zu beachten.

II. Regelungen im Einzelnen

1. Meldepflicht

Gemäß Art. 133 Abs. 1 UAbs. 1 UZK ist die Ankunft des Seeschiffs oder Luftfahrzeugs im Zollgebiet der Union zu melden.

Ein Verstoß gegen diese Meldepflicht führt grundsätzlich nicht zu zollschuldrechtlichen Konsequenzen.

Ausnahmen gem. Art. 133 Abs. 1 UAbs. 2 UZK

Die Zollbehörden können auf die Ankunftsmeldung verzichten, wenn sie bereits Informationen über die Ankunft eines Seeschiffs oder Luftfahrzeugs besitzen.

Ausnahmen gem. Art. 136 UZK

Eine Ankunftsmeldung ist zudem bei direkter Beförderung zwischen zwei im Zollgebiet der Union gelegenen Orten nicht abzugeben, wenn die Ware im Verlauf der Beförderung das Zollgebiet der Union nur vorübergehend verlässt und kein Zwischenstopp außerhalb des Zollgebiets der Union erfolgt.

2. Meldepflichtiger

Zur Ankunftsmeldung verpflichtet ist gem. Art. 133 Abs. 1 UAbs. 1 UZK der Betreiber des Seeschiffs oder Luftfahrzeugs. Das kann z.B. die Reederei sein.

3. Form

Entsprechend dem Grundsatz in Art. 6 Abs. 1 UZK ist die Ankunftsmeldung stets mit Mitteln der elektronischen Datenverarbeitung abzugeben.

Es besteht zudem die Möglichkeit, gem. Art. 133 Abs. 2 UZK für die Ankunftsmeldung Hafen- oder Flughafensysteme oder andere Methoden der Informationsübermittlung zu verwenden

Zudem kann gem. Art. 145 Abs. 8 a) UZK die Anmeldung zur vorübergehenden Verwahrung bei entsprechend vorzeitiger Abgabe als Ankunftsmeldung genutzt werden.

4. Ort der Abgabe

Die Ankunftsmeldung ist gem. Art. 133 Abs. 1 UAbs. 1 UZK bei der ersten Eingangszollstelle abzugeben.

§ **Art. 1 Nr. 15 DA – Begriffsbestimmungen** ***(Definition „erste Eingangszollstelle")***

„erste Eingangszollstelle" ist die Zollstelle, die für die zollamtliche Überwachung an dem Ort zuständig ist, an dem das die Waren befördernde Beförderungsmittel aus einem Gebiet außerhalb des Zollgebiets der Union im Zollgebiet der Union eintrifft;

5. Zeitpunkt der Abgabe

Gemäß Art. 133 Abs. 1 UAbs. 1 UZK ist die Ankunftsmeldung mit Eintreffen des Beförderungsmittels im Zollgebiet der Union abzugeben.

Schema 4
Zollamtliche Überwachung

I. Rechtsgrundlagen

Die zollamtliche Überwachung ist in Art. 5 Nr. 27 UZK definiert. Nach dieser Begriffsbestimmung dient sie der Sicherstellung der Einhaltung zollrechtlicher und sonstiger Vorschriften.

§ **Art. 5 Nr. 27 UZK – Begriffsbestimmungen** *(Definition „zollamtliche Überwachung")*

Die „zollamtliche Überwachung" besteht aus allgemeinen Maßnahmen der Zollbehörden mit dem Ziel, die Einhaltung der **zollrechtlichen Vorschriften** und gegebenenfalls der **sonstigen Vorschriften** zu gewährleisten, die für Waren gelten, die solchen Maßnahmen unterliegen.

Welche Vorschriften wiederum zu den „zollrechtlichen Vorschriften" gehören, ist in Art. 5 Nr. 2 UZK definiert. Für die Bezeichnung „sonstige Vorschriften" findet sich hingegen keine Legaldefinition. Hierzu zählen insbesondere die Regelungen über die Verbote und Beschränkungen.

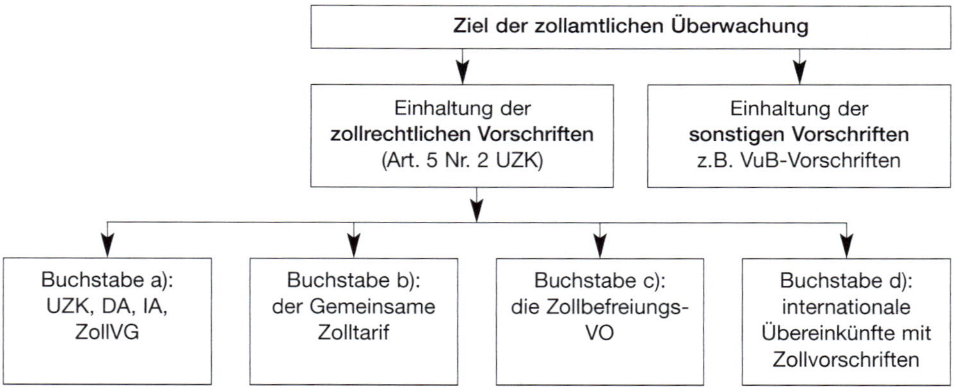

Grundsätzlich sind es die Zollbehörden, die allgemeine Maßnahmen treffen, um die zollamtliche Überwachung zu gewährleisten. Zuweilen werden aber auch die Wirtschaftsbeteiligten in die Pflicht genommen (vgl. Art. 147 Abs. 3 a) UZK, Art. 242 Abs.1 a) UZK).

ⓘ Ein Verstoß gegen diese Pflicht und das Entziehen aus der zollamtlichen Überwachung können zu zollschuldrechtlichen Konsequenzen führen.

Der Zeitraum der zollamtlichen Überwachung ist in Art. 134 Abs. 1 UZK geregelt.

II. Regelungen im Einzelnen

1. Beginn der zollamtlichen Überwachung

Gemäß Art. 134 Abs.1 S. 1 UZK unterliegen sämtliche Waren, die in das Zollgebiet der Union verbracht werden – also nicht nur die Nicht-Unionswaren – mit Eingang in das Zollgebiet der Union der zollamtlichen Überwachung. Der Eingang liegt vor, wenn die Waren die Grenze zum Zollgebiet der Union physisch überschritten haben. Es handelt sich somit um einen Realakt.

Ab diesem Zeitpunkt können die Waren gem. Art. 134 Abs. 1 S. 1 UZK Zollkontrollen unterworfen werden und ggf. Verboten und Beschränkungen unterliegen.

§ **Art. 5 Nr. 3 UZK – Begriffsbestimmungen** ***(Definition „Zollkontrollen")***

„Zollkontrollen" sind spezifische Handlungen, die die Zollbehörden zur Gewährleistung der Einhaltung der zollrechtlichen und sonstigen Vorschriften über Eingang [...] von Waren, die zwischen dem Zollgebiet der Union und Ländern oder Gebieten außerhalb dieses Gebiets befördert werden, sowie über das Vorhandensein von Nicht-Unionswaren [...] vornehmen.

Die Begriffe „ Zollkontrolle" und „zollamtliche Überwachung" sind zu unterscheiden:

Zollkontrolle	Zollamtliche Überwachung
Definition Art. 5 Nr. 3 UZK	Definition Art. 5 Nr. 27 UZK
= spezielle Maßnahmen der Zollbehörde ▪ beispielhafte Aufzählung in Art. 46 Abs. 1 S. 2 UZK: „Zu diesen Zollkontrollen gehören **insbesondere** die Beschau der Waren, die Entnahme von Proben und Mustern, die Überprüfung der Richtigkeit und Vollständigkeit der in einer Anmeldung oder Mitteilung gemachten Angaben sowie des Vorhandenseins, der Echtheit, Richtigkeit und Gültigkeit von Unterlagen [...]" ▪ allgemeine Ermächtigungsgrundlage in Art. 46 Abs. 1 S. 1 UZK: „Die Zollbehörden können **alle** Zollkontrollen durchführen, die ihres Erachtens erforderlich sind."	= allgemeine zollbehördliche Maßnahmen, z.B. Zollstraßenzwang
= Entscheidungen i.S.d. Art. 5 Nr. 39 UZK	≠ Entscheidung i.S.d. Art. 5 Nr. 39 UZK

2. Ende der zollamtlichen Überwachung

Gemäß Art. 134 Abs. 1 UAbs. 2 UZK bleiben die Waren so lange unter zollamtlicher Überwachung, wie dies für die Ermittlung ihres zollrechtlichen Status erforderlich ist. Wie lange die zollamtliche Überwachung bestehen bleibt, hängt also vom zollrechtlichen Status der Waren ab.

a) Unionswaren

Gemäß Art. 134 Abs. 1 UAbs. 3 UZK endet die zollamtliche Überwachung von Unionswaren grundsätzlich, sobald ihr zollrechtlicher Status festgestellt worden ist.

Eine Ausnahme besteht, wenn sich die Waren in der Endverwendung befinden. In diesem Fall richtet sich das Ende der zollamtlichen Überwachung nach Art. 254 Abs. 4 UZK.

b) Nicht-Unionswaren

Gemäß Art. 134 Abs. 1 UAbs. 4 UZK kann die zollamtliche Überwachung von Nicht-Unionswaren auf drei Arten enden:

- durch Änderung des zollrechtlichen Status

> Durch die Überlassung zum zollrechtlich freien Verkehr wechseln die eingeführten Waren ihren Status als Nicht-Unionsware zur Unionsware gem. Art. 201 Abs. 3 i.V.m. Art. 5 Nr. 23 b) UZK.

- durch Verbringen aus dem Zollgebiet der Union
- durch (vollständige) Zerstörung

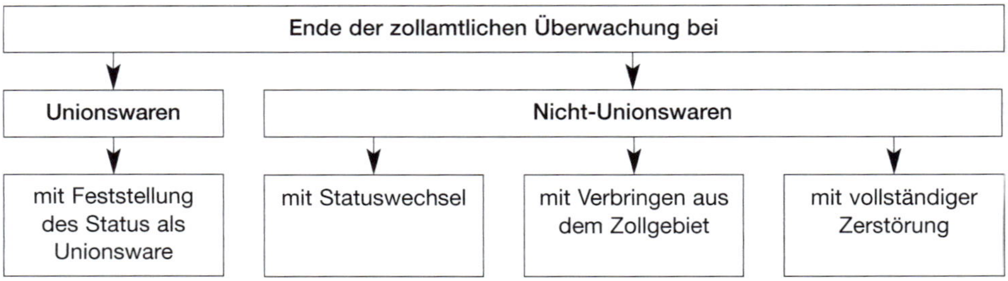

3. Vorbesichtigung des Besitzers

Gemäß Art. 134 Abs. 2 UZK kann der Besitzer der Waren während des Zeitraums der zollamtlichen Überwachung seine Waren mit Zustimmung der Zollbehörden beschauen und Proben und Muster entnehmen (sog. Vorbesichtigung).

Diese Warenprüfung kann er insbesondere durchführen, um die Einreihung der Waren in den Zolltarif, ihren Zollwert oder ihren zollrechtlichen Status zu ermitteln.

§

Art. 5 Nr. 34 UZK – Begriffsbestimmungen ***(Definition „Besitzer der Waren“)***

„Besitzer der Waren“ ist die Person, die Eigentümer der Waren ist oder eine ähnliche Verfügungsbefugnis besitzt beziehungsweise in deren tatsächlicher Verfügungsgewalt sich die Waren befinden.

ⓘ

Diese Warenprüfung durch den Besitzer der Waren ist von der Beschau und Probenentnahme durch die Zollbehörden gem. Art. 46 Abs.1 i.V.m. Art. 188 UZK zu unterscheiden.

Schema 5
Beförderungspflichten

I. Rechtsgrundlagen

Beim Verbringen von Waren in das Zollgebiet der Union sind die in Art. 135 Abs. 1 UZK genannten Beförderungspflichten einzuhalten.

§ **Art. 135 Abs. 1 UZK – Beförderung zum zugelassenen Ort**

Wer Waren in das Zollgebiet der Union verbringt, hat diese **unverzüglich** [1.] und gegebenenfalls **nach Maßgabe der von den Zollbehörden festgelegten Einzelheiten** [2.] auf dem **von ihnen bezeichneten Verkehrsweg** [3.] zu der **von diesen Behörden bezeichneten Zollstelle oder zu einem anderen von diesen Behörden bezeichneten oder zugelassenen Ort oder in eine Freizone** [4.] zu befördern.

Ziel der Beförderungspflichten ist eine geordnete Erfassung des Warenverkehrs durch Kanalisierung des Warenstroms. Sie dienen somit der zollamtlichen Überwachung des Warenverkehrs. Abweichende Regelungen finden sich in Art. 135 Abs. 5 und 6 UZK sowie in Art. 136 und 137 UZK.

II. Regelungen im Einzelnen

1. Unverzügliche Beförderung

Die Beförderung hat unverzüglich, also ohne schuldhaftes Zögern, zu erfolgen. Durch diese Pflicht soll auch sichergestellt werden, dass die Ware unverändert zur zuständigen Zollstelle bzw. dem entsprechenden Ort gelangt.

2. Nach Maßgabe der von den Zollbehörden festgelegten Einzelheiten

Die Zollbehörden können weitere Einzelheiten, unter welchen Umständen die Beförderung zu erfolgen hat, festlegen.

§ **Art. 5 Nr. 1 UZK – Begriffsbestimmungen** ***(Definition „Zollbehörden")***

„Zollbehörden" sind die für die Anwendung der zollrechtlichen Vorschriften zuständigen Zollverwaltungen der Mitgliedstaaten und sonstige nach einzelstaatlichem Recht zur Anwendung bestimmter zollrechtlicher Vorschriften ermächtigte Behörden.

In Deutschland sind dies gem. § 17 Abs. 2 S. 1 ZollVG die Dienststellen der Zollverwaltung. Sie können beispielsweise gem. §§ 3, 18 ZollVG die Öffnungszeiten der Zollstelle bestimmen bzw. beschränken.

Dabei ist zu beachten, dass es nach Art. 159 Abs. 2 UZK bei einer Beschränkung der Öffnungszeiten weder zu Behinderungen noch zu Verzerrungen des internationalen Warenverkehrs kommt.

3. Von den Zollbehörden bezeichnete Verkehrswege

Die Waren dürfen lediglich auf bestimmten Verkehrswegen im Zollgebiet der Union bis zur zuständigen Zollstelle oder einem entsprechenden Ort befördert werden. Die Verkehrswege sind in § 2 ZollVG festgelegt. Je nach Verkehrsart sind folgende Verkehrswege zu unterscheiden:

§ 2 ZollVG

Abs. 1 – Zollstraßen	**Abs. 2 – Zollflugplätze**	**Abs. 3 – Zolllandungsplätze**
insbesondere im Landstraßenverkehr (sog. Zollstraßenzwang)	im Luftverkehr (sog. Zollflugplatzzwang)	im Schifffahrtsverkehr (sog. Zolllandungsplatzzwang)

Öffentliche Bekanntgabe dieser Verkehrswege im Bundesanzeiger (vgl. auch Z 0611 bis Z 0613).

Ein Verstoß gegen die Beförderungspflichten, insbesondere ein Verstoß gegen den Zollstraßenzwang, kann zu zollschuldrechtlichen Konsequenzen führen.

4. Zuständige Zollstelle

Ziel der Beförderung muss eine von den Zollbehörden bezeichnete Zollstelle, ein anderer von den Zollbehörden bezeichneter oder zugelassener Ort oder eine Freizone sein.

In Deutschland sind gem. § 17 Abs. 2 S. 2 ZollVG die HZÄ und ihre Dienststellen Zollstellen i.S.d. UZK. Welche dieser Zollstellen i.S.d. § 135 Abs. 1 UZK die zuständige Zollstelle ist, legt § 7 ZollV abhängig vom Verkehrsweg fest. Demnach handelt es sich bei der ersten an der Zollstraße gelegenen Zollstelle um die „bezeichnete Zollstelle".

Ausnahmsweise lassen die Zollbehörden auch einen anderen Ort als Ziel der Beförderung zu. Da an diesem Ort zwangsläufig auch die Gestellung erfolgt, ist hinsichtlich der Zulassung Art. 115 Abs. 1 DA zu beachten.

5. Verpflichteter

Die Beförderungspflichten sind grundsätzlich gem. Art. 135 Abs. 1 UZK von der Person, die die Waren in das Zollgebiet der Union verbringt (sog. Verbringer) zu erfüllen.

ⓘ | Verbringer ist jede natürliche Person, die die Waren in das Zollgebiet der Union bringt.

Für den Fall, dass eine andere Person die Waren nach dem Eingang in das Zollgebiet der Union, aber vor dem Eintreffen bei der zuständigen Zollstelle die Verantwortung für die Beförderung übernimmt (z.B. nach Umladung), gehen die Beförderungspflichten auch auf diese Person über.

6. Ausnahmen von den Beförderungspflichten

a) Ausnahmen gem. Art. 135 Abs. 5 UZK

Für folgende Waren- und Verkehrsarten finden Sonderregeln Anwendung, sofern die Möglichkeiten für die zollamtliche Überwachung und für Zollkontrollen dadurch nicht beeinträchtigt werden:

- **In Grenzgebieten beförderte Waren** (sog. Grenzverkehr): z.B. durch Berufspendler oder im Rahmen grenzdurchschnittener Betriebe
- **In Rohrleitungen und Kabeln beförderte Waren**: z.B. Gas, Strom
- **Wirtschaftlich unbedeutender Verkehr**: z.B. Briefe, Postkarten und Drucksachen oder deren elektronische Pendants auf anderen Datenträgern
- **Von Reisenden mitgeführte Waren** (sog. Reiseverkehr): Die Personenbewegung und nicht die Warenbewegung steht im Vordergrund. Es ist **nicht** der Grund der Reise (privat oder gewerblich) maßgebend.

Trotz Übertragung von Befugnissen in Art. 138 b) UZK hat die Kommission keine Durchführungsrechtsakte zur weiteren Ausgestaltung der in Art. 135 Abs. 5 UZK angekündigten Sonderregelungen erlassen. Damit bleiben die in § 5 ZollV bestehenden nationalen Regelungen anwendbar. Demnach sind die in Art. 135 Abs. 5 UZK genannten Waren- und Verkehrsarten von den Beförderungspflichten nach Abs. 1 und damit auch vom Zollstraßen-, Zollflugplatz- und Zolllandungsplatzzwang befreit.

b) Ausnahme gem. Art. 135 Abs. 6 UZK

Die Beförderungspflichten des Art. 135 Abs. 1 UZK gelten nicht im Luft- und Seeverkehr für Beförderungsmittel und die darauf beförderten Waren, die den Luftraum bzw. die Hoheitsgewässer des Zollgebiets der Union ohne Zwischenstopp durchqueren.

c) Ausnahme gem. Art. 136 UZK

Die Beförderungspflichten des Art. 135 Abs. 1 UZK gelten zudem nicht im Luft- und Seeverkehr bei direkter Beförderung zwischen zwei im Zollgebiet der Union gelegenen Orten, wenn die Ware im Verlauf der Beförderung das Zollgebiet der Union nur vorübergehend verlässt und kein Zwischenstopp außerhalb des Zollgebiets der Union erfolgt.

7. Pflicht zur unverzüglichen Unterrichtung (Art. 137 UZK)

Können die Beförderungspflichten nach Art. 135 Abs. 1 UZK aufgrund eines unvorhersehbaren Ereignisses oder höherer Gewalt (z.B. Naturkatastrophen) nicht erfüllt werden, so muss die verpflichtete Person unverzüglich (= ohne schuldhaftes Zögern) die Zollbehörden unterrichten und ggf. den Ort der Waren angeben.

Eine entsprechende Unterrichtungspflicht trifft auch den Verbringer, der entgegen Art. 135 Abs. 6 UZK infolge eines unvorhersehbaren Ereignisses oder höherer Gewalt im Zollgebiet der Union anlegt bzw. landet.

Die Zollbehörden bestimmen anschließend, welche Maßnahmen zu treffen sind, um die zollamtliche Überwachung zu ermöglichen.

Schema 6
Gestellung

I. Rechtsgrundlagen

Die Gestellung ist in Art. 139 UZK geregelt. Diese Norm wird ergänzt durch Art. 115 DA und Art. 190 IA. Mit der Gestellung soll die Zollbehörde über die Ankunft der Waren bei der Zollstelle informiert werden und die Möglichkeit erhalten, Zollkontrollen durchzuführen.

§ **Art. 5 Nr. 33 UZK – Begriffsbestimmungen** ***(Definition „Gestellung")***

„Gestellung" ist die Mitteilung an die Zollbehörden, dass Waren bei der Zollstelle oder an einem anderen von den Zollbehörden bezeichneten oder zugelassenen Ort eingetroffen sind und für Zollkontrollen zur Verfügung stehen.

Die Gestellung besteht folglich aus folgenden Elementen:

Tatsächliche Elemente	Formales Element
Eintreffen der Waren Die Waren müssen sich am Amtsplatz der zuständigen Zollstelle oder an dem von ihr zugelassenen Ort befinden. **Zur Verfügung stehen für Zollkontrollen** Es muss möglich sein, die Waren Zollkontrollen zu unterziehen.	**Mitteilung** Es muss eine Gestellungsmitteilung, also eine empfangsbedürftige Erklärung, gegenüber der Zollstelle erfolgen.

II. Regelungen im Einzelnen

1. Gestellungspflicht

Grundsätzlich sind alle Waren, die in das Zollgebiet der Union verbracht werden, gem. Art. 139 Abs. 1 UZK zu gestellen, d.h., es ist für sämtliche Waren eine Gestellungsmitteilung abzugeben.

Ein Verstoß gegen die Gestellungspflicht kann zu zollschuldrechtlichen Konsequenzen führen.

Ausnahme gem. Art. 139 Abs. 2 UZK

Im See- und Luftverkehr erfolgt die Gestellung nur an dem See- oder Flughafen, an dem die Waren endgültig ab- oder umgeladen werden.

Ausnahmen gem. Art. 139 Abs. 6 UZK

Für folgende Waren- und Verkehrsarten finden Sonderregeln Anwendung, sofern die Möglichkeiten für die zollamtliche Überwachung und für Zollkontrollen dadurch nicht beeinträchtigt werden:

- **In Grenzgebieten beförderte Waren** (sog. Grenzverkehr): z.B. durch Berufspendler oder im Rahmen grenzdurchschnittener Betriebe
- **In Rohrleitungen und Kabeln beförderte Waren**: z.B. Gas, Strom
- **Wirtschaftlich unbedeutender Verkehr**: z.B. Briefe, Postkarten und Drucksachen oder deren elektronische Pendants auf anderen Datenträgern
- **Von Reisenden mitgeführte Waren** (sog. Reiseverkehr): Die Personenbewegung und nicht die Warenbewegung steht im Vordergrund. Es ist nicht der Grund der Reise (privat oder gewerblich) maßgebend.

Diese Regelung entspricht Art. 135 Abs. 5 UZK, der gleichlautende Ausnahmen für die Beförderungspflichten normiert. Es ist nämlich Folgendes zu beachten:

Wenn eine Beförderungspflicht nach Art. 135 Abs. 1 UZK besteht, dann besteht grundsätzlich auch eine Gestellungspflicht nach Art. 139 Abs. 1 UZK. Liegt jedoch eine Ausnahme bezüglich der Beförderungspflicht vor (vgl. Art. 135 Abs. 5 UZK), dann bedarf es auch einer entsprechenden Ausnahme bei der Gestellungspflicht.

Ausnahme gem. Art. 136 UZK

Eine Gestellung ist zudem im Luft- und Seeverkehr bei direkter Beförderung zwischen zwei im Zollgebiet der Union gelegenen Orten nicht erforderlich, wenn die Ware im Verlauf der Beförderung das Zollgebiet der Union nur vorübergehend verlässt und kein Zwischenstopp außerhalb des Zollgebiets der Union erfolgt.

2. Gestellungspflichtiger

a) Verpflichtete Personen, Art. 139 Abs. 1 a) bis c) UZK

Folgende Personen sind zur Gestellung verpflichtet: Die Person,

- die die Waren in das Zollgebiet der Union verbracht hat (sog. Verbringer),

ⓘ Verbringer ist jede natürliche Person, die die Waren in das Zollgebiet der Union bringt.

- in deren Namen oder in deren Auftrag der Verbringer handelt,
- die nach dem Verbringen der Waren die Verantwortung für die Weiterbeförderung übernommen hat (z.B. nach Umladung, vgl. Art. 135 Abs. 3 UZK).

b) Alternative Personen, Art. 139 Abs. 3 UZK

Anstelle der Personen i.S.d. Abs. 1 kann auch eine der folgenden in Art. 139 Abs. 3 UZK genannten Personen gestellen:

- die Person, die die Waren unverzüglich in ein Zollverfahren überführt (= Zollanmelder),
- der Bewilligungsinhaber für den Betrieb von Lagerstätten (= Inhaber des Verwahrungslagers, vgl. Art. 148 UZK),
- die Person, die eine Tätigkeit in einer Freizone ausübt.

Dies ist jedoch nur ungeachtet der Verpflichtung der Personen i.S.d. Abs. 1 möglich. Deren Pflichtenstellung bleibt also erhalten, auch wenn andere die Gestellung übernehmen.

3. Form der Gestellung(smitteilung)

Entsprechend dem Grundsatz in Art. 6 Abs. 1 UZK ist die Gestellungsmitteilung stets mit Mitteln der elektronischen Datenverarbeitung abzugeben.

Gemäß Art. 145 Abs. 8 b) UZK kann die Anmeldung zur vorübergehenden Verwahrung gleichzeitig als Gestellung(smitteilung) verwendet werden, soweit sie den Voraussetzungen in Art. 139 UZK entspricht.

Ferner können die Zollbehörden gem. Art. 190 IA zulassen, dass für die Gestellung Hafen- oder Flughafensysteme oder andere Methoden der Informationsübermittlung verwendet werden.

4. Inhalt der Gestellung(smitteilung)

a) Referenzierungspflicht auf die ESumA gem. Art. 139 Abs. 4 UZK

Der Gestellende hat die Pflicht, bei der Gestellung auf die ESumA Bezug zu nehmen.

Praktisch geschieht dies, indem die Registriernummer der ESumA in der elektronischen Anmeldung zur vorübergehenden Verwahrung, die gem. Art. 145 Abs. 8 UZK als Gestellungsmitteilung verwendet wird, angegeben wird.

Wird anstatt der ESumA gem. Art. 130 UZK eine Zollanmeldung oder eine Anmeldung zur vorübergehenden Verwahrung mit den erforderlichen Angaben abgeben, dann ist bei der Gestellung auf diese Anmeldungen Bezug zu nehmen.

> **Verspätete/Fehlende ESumA**
>
> Wurde bis zur Gestellung keine ESumA abgegeben, ist gem. Art. 139 Abs. 4 UZK die ESumA oder an ihrer Stelle eine Zollanmeldung oder eine Anmeldung zur vorübergehenden Verwahrung unverzüglich abzugeben.

b) Ausnahmen von der Referenzierungspflicht

Die Referenzierungspflicht besteht nicht, wenn keine ESumA nach Art. 127 Abs. 2 UZK erforderlich ist.

5. Ort der Gestellung

Die verbrachten Waren sind gem. Art. 139 Abs. 1 UZK bei der bezeichneten Zollstelle oder an einem anderen von den Zollbehörden bezeichneten oder zugelassenen Ort zu gestellen.

In Deutschland sind gem. § 17 Abs. 2 S. 2 ZollVG die HZÄ und ihre Dienststellen Zollstellen i.S.d. UZK. Welche dieser Zollstellen die i.S.d. § 139 Abs. 1 UZK zuständige Zollstelle ist, legt § 7 ZollV abhängig vom Verkehrsweg fest. Demnach handelt es sich bei der ersten an der Zollstraße gelegenen Zollstelle um die ‚bezeichnete Zollstelle".

Ausnahmsweise lassen die Zollbehörden auch einen anderen Ort für die Gestellung zu. Hinsichtlich der Zulassung ist jedoch Art. 115 Abs. 1 DA zu beachten.

6. Zeitpunkt der Gestellung

Gemäß Art. 139 Abs. 1 UZK sind die verbrachten Waren unverzüglich bei Ankunft bei der Zollstelle oder dem zugelassenen Ort zu gestellen.

7. Rechte und Pflichten im Umgang mit der gestellten Ware

Um den Zollbehörden jederzeit Zollkontrollen der gestellten Waren zu ermöglichen, bestehen folgende Rechte und Pflichten im Umgang mit den gestellten Waren:

- Gemäß Art. 139 Abs. 7 UZK dürfen die Waren nicht ohne Zustimmung der Zollbehörden vom Ort der Gestellung entfernt werden.
- Gemäß Art. 140 Abs. 1 UZK ist ein Ab- oder Umladen der Waren nur mit Bewilligung der Zollbehörden erlaubt. Ausnahmsweise ist eine Bewilligung entbehrlich, wenn sofortiges Abladen wegen unmittelbarer Gefahr erforderlich ist. In diesem Fall sind jedoch die Zollbehörden unverzüglich zu unterrichten.
- Gemäß Art. 140 Abs. 2 UZK besteht eine Pflicht zum Abladen und Auspacken auf Verlangen der Zollbehörden, damit diese eine Beschau der Waren, der Beförderungsmittel oder eine Entnahme von Proben und Mustern vornehmen können.

Schema 7
Vorübergehende Verwahrung

I. Rechtsgrundlagen

Regelungen zur vorübergehenden Verwahrung finden sich in den Art. 144 bis 149 UZK. Ergänzt werden diese durch die Art. 115 bis 118 DA und Art. 191 bis 193 IA.

§ **Art. 5 Nr. 17 UZK – Begriffsbestimmungen** ***(Definition „Vorübergehende Verwahrung“)***

„vorübergehende Verwahrung“ ist das vorübergehende Lagern von Nicht-Unionswaren unter zollamtlicher Überwachung in dem Zeitraum zwischen ihrer Gestellung und ihrer Überführung in ein Zollverfahren oder ihrer Wiederausfuhr.

Gemäß Art. 144 UZK befinden sich die Nicht-Unionswaren ab dem Zeitpunkt ihrer Gestellung in der vorübergehenden Verwahrung. Diese endet gem. Art. 149 UZK mit der Überführung der Nicht-Unionswaren in ein Zollverfahren bzw. mit ihrer Wiederausfuhr. Die Beendigung der vorübergehenden Verwahrung hat innerhalb von 90 Tagen zu erfolgen.

Spätestens mit Beginn der vorübergehenden Verwahrung muss gem. Art. 145 Abs. 3 UZK eine Anmeldung zur vorübergehenden Verwahrung abgegeben werden.

II. Regelungen im Einzelnen

1. Anmeldung zur vorübergehenden Verwahrung

§ **Art. 5 Nr. 11 UZK – Begriffsbestimmungen** ***(Definition „Anmeldung zur vorübergehenden Verwahrung“***

„Anmeldung zur vorübergehenden Verwahrung“ ist die Handlung, durch die eine Person in der vorgeschriebenen Art und Weise angibt, dass sich Waren in der vorübergehenden Verwahrung befinden.

a) Anmeldepflicht

Die Pflicht zur Abgabe einer Anmeldung zur vorübergehenden Verwahrung gilt gem. Art. 145 Abs. 1 UZK für gestellte Nicht-Unionswaren.

Klarstellend ist nochmals in Art. 145 Abs. 9 UZK geregelt, dass eine solche Anmeldung nicht abzugeben ist, wenn bei der Gestellung gem. Art. 153 bis 156 UZK festgestellt wurde, dass es sich bei den gestellten Waren um Unionswaren handelt.

b) Anmeldepflichtiger

Gemäß Art. 145 Abs. 3 UZK ist die Anmeldung zur vorübergehenden Verwahrung „von einer der in Art. 139 Abs. 1 oder 2 UZK genannten Personen“ abzugeben.

In Art. 139 Abs. 2 UZK sind keine gestellenden Personen genannt. Hier liegt ein redaktionelles Versehen vor. Vielmehr hätte hier ein Verweis auf Art. 139 Abs. 3 UZK erfolgen müssen.

Personen gem. Art. 139 Abs. 1 UZK:

- Verbringer
- Auftraggeber des Verbringers
- Verantwortlicher für die Weiterbeförderung

Personen gem. Art. 139 Abs. 3 UZK:

- Zollanmelder
- Inhaber des Verwahrungslagers
- Person, die eine Tätigkeit in einer Freizone ausübt

c) Zeitpunkt der Abgabe

Gemäß Art. 145 Abs. 3 UZK ist die Anmeldung zur vorübergehenden Verwahrung spätestens bei der Gestellung abzugeben.

d) Inhalt der Anmeldung

Gemäß Art. 145 Abs. 1 UZK muss die Anmeldung zur vorübergehenden Verwahrung alle Angaben, die erforderlich sind für die Anwendung der Vorschriften über die vorübergehende Verwahrung, enthalten. Um welche Angaben es sich im Einzelnen handelt, kann den gemeinsamen Datenanforderungen i.S.d. Art. 6 Abs. 2 UZK entnommen werden. Diese befinden sich gem. Art. 2 Abs. 2 DA im Anhang B.

Verwendung der Anmeldung zur vorübergehenden Verwahrung auch für andere Mitteilungen gem. Art. 145 Abs. 8 UZK

Soweit die Bedingungen des Art. 133 bzw. Art 139 UZK erfüllt sind, kann die Anmeldung zur vorübergehenden Verwahrung auch als Ankunftsmeldung oder Gestellung(smitteilung) verwendet werden.

Unterlagen sind nach Maßgabe des Unionsrechts oder soweit für die Zollkontrollen erforderlich gem. Art. 145 Abs. 2 UZK beizubringen.

Die Anmeldung zur vorübergehenden Vewahrung muss gem. Art. 145 Abs. 4 UZK eine Bezugnahme auf die ESumA, die für die gestellten Waren abgegeben wurde, enthalten. Diese Pflicht entspricht der Referenzierungspflicht im Rahmen der Gestellung gem. Art. 139 Abs. 4 UZK. Praktisch erfolgt dies durch Angabe der Registriernummer der ESumA in der Anmeldung zur vorübergehenden Verwahrung.

Ausnahmen von der Referenzierungspflicht bestehen, wenn

- keine ESumA nach Art. 127 Abs. 2 UZK erforderlich ist,
- die Waren sich bereits in der vorübergehenden Verwahrung befanden,
- die Waren bereits in ein Zollverfahren übergeführt worden sind und das Zollgebiet der Union nicht verlassen haben.

e) Form der Anmeldung

Entsprechend dem Grundsatz in Art. 6 Abs. 1 UZK ist die Anmeldung zur vorübergehenden Verwahrung stets mit Mitteln der elektronischen Datenverarbeitung abzugeben.

Zudem können die Zollbehörden folgende Formen für die Anmeldung zur vorübergehenden Verwahrung zulassen:

■ in Form einer Bezugnahme auf die ESumA (Art. 145 Abs. 5 a) UZK) ■ in Form eines Beförderungsdokuments (Art. 145 Abs. 5 b) UZK) ■ durch Verwendung von Handels-, Hafen- oder Verkehrsinformationssystemen (Art. 145 Abs. 6 UZK)	Die erforderlichen Angaben gem. Art. 145 Abs. 1 UZK und die Bezugnahme auf die ESumA müssen enthalten sein.

- durch vorzeitige Zollanmeldung (Art. 192 IA)

f) Überprüfung der Angaben, Art. 145 Abs. 7 UZK

Nach Art. 145 Abs. 7 UZK sind die Vorschriften zur Überprüfung der Zollanmeldung (Art. 188 bis 193 UZK) anzuwenden.

2. Pflichten aus der vorübergehenden Verwahrung

ⓘ Ein Verstoß gegen diese Pflichten kann zu zollschuldrechtlichen Konsequenzen führen.

a) Beendigung innerhalb der 90-Tage-Frist

Nach der Gestellung sind die Waren gem. Art. 149 UZK innerhalb von 90 Tagen in ein Zollverfahren zu überführen oder wiederauszuführen.

Die Fristberechnung erfolgt gem. Art. 55 Abs. 2 UZK i.V.m. Art. 3 FristenVO.

ⓘ Es reicht aus, wenn der Wirtschaftsbeteiligte die Zollanmeldung innerhalb der 90 Tage abgibt. Eine Überlassung ist innerhalb dieser Frist nicht erforderlich!

Um überprüfen zu können, ob die vorübergehende Verwahrung gem. Art. 149 UZK ordnungsgemäß beendet wurde, wird die Anmeldung zur vorübergehenden Verwahrung gem. Art. 145 Abs. 10 UZK von den Zollbehörden einbehalten.

b) Erhaltungsbehandlung

Entsprechend dem Nämlichkeitsprinzip ist grundsätzlich keine Behandlung der vorübergehend verwahrten Ware erlaubt.

Es sind jedoch gem. Art. 147 Abs. 2 UZK Erhaltungsbehandlungen erlaubt, die gerade eine Veränderung des Zustands der Ware verhindern sollen, z.B.

- das Kühlen von Lebensmitteln oder
- das Füttern von Tieren.

Dies darf jedoch nicht zu einer Veränderung der Aufmachung oder der technischen Merkmale führen.

ⓘ **Keine übliche Behandlung zulässig**

In der vorübergehenden Verwahrung sind übliche Behandlungen gem. Art. 220 UZK unzulässig. Es handelt sich bei üblichen Behandlungen nicht um Erhaltungsbehandlungen i.S.v. Art. 147 Abs. 2 UZK.

c) Verbleib der Ware während der vorübergehenden Verwahrung

Gemäß Art. 147 Abs. 1 UZK dürfen die Waren, die sich in der vorübergehenden Verwahrung befinden, ausschließlich in Verwahrungslagern oder in begründeten Fällen an anderen von den Zollbehörden bezeichneten oder zugelassenen Orten verwahrt werden.

Gemäß Art. 148 UZK bedarf es für den Betrieb eines Verwahrungslagers einer Bewilligung der Zollbehörden. Die Bewilligungsvoraussetzungen und -inhalte sind in Art. 148 UZK i.V.m. Art. 116 bis 118 DA sowie Art. 191 und 193 IA geregelt.

Hinsichtlich der Zulassung eines anderen Ortes als ein Verwahrungslager ist Art. 115 Abs. 2 DA zu beachten.

Verantwortung des Inhabers des Verwahrungslagers bzw. Verwahrer gem. Art. 147 Abs. 3 UZK

- Sicherstellung, dass die Waren, die sich in der vorübergehenden Verwahrung befinden, nicht der zollamtlichen Überwachung entzogen werden
- Erfüllung der Pflichten, die sich aus der vorübergehenden Verwahrung ergeben

Schema 8
Zollanmeldung

I. Rechtsgrundlagen

Regelungen zur Zollanmeldung finden sich im UZK im Titel V Kapitel 2 (Art. 158 bis 187 UZK). Diese werden ergänzt durch die Art. 134 bis 152 DA, die sich insbesondere mit den Formen der Zollanmeldung befassen, und die Art. 216 bis 237 IA.

§

Art. 5 Nr. 12 UZK – Begriffsbestimmungen ***(Definition „Zollanmeldung")***

„Zollanmeldung" ist die Handlung, durch die eine Person in der vorgeschriebenen Art und Weise die Absicht bekundet, Waren in ein bestimmtes Zollverfahren überzuführen, gegebenenfalls unter Angabe der dafür in Anspruch zu nehmenden besonderen Regelung.

Die Zollanmeldung ist folglich eine Handlung des Wirtschaftsbeteiligten, mit der er die Überführung in das betreffende Zollverfahren beantragt. Ohne Zollanmeldung ist eine Überführung in ein Zollverfahren nicht möglich.

II. Regelungen im Einzelnen

1. Anmeldegrundsatz, Art. 158 Abs. 1 UZK

Gemäß Art. 158 Abs. 1 UZK ist für alle Waren, die in ein Zollverfahren – mit Ausnahme des Freizonenverfahrens – übergeführt werden sollen, eine Zollanmeldung zu dem jeweiligen Verfahren erforderlich.

ⓘ

Aufzählung der Zollverfahren gem. Art. 5 Nr. 16 UZK

a) Überlassung zum zollrechtlich freien Verkehr (siehe auch Art. 201 UZK)

b) besondere Verfahren (siehe auch Art. 210 UZK)

Art. 210 a) Versand – intern und extern

Art. 210 b) Lagerung – Zolllager und Freizonen

Art. 210 c) Verwendung – vorübergehende Verwendung und Endverwendung

Art. 210 d) Veredelung – aktive und passive Veredelung

c) Ausfuhr

2. Wahlfreiheit, Art. 150 Abs. 1 UZK

Nach Art. 150 Abs. 1 UZK kann der Anmelder das Zollverfahren, in das die Waren überführt werden sollen, unter den für dieses Verfahren geltenden Voraussetzungen frei wählen, sofern nichts anderes bestimmt ist.

Eine Einschränkung dieser Wahlfreiheit aufgrund der Beschaffenheit, der Menge oder des Ursprungs-, Herkunfts- oder Bestimmungslands der Ware gibt es nicht.

3. Zollanmelder

Zentrale Rolle bei der Überführung der Waren in ein Zollverfahren spielt der Zollanmelder.

§ **Art. 5 Nr. 15 UZK – Begriffsbestimmungen** ***(Definition „Anmelder")***

„Anmelder" ist die Person, die **in eigenem Namen eine Zollanmeldung**, eine Anmeldung zur vorübergehenden Verwahrung, eine summarische Eingangsanmeldung, eine summarische Ausgangsanmeldung, eine Wiederausfuhranmeldung oder eine Wiederausfuhrmitteilung abgibt oder die Person, **in deren Namen diese Anmeldung** oder Mitteilung abgegeben wird.

Demnach sind die folgenden Personen Zollanmelder:

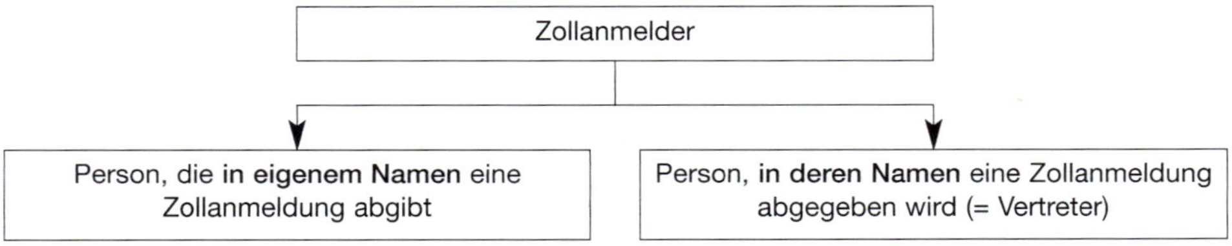

ⓘ **Exkurs: Der Zollvertreter**

Definition „Zollvertreter" gem. Art. 5 Nr. 6 UZK

„Zollvertreter" ist jede Person, die von einer anderen Person dazu bestellt wurde, für deren Geschäftsverkehr mit den Zollbehörden die Handlungen vorzunehmen und Formalitäten zu erfüllen, die im Rahmen der zollrechtlichen Vorschriften erforderlich sind.

Arten der Zollvertretung gem. Art. 18 Abs. 1 UZK

	Indirekt	**Direkt**
Der Vertreter handelt:	▪ im eigenen Namen und ▪ für fremde Rechnung	▪ im fremden Namen und ▪ für fremde Rechnung
Anmelder:	▪ der Vertreter	▪ der Vertretene

> **Beachte: Vertreter ohne Vertretungsmacht, Art. 19 Abs. 1 UAbs. 2 UZK**
>
> Verheimlicht der Vertreter das Vertretungsverhältnis oder gibt er vor, Stellvertreter zu sein, obwohl er keine Vertretungsmacht besitzt, dann gilt er als in eigenem Namen und für eigene Verantwortung handelnd.
>
> Damit wird er zum Anmelder (Art. 5 Nr. 15 UZK).

Gemäß Art. 170 Abs. 1 UZK kann nur die Person Zollanmelder sein, die in der Lage ist,

- sämtliche Informationen beizubringen, die für das Zollverfahren erforderlich sind (z.B. Vorlage der Unterlagen gem. Art. 163 Abs. 1 UZK) und
- die betreffende Ware zu gestellen oder gestellen zu lassen.

Zudem muss der Zollanmelder folgende Voraussetzungen erfüllen:

- Führt die Annahme einer Zollanmeldung zu bestimmten Verpflichtungen für eine bestimmte Person, dann darf die Zollanmeldung nur von dieser Person oder für ihre Rechnung abgegeben werden (Art. 170 Abs. 1 UAbs. 2 UZK).
- Der Anmelder muss grundsätzlich im Zollgebiet der Union ansässig sein (Art. 170 Abs. 2 UZK).

§

> **Art. 5 Nr. 31 UZK – Begriffsbestimmungen** ***(Definition „im Zollgebiet der Union ansässige Person“)***
>
> Eine „im Zollgebiet der Union ansässige Person“ ist
>
> a) eine natürliche Person, die ihren gewöhnlichen Wohnsitz im Zollgebiet der Union hat,
>
> b) eine juristische Person oder eine Personenvereinigung, die ihren eingetragenen Sitz, ihren Hauptsitz oder ihre ständige Niederlassung im Zollgebiet der Union hat.

Gemäß Art. 170 Abs. 3 UZK ist in folgenden Fällen eine Ansässigkeit des Anmelders, im Zollgebiet der Union nicht erforderlich:

- bei Versandverfahren und vorübergehender Verwendung,
- bei nur gelegentlichen Zollanmeldungen, sofern die Zollbehörden dies für gerechtfertigt halten,
- bei Ansässigkeit im Nachbarstaat zur Grenzzollstelle, wenn das Nachbarland den gleichen Vorteil den im Zollgbiet der Union ansässigen Personen gewährt.

4. Ort der Abgabe der Zollanmeldung

Die Zollanmeldung ist bei der Zollstelle abzugeben, die auch für die bei Überführung der Waren in das jeweilige Zollverfahren zuständig ist. Grundsätzlich ist dies die Zollstelle, wo die Waren auch gestellt worden sind (Art. 159 Abs. 3 UZK).

5. Zeitpunkt der Abgabe der Zollanmeldung

Aus Art. 149 UZK folgt der späteste Zeitpunkt für die Abgabe der Zollanmeldung. Demnach sind die gestellten Waren innerhalb von 90 Tagen in ein Zollverfahren zu überführen oder wiederauszuführen. Folglich muss der Wirtschaftsbeteiligte (vgl. zum Begriff Art. 5 Nr. 5 UZK) spätestens 90 Tage nach Gestellung eine ordnungsgemäße Zollanmeldung für das gewünschte Zollverfahren abgeben.

Daneben besteht gem. Art. 171 UZK die Möglichkeit, die Zollanmeldung bereits 30 Tage vor Gestellung der Waren abzugeben. Werden dann die Waren nicht gestellt, so gilt die Zollanmeldung als nicht abgegeben.

Beachte: Zollanmeldung vor Gestellung gem. Art. 171 UZK

Wird die Zollanmeldung gem. Art. 171 UZK bereits vor der Gestellung abgegeben (sog. ZvG), so kann sie gem. Art. 192 IA als Anmeldung zur vorübergehenden Verwahrung behandelt werden.

Da die Anmeldung zur vorübergehenden Verwahrung unter Umständen auch als Ankunftsmeldung und als Gestellungsmitteilung verwendet werden kann (siehe Art. 145 Abs. 8 UZK), kann auch die ZvG diese Mitteilungen ersetzen.

Zudem kann die ZvG gem. Art. 130 Abs. 1 UZK als ESumA verwendet werden, wenn sie die erforderlichen Angaben enthält und vor Ablauf der Frist für die Abgabe der ESumA abgegeben wird.

6. Formen und Inhalt der Zollanmeldung

a) Grundsatz: elektronische Zollanmeldung

Entsprechend dem Grundsatz in Art. 6 Abs. 1 UZK hat die Abgabe der Zollanmeldung mit Mitteln der elektronischen Datenverarbeitung zu erfolgen. In Deutschland wird dafür das System ATLAS genutzt.

Bei den elektronischen Zollanmeldungen wird zwischen Standardzollanmeldungen und Vereinfachungen nach Art. 166 und 182 UZK unterschieden. Die Standardzollanmeldung enthält gem. Art. 162 UZK die für das jeweilige Zollverfahren erforderlichen Angaben. Um welche Angaben es sich im Einzelnen handelt, kann den gemeinsamen Datenanforderungen i.S.d. Art. 6 Abs. 2 UZK entnommen werden. Diese befinden sich gem. Art. 2 Abs. 2 DA im Anhang B. Unterlagen müssen nach Art. 163 Abs. 1 UZK zum Zeitpunkt der Abgabe der Zollanmeldung im Besitz des Anmelders sein und für die Zollbehörden bereitgehalten werden. Als Vereinfachungen sind die vereinfachte Zollanmeldung, in der gem. Art. 166 Abs. 1 UZK bestimmte in Art. 162 UZK genannte Angaben und/oder in Art. 163 UZK genannte Unterlagen fehlen, und die Zollanmeldung mittels Anschreibung in der Buchführung gem. Art. 182 Abs. 1 UZK vorgesehen. Es ist auch eine Kombination aus vereinfachter Zollanmeldung und Anschreibeverfahren möglich.

b) Ausnahme: andere Formen

Ausnahmsweise kann gem. Art. 158 Abs. 2 UZK die Zollanmeldung auch mit anderen Mitteln als der elektronischen Datenverarbeitung erfolgen. Diese Ausnahmen sind gem. Art. 6 Abs. 3 a) UZK dauerhaft vorgesehen, wenn dies aufgrund der Beförderungsart gerechtfertigt ist oder wenn die Nutzung von Mitteln der elektronischen Datenverarbeitung für die betreffenden Zollformalitäten nicht angemessen ist. Konkretisiert werden diese Fälle in den Art. 135 bis 141 DA. Demnach sind mündliche oder konkludente Zollanmeldungen unter bestimmten Voraussetzungen für die dort genannten Zollverfahren zulässig. Schriftliche Zollanmeldungen können nur noch gem. Art. 6 Abs. 1 b) UZK als Notfallverfahren bei Ausfall des Computerverfahrens oder gem. Art. 143 DA von Reisenden für ihre mitgeführten Waren abgegeben werden.

7. Annahme der Zollanmeldung

Gemäß Art. 172 Abs. 1 UZK werden die Zollanmeldungen, die die Anforderungen des Kapitels 2 in Titel V erfüllen, von den Zollbehörden unverzüglich angenommen, sofern die betreffenden Waren den Zollbehörden gestellt wurden. In diesem Fall besteht also ein Anspruch des Anmelders auf Annahme seiner Anmeldung.

Falls die Voraussetzungen des Art. 172 Abs. 1 UZK nicht erfüllt sind, ist die Zollanmeldung nicht anzunehmen. In Deutschland sind zudem Gründe für die Nichtannahme der Zollanmeldung in § 7 ZollVG konkretisiert.

Artikel 172 Abs. 2 UZK bestimmt die Annahme der Zollanmeldung als maßgebenden Zeitpunkt für alle Einfuhr- und Ausfuhrförmlichkeiten, wenn nichts anderes bestimmt ist.

8. Überprüfung der Zollanmeldung

Die Zollbehörden haben gem. Art. 188 UZK folgende Möglichkeiten, die **angenommene** Zollanmeldung zu überprüfen:

a) Prüfung der (Angaben der) Zollanmeldung und der Unterlagen b) Aufforderung des Anmelders, weitere Unterlagen beizubringen	**Unterlagen**prüfung
c) Beschau der Waren d) Entnahme von Mustern und Proben	**Waren**prüfung

Diese Überprüfungsmöglichkeiten können gesondert oder miteinander kombiniert angewandt werden. Sie stellen belastende Entscheidungen der Zollbehörden i.S.d. Art. 5 Nr. 39 UZK dar und stehen in deren Ermessen.

a) Unterlagenprüfung, Art. 188 a) und b) UZK

aa) Arten der Unterlagenprüfung

Die Unterlagenprüfung kann erfolgen in Form einer

- Überprüfung der Angaben der Zollanmeldung auf Richtigkeit,
- Überprüfung der Unterlagen auf Richtigkeit und/oder
- Aufforderung des Anmelders, weitere Unterlagen beizubringen.

Allgemeine Verantwortlichkeit des Anmelders gem. Art. 15 Abs. 2 UZK

- für die Richtigkeit und Vollständigkeit der Angaben in der Anmeldung
- für die Echtheit, Richtigkeit und Gültigkeit der beigefügten Unterlagen

Gemäß Art. 15 Abs. 2 UAbs. 3 UZK gelten diese Pflichten auch für den Zollvertreter.

bb) Ergebnis der Unterlagenprüfung

Gemäß Art. 191 Abs. 1 UZK wird das Ergebnis der Unterlagenprüfung für das angemeldete Zollverfahren zugrunde gelegt.

- Die Zollbehörde vermerkt das Ergebnis der Unterlagenprüfung gem. Art. 243 Abs. 1 UAbs. 1 IA und unterrichtet gem. Art. 243 Abs. 2 IA den Anmelder.
- Das Ergebnis hat im ganzen Zollgebiet der Union Beweiskraft gem. Art. 191 Abs. 3 UZK.

b) Warenprüfung, Art. 188 c) und d) UZK

Neben einer reinen Unterlagenprüfung können die Zollbehörden auch einen tatsächlichen Abgleich der Angaben in der Zollanmeldung mit der gestellten Ware vornehmen (Soll-Ist-Vergleich). Dies erfolgt im Rahmen einer Warenbeschau, mit der die Menge und/oder Beschaffenheit der Ware ermittelt wird. Zudem können Muster und Proben der Waren entnommen werden, wenn zur Bestimmung der Warenbeschaffenheit eine Analyse oder eingehende Prüfung erforderlich ist.

c) Beschau

aa) Mitteilung der Zollbehörden

Die Zollbehörde bestimmt den Zeitpunkt und Ort der Beschau oder Probenentnahme und teilt dies dem Anmelder mit (Art. 238 UAbs. 1 IA).

Auf Antrag des Anmelders kann die Beschau oder Probenentnahme auch an einem anderen Ort als der Zollstelle und außerhalb der Öffnungszeiten erfolgen (= kostenpflichtige Amtshandlung) (Art. 238 UAbs. 2 IA).

Beschließt die Zollbehörde nur einen Teil der Waren zu beschauen, teilt sie dem Anmelder mit, welche Warenpositionen betroffen sind (Art. 239 Abs. 1 IA).

bb) Arten der Beschau, vgl. Z 0701 Abs. 39

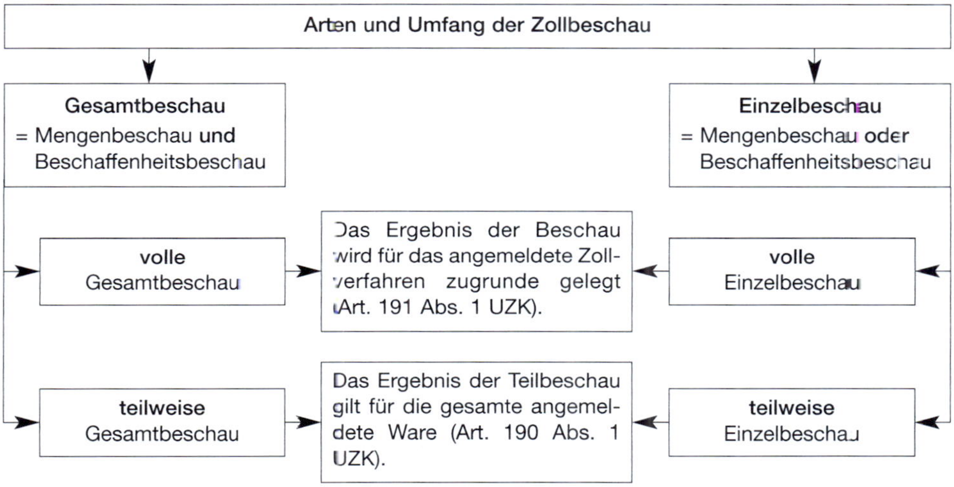

Die Beschau kann in Mengenbeschau und Beschaffenheitsbeschau unterschieden werden. Die Mengenbeschau dient der Ermittlung der Warenmenge in der jeweils vorgesehenen Maßeinheit. Zweck der Beschaffenheitsbeschau ist die Ermittlung von Merkmalen der Ware, die für die Einreihung in den Zolltarif (Tarifbeschau) oder ihren Wert (Wertbeschau) maßgebend sind.

Die Mengen- und die Beschaffenheitsbeschau können zusammen (Gesamtbeschau) oder jeweils für sich allein (Einzelbeschau) erfolgen. Wird die Gesamt- bzw. die Einzelbeschau bei sämtlichen Waren vorgenommen, so wird sie als „volle Beschau" bezeichnet. Wird hingegen nur ein Teil einer Warenposition überprüft (vgl. Art. 190 Abs. 2 UZK), so bezeichnet man diese Beschau als „teilweise Beschau" bzw. „Teilbeschau".

cc) Ergebnis der Beschau/Probenentnahme

- **bei einer Gesamtbeschau:** Das Ergebnis der Beschau wird gem. Art. 191 Abs. 1 UZK für das angemeldete Zollverfahren zugrunde gelegt.
- **bei einer Teilbeschau oder Probenentnahme:** Das Ergebnis der Beschau bzw. Probenanalyse gilt gem. Art. 190 Abs. 1 UAbs. 1 UZK für alle angemeldeten Waren. Zweifelt der Anmelder die Übertragbarkeit des Ergebnisses

der Teilbeschau bzw. Probenanalyse auf die restlichen Waren an, kann er gem. Art. 190 Abs. 1 UAbs. 2 UZK eine weitere Beschau oder Probenentnahme beantragen. Nach der Überlassung kann einem solchen Antrag nur stattgegeben werden, wenn der Anmelder nachweist, dass die Ware nicht verändert worden ist (Art. 190 Abs. 1 UAbs. 2 UZK).

Die Zollbehörde vermerkt gem. Art. 243 Abs. 1 UAbs. 1 IA das Ergebnis der Überprüfung und bei einer Teilbeschau gem. Art. 243 Abs.1 UAbs. 1 IA auch, welche Waren beschaut wurden. Zudem unterrichtet sie gem. Art. 243 Abs. 2 IA den Anmelder über die Ergebnisse.

Das Ergebnis hat gem. Art. 191 Abs. 3 UZK im ganzen Zollgebiet Beweiskraft. Damit hat der Beschaubefund die Funktion einer öffentlichen Urkunde. Dementsprechend darf im Beschaubefund nur das vermerkt werden, was auch tatsächlich geprüft und festgestellt worden ist!

d) Pflichten des Anmelders

aa) Unterstützungspflicht, Art. 189 Abs. 1 und 2 UZK

Der Anmelder muss gem. Art. 189 Abs. 1 UZK auf seine Kosten und unter seiner Verantwortung die Waren zum Ort der Beschau bzw. zum Ort der Probenentnahme befördern.

Zudem muss der Anmelder gem. Art. 189 Abs. 1 UZK auf seine Kosten und unter seiner Verantwortung alle erforderlichen Tätigkeiten für die Beschau bzw. die Probenentnahme vornehmen.

Nach Art. 189 Abs. 2 S. 2 und 3 UZK muss der Anmelder in begründeten Fällen auf Verlangen der Zollbehörden bei der Beschau bzw. Probenentnahme anwesend sein und die erforderliche Unterstützung gewähren.

Bei Zuwiderhandlung des Anmelders setzen die Zollbehörden gem. Art. 239 Abs. 2 bzw. Art. 240 Abs. 2 IA eine Frist für seine Anwesenheit oder Unterstützung. Nach erfolglosem Fristablauf nehmen die Zollbehörden die Beschau bzw. Probenentnahme ggf. unter Inanspruchnahme eines Sachverständigen auf Kosten und Gefahr des Anmelders vor.

bb) Duldungspflicht, Art. 189 Abs. 3 UZK

Der Anmelder erhält keinen Schadensersatz für die Waren, die als Muster oder Probe entnommen werden.

Die als Muster/Probe entnommene Menge wird auch nicht von der angemeldeten Menge abgezogen (Art. 240 Abs. 5 IA).

cc) Allgemeine Informations- und Unterstützungspflicht, Art. 15 Abs. 1 UZK

Der Anmelder hat alle erforderlichen Unterlagen und Informationen zu übermitteln sowie die erforderliche Unterstützung zu gewähren, die zur Abwicklung der Zollkontrolle notwendig ist.

Siehe hierzu die „Grafische Übersicht zu den Formen der Zollanmeldung" auf der folgenden Seite.

Grafische Übersicht zu den Formen der Zollanmeldung

Grundsatz

Elektronisch mittels Durchführungsvorschrift
Art. 6 Abs. 1 und Art. 162 UZK

= **ATLAS**
- spezielle Teilnehmervoraussetzungen
- Beteiligten-Identifikationsnummer als Authentifizierung, Art. 170 Abs. 4 UZK

Ausnahmen (Art. 158 Abs. 2 UZK)

Mündlich
Art. 6 Abs. 3 a) UZK,
Art. 135 bis 137 DA

= **verbale** Willensäußerung – nur unter bestimmten Voraussetzungen in folgenden Fällen:
- freier Verkehr
- vorübergehende Verwendung
- (Wieder-)Ausfuhr

Konkludent
Art. 6 Abs. 3 a) UZK,
Art. 138 bis 141 DA

= **andere Form** der Willensäußerung (konkludent) – nur unter bestimmten Voraussetzungen in folgenden Fällen:
- freier Verkehr
- vorübergehende Verwendung
- (Wieder-)Ausfuhr

Schriftlich

= Art. 6 Abs. 3 b) UZK: Notfallverfahren bei Ausfall des Computersystems

= Art. 143 DA: Reisende für Mitgeführte Waren

Standardzollanmeldung
Art. 162 und 163 UZK

= alle erforderlichen Angaben enthaltend, Art. 162 UZK

= Bereithalten aller erforderlichen Unterlagen, Art. 163 Abs. 1 UZK

Vereinfachungen

Vereinfachte Zollanmeldung
Art. 166 bis 169 UZK

= Verzicht auf bestimmte Angaben des Art. 162 UZK in der Zollanmeldung und/oder

= Verzicht auf bestimmte Unterlagen des Art. 163 Abs. 1 UZK in der Zollanmeldung

Anschreibung in der Buchführung
Art. 182 bis 184 UZK

= Anschreibung in der Buchführung gilt als Zollanmeldung, Art. 182 Abs. 1 UZK

+ ggf. Gestellung im Betrieb möglich, Art. 182 Abs. 2 UZK

Abgabe einer ergänzenden Zollanmeldung im Folgemonat, Art. 167 UZK, Art. 146 DA

Bewilligung erforderlich

- gem. Art. 166 Abs. 2 UZK (bei regelmäßiger Inanspruchnahme)
- gem. Art 182 Abs. 1 UZK

Schema 9
Überlassung

I. Rechtsgrundlagen

Die Überlassung der Waren in ein Zollverfahren ist in Art. 194 und 195 UZK geregelt. Ergänzende Regelungen finden sich in Art. 153 und 154 DA und in Art. 246 und 247 IA.

§ **Art. 5 Nr. 26 UZK – Begriffsbestimmungen** ***(Definition „Überlassung von Waren")***
„Überlassung von Waren" ist die Handlung, durch die die Zollbehörden Waren für das Zollverfahren zur Verfügung stellen, in das die betreffenden Waren übergeführt werden.

Mit der Überlassung geben die Zollbehörden die Waren für das jeweilige Zollverfahren frei. Sie stellt eine zollrechtliche Entscheidung i.S.d. Art. 5 Nr. 39 UZK dar, die gem. Art. 154 Abs. 1 DA dem Anmelder mitzuteilen ist.

II. Regelungen im Einzelnen

1. Voraussetzungen für die Überlassung, Art. 194 Abs. 1 UZK

Gemäß Art. 194 Abs. 1 UAbs. 1 UZK können die Waren erst zum angemeldeten Zollverfahren überlassen werden, wenn

- die Voraussetzungen für die Überführung der Waren in das betreffende Verfahren erfüllt sind,
- keine Verbote und Beschränkungen entgegenstehen,
- eine Entscheidung hinsichtlich der Überprüfung der Zollanmeldung getroffen wurde.

a) Voraussetzungen für die Überführung in das angemeldete Zollverfahren

Die Voraussetzungen, die das Zollrecht an die Überführung in ein bestimmtes Zollverfahren stellt, müssen erfüllt sein. So bedarf es beispielsweise für die Überführung in das Zollverfahren der aktiven Veredelung einer Bewilligung gem. Art. 211 Abs. 1 a) UZK. Ohne diese Bewilligung dürfen die Waren nicht zum betreffenden Zollverfahren überlassen werden.

b) Keine entgegenstehenden Verbote und Beschränkungen

Eine Überlassung ist ferner nur möglich, wenn dieser keine Verbote und Beschränkungen entgegenstehen. Können die Zollbehörden erst nach Überprüfung der Ware feststellen, ob sie Verboten oder Beschränkungen unterliegt, so ist das Prüfungsergebnis abzuwarten. Eine vorherige Überlassung ist nach Art. 245 Abs. 2 IA nicht möglich.

c) Entscheidung bezüglich der Überprüfung der Zollanmeldung

Die Waren können gem. Art. 194 Abs. 1 UAbs. 1 UZK überlassen werden, sobald die Angaben in der Zollanmeldung überprüft wurden oder ohne Überprüfung angenommen wurden. Die Überlassung setzt somit eine Entscheidung in Bezug auf die Überprüfung der Zollanmeldung voraus.

Eine Ausnahme enthält insoweit Art. 194 Abs. 1 UAbs. 2 UZK. Demnach ist eine Überlassung trotz laufender Überprüfung der Zollanmeldung möglich,

- wenn die Überprüfung der Zollanmeldung nicht innerhalb einer angemessenen Frist abgeschlossen werden kann (weil z.B. das Laborergebnis noch nicht vorliegt) und
- die Waren für die Zwecke der Überprüfung nicht mehr benötigt werden (weil z.B. genügend Proben entnommen wurden).

Dies gilt jedoch gem. Art. 245 Abs. 1 IA nicht, wenn die laufende Überprüfung der Feststellung dient, ob die Waren Verboten oder Beschränkungen unterliegen.

2. Zusätzliche Voraussetzung gem. Art. 195 Abs. 1 UZK

a) Bei Überführung in den zollrechtlich freien Verkehr

Führt die Überführung in ein Zollverfahren zu einer Zollschuld, so wird die Überlassung gem. Art. 195 Abs. 1 UAbs. 1 UZK von einer zusätzlichen Bedingung abhängig gemacht: der Entrichtung des geschuldeten Einfuhrabgabenbetrags bzw. einer entsprechenden Sicherheitsleistung.

> Da bei Überführung in das Zollverfahren „Überlassung in den zollrechtlich freien Verkehr" eine Zollschuld gem. Art. 77 Abs. 1 a) UZK) entsteht, dürfen die Waren erst dann zu diesem Zollverfahren überlassen werden, wenn der entsprechende Abgabenbetrag entrichtet oder eine Sicherheit geleistet worden ist.

b) Bei anderen Zollverfahren

Bei anderen Zollverfahren hängt die Überlassung der Waren gem. Art. 195 Abs. 1 UAbs. 3 UZK von der Leistung einer Sicherheit ab, wenn das betreffende Zollverfahren eine solche Sicherheitsleistung vorsieht.

Ausnahmen sind in Art. 195 Abs. 2 und 3 UZK geregelt.

3. Rechtsfolgen der Überlassung

Die Überlassung ist die Handlung der Zollbehörden, mit der die Überführung in das betreffende Zollverfahren letztendlich bewirkt wird. Ohne Überlassung ist keine Überführung in ein Zollverfahren möglich.

Mithin erfolgt mit der Überlassung auch die Beendigung der vorübergehenden Verwahrung gem. Art. 149 UZK.

Daneben bewirkt die Überlassung zum zollrechtlich freien Verkehr gem. Art. 201 Abs. 3 UZK den Statuswechsel von einer Nicht-Unionsware zur Unionsware. Damit endet auch die zollamtliche Überwachung der Nicht-Unionswaren gem. Art. 134 Abs. 1 UAbs. 4 UZK.

Schema 10
Grundschema der Prüfung einer Bewilligung

Ist die Prüfungsfrage darauf gerichtet, dass auf die Bewilligung für ein bestimmtes Verfahren eingegangen werden soll, empfiehlt sich nachfolgender Prüfungsaufbau.

I. Verfahren

Zunächst ist das in Betracht kommende Verfahren zu prüfen. Dabei ist auf die Norm abzustellen, die den sachlichen Geltungsbereich des Zollverfahrens beschreibt.

Wird beispielsweise die Bewilligung einer aktiven Veredelung beantragt, sind die Voraussetzungen von Art. 256 Abs. 1 UZK zu prüfen.

§ **Art. 256 Abs. 1 UZK – Geltungsbereich**

Unbeschadet des Artikels 223 können Nicht-Unionswaren in der aktiven Veredelung im Zollgebiet der Union Veredelungsvorgängen unterzogen werden, ohne Folgendem zu unterliegen:

a) Einfuhrabgaben,

b) sonstigen Abgaben nach anderen geltenden Vorschriften oder

c) handelspolitischen Maßnahmen, soweit diese nicht den Eingang oder den Ausgang von Waren in das oder aus dem Zollgebiet der Union untersagen.

II. Erforderlichkeit der Bewilligung

Die Erforderlichkeit einer Bewilligung ergibt sich aus Art. 211 UZK. Diese (allgemeine) Vorschrift regelt die Fälle, in denen ein Zollverfahren bewilligungspflichtig ist.

§ **Art. 211 Abs. 1 UZK – Bewilligung**

Eine Bewilligung der Zollbehörden ist erforderlich für

a) die Inanspruchnahme der aktiven oder passiven Veredelung, der vorübergehenden Verwendung oder der Endverwendung,

b) den Betrieb von Lagerstätten zur Zolllagerung von Waren, es sei denn, die Lagerstätten werden von der Zollbehörde selbst betrieben.

[...]

III. Formelle Bewilligungsvoraussetzungen

Die formellen Bewilligungsvoraussetzungen betreffen die Fragen, wer Antragsteller sein kann, ob die Bewilligung des Zollverfahrens mit einem bestimmten Antrag zu beantragen ist und welche Zollstelle für die Bewilligung zuständig ist. Zudem ist zu prüfen, ob die Voraussetzungen für die Annahme des Antrags (Art. 22 Abs. 6 UZK) erfüllt sind.

1. Antragsteller

Eine Vorschrift, aus der sich explizit ergibt, wer Antragsteller sein kann, existiert nicht. Aus Art. 22 Abs. 1 UZK ergibt sich nur der Hinweis, dass die Person, die eine zollrechtliche Entscheidung beantragt (die Bewilligung eines Zollverfahrens ist eine zollrechtliche Entscheidung nach Art. 5 Nr. 39 UZK), der zuständigen Zollbehörde alle Informationen vorzulegen hat, die benötigt werden. Antragsteller ist damit immer die Person, die eine Bewilligung eines Zollverfahrens beantragt, ohne dass weitere Voraussetzungen vorliegen müssen.

2. Antrag

Ein Antrag ist nach Art. 22 Abs. 1 UZK und Art. 6 Abs. 1 UZK elektronisch zu stellen. Die gemeinsamen Datenanforderungen gem. Art. 6 Abs. 2 UZK i.V.m. Art. 2 Abs. 1 DA Anhang A sind dabei zu beachten.

Allerdings sind in Deutschland derzeit keine elektronischen Systeme für die Antragstellung einsatzbereit. Über Art. 278 Abs. 1 UZK, Art. 22 TDA i.V.m. Anhang 12 TDA sind deshalb bis auf Weiteres schriftliche Anträge bei den zuständigen Zollstellen zu stellen.

3. Annahme des Antrags, Art. 22 Abs. 2 UZK, Art. 11 DA

Dass die Annahme des Antrags durch die zuständige Zollbehörde erforderlich ist, regelt Art. 22 Abs. 2 UZK.

> §
>
> **Art. 22 Abs. 2 UZK – Annahme des Antrags auf Bewilligung**
>
> Die Zollbehörden überprüfen unverzüglich und spätestens innerhalb von 30 Tagen ab dem Eingang des Antrags auf eine Entscheidung, ob die Bedingungen für die Annahme des Antrags erfüllt sind.
>
> Stellen die Zollbehörden fest, dass der Antrag alle Informationen enthält, die sie für diese Entscheidung benötigen, so teilen sie dem Antragsteller innerhalb der in Unterabsatz 1 genannten Frist mit, dass sie den Antrag annehmen.

Ab der Annahme des Antrags beginnen die Bearbeitungsfristen gem. Art. 22 Abs. 3 UZK zu laufen. Grundsätzlich ist innerhalb von 120 Tagen über die beantragte Entscheidung zu entscheiden.

Die Bedingungen für die Annahme des Antrags sind in Art. 11 DA geregelt, zu beachten sind insbesondere die Bedingungen gem. Art. 11 Abs. 1 a) bis d) DA:

a) Registrierung des Antragsstellers nach Art. 9 UZK („EORI"-Nummer, d.h. die „Economic Operators Registration and Identification Number", vgl. Art. 1 Nr. 18 DA)

b) Unionsansässigkeit des Antragstellers, da gem. Art. 211 Abs. 3 a) UZK die Ansässigkeit für das Verfahren erforderlich ist

c) Antrag bei der zuständigen Zollstelle eingereicht

   Die zuständige Zollstelle ergibt sich aus Art. 22 Abs. 1 UAbs. 3 UZK. Danach ist die Zollstelle an dem Ort, an dem die Hauptbuchhaltung des Antragstellers geführt wird, zuständig.

   Bestätigt wird dies durch § 24 ZollV; danach wird die Bewilligung eines Zollverfahren ebenfalls stets von dem HZA erteilt, in dessen Bezirk die Hauptbuchhaltung des Antragstellers geführt wird. Diese Regelung hat nur noch deklaratorische Bedeutung. Die grundlegende (also die konstitutive) Regelung ergibt sich bereits aus Art. 22 Abs. 1 UAbs. 3 UZK.

   Sollte die zuständige Zollstelle nicht nach Art. 22 Abs. 1 UAbs. 3 UZK feststellbar sein, ist Art. 12 DA heranzuziehen.

§ **Art. 12 DA – Entscheidungsbefugte Zollbehörde (Artikel 22 Absatz 1 des Zollkodex)**

Falls die nach Artikel 22 Absatz 1 Unterabsatz 3 des Zollkodex zuständige Zollbehörde nicht bestimmt werden kann, so ist die zuständige Zollbehörde die Zollbehörde an dem Ort, an dem die Aufzeichnungen und Unterlagen (Hauptbuchhaltung für Zollzwecke) des Antragstellers geführt werden oder zugänglich sind, anhand deren die Zollbehörde eine Entscheidung erlassen kann.

d) Keine Rücknahme bzw. kein Widerruf einer früheren, gleichen Entscheidung innerhalb des letzten Jahres. Das heißt, es darf keine frühere Bewilligung über ein Zolllager innerhalb des letzten Jahres zurückgenommen oder widerrufen worden sein. Unter den Voraussetzungen von Art. 11 Abs. 2 DA kann der Zeitraum drei Jahre betragen.

IV. Materielle Bewilligungsvoraussetzungen

1. Persönliche Voraussetzungen, Art. 211 Abs. 3 UZK

a) Ansässigkeit, Art. 211 Abs. 3 a) UZK

b) Erforderliche Gewähr, Art. 211 Abs. 3 b) UZK

§ **Art. 211 Abs. 3 UZK – Erforderliche Gewähr**

Sofern nichts anderes bestimmt ist, wird die Bewilligung nach Absatz 1 ausschließlich Personen erteilt, die alle folgenden Voraussetzungen erfüllen:

a) sie sind im Zollgebiet der Union ansässig,

b) sie bieten die für die ordnungsgemäße Durchführung der Vorgänge erforderliche Gewähr; es wird davon ausgegangen, dass ein zugelassener Wirtschaftsbeteiligter für zollrechtliche Vereinfachungen diese Voraussetzung erfüllt, sofern der Tätigkeit, die das besondere Verfahren betrifft, bei der Zulassung nach Artikel 38 Absatz 2 Buchstabe a Rechnung getragen wird,

[...]

c) Sicherheitsleistung, Art. 211 Abs. 3 c) UZK

§ **Art. 211 Abs. 3 c) UZK – Aufzeichnungen**

Sofern nichts anderes bestimmt ist, wird die Bewilligung nach Absatz 1 ausschließlich Personen erteilt, die alle folgenden Voraussetzungen erfüllen:

[...]

c) sie leisten eine Sicherheit nach Artikel 89, wenn für in ein besonderes Verfahren übergeführte Waren eine Zollschuld oder andere Abgaben entstehen können,

2. Sachliche Voraussetzungen, Art. 211 Abs. 4 UZK

a) Verwaltungsaufwand, Art. 211 Abs. 4 a) UZK

Zu prüfen ist der sog. Verwaltungsaufwand. Dieser darf nicht außer Verhältnis zum wirtschaftlichen Erfolg für den Wirtschaftsbeteiligten stehen.

§ **Art. 211 Abs. 4 a) UZK – Verwaltungsaufwand**

Sofern nichts anderes bestimmt ist, wird die Bewilligung nach Absatz 1 in Ergänzung zu Absatz 3 ausschließlich erteilt, wenn alle folgenden Voraussetzungen erfüllt sind:

a) die Zollbehörden sind in der Lage, die zollamtliche Überwachung mit einem Verwaltungsaufwand auszuüben, der zum wirtschaftlichen Bedürfnis nicht außer Verhältnis steht,

[...]

Grundsätzlich ist davon auszugehen, dass der Verwaltungsaufwand nicht außer Verhältnis zum wirtschaftlichen Erfolg steht. Nur wenn besondere Hinweise für das Gegenteil vorliegen, ist hierauf im Detail einzugehen.

b) Wirtschaftliche Voraussetzungen, Art. 211 Abs. 4 b) UZK

Die sog. wirtschaftlichen Voraussetzungen sind ausschließlich bei der Bewilligung von Veredelungen zu prüfen. Zu prüfen ist, ob durch die Bewilligung der Veredelung keine wesentlichen Interessen von Herstellern in der Union beeinträchtigt werden.

ⓘ **Besonderheit bei Bewilligung eines Zolllagers – das sog. wirtschaftliche Bedürfnis für Lagerung**

Für die Lagerung ist die Prüfung von wirtschaftlichen Voraussetzungen nicht vorgesehen. Nach Art. 211 Abs. 4 b) UZK sind wirtschaftliche Voraussetzungen ausschließlich bei Bewilligung von Veredelungen zu prüfen. Allerdings muss ein wirtschaftliches Bedürfnis für eine Lagerung gegeben sein. Zu den Einzelheiten vgl. Schema 10.

3. Zolltechnische Voraussetzungen

a) Geeignete Aufzeichnungen, Art. 214 UZK

Der Bewilligungsinhaber muss geeignete Aufzeichnungen in der von den Zollbehörden genehmigten Form führen, vgl. Art. 214 UZK.

b) Sicherung der Nämlichkeit

Die Zollbehörden treffen – soweit erforderlich – nach Art. 192 Abs. 1 UZK die geeigneten Maßnahmen zur Sicherung der Nämlichkeit. In diesem Zusammenhang ist die Ersatzwarenregelung gem. Art. 223 UZK zu beachten.

§ **Art. 223 UZK – Ersatzwaren**

(1) Ersatzwaren sind Unionswaren, die anstelle der in ein besonderes Verfahren übergeführten Waren gelagert, verwendet oder veredelt werden.

[...]

Sofern nichts anderes bestimmt ist, müssen die Ersatzwaren demselben achtstelligen KN-Code zugewiesen sein und dieselbe Handelsqualität sowie dieselben technischen Merkmale aufweisen wie die Waren, die sie ersetzen.

(2) Unter der Voraussetzung, dass der ordnungsgemäße Ablauf des besonderen Verfahrens – insbesondere in Bezug auf die zollamtliche Überwachung – gewährleistet ist, bewilligen die Zollbehörden auf Antrag

a) die Verwendung von Ersatzwaren im Rahmen eines Zolllagers, einer Freizone, einer Endverwendung und einer Veredelung,

[...]

V. Bewilligungserteilung

- Die Voraussetzungen für die Inanspruchnahme des Zollverfahrens werden in der Bewilligung festgelegt (Art. 211 Abs. 1 UAbs. 2 UZK).
- Die Bewilligung ist eine Entscheidung nach Art. 5 Nr. 39 UZK. Eine Entscheidung ist nach Art. 22 Abs. 3 UZK spätestens 120 Tage nach Annahme des Antrags zu erlassen, sofern nichts anderes bestimmt ist. Anderweitige Bestimmungen ergeben sich ggf. aus Art. 171 DA.
- Die Bewilligung wird mit der Zustellung wirksam (Art. 22 Abs. 4 UZK); abweichende Regelungen zum Tag des Wirksamwerdens ergeben sich aus Art. 14 DA.
- Unbefristete Gültigkeit der Bewilligung (Art. 22 Abs. 5 UZK).
- Die Bewilligung soll elektronisch erteilt werden (Art. 6 Abs. 1 UZK). Da dies derzeit aus technischen Gründen nicht möglich ist, gelten gem. Art. 278 UZK Übergangsregelungen bis spätestens zum 31.12.2020. Bis auf Weiteres wird die Bewilligung gem. Art. 22 Nr. 1 TDA i.V.m. Anhang 12 TDA schriftlich erteilt.

Schema 11
Methodik der juristischen Fallbearbeitung

Die Methodik der juristischen Falllösung ist ein analytischer, logischer Prozess, der dazu dient, eine juristische Frage bzw. ein juristisches Problem zu analysieren und eine Antwort auf eine Rechtsfrage geben zu können.

I. Der Sachverhalt

1. Lesen und Verstehen des Sachverhalts

Zunächst sollte der Sachverhalt eingehend gelesen werden. Schließlich will dieser juristisch fundiert gelöst werden. Das erfordert, ihn zu verstehen und zu erkennen, welche möglichen Fallstrukturen bzw. Problemstrukturen ihm zugrunde liegen. Der Sachverhalt ist stets unstreitig, d.h., alle Angaben sind als richtig und tatsächlich geschehen anzusehen.

2. Analyse des Sachverhalts

Der Sachverhalt muss analysiert werden. Dabei ist es hilfreich, wenn Strukturen gefunden werden, die den Sachverhalt verdeutlichen, z.B. durch

- einen Zeitstrahl, der das Geschehen skizziert und/oder
- eine Personenskizze, in der die Personen gegenübergestellt werden und durch Pfeilverbindungen gekennzeichnet wird, was im Einzelnen geschehen ist.

3. Die Fallfrage

Ein juristischer Sachverhalt mündet regelmäßig in einer Fallfrage. In dieser wird festgelegt, dass in einer bestimmten juristischen Weise zum Sachverhalt Stellung zu nehmen ist.

Beispiel: Prüfen Sie gutachtlich, ob eine Zollschuld für die Waren entstanden ist.

II. Die Suche nach der Rechtsnorm

Die Fallfrage bestimmt die Suche nach der bzw. den zu prüfenden Rechtsnormen.

1. Auffinden von Rechtsnormen

Zunächst sind die zu prüfenden Rechtsnormen ausfindig zu machen. Das Auffinden der möglicherweise infrage kommenden Rechtsnormen ist mit Sorgfalt durchzuführen. Nur so werden wichtige Normen im Ergebnis nicht übersehen.

2. Prüfungsrelevanz

Kommen mehrere Rechtsnormen in Betracht, ist eine Prüfungsreihenfolge zu bilden. Zu beachten sind dabei u.a. folgende Punkte:

a) Bedeutung für den Fall

Es werden nur diejenigen Rechtsnormen geprüft, die sich als prüfungsrelevant erweisen. Das ist z.B. der Fall, wenn deren Vorliegen möglich ist. Sogenannte abwegige Rechtsvorschriften werden nicht in die Prüfung einbezogen. Dabei ist ein kurzer, grober Vergleich zwischen der Rechtsnorm und dem Sachverhalt notwendig. Abwegig ist die Prüfung einer Rechtsnorm dann, wenn festgestellt wurde, dass die Rechtsnorm offensichtlich nicht eingreift. Das ist der Fall, wenn nicht wenigstens ein charakterverleihendes Normmerkmal erfüllt ist. Die Normprüfung ist auch dann abwegig, wenn man die Vorschrift mit einem Satz plausibel verneinen kann.

b) Lex specials vor lex generalis

Vorrangige, spezielle Rechtsnormen (lex specialis) gehen bei der Prüfung einer allgemeinen Vorschrift (lex generalis) vor.

III. Die Technik der Subsumtion

Die Prüfung von Rechtsbegriffen bzw. Tatbestandsvoraussetzungen erfolgt durch die sog. Subsumtion. Diese wird durch eine logische Aussageverknüpfung, den sog. syllogistischen Schluss, durchgeführt. Dabei soll festgestellt werden, ob ein Rechtsbegriff bzw. eine Tatbestandsvoraussetzung bejaht werden kann (Subsumtionsvorgang).

ⓘ **Exkurs: Der syllogistische Schluss**

1. Obersatz: Alle Menschen sind sterblich.
2. Untersatz: Sokrates ist ein Mensch.
3. Schlusssatz: Also ist Sokrates sterblich.

1. Obersatz

In der juristischen Fallprüfung wird der Obersatz regelmäßig durch eine Hypothese eingeleitet (auch Subsumtionsfrage genannt). Diese Einleitung der Rechtsprüfung wird im Konjunktiv formuliert („Könnte-Satz“) oder als konditionale Verknüpfung („Wenn-dann-Satz“). Dabei wird immer der zu prüfende Rechtsbegriff bezeichnet, der bei der Prüfung einer Rechtsnorm auch Tatbestandsmerkmal genannt wird. Anschließend wird der Rechtsbegriff definiert.

ⓘ **Exkurs: Bestimmte und unbestimmte Rechtsbegriffe**

Bestimmte Rechtsbegriffe sind dadurch charakterisiert, dass ihr Inhalt unzweifelhaft ist. Das ist einmal bei allen Orts-, Zeit- und Fristangaben der Fall. Bestimmte Rechtsbegriffe sind in einem gesetzlichen Tatbestand eher die Ausnahme.

Von unbestimmten Rechtsbegriffen spricht man, wenn der Rechtsbegriff nur abstrakt bestimmt ist, z.B. das Merkmal „Ware“ in Art. 77 Abs. 1 a) UZK. Bei solchen Rechtsbegriffen ist der Begriffsinhalt durch Auslegung zu ermitteln, sofern auf keine Legaldefinition (also eine im Gesetz festgelegte Definition) oder eine sog. allgemeingültige Standarddefinition zurückgegriffen werden kann.

Beispiele für einen Obersatz:

- **Formulierung im Konjunktiv – „Könnte-Satz“:** Ein Buch könnte eine Ware sein. Ein Buch ist eine Ware (= Rechtsbegriff), wenn es sich dabei um einen körperlichen, beweglichen Gegenstand handelt (= Definition, die allgemeingültig ist, vgl. auch Z 0601 Abs. 101). Eine Auslegung ist daher nicht erforderlich.
- **Konditionale Verknüpfung – „Wenn-dann-Satz“:** Ein Buch ist eine Ware, wenn es sich dabei um einen beweglichen, körperlichen Gegenstand handelt.

ⓘ **Exkurs: Die vier Auslegungsmethoden**

1. Die **grammatische (bzw. grammatikalische) Auslegung** versucht, den Sinn des Gesetzes zu erschließen. Ausgangspunkt ist der natürliche Wortsinn des allgemeinen oder auch des besonderen juristischen Sprachgebrauchs. Die Wortlautauslegung steht am Anfang jeder Gesetzesauslegung, deren Grenze zugleich der mögliche Wortsinn vorgibt.
2. Die **historische Auslegung** zieht zur Auslegung der Norm den allgemeinen geschichtlichen Zusammenhang heran. Sie greift auf die Entstehungsgeschichte des Gesetzes zurück, die sich insbesondere aus den Gesetzesmaterialien ergibt.
3. Die **systematische Auslegung** leitet den Sinn der Norm aus dem Systemzusammenhang ab. Es wird dabei besonders auf den Regelungszusammenhang mit anderen Rechtssätzen des Gesetzes zurückgegriffen.
4. Die sog. **teleologische Auslegung** ermittelt den Sinn und Zweck der Norm (griechisch telos = Zweck, Ziel). Diese Methode ist am wichtigsten für die Auslegung. Durch teleologische Auslegung wird die ratio legis, der objektiv in der Norm zum Ausdruck kommende Zweck, ermittelt.

2. Untersatz

Im Untersatz wird die im Obersatz aufgestellte abstrakte Definition des Rechtsbegriffs mit dem konkreten Lebenssachverhalt verglichen. Die Formulierung des Untersatzes ist die eigentliche Subsumtion.

Beispiel: Ein Buch (= konkreter Sachverhalt) ist ein beweglicher, körperlicher Gegenstand.

3. Schlusssatz

Das Ergebnis der Prüfung wird schließlich in einem Schlusssatz formuliert.

Beispiel: Ein Buch ist folglich eine Ware.

Abschließende Hinweise

Die Begriffe „Obersatz", „Untersatz" und „Schlusssatz" werden im Gutachten nicht niedergeschrieben; es ist also unmittelbar mit dem eigentlichen Aussagesatz zu beginnen.

Bei einer umfangreichen Rechtsprüfung, beispielsweise bei der Prüfung einer Rechtsnorm, die aus mehreren Tatbestandsmerkmalen besteht, ist es erforderlich, jedes Merkmal gesondert zu subsumieren. Dieses Vorgehen nennt man „mehrfache Einzelsubsumtion".

Die Subsumtion sollte nie Selbstzweck sein. Wenn ein Rechtsbegriff unproblematisch ist, reicht es im juristischen Gutachten aus, festzustellen, dass die Tatbestandsvoraussetzung erfüllt ist, kombiniert mit einer kurzen Begründung (sog. Urteilsstil).

IV. Die juristische Gutachtentechnik mit Fallbeispiel

Das Gutachten ist die komplexe Darstellung der Lösung einer juristischen Fragestellung. Die Gutachtentechnik orientiert sich an einer festgelegten, schematisierten Vorgehensweise. Die einzelnen Lösungsschritte sollten stets eingehalten werden, um den wissenschaftlich logischen Gedankengang nicht zu durchbrechen. Von einer vorgegebenen Fragestellung ausgehend, muss das Ergebnis Schritt für Schritt entwickelt werden.

1. Schritt: Hypothetisches Ergebnis bzw. Hypothese

Ein einleitender Satz, die Hypothese, wird formuliert. Dieser Satz greift die Fragestellung auf und beantwortet hypothetisch ein mögliches Ergebnis. Dabei sollte auch hier eine Formulierung im Konjunktiv bzw. ein Wenn-dann-Satz verwendet werden. Zudem ist im Regelfall die prüfungsrelevante Rechtsnorm anzuführen. Vielfach wird der einleitende Satz auch als „Obersatz" bezeichnet. Zwar ist dieser Satz noch kein Teil der Subsumtion, gleichwohl ist er der „obere Satz" eines Gutachtens.

Ausgangsfall

Fahrräder werden nach Verbringen in das Zollgebiet zum zollrechtlich freien Verkehr angemeldet und anschließend überlassen.

Die Fallfrage lautet: Prüfen Sie, ob für die eingeführten Fahrräder eine Zollschuld gem. Art. 5 Nr. 18 UZK entstanden ist. In diesem Fall ist nicht nur ein Tatbestandsmerkmal zu prüfen, sondern eine komplexe Rechtsnorm.

Es ist zunächst der hypothetische Ergebnissatz zur Fallfrage zu bilden. Zum Beispiel: „Für die Fahrräder könnte die Zollschuld gem. Art. 77 UZK entstanden sein."

Die Besonderheit bei der gutachtlichen Prüfung einer Rechtsnorm mit mehreren Tatbestandsmerkmalen, die, wie in Art. 77 UZK, zudem in drei Absätzen verteilt sind, besteht darin, dass jeder Absatz einschließlich aller Tatbestandsmerkmale im Rahmen sog. Einzelsubsumtionen zu prüfen sind. Dabei sind aus Gründen der besseren Übersichtlichkeit jeweils Überschriften zu den jeweiligen Prüfungspunkten zu formulieren.

2. Schritt: Das Untersuchungsprogramm

Im zweiten Schritt werden die Voraussetzungen der Rechtsnorm aufgezählt, die geprüft werden müssen, um die Rechtsfolge der Norm bejahen zu können. Man spricht hierbei auch vom sog. Untersuchungsprogramm.

Fortsetzung Ausgangsfall: Untersuchungsprogramm – Entstehung gem. Art. 77 Abs. 1 a) UZK

Es könnte die Zollschuld nach Art. 77 Abs. 1 a) UZK entstanden sein. Voraussetzung dafür ist, dass eine einfuhrabgabenpflichtige Nicht-Unionsware in den zollrechtlich freien Verkehr überlassen wurde.

3. Schritt: Die Subsumtion

Der dritte Schritt des Gutachtens beinhaltet die Subsumtion. Die Voraussetzungen der Rechtsvorschrift, die Rechtsbegriffe bzw. Tatbestandsmerkmale, sind nunmehr nach dem oben aufgezeigten System (unterteilt nach Obersatz, Untersatz und Schlusssatz) zu subsumieren. Wenn die zu prüfende Rechtsnorm aus mehreren Tatbestandsmerkmalen besteht, wie es bei Art. 77 Abs. 1 a) UZK der Fall ist, ist jedes Tatbestandsmerkmal im Rahmen einer sog. Einzelsubsumtion zu prüfen.

Fortsetzung Ausgangsfall: Einzelsubsumtion

a) Einfuhrabgabenpflichtige Nicht-Unionsware

Hinweis: Da es sich tatsächlich um drei Merkmale handelt, nämlich Ware; Nicht-Unionsware und Einfuhrabgabenpflichtigkeit, sind die Merkmale im Ergebnis getrennt zu prüfen.

aa) Ware

Zunächst müssten die Fahrräder Waren sein (Obersatz). Eine Ware ist jeder bewegliche Gegenstand (Definition). Fahrräder sind Gegenstände, die nicht an einen Ort fest gebunden sind und damit beweglich (Untersatz). Also sind Fahrräder Waren (Schlusssatz).

bb) Nicht-Unionsware gem. Art. 5 Nr. 24 UZK

Die Voraussetzungen von Art. 5 Nr. 24 UZK sind zu prüfen. Gegebenenfalls ist auf die Statusregelung gem. Art. 153 Abs. 1 UZK i.V.m. Art. 119 DA einzugehen.

cc) Einfuhrabgabenpflicht

Die Fahrräder müssten zudem einfuhrabgabenpflichtig sein (Obersatz). Eine Ware ist einfuhrabgabenpflichtig, wenn für sie nach dem Zolltarif der Union ein Zoll vorgesehen und im Einzelfall keine außertarifliche Befreiung gegeben ist (Standarddefinition, vgl. Z 0901 Abs. 108). Für ein Fahrrad ist ein Zoll in Höhe von 2% vorgesehen (unterstellt). Eine Befreiung nach außertariflichen Vorschriften (Art. 203 UZK oder Art. 5 Nr. 2 c) UZK) ist nicht ersichtlich (Untersatz). Also sind die Fahrräder einfuhrabgabenpflichtig (Schlusssatz).

b) Überlassung in den zollrechtlich freien Verkehr

Die Zollschuld entsteht durch Überführung in die Überlassung in den zollrechtlich freien Verkehr. Das ist nach Ansicht des EuGH der Fall, wenn eine Zollanmeldung für die Waren angenommen wurde und die Überlassung der Waren erfolgt ist (zulässige Kombination aus Obersatz und Definition). Die Waren wurden laut Sachverhalt überlassen. Dies setzt eine Annahme der Zollanmeldung voraus (Untersatz). Also wurden die Fahrräder in den zollrechtlich freien Verkehr zur Überlassung überführt (Schlusssatz).

4. Schritt: Prüfungsergebnis

Im vierten und letzten Schritt ist das Ergebnis der gutachterlichen Prüfung zu formulieren.

Fortsetzung Ausgangsfall: Ergebnissatz

Die Voraussetzungen von Art. 77 Abs. 1 a) UZK liegen demnach vor. Folglich ist die Zollschuld nach Art. 77 Abs. 1 a) UZK entstanden (Ergebnissatz zu Art. 77 Abs. 1 a) UZK).

Es wird deutlich, dass bei der Prüfung einer Rechtsnorm mit mehreren Tatbestandsmerkmalen (wie in diesem Art. 77 Abs. 1 a) UZK) jedes im Rechtstext genannte Tatbestandsmerkmal einzeln zu subsumieren ist. Nur so wird der hypothetische Ergebnissatz in der erforderlichen Weise vollständig erörtert.

Hinweise zur weiteren Prüfungsabfolge

Die Abs. 2 und 3 von Art. 77 UZK sind anschließend nach dem gleichen Prinzip zu prüfen. Nachdem alle Absätze von Art. 77 UZK geprüft wurden, ist im letzten Schritt das Ergebnis der gutachterlichen Prüfung zu formulieren. Zum Beispiel: „Die Voraussetzungen gemäß Art. 77 Abs. 1 bis 3 UZK liegen vor. Damit ist die Zollschuld gemäß Art. 77 UZK für die Fahrräder entstanden.

V. Die Abfassung des Gutachtens

1. Die Gliederung im Gutachten

Für die Fertigung des eigentlichen Rechtsgutachtens gibt es feste Regeln. Diese Standards sollten auf jeden Fall berücksichtigt werden.

Gliederungstechnik in einem Gutachten

am Beispiel der Fallfrage: „Prüfen Sie den Sachverhalt in zollschuldrechtlicher und einfuhrumsatzsteuerlicher Hinsicht.“

A. Zollschuld

I. Entstehungstatbestand, Art. 77 Abs. 1 a) UZK

1. Einfuhrabgabenpflichtige Nicht-Unionswaren

2. Überlassung in den zollrechtlich freien Verkehr

II. Entstehungszeitpunkt, Art. 77 Abs. 2 UZK

III. Zollschuldner, Art. 77 Abs. 3 UZK

IV. Bemessung

B. EUSt-Schuld

[...]

Diese Gliederungstechnik ist in juristischen Ausarbeitungen anzuwenden. Andere Gliederungsvarianten sind zu vermeiden.

Ob man allerdings mit dem Punkt A. beginnt oder mit einem anderen Gliederungspunkt, beispielsweise I. oder 1., ist nicht bedeutsam. Es sollte – im übertragenen Sinn – aber berücksichtigt werden: Wer A. sagt, muss auch B. sagen. Das heißt, es muss immer einen zweiten Gliederungspunkt im Gutachten geben, der derselben Gliederungsebene zuzuordnen ist. Nicht gutachtenkonform wäre es, mit dem Punkt A. zu beginnen, die Punkte I. und II. anzuschließen, aber keinen Punkt B. zu haben.

2. Der Gutachtenstil

Im Gutachten ist grundsätzlich der sog. Gutachtenstil zu verwenden. Die kennzeichnenden Merkmale des Gutachtenstils beziehen sich auf die Formulierung der einleitenden (hypothetischen) Fragestellung bzw. des Obersatzes bei der Subsumtion und auf die Formulierung der Schlussfolgerung bzw. des Ergebnisses.

Im Gutachtenstil ist bei der Formulierung des hypothetischen Ergebnisses im einleitenden Satz (= 1. Schritt im Gutachten) eine Aussage im Konjunktiv (Könnte-Satz) oder eine Wenn-dann-Verknüpfung im Indikativ zu verwenden. Gleiches gilt für den Obersatz bei der Tatbestandssubsumtion (= 3. Ebene im Gutachten). Es ist keine direkte Frage im Gutachten zu schreiben, wie z.B.: „Ist ein Fahrrad eine Ware?“ Diese Vorgehensweise entspricht nicht dem Gutachtenstil.

Das Ergebnis der Subsumtion, also der Schlusssatz, ist durch bestimmte schlussfolgernde Begriffe gekennzeichnet, wie beispielsweise: „also“, „folglich“, „somit“, „daher“ oder ähnliche Ausdrücke.

Abgrenzung: Der Urteilsstil

Abzugrenzen ist der Gutachtenstil vom sog. Urteilsstil. Der Urteilsstil beginnt nicht mit einer Fragestellung, sondern mit einer Feststellung, also mit der Antwort auf die Rechtsfrage und begründet erst anschließend die vorangestellte Feststellung.

Im Rahmen der gutachterlichen Prüfung einer hypothetischen Fragestellung sollte der Urteilsstil – anstelle des Gutachtenstils – immer dann verwendet werden, wenn ein Tatbestandsmerkmal unproblematisch ist.

Beispiel: Anstelle der Prüfung im Gutachtenstil, ob Fahrräder Waren sind, könnte auch folgender Urteilsstil verwendet werden: „Fahrräder sind Waren, da es sich um körperliche und bewegliche Gegenstände handelt.“

Kapitel 2

Prüfungsschemata Zollschuldtatbestände

Schema 12	Grundschema Zollschuld
Schema 13	Zollschuld gem. Art. 77 Abs. 1 a) UZK – durch Überlassung zum zollrechtlich freien Verkehr
Schema 14	Zollschuld gem. Art. 77 Abs. 1 a) UZK – durch Anschreibung der Überführung in die Überlassung zum zollrechtlich freien Verkehr
Schema 15	Zollschuld gem. Art. 79 Abs. 1 a) UZK – durch Verletzung von Pflichten in Bezug auf das Verbringen
Schema 16	Zollschuld gem. Art. 79 Abs. 1 a) UZK – durch Nichterfüllung einer der in den zollrechtlichen Vorschriften festgelegten Verpflichtungen in Bezug auf ein Entziehen aus der zollamtlichen Überwachung bei vorübergehender Verwahrung
Schema 17	Zollschuld gem. Art. 79 Abs. 1 a) UZK – durch Nichterfüllung einer der in den zollrechtlichen Vorschriften festgelegten Verpflichtungen in Bezug auf die vorübergehende Verwahrung
Schema 18	Zollschuld gem. Art. 79 Abs. 1 a) UZK und Anwendung von Art. 86 Abs. 6 UZK
Schema 19	Begriff der Aliudware
Schema 20	Zollschuld bei Waren, die Verboten und Beschränkungen gem. Art. 83 UZK unterliegen

Schema 12
Grundschema Zollschuld

I. Entstehungstatbestand

Zu beginnen ist die Prüfung der Zollschuld mit dem Entstehungstatbestand. Dieser ergibt sich aus Art. 77 Abs. 1 UZK oder Art. 79 Abs. 1 UZK.

1. Einfuhrabgabenpflichtige Nicht-Unionswaren

a) Waren

Der Warenbegriff ist weder in europarechtlichen noch in nationalen zollrechtlichen Regelungen legal definiert. Aber auch ohne eine Legaldefinition herrscht Einigkeit hinsichtlich des Inhalts des (unbestimmten) Rechtsbegriffs. Nach allgemeiner Ansicht wird folgende Definition zugrunde gelegt: Eine Ware ist jeder körperliche, bewegliche Gegenstand einschließlich des elektrischen Stroms (ebenso Z 0601 Abs. 101 – zwar bezieht sich die Dienstvorschrift auf den Zollkodex alter Fassung, kann aber in Bezug auf den Warenbegriff weiterhin angewendet werden, da im UZK von der gleichen Bedeutung des Begriffs auszugehen ist).

b) Nicht-Unionswaren, Art. 5 Nr. 24 UZK

Es muss sich um Nicht-Unionswaren handeln. Das ist der Fall, wenn die Voraussetzungen gem. Art. 5 Nr. 24 UZK vorliegen. Nicht-Unionswaren sind danach Waren, die nicht unter Art. 5 Nr. 23 UZK fallen. Dem Grunde nach erfordert diese Negativabgrenzung eine Prüfung der Voraussetzungen von Art. 5 Nr. 23 UZK.

Wurden Waren aus einem Drittland in das Zollgebiet verbracht, liegen (regelmäßig) unproblematisch Nicht-Unionswaren vor. Auf die Ausnahme bei internem Versand nach Art. 227 UZK ist nur dann einzugehen, wenn ein entsprechender Fall vorliegt. Im Fall des internen Versands verlieren die Waren nicht ihren zollrechtlichen Status als Unionswaren.

Bei einer Einfuhr aus einem Drittland greift überdies die Statusvermutung nach Art. 153 Abs. 1 UZK gem. Art. 119 Abs. 1 a) DA nicht.

c) Einfuhrabgabenpflicht

Einfuhrabgaben sind gem. Art. 5 Nr. 20 UZK „die für die Einfuhr von Waren zu entrichtenden Abgaben". Dabei handelt es sich um die Einfuhrabgabe Zoll (vgl. Art. 5 Nr. 18 und 2 UZK).

Zwar ist der Begriff „Einfuhrabgaben" definiert, eine Legaldefinition des Begriffs „einfuhrabgabenpflichtig" fehlt dagegen. Allerdings kann auch bezüglich dieses

Tatbestandsmerkmals auf eine allgemein gültige Definition zurückgegriffen werden.

Definition: Eine Ware ist einfuhrabgabenpflichtig, wenn nach dem Zolltarif ein Zoll vorgesehen ist und im Einzelfall keine außertariflichen Abgabenbefreiungen.

Außertarifliche Befreiungen ergeben sich hauptsächlich aus der Regelung über Rückwaren gem. Art. 203 UZK und aus Zollbefreiungen, die über Art. 5 Nr. 2 c) UZK, in Art. 41 ZollbefrVO i.V.m. §§ 1 ff. EF-VO geregelt sind (Z 0901 Abs. 108).

2. Tatbestandliche Entstehungshandlung gem. Art. 77 Abs. 1 bzw. Art. 79 Abs. 1 UZK

In diesem Punkt ist entweder eine tatbestandliche Entstehungshandlung gem. Art. 77 Abs. 1 a) oder b) UZK oder nach Art. 79 Abs. 1 a), b) oder c) UZK zu prüfen.

§

Art. 77 Abs. 1 UZK – Überlassung zum zollrechtlich freien Verkehr und vorübergehende Verwendung

Eine Einfuhrzollschuld entsteht durch die Überführung von einfuhrabgabenpflichtigen Nicht-Unionswaren in eines der folgenden Zollverfahren:

a) Überlassung zum zollrechtlich freien Verkehr, auch im Rahmen der Vorschriften über die Endverwendung,

b) vorübergehende Verwendung unter teilweiser Befreiung von den Einfuhrabgaben.

Art. 79 Abs. 1 UZK – Entstehen der Zollschuld bei Verstößen

Für einfuhrabgabenpflichtige Waren entsteht eine Einfuhrzollschuld, wenn Folgendes nicht erfüllt ist:

a) eine der in den zollrechtlichen Vorschriften festgelegten Verpflichtungen in Bezug auf das Verbringen von Nicht-Unionswaren in das Zollgebiet der Union, auf das Entziehen dieser Waren aus der zollamtlichen Überwachung oder auf die Beförderung, Veredelung, Lagerung, vorübergehende Verwahrung, vorübergehende Verwendung oder Verwertung dieser Waren in diesem Gebiet,

b) eine der in den zollrechtlichen Vorschriften festgelegten Verpflichtungen in Bezug auf die Endverwendung von Waren innerhalb des Zollgebiets der Union,

c) eine Voraussetzung für die Überführung von Nicht-Unionswaren in ein Zollverfahren oder für die Gewährung der vollständigen oder teilweisen Befreiung von den Einfuhrabgaben aufgrund der Endverwendung der Waren.

II. Zeitpunkt

Der Zeitpunkt der Zollschuldentstehung ergibt sich aus Art. 77 Abs. 2 UZK oder aus Art. 79 Abs. 2 UZK.

III. Zollschuldner

Der Zollschuldner ergibt sich entweder aus Art. 77 Abs. 3 UZK oder aus Art. 79 Abs. 3 UZK.

IV. Abgabenbegünstigung gem. Art. 86 Abs. 6 UZK (nur bei Zollschuld nach Art. 79 UZK zu prüfen)

Bei einer Zollschuldentstehung gem. Art. 79 UZK ist Art. 86 Abs. 6 UZK zu beachten. Danach können die Waren auch in diesem Fall der Zollschuldentstehung von den Einfuhrabgaben befreit oder teilweise befreit sein, mit der Folge, dass die Zollschuld nicht oder zu einem niedrigeren Zollsatz entsteht. Allerdings sollte Art. 86 Abs. 6 UZK nur geprüft werden, wenn es dem Sachverhalt nach dafür Anhaltspunkte gibt. Gibt es keine Anhaltspunkte für eine Prüfung von Art. 86 Abs. 6 UZK, ist dieser Punkt mangels gutachtlicher Relevanz nicht anzuführen.

ⓘ Bei einer vollständigen Befreiung von den Einfuhrabgaben sollte Art. 86 Abs. 6 UZK bereits beim Tatbestandsmerkmal „Einfuhrabgabenpflicht“ geprüft werden.

V. **Erlöschen der Zollschuld** (im Regelfall auch nur bei einer Zollschuldentstehung gem. Art. 79 UZK zu prüfen)

Hinsichtlich des Erlöschens der Zollschuld ist auf Art. 124 UZK i.V.m. Art. 103 DA einzugehen. Vergleiche dazu ausführlich die Schemata zu Art. 79 UZK.

VI. Bemessung

Bei einer Zollschuld gem. Art. 77 UZK werden die beiden vorstehenden Punkte mangels Relevanz regelmäßig nicht zu prüfen sein. Daher ist in diesem Fall der Zollschuldentstehung auf die vorstehenden Punkte in Gänze zu verzichten, sodass die Bemessung der Zollschuld in Punkt „IV. Bemessung“ zu prüfen ist.

Im Fall der Zollschuld nach Art. 79 UZK ist der Punkt „V. Erlöschen“ nur bei bestehenden Anhaltspunkten im Sachverhalt zu prüfen. Ansonsten entfällt dieser Punkt, sodass die Bemessung in diesem Fall in Punkt „V. Bemessung“ zu prüfen ist.

Wenn die Bemessung der Zollschuld zu erörtern ist, sind nachfolgende Punkte anzusprechen:

1. Bemessungszeitpunkt, Art. 85 Abs. 1 UZK

Nach Art. 85 Abs. 1 UZK ist der Zeitpunkt des Entstehens der Zollschuld zugleich der Zeitpunkt für die Bemessung. Der Zeitpunkt des Entstehens ergibt sich bei der

Überlassung zum zollrechtlich freien Verkehr beispielsweise aus Art. 77 Abs. 2 UZK, womit auf den Zeitpunkt der Annahme der Zollanmeldung abzustellen ist.

Zu den besonderen Bestimmungen für die Bemessung vgl. Art. 86 Abs. 1 bis Abs. 5 UZK.

2. Bemessungsgrundlagen

Die Bemessungsgrundlagen sind im UZK nicht in einer Legaldefinition erklärt. Aus Art. 86 Abs. 1 UAbs. 2 UZK lassen sich zunächst folgende Bemessungsgrundlagen entnehmen: der Zollwert, die Menge, die Beschaffenheit und der Ursprung der Waren (vgl. auch Art. 86 Abs. 1 UAbs. 2 UZK).

Zudem ist der Zollsatz eine weitere Bemessungsgrundlage. Denn nach Art. 56 Abs. 1 UZK ist der gemeinsame Zolltarif für die Ermittlung der Abgaben maßgeblich. Aus dem Zolltarif ergeben sich die einzelnen Zollsätze. Zur Ermittlung des Zollsatzes sind wiederum die Beschaffenheit und der Ursprung der Waren entscheidend. Die Beschaffenheit ist bestimmend für die Einreihung der Waren in den Zolltarif und damit für die Ermittlung der Codenummer. Der Ursprung wiederum ist für die Frage, ob ein Präferenzzollsatz gewährt werden kann, von Bedeutung.

Schema 13

Zollschuld gem. Art. 77 Abs. 1 a) UZK – durch Überlassung zum zollrechtlich freien Verkehr

I. Entstehungstatbestand, Art. 77 Abs. 1 a) UZK

1. Einfuhrabgabenpflichtige Nicht-Unionswaren

a) Waren

Der Warenbegriff ist weder in europarechtlichen noch in nationalen zollrechtlichen Regelungen legal definiert. Aber auch ohne eine Legaldefinition herrscht Einigkeit hinsichtlich des Inhalts des (unbestimmten) Rechtsbegriffs. Nach allgemeiner Ansicht wird folgende Definition zugrunde gelegt: Eine Ware ist jeder körperliche, bewegliche Gegenstand einschließlich des elektrischen Stroms (ebenso Z 0601 Abs. 101 – zwar bezieht sich die Dienstvorschrift auf den Zollkodex alter Fassung, kann aber in Bezug auf den Warenbegriff weiterhin angewendet werden, da im UZK von der gleichen Bedeutung des Begriffs auszugehen ist).

Diese Definition der Ware geht letztlich zurück auf die nachstehende Rechtsprechung des EuGH.

ⓘ **Erläuterungen zum zollrechtlichen Warenbegriff**

Eine Definition des Warenbegriffs ist in einer Vorschrift über die Außenhandelsstatistik enthalten. Nach Art. 2 a) der EU-Verordnung über Gemeinschaftsstatistiken des Außenhandels mit Drittländern sind Waren „alle beweglichen Güter einschließlich elektrischen Stroms“. Diese Begriffsbestimmung kann allerdings nicht als Legaldefinition (im eigentlichen Sinn) angesehen werden. Denn die Regelung betrifft den Bereich der Statistik und ist damit keine Definitionsnorm eines zollrechtlichen Begriffs.

Letztlich basiert der zollrechtliche Warenbegriff auf der hierzu ergangenen Rechtsprechung des EuGH. Zwei Entscheidungen sind in dieser Hinsicht von tragendender Bedeutung.

Die grundlegende Entscheidung zum Warenbegriff ist einem Urteil des EuGH aus dem Jahr 1968 zu entnehmen (vom 10.12.1968, abgedruckt in der EuGH Entscheidungssammlung 1968, S. 634, 642) – Auszug:

„[...] unter Waren [...] sind Erzeugnisse zu verstehen, die einen Geldwert haben und deshalb Gegenstand von Handelsgeschäften sein können. Die [...] erfassten Erzeugnisse teilen nun aber, durch welche sonstigen Eigenschaften sie sich auch von anderen Handelsgütern unterscheiden mögen, mit diesen Letzteren das Merkmal, dass sie einen Geldwert haben und deshalb Gegenstand von Handelsgeschäften sein können [...]“

Auf der Grundlage der ersten Entscheidung hat der EuGH seine Rechtsprechung zum Warenbegriff in einer weiteren Entscheidung aus dem Jahr 1977 präzisiert (vom 14.7.1977, EuGH Entscheidungssammlung 1977, S. 1473, 1482):

„Der Gemeinsame Zolltarif betrifft seinem Wesen nach nur die Einfuhr von Waren, also von körperlichen Gegenständen; er gilt somit nicht für die Einfuhr von immateriellen Gütern, wie Verfahrensweisen, Dienstleistungen oder „know how", die schon ihrer Natur nach zolltechnisch schwer zu fassen sind [...]"

Die Ergänzung des Warenbegriffs um den elektrischen Strom ist nicht zuletzt darauf zurückzuführen, dass der Strom im Gemeinsamen Zolltarif unter Position 2716 ausdrücklich genannt ist. Einem Zollsatz unterliegt der Strom derzeit aber nicht; der Zollsatz lautet „frei".

b) Nicht-Unionswaren, Art. 5 Nr. 24 UZK

Es muss sich um Nicht-Unionswaren handeln. Das ist der Fall, wenn die Voraussetzungen gem. Art. 5 Nr. 24 UZK vorliegen. Nicht-Unionswaren sind danach Waren, die nicht unter Art. 5 Nr. 23 UZK fallen. Dem Grunde nach erfordert diese Negativabgrenzung eine Prüfung der Voraussetzungen von Art. 5 Nr. 23 UZK.

Im Übrigen gilt die Statusvermutung, dass im Zollgebiet befindliche Waren Unionswaren sind, gem. Art. 153 Abs. 1 i.V.m. Art. 119 Abs. 1 a) DA nicht für Waren, die aus einem Drittland in das Zollgebiet verbracht wurden und der zollamtlichen Überwachung (gem. Art. 134 Abs. 1 UZK) unterliegen.

§ **Art. 5 Nr. 24 und 23 UZK – Begriffsbestimmungen** ***(Definition „Nicht-Unionswaren" und „Unionswaren")***

24. „Nicht-Unionswaren" sind andere als die unter Nummer 23 genannten Waren und Waren, die den zollrechtlichen Status als Unionswaren verloren haben.

23. „Unionswaren" sind Waren, die

   a) im Zollgebiet der Union vollständig gewonnen oder hergestellt wurden und bei deren Herstellung keine aus Ländern oder Gebieten außerhalb des Zollgebiets der Union eingeführten Waren verwendet wurden,

   b) aus Ländern oder Gebieten außerhalb des Zollgebiets der Union in dieses Gebiet verbracht und zum zollrechtlich freien Verkehr überlassen wurden,

   c) im Zollgebiet der Union entweder ausschließlich aus Waren nach Buchstabe b oder aus Waren nach den Buchstaben a und b gewonnen oder hergestellt wurden.

Dieses Merkmal wird in einem Klausursachverhalt i.d.R. kein entscheidendes Rechtsproblem darstellen. Daher sollte im Fall des Eingangs von Waren aus einem Drittland in das Zollgebiet im Urteilsstil festgestellt werden, dass es sich um eine Nicht-Unionsware handelt. Auf die Ausnahme bei internem Versand nach Art. 227 UZK ist nur dann einzugehen, wenn ein entsprechender Fall vorliegt. Im Fall des internen Versands verlieren Waren ihren zollrechtlichen Status als Unionswaren nicht.

Formulierungsbeispiel

„Es handelt sich bei dem – Produkt nennen – um einen beweglichen Gegenstand, also um eine Ware. Die Ware stammt aus – Drittland nennen – und wurde in das Zollgebiet verbracht und erst hier zur Überlassung zum zollrechtlich freien Verkehr angemeldet; damit liegt eine Nicht-Unionsware gem. Art. 5 Nr. 24 UZK vor. Zudem wird der Status einer Unionsware gem. Art. 153 Abs. 1 UZK i.V.m. Art. 119 Abs. 1 a) DA nicht vermutet."

c) Einfuhrabgabenpflicht

Einfuhrabgaben sind gem. Art. 5 Nr. 20 UZK „die für die Einfuhr von Waren zu entrichtenden Abgaben". Dabei handelt es sich um die Einfuhrabgabe Zoll (vgl. Art. 5 Nr. 18 und 2 UZK).

Einfuhrabgabe i.S.v. Art. 5 Nr. 20 UZK

Wie sich aus Art. 5 Nr. 18 i.V.m. Nr. 2 UZK ergibt, sind damit ausschließlich Abgaben nach zollrechtlichen Vorschriften gemeint, also die Abgabe Zoll. Jedenfalls gehören – als nationale Steuern – weder die EUSt noch die Verbrauchsteuern hierzu; denn bei diesen Abgaben handelt es sich nicht um solche nach zollrechtlichen Vorschriften. Vergleiche insoweit auch Art. 201 Abs. 2 a) und b) UZK; danach umfasst die Überlassung zum zollrechtlich freien Verkehr nach Buchstabe a) die „Erhebung der Einfuhrabgaben" sowie nach Buchstabe b) „die Erhebung sonstiger Abgaben nach den einschlägigen geltenden Vorschriften", womit in Buchstabe b) die EUSt und die Verbrauchssteuern als nationale Abgaben erfasst werden.

Zwar ist der Begriff „Einfuhrabgaben" definiert, eine Legaldefinition des Begriffs „einfuhrabgabenpflichtig" fehlt dagegen. Allerdings kann auch bezüglich dieses Tatbestandsmerkmals auf eine allgemeingültige Definition zurückgegriffen werden.

Definition: Eine Ware ist einfuhrabgabenpflichtig, wenn nach dem Zolltarif ein Zoll vorgesehen ist und im Einzelfall keine außertariflichen Abgabenbefreiungen.

Außertarifliche Befreiungen ergeben sich hauptsächlich aus der Regelung über Rückwaren gem. Art. 203 UZK und aus Zollbefreiungen, die über Art. 5 Nr. 2 c) UZK, in Art. 41 ZollbefrVO i.V.m. §§ 1 ff. EF-VO geregelt sind (Z 0901 Abs. 108).

Formulierung in unproblematischen Fällen

In der Regel ist das Merkmal „einfuhrabgabenpflichtige Nicht-Unionsware" unproblematisch. In diesem Fall können – im Urteilsstil – beispielsweise folgende Formulierungen gebraucht werden:

„Es handelt sich bei dem – Produkt nennen – um einen beweglichen Gegenstand und damit um eine Ware. Die Ware stammt aus – Drittland nennen – und wurde in das Zollgebiet verbracht und erst hier zur Überlassung zum zollrechtlich freien Verkehr angemeldet; damit liegt eine Nicht-Unionsware gem. Art. 5 Nr. 24 UZK vor. Zudem wird der Status einer Unionsware gem. Art. 153 Abs. 1 UZK i.V.m. Art. 119 Abs. 1 a) DA nicht vermutet. Für die Ware ist nach dem Zolltarif ein Zollsatz vorgesehen. Außertarifliche Befreiungen sind nicht ersichtlich. Damit liegt eine Nicht-Unionsware vor, die einfuhrabgabenpflichtig ist."

„Die – Produkte nennen – sind einfuhrabgabenpflichtige Nicht-Unionswaren. Denn sie sind bewegliche Gegenstände, die aus – Drittland nennen – in das Zollgebiet verbracht wurden und die Voraussetzungen von Art. 5 Nr. 24 UZK erfüllen. Der Status einer Unionsware wird gem. Art. 153 Abs. 1 UZK i.V.m. Art. 119 Abs. 1 a) DA auch nicht vermutet. Zudem sind die Waren nach dem Zolltarif zollpflichtig und außertariflich nicht vom Zoll befreit."

Die Formulierungen sind beispielhaft. In den nachfolgenden Schemata werden bei zollschuldrechtlichen Erörterungen auch andere Formulierungsmöglichkeiten dargestellt, die in gleicher Weise verwendet werden können. Zur Problematik der Einfuhrabgabenpflicht bei Waren, die Verboten und Beschränkungen unterliegen, sind die Ausführungen in diesem Kapitel unter Schema 19 zu beachten.

2. Überführung in die Überlassung zum zollrechtlich freien Verkehr

Nach Art. 77 Abs. 1 a) UZK entsteht durch die Überführung in das Zollverfahren „Überlassung zum zollrechtlich freien Verkehr" die Einfuhrzollschuld. Obwohl das Tatbestandsmerkmal „Überlassung" im UZK verwendet wird, ist nach wie vor fraglich, ob es tatsächlich zu einer Überlassung (nach Art. 5 Nr. 26 UZK) gekommen sein muss. Der Wortlaut deutet zwar darauf hin, jedoch sind durchaus Zweifel angebracht. Denn letztlich kommt es durch die Überführung zur Überlassung zur Zollschuldentstehung. Demgemäß könnte allein die Überführung und nicht erst die Überlassung zur Zollschuldentstehung führen. In einer Klausur ist es aus Vereinfachungsgründen zulässig, nur von „Überlassung zum zollrechtlich freien Verkehr" zu sprechen.

Der Meinungsstreit (der schon zur Vorgängernorm in Art. 201 Abs. 1 a) ZK bestand) ist weiterhin aktuell. Vertreten werden drei Ansichten:

- **Meinung des EuGH:** Die Überlassung ist für die Entstehung der Zollschuld zwingend. Die Überführung in den zollrechtlich freien Verkehr liegt nach der Auffassung des EuGH nur vor, wenn die Annahme einer Zollanmeldung zur Überführung in den zollrechtlich freien Verkehr angenommen wurde und die Überlassung der Ware erfolgt ist. Dieser Ansicht hat sich die deutsche Zollverwaltung angeschlossen (vgl. Z 0901 Abs. 200).

Auszug aus dem Urteil des EuGH zur Auslegung des Merkmals Überführung in den zollrechtlich freien Verkehr (vom 1.2.2001, abgedruckt in ZfZ 2001, S. 12)

„[...] Würde man bei einem Sachverhalt, wie er dem Ausgangsverfahren zugrunde liegt, die Entstehung der Zollschuld an die Annahme der Zollerklärung knüpfen, so liefe dies im Ergebnis darauf hinaus, dass die Annahme der Zollanmeldung der Entstehungstatbestand der Zollschuld wäre, was dem Wortlaut von Artikel 201 Absatz 1 des Zollkodex zuwiderliefe, und nähme der Befugnis zur Prüfung der Anmeldungen, die den Zollbehörden durch Artikel 68 des Zollkodex verliehen wird, und der Überlassung der Ware durch diese Zollbehörden die praktische Wirksamkeit [...]"

- **Traditionelle Ansicht:** Es reicht aus, dass die Zollanmeldung gem. Art. 172 Abs. 1 UZK angenommen wurde. Diese Ansicht vor dem Urteil des EuGH wurde u.a. von der deutschen Zollverwaltung vertreten. Mittlerweile wurde diese Ansicht von der Zollverwaltung allerdings aufgegeben (vgl. Z 0901 Abs. 200).
- **Vermittelnde Ansicht:** Abzustellen ist auf die Überlassungsreife. Danach ist der Begriff „Überlassung" nicht im strengen Rechtssinne zu verstehen. Vielmehr ist auf die Überlassungsreife abzustellen. Diese liegt vor, wenn der Überlassung bis auf die Zahlung der Abgaben durch den Wirtschaftsbeteiligten nichts mehr im Weg steht. Dies dürfte mit Fertigung und Bekanntgabe des Steuerbescheids der Fall sein.

Die Ansicht des EuGH ist aus gesetzessystematischer Überlegung kritisch zu betrachten. Dazu lassen sich folgende Überlegungen anstellen:

Nach Art. 195 UZK ist die Überlassung zum Zollverfahren davon abhängig, dass die Zollschuld entrichtet wurde (oder eine Sicherheitsleistung besteht). Wenn die Zahlung der Abgaben zwingend einer Überlassung vorausgehen muss, muss die Zollschuld zuvor – also vor der Überlassung – entstanden sein. Denn ohne Zollschuldentstehung kann es keine Zahlungsverpflichtung geben. Somit kann die Überlassung für die Entstehung der Zollschuld nicht maßgeblich sein.

Zudem kann auf Art. 124 Abs. 1 b) UZK verwiesen werden, wonach die Zollschuld mit der Entrichtung des Abgabenbetrags erlischt. Nach Art. 195 UZK ist die Überlassung von der Zahlung der Abgaben abhängig (oder von der Leistung einer Sicherheit). Wenn der Wirtschaftsbeteiligte die Abgaben zahlt, greift die Regelung nach Art. 124 Abs. 1 b) UZK, d.h., die Zollschuld erlischt. Allerdings ist die Einfuhrabgabe nach Ansicht des EuGH mangels Überlassung noch gar nicht entstanden. Was noch nicht entstanden ist, kann nicht erlöschen. Diese gesetzessystematischen Überlegungen zeigen (zumindest) Schwächen in der Argumentation des EuGH.

In einer Prüfungsklausur sind alle drei Ansichten kurz darzustellen. Eine Stellungnahme dahingehend, welcher Meinung im Gutachten gefolgt wird, ist allerdings nur dann erforderlich, wenn die Ansichten bei der gutachtlichen Bewertung eines Sachverhalts nicht zu gleichen Ergebnissen führen. Anders gesprochen: Es ist keine Stellungnahme zu den Ansichten erforderlich, wenn die Ergebnisse nicht differieren.

Formulierung in unproblematischen Fällen

In einem unproblematischen Fall (Annahme und Überlassung liegen laut Sachverhalt vor) kann – im Urteilsstil – beispielsweise folgende Formulierung gebraucht werden:

„Die Annahme der Zollanmeldung ist erfolgt, ebenso die Überlassung der Waren. Daher liegt nach der Auffassung des EuGH, der neben der Annahme der Zollanmeldung zudem die Überlassung der Ware fordert, eine Überführung in den zollrechtlich freien Verkehr durch Überlassung vor. Gleiches gilt für die Ansicht, die ausschließlich auf die Annahme der Zollanmeldung abstellt sowie für die Auffassung, die die Überlassungsreife fordert. Denn die Überlassung der Waren setzt die Annahme einer Zollanmeldung und auch eine Überlassungsreife voraus."

Im Einzelfall ist es denkbar, dass die Ansichten nicht zu gleichen Ergebnissen kommen. Fehlt beispielsweise die Überlassung der Waren, ist die Zollschuld nach Ansicht des EuGH nicht entstanden. Welcher Meinung in diesem Fall im Gutachten gefolgt wird, ist letztendlich nicht entscheidend. Erforderlich ist jedoch, eine kurze, schlüssige Begründung der favorisierten Ansicht.

Die Ansicht, die auf die Überlassungsreife abstellt, erscheint dabei am ehesten mit dem Wortlaut von Art. 77 Abs. 1 a) UZK und der Gesetzessystematik in Einklang zu stehen. Auf der einen Seite wird das Merkmal „Überlassung" nicht negiert, sondern ausgelegt, und zwar in einer Weise, die den Regelungen in Art. 195 UZK und Art. 124 Abs. 1 b) UZK gerecht wird. Denn mit der Fertigung des Steuerbescheids – also der Überlassungsreife – ist die Zollschuld und damit eine Zahlungsverpflichtung entstanden, die der Überlassung vorausgeht. Die mit der Überlassungsreife entstandene Zollschuld kann zudem nach Art. 124 Abs. 1 b) UZK erlöschen, wenn die Abgaben gezahlt werden.

ⓘ **Unabhängig von der vorstehenden Diskussion ist in jedem Fall Voraussetzung, dass die Zollanmeldung die Ware gegenständlich erfasst.**

Waren, die sich in Packstücken (auf Paletten, in Kartons etc.) befinden, sind entsprechend der jeweilig im Packstück befindlichen tatsächlichen Menge anzumelden. Bei lose verladenen Waren („lose Schüttung") wird die Warenmenge, die sich im bezeichneten Beförderungsmittel befindet, Gegenstand der Zollanmeldung.

Zudem muss die Ware, die in der Zollanmeldung bezeichnet wurde, die tatsächlich vorhandene (gestellte) Ware im Kern richtig erfassen (Verkehrsauffassung ist maßgebend). Die Anmeldung einer sog. Aliudware führt nicht zur Zollschuld nach Art. 77 Abs. 1 a) UZK im Hinblick auf die tatsächlich gestellte Ware (zur Problematik der Aliudware vgl. Schema 18).

Sind die Voraussetzungen für die Entstehung der Zollschuld gem. Art. 77 Abs. 1 a) UZK erfüllt, entsteht die Zollschuld in gesetzlich geschuldeter Höhe (Rechtsfolge).

ⓘ **Definition Zollschuld**

Die Zollschuld ist in Art. 5 Nr. 18 UZK definiert als „Verpflichtung einer Person, den aufgrund der geltenden zollrechtlichen Vorschriften für eine bestimmte Ware vorgesehenen Betrag der Einfuhr- oder Ausfuhrabgaben zu entrichten".

Ist im Sachverhalt vermerkt, dass die Waren ordnungsgemäß in den zollrechtlich freien Verkehr übergeführt wurden, reicht ein entsprechender Satz mit einem Hinweis auf den Sachverhalt ebenso zur Begründung aus.

II. Zeitpunkt, Art. 77 Abs. 2 UZK

Die Zollschuld entsteht im Zeitpunkt der Annahme der Zollanmeldung – das entsprechende Datum ist zu nennen.

III. Zollschuldner, Art. 77 Abs. 3 UZK

Zollschuldner ist nach Art. 77 Abs. 3 S. 1 UZK der Anmelder. Gemäß Art. 5 Nr. 15 UZK ist Anmelder die Person (Art. 5 Nr. 4 UZK), die die Zollanmeldung in eigenem Namen abgibt (Fall ohne Stellvertretung oder bei indirekter Stellvertretung) oder die Person, in deren Namen die Zollanmeldung abgegeben wird (Fall der direkten Stellvertretung durch Abgabe in fremdem Namen). Nach Art. 5 Nr. 19 UZK ist der Anmelder eine zur Erfüllung der Zollschuld verpflichtete Person.

Im Fall der indirekten Vertretung ist auch der Vertretene Zollschuldner (Art. 77 Abs. 3 S. 2 UZK). Die Haftung mehrerer Zollschuldner ergibt sich aus den Regeln der Gesamtschuld gem. Art. 84 UZK.

Nach Art. 77 Abs. 2 UAbs. 2 UZK ist auch der sog. Informationsgeber weiterer Zollschuldner neben dem Anmelder (Gesamtschuldnerische Haftung gem. Art. 84 UZK).

Beispiel: Der Hersteller der zum zollrechtlich freien Verkehr angemeldeten Ware gibt bewusst eine unterfakturierte Rechnung (über 100.000,– €) an den Zollanmelder weiter. Dieser verwendet die Rechnung. Die Zollschuld ist durch Überlassung zum zollrechtlich freien Verkehr in gesetzlich geschuldeter Höhe entstanden. Für die Bestimmung der Höhe der Zollschuld ist nicht von der unterfakturierten Rechnung (über 100.000,– €) auszugehen, sondern von der kaufvertraglichen Vereinbarung (die bei 500.000,– € lag). Der Informationsgeber, also der Hersteller, der die unterfakturierte Rechnung erstellt und weitergeben hat, ist weiterer Zollschuldner, Art. 77 Abs. 3 UAbs. 2 UZK.

Hinweis zum Zollschuldner in Art. 77 Abs. 3 UZK

Eine ausführliche – nahezu lehrbuchartige – Darstellung zur Frage der Zollschuldnerschaft in Bezug auf Art. 77 Abs. 3 UZK findet sich in Z 0901 Abs. 206 ff.

IV. Bemessung

Nach der Prüfung des Zollschuldners ist die Bemessung der Zollschuld zu prüfen. Diese Prüfung erfolgt im Regelfall in drei Schritten:

1. Bemessungszeitpunkt (Art. 85 Abs. 1 UZK)
2. Bemessungsgrundlagen
3. Zollwert (Art. 70 ff. UZK)

Punkt 3 ist ausführlich nach dem Zollwertschema zu prüfen, wenn der Zollwert nicht nach dem Sachverhalt feststeht (vgl. Schema 21 – Prüfungsschema Zollwertrecht – Transaktionswertmethode gem. Art. 70 Abs. 1 UZK).

Bemessung der Zollschuld

Die Bemessung der Zollschuld sollte unter Punkt „IV. Bemessung“ erfolgen. Ausnahmsweise ist bei einem Erlöschen der Zollschuld anders zu verfahren. Ist die Zollschuld nach Art. 124 UZK – beispielsweise gem. Art. 124 Abs. 1 b) UZK durch Entrichtung der Abgaben – erloschen, ist es zweckmäßiger, das Erlöschen vorzuziehen. Der Prüfungspunkt sollte dann „IV. Erlöschen, Art. 124 UZK“ lauten. Diese Fallgestaltung dürfte allerdings eher die Ausnahme sein.

Wenn die Bemessung der Zollschuld zu erörtern ist, sind nachfolgende Punkte anzusprechen:

Bemessungszeitpunkt, Art. 85 Abs. 1 UZK

Nach Art. 85 Abs. 1 UZK ist der Zeitpunkt des Entstehens der Zollschuld zugleich der Zeitpunkt für die Bemessung. Der Zeitpunkt des Entstehens ergibt sich bei der Überlassung zum zollrechtlich freien Verkehr aus Art. 77 Abs. 2 UZK; also ist auf den Zeitpunkt der Annahme der Zollanmeldung abzustellen. Zu den sog. gegenteiligen Bestimmungen vgl. Art. 86 Abs. 3 UZK.

Bemessungsgrundlagen

Die Bemessungsgrundlagen sind: der Zollwert, die Menge, die Beschaffenheit und der Ursprung der Waren (vgl. auch Art. 86 Abs. 1 UAbs. 2 UZK). Zudem ist der Zollsatz eine weitere Bemessungsgrundlage. Denn nach Art. 56 Abs. 1 UZK ist der gemeinsame Zolltarif für die Ermittlung der Abgaben maßgeblich. Aus dem Zolltarif ergeben sich die einzelnen Zollsätze. Zur Ermittlung des Zollsatzes sind wiederum die Beschaffenheit und der Ursprung der Waren entscheidend. Die Beschaffenheit ist bestimmend für die Einreihung der Waren in den Zolltarif und damit für die Ermittlung der Codenummer. Der Ursprung wiederum ist für die Frage, ob ein Präferenzzollsatz gewährt werden kann, von Bedeutung.

Schema 14

Zollschuld gem. Art. 77 Abs. 1 a) UZK – durch Anschreibung der Überführung in die Überlassung zum zollrechtlich freien Verkehr

Vorbemerkung

Bei der Prüfung einer Zollschuld gem. Art. 77 UZK, die durch eine Anschreibung in der Buchführung gem. Art. 182 UZK entstanden sein könnte, ist das bekannte „Zollschuldsystem" aus dem vorstehenden Schema an bestimmten Stelle zu modifizieren. Dem Grunde nach bleibt das Prüfungsschema allerdings gleich. Wo sich die Besonderheiten wiederfinden, ist in folgendem Schema erklärt.

I. Entstehen einer Zollschuld

Auch bei der Anschreibung zum zollrechtlich freien Verkehr kommt eine Zollschuldenstehung gem. Art. 77 Abs. 1 a) UZK in Betracht.

1. Einfuhrabgabenpflichtige Nicht-Unionsware

Voraussetzung für die Entstehung einer Zollschuld gem. Art. 77 Abs. 1 a) UZK ist es, dass es sich bei den Waren um einfuhrabgabenpflichtige Nicht-Unionswaren handelt.

a) Waren

Waren sind alle körperlichen beweglichen Güter und Gegenstände einschließlich des elektrischen Stroms (vgl. Z 0601 Abs. 101).

b) Nicht-Unionswaren

Es müsste sich bei den Waren ebenfalls um Nicht-Unionswaren handeln. Gemäß Art. 5 Nr. 24 UZK sind Nicht-Unionswaren andere als die unter Nr. 23 genannten Waren. Insoweit wird vollständig auf das vorstehende Schema zu diesem Punkt verwiesen.

c) Einfuhrabgabenpflicht

Eine Ware ist einfuhrabgabenpflichtig, wenn nach dem Zolltarif ein Zollsatz größer Null vorgesehen ist und keine außertariflichen Abgabenbefreiungen vorliegen (VSF Z 0901 Abs. 108).

2. Überlassung zum zollrechtlich freien Verkehr

Auch bei der Zollschuldentstehung durch eine Anschreibung in der Buchführung müsste eine Überführung in das Zollverfahren „Überlassung zum zollrechtlich freien Verkehr" vorliegen. Auch in diesem Zusammenhang ist der Meinungsstreit, wann eine Überführung im Sinne der Vorschrift vorliegt, zu problematisieren. Hierzu werden drei Ansichten vertreten.

Nach der Auffassung des EuGH liegt eine Überführung in den zollrechtlich freien Verkehr vor, wenn die Zollanmeldung zur Überführung in den freien Verkehr angenommen wurde und die Überlassung der Ware erfolgt ist.

Nach anderer Auffassung soll bereits die Annahme der Zollanmeldung hierfür ausreichen bzw. es kommt neben der Annahme auf die Überlassungsreife der Ware an.

An dieser Stelle kommt die Situation einer bewilligten Anschreibung in der Buchführung zum Zollverfahren Überlassung zum zollrechtlich freien Verkehr Bedeutung zu. Dabei wird im Folgenden von dem für Wirtschaftsbeteiligte sicherlich interessantesten Fall einer bewilligten Anschreibungsmöglichkeit mit Gestellungsbefreiung gem. Art. 182 Abs. 3 UZK ausgegangen. Diese zusätzliche Vereinfachung kann insbesondere dann bewilligt werden, wenn der Wirtschaftsbeteiligte gem. Art. 182 Abs. 3 a) UZK zugelassener Wirtschaftsbeteiligter für zollrechtliche Vereinfachungen handelt (sog. AEO C gem. Art. 38 Abs. 2 a) UZK). Sollte keine Anschreibung im Fall einer Gestellungsbefreiung bewilligt worden sein, ist bezüglich der Überlassungsmodalitäten auf Art. 235 IA zu verweisen.

Der Firma wurde vom zuständigen HZA gem. Art. 182 Abs. 1 UZK bewilligt, Zollanmeldungen zur Überführung in die Überlassung zum zollrechtlich freien Verkehr als Anschreibung in der Buchführung vorzunehmen.

Zudem wurde ihr als AEO C (oder auch AEO F, vgl. Art. 38 Abs. 3 UZK) eine Befreiung von der Verpflichtung zur Gestellung i.S.d. Art. 182 Abs. 3 UZK gewährt. Damit brauchte die Firma die ordnungsgemäß in das Unionszollgebiet verbrachten Waren nicht bei der zuständigen Abfertigungszollstelle zu gestellen. Gemäß Art. 182 Abs. 2 UZK gilt die Zollanmeldung mit Anschreibung in der Buchführung als angenommen (sog. Fiktion). Gleichzeitig wird bei der gewährten Gestellungsbefreiung nach Art. 182 Abs. 3 S. 1 UZK die Überlassung fingiert.

Da sowohl die Annahme der Zollanmeldung als auch die Überlassung in diesem Fall als erfolgt gelten, ist nach allen genannten Ansichten eine Überführung in das Zollverfahren „Überlassung in den zollrechtlich freien Verkehr" zu bejahen.

II. Zeitpunkt, Art. 77 Abs. 2 UZK

Die Zollschuld entsteht im Zeitpunkt der Annahme der Zollanmeldung. Gemäß Art. 182 Abs. 2 UZK gilt die Zollanmeldung zu dem Zeitpunkt als angenommen, zu dem die Anschreibung in der Buchführung erfolgt; zu nennen ist das konkrete Anschreibedatum.

III. Zollschuldner, Art. 77 Abs. 3 UZK

Zollschuldner ist nach Art. 77 Abs. 3 UAbs. 1 UZK der Anmelder. Der Zollschuldner ist nach Art. 5 Nr. 19 UZK eine zur Erfüllung der Zollschuld verpflichtete Person.

Zollanmelder ist nach Art. 5 Nr. 15 UZK die Person, die die Zollanmeldung in eigenem Namen abgibt oder die Person, in deren Namen diese Anmeldung abgegeben wird.

Bei einer Anschreibung in ihrer Buchführung im Rahmen der erteilten Bewilligung erfolgte keine tatsächliche Abgabe einer Zollanmeldung gegenüber der Zollstelle. In diesem Fall ist die „Abgabe“ der Zollanmeldung durch die Anschreibung durch die Firma als Bewilligungsinhaberin und zwar im eigenen Namen erfolgt; damit ist die Bewilligungsinhaberin Zollanmelder und folglich auch Zollschuldner.

Hinweis

Die weitere Prüfung zur Bemessung der Zollschuld unterliegt bei der Anschreibung in der Buchführung keinen Besonderheiten. Daher kann diesbezüglich vollständig auf die Ausführungen im vorstehenden Schema verwiesen werden.

Schema 15

Zollschuld gem. Art. 79 Abs. 1 a) UZK – durch Verletzung von Pflichten in Bezug auf das Verbringen

I. Entstehungstatbestand, Art. 79 Abs. 1 a) UZK

1. Einfuhrabgabenpflichtige Nicht-Unionswaren

a) Waren

Definition: Waren sind körperliche, bewegliche Gegenstände, einschließlich des elektrischen Stroms (Z 0601 Abs. 101).

b) Nicht-Unionswaren, Art. 5 Nr. 24 UZK

Es muss sich um Nicht-Unionswaren handeln. Das ist der Fall, wenn die Voraussetzungen gem. Art. 5 Nr. 24 UZK vorliegen. Nicht-Unionswaren sind danach Waren, die nicht unter Art. 5 Nr. 23 UZK fallen. Dem Grunde nach erfordert diese Negativabgrenzung eine Prüfung der Voraussetzungen von Art. 5 Nr. 23 UZK.

Wurden Waren aus einem Drittland in das Zollgebiet verbracht, liegen (regelmäßig) unproblematisch Nicht-Unionswaren vor. Auf die Ausnahme bei internem Versand nach Art. 227 UZK ist nur dann einzugehen, wenn ein entsprechender Fall vorliegt. Im Fall des internen Versands verlieren die Waren nicht ihren zollrechtlichen Status als Unionswaren.

Im Übrigen gilt die Statusvermutung, dass es sich bei Waren, die sich im Zollgebiet befinden, um Unionswaren handelt, gem. Art. 153 Abs. 1 UZK i.V.m. Art. 119 Abs. 1 a) DA nicht für Waren, die aus einem Drittland in das Zollgebiet verbracht wurden und der zollamtlichen Überwachung (gem. Art. 134 Abs. 1 UZK) unterliegen.

Formulierungsbeispiel

„Es handelt sich bei dem – Produkt nennen – um einen beweglichen Gegenstand, also um eine Ware. Die Ware stammt aus – Drittland nennen – und wurde in das Zollgebiet verbracht und erst hier zur Überlassung zum zollrechtlich freien Verkehr angemeldet; damit liegt eine Nicht-Unionsware gem. Art. 5 Nr. 24 UZK vor."

c) Einfuhrabgabenpflicht

Definition: Eine Ware ist einfuhrabgabenpflichtig, wenn nach dem Zolltarif ein Zoll vorgesehen ist und im Einzelfall keine außertariflichen Abgabenbefreiungen vorliegen (Z 0901 Abs. 108).

Formulierung in unproblematischen Fällen

In der Regel ist das Merkmal „einfuhrabgabenpflichtige Waren“ unproblematisch. In diesem Fall kann – im Urteilsstil – beispielsweise folgende Formulierung gebraucht werden:

„Es handelt sich bei dem – Produkt nennen – um einen beweglichen Gegenstand, also um eine Ware. Die Ware stammt aus – Drittland nennen – und wurde in das Zollgebiet verbracht und erst hier zur Überlassung zum zollrechtlich freien Verkehr angemeldet; damit liegt eine Nicht-Unionsware gem. Art. 5 Nr. 24 UZK vor. Die Ware unterliegt einem Zollsatz nach dem Zolltarif. Außertarifliche Befreiungen sind nicht ersichtlich. Die Nicht-Unionsware ist demzufolge einfuhrabgabenpflichtig.“

2. Verletzung von festgelegten Verpflichtungen („Pflichtverletzungen“) in Bezug auf das Verbringen

Nach Art. 79 Abs. 1 a) UZK entsteht eine Einfuhrzollschuld, wenn eine in zollrechtlichen Vorschriften festgelegte Verpflichtung in Bezug auf das Verbringen von Waren in das Zollgebiet nicht erfüllt wird.

Das Verbringen von Waren ist im UZK in Titel IV geregelt und umfasst die Art. 127 bis 152. Für die Frage, ob eine Zollschuld entstanden ist, sind unterschiedliche Ansatzpunkte denkbar, nämlich die

- Nichtabgabe bzw. fehlerhafte Abgabe der ESumA (Art. 127 ff. UZK)
- Meldung über die Ankunft von Waren, sog. Ankunftsmeldung (Art. 133 UZK)
- Verletzung der Beförderungspflicht (Art. 135 UZK)
- Verletzung der Pflicht zur Gestellung (Art. 139 UZK)
- Abgabe der Anmeldung zur vorübergehenden Verwahrung (Art. 145 ff. UZK)

Die Zollschuld gem. Art. 79 Abs. 1 a) UZK entsteht allerdings nicht nur, wenn Pflichten in Bezug auf das Verbringen verletzt wurden. Daneben werden weitere Sachbereiche genannt, die gem. Art. 79 Abs. 1 a) UZK ebenfalls zollschuldrechtlich relevant sein können.

Sachbereiche für Pflichtverletzungen

Nach Art. 79 Abs. 1 a) UZK müssen die Verpflichtungen bestehen in Bezug auf:

- das Verbringen von Nicht-Unionswaren in das Zollgebiet,
- das Entziehen dieser Waren aus der zollamtlichen Überwachung,
- die Beförderung,
- die Veredelung,
- die Lagerung,
- die vorübergehende Verwahrung,
- die vorübergehende Verwendung oder
- die Verwertung von Waren im Zollgebiet.

Die Pflichtverletzungen betreffen neben solchen bezüglich des Verbringens, auch Pflichtverletzungen in der vorübergehenden Verwahrung oder bei besonderen Verfahren (z.B. Veredelung oder Lagerung). In diesem Prüfungsschema wird ausschließlich auf die Entstehung einer Zollschuld in Bezug auf das Verbringen von Waren in das Zollgebiet einschließlich der Abgabe der Anmeldung zur vorübergehenden Verwahrung eingegangen. In den Folgeschemata werden auch das Entziehen und weitere Pflichtverletzungen in der vorübergehenden Verwahrung dargestellt. Pflichtverletzungen, beispielsweise in Bezug auf ein besonderes Verfahren, werden im Rahmen der Schemata zu den besonderen Verfahren erläutert.

a) Pflichtverletzung in Bezug auf die ESumA, Art. 127 ff. UZK

Fraglich ist, ob die Verletzung der Regelungen in den Art. 127 ff. UZK zur Abgabe einer ESumA zu einer Zollschuldentstehung nach Art. 79 Abs. 1 a) UZK führen kann. Zwar gehören die Regelungen zur Abgabe der ESumA zum Bereich des Verbringens von Waren in das Zollgebiet, nämlich zu den Regelungen des Titels IV von Art. 127 bis 152 UZK, zu berücksichtigen ist aber, dass sich die Waren bei Nichtabgabe einer ESumA bzw. bei Abgabe einer fehlerhaften ESumA stets noch im Drittland befinden. Denn nach Art. 127 Abs. 3 UZK ist die ESumA vor dem Verbringen von Waren in das Zollgebiet bei der Eingangszollstelle abzugeben. Eine Zollschuld kann jedoch nur für Waren entstehen, die sich im Zollgebiet befinden. Nur auf diese Waren erstreckt sich der sachliche und räumliche Anwendungsbereich des UZK und der übrigen zollrechtlichen Vorschriften (vgl. auch Art. 1 Abs. 1 UZK).

Hinzu kommt nach Art. 129 Abs. 1 UZK, dass es dem Wirtschaftsbeteiligten möglich ist, auf Antrag die ESumA nach deren Abgabe zu ändern. Solange diese Änderungsmöglichkeit besteht, kann es in der Sache noch nicht zur einer Pflichtverletzung gekommen sein, die zollrechtliche Konsequenzen hat.

Im Ergebnis lässt sich daher festhalten: Die Nichtabgabe bzw. die fehlerhafte Abgabe einer ESumA hat für sich gesehen keine zollschuldrechtlichen Konsequenzen gem. Art. 79 Abs. 1 a) UZK.

b) Pflichtverletzung in Bezug auf die Abgabe einer Ankunftsmeldung, Art. 133 UZK

Die Verpflichtung zur Abgabe der Ankunftsmeldung ist in Art. 133 Abs. 1 UZK geregelt. Danach hat der Betreiber des im Zollgebiet eintreffenden Seeschiffs oder Luftfahrzeugs die Ankunft des Beförderungsmittels bei der Eingangszollstelle zu melden.

Beachte: Für Landbeförderungsmittel (beispielsweise Lkw mit Ladung) ist keine Ankunftsmeldung vorgesehen.

Eine fehlerhafte Ankunftsmeldung kann im Ergebnis nicht dazu führen, eine Zollschuld gem. Art. 79 Abs. 1 a) UZK entstehen zu lassen. Zwei Überlegungen stützen dieses Ergebnis:

aa) Ankunftsmeldung ist Teil des Risikomanagements

Zwar handelt es sich bei der Verpflichtung zur Abgabe der Ankunftsmeldung formal um eine Verpflichtung in Bezug auf das Verbringen; zu beachten ist aber, dass die Ankunftsmeldung eine Verpflichtung ist, die die Zollbehörden im Rahmen des Risikomangements unterstützen soll. Die Ankunftsmeldung bezeichnet das Eintreffen des Beförderungsmittels in zeitlicher Hinsicht. Diese Information ermöglicht der Zollstelle bei Vorliegen von Risikomeldungen (die im Rahmen der Risikoanalyse aufgetreten sind) zu reagieren. Auf diese Weise kann die Zollstelle Personal und Sachmittel zeitgerecht dort zur Verfügung stellen, wo das Beförderungsmittel ankommen wird. Insoweit ist die Ankunftsmeldung zentral keine warenbezogene Meldung, die zu einer Zollschuld gem. Art. 79 Abs. 1 a) UZK führen kann.

bb) Ankunftsmeldung ist keine festgelegte Einzelheit im Rahmen der Beförderungspflicht gem. Art. 135 UZK

In Art. 135 UZK sind die sog. Beförderungspflichten festgelegt. Nach dieser Regelung hat die Beförderung zu einer Zollstelle u.a. nach den festgelegten Einzelheiten zu erfolgen. Die Abgabe der Ankunftsmeldung ist keine festgelegte Einzelheit im Sinne der Vorschrift. Denn durch die Ankunftsmeldung wird nicht die eigentliche Beförderung der Waren zur Eingangszollstelle in besonderer Weise geregelt. Es wird ausschließlich der Zeitpunkt des Eintreffens des Beförderungsmittels bei der Eingangszollstelle mitgeteilt. Die Meldung dient – wie bereits oben aufgezeigt – ausschließlich dazu, dass die Eingangszollstelle zeitnah und effektiv zollamtliche Kontrollen planen kann (Risikomanagement). Die Ankunftsmeldung gehört folglich nicht zu den Pflichten der Beförderung gem. Art. 133 Abs. 1 UZK.

Im Ergebnis lässt sich daher festhalten: Die Nichtabgabe bzw. eine fehlerhafte Abgabe der Ankunftsmeldung gem. Art. 133 UZK ist keine Pflichtverletzung, die gem. Art. 79 Abs. 1 a) UZK zur Entstehung einer Zollschuld führt.

c) Pflichtverletzung in Bezug auf die Gestellung, Art. 139 Abs. 1 UZK

Die Waren, die in das Zollgebiet eingegangen und gem. Art. 135 UZK zur Eingangszollstelle befördert wurden, sind gem. Art. 139 Abs. 1 UZK zu gestellen. Nach Art. 5 Nr. 33 UZK ist die Gestellung die Mitteilung über das Eintreffen von Waren am Amtsplatz der Zollstelle (oder einem anderen bezeichneten oder zugelassenen Ort – Ausnahmefall).

Dabei ist im Rahmen des kommerziellen Warenverkehrs Folgendes zu berücksichtigen:

aa) Bei Abgabe der Anmeldung zur vorübergehenden Verwahrung im Zeitpunkt der Gestellung

Spätestens im Zeitpunkt der Gestellung ist eine Anmeldung zur vorübergehenden Verwahrung (VVAM) abzugeben (Art. 145 Abs. 1 und 3 UZK). Zudem hat der Gestellungspflichtige gem. Art. 139 Abs. 4 UZK im Zusammenhang mit seiner Gestellungsmitteilung auf eine abgegebene VVAM zu verweisen.

Bei Abgabe einer VVAM im Zeitpunkt der Gestellung, wird durch diese Anmeldung gleichzeitig mitgeteilt, dass Waren eingetroffen sind. Damit beinhaltete die VVAM auch die – konkludente – Mitteilung über das Eintreffen von Waren (konkludente Gestellung). Da in der VVAM auch die Waren bezeichnet werden müssen, die in das Zollgebiet verbracht wurden, bezieht sich die Gestellung inhaltlich auf diese Waren. Damit sind **diese** Waren gestellt worden. Die nicht in der VVAM aufgeführten Waren, die sich zudem auf dem Beförderungsmittel befinden, wurden dagegen nicht mitgeteilt, also nicht gestellt (Stichwort: qualifizierte Gestellungsmitteilung). Diese Überlegungen gehen letztlich auf die Entscheidung des EuGH in der Rechtssache Papismedov zurück.

Auszug aus dem Papismedov-Urteil des EuGH zur Auslegung des Merkmals Gestellung (vom 3.3.2005, teilweise abgedruckt in ZfZ 2005, S. 192, 194 mit Anmerkungen von Prof. Dr. Kock)

„[...] Die Gestellung der Waren nach Artikel 40 des Zollkodex ist nämlich gemäß den Artikeln 43 und 45 dieses Kodex mit einer entsprechenden Verpflichtung verbunden, kurzfristig eine summarische Anmeldung abzugeben oder innerhalb dieser Frist die Förmlichkeiten zu erfüllen, damit die betreffenden Waren eine zollrechtliche Bestimmung erhalten; d.h., wenn beantragt wird, sie in ein Zollverfahren zu überführen, muss eine Zollanmeldung abgegeben werden. Wie sich aus Artikel 43 Absatz 2 des Zollkodex ergibt, erfolgen diese beiden Vorgänge im Allgemeinen gleichzeitig, da die Frist, die die Zollbehörden für die Abgabe dieser Anmeldung einräumen können, spätestens am ersten Arbeitstag nach dem Tag der Gestellung der Waren endet. Im Übrigen muss die summarische Anmeldung gemäß Artikel 44 Absatz 1 dieses Kodex die für die Erfassung der Waren erforderlichen Angaben enthalten.

Wenn bei der Gestellung der Waren gemäß Artikel 40 des Zollkodex gleichzeitig eine summarische Anmeldung oder eine Zollanmeldung abgegeben wird, bei der die Beschreibung der Warenart nicht mit den Tatsachen übereinstimmt, fehlt es somit an der Mitteilung an die Zollbehörden gemäß Artikel 4 Nummer 19 des Zollkodex, dass die Waren eingetroffen sind. Unter diesen Umständen kann nicht allein deswegen, weil bestimmte Dokumente vorgelegt wurden, davon ausgegangen werden, dass diesen Behörden die für die Erfassung der Waren erforderlichen Informationen zugegangen wären. Die in den bei der Gestellung vorgelegten Dokumenten enthaltenen Angaben müssen nämlich auch zutreffend sein. Wird in diesen Anmeldungen ein wichtiger Teil der gestellten Waren nicht erwähnt, muss angenommen werden, dass sie vorschriftswidrig in das Zollgebiet verbracht wurden.

> Auf die erste Frage ist daher zu antworten, dass Waren, bei deren Gestellung eine summarische Anmeldung abgegeben und ein externes gemeinschaftliches Versandpapier ausgefertigt wurde, nicht vorschriftsmäßig in das Zollgebiet der Gemeinschaft verbracht wurden, wenn für sie in den bei den Zollbehörden eingereichten Unterlagen eine unrichtige Bezeichnung angegeben wurde. […]"

Für versteckte bzw. verheimlichte Waren regelt § 8 S. 2 ZollV, dass diese Waren ausdrücklich erklärt werden müssen. Wird eine entsprechende Erklärung nicht gemacht, liegt eine Verletzung der (besonderen) Gestellungspflicht nach § 8 S. 2 ZollV vor.

Die Regelung in § 8 S. 2 ZollV ist jedenfalls im Bereich des Warenverkehrs, in dem eine VVAM abzugeben ist, „überholt". Denn auch versteckte oder verheimlichte Waren sind in der VVAM zu erklären. Ohne entsprechende Erklärung sind die versteckten bzw. verheimlichten Waren nicht gestellt, ohne dass es eines Rückgriffs auf § 8 S. 2 ZollV bedarf. Inwieweit § 8 S. 2 ZollV beispielsweise noch im sog. Reiseverkehr Anwendung finden kann, soll an dieser Stelle nicht behandelt werden.

Damit lässt sich im Ergebnis festhalten: Wurde im Zeitpunkt der Gestellung eine VVAM abgegeben, liegt eine konkludente Gestellungsmitteilung in Bezug auf die in der VVAM bezeichneten Waren vor. Die nicht bezeichneten Waren wurden nicht gestellt. Für diese Ware ist die Zollschuld gem. Art. 79 Abs. 1 a) UZK entstanden.

bb) Bei Abgabe der Anmeldung zur vorübergehenden Verwahrung vor der Gestellung

Zwar ist die VVAM spätestens bei der Gestellung der Waren abgegeben, jedoch kann sie auch vor der Gestellung abgegeben werden. Diese Möglichkeit zeigt die Regelung in Art. 145 Abs. 8 b) UZK, wonach die VVAM mit der Ankunftsmeldung abgegeben werden kann. Ebenfalls rechtlich zulässig wäre es, eine VVAM unmittelbar nach der Abgabe der ESumA zu übermitteln.

In diesem Fall kann die qualifizierte Gestellung der Waren über Art. 139 Abs. 4 UZK begründet werden. Denn durch den Verweis auf eine vorzeitig abgegebene VVAM werden die in dieser VVAM angemeldeten Waren auch Gegenstand der Gestellungsmitteilung. Die Gestellung wäre in diesem Fall auch im Hinblick auf die Waren, die in der VVAM angemeldet wurden, qualifiziert.

cc) Besondere Problembereiche: Fehler in der ESumA setzten sich in der Anmeldung zur vorübergehenden Verwahrung fort

Wenn die Warenangaben in der VVAM den tatsächlich beförderten Waren entsprechen, wenn sie also korrekt mitgeteilt worden sind, werden diese Waren zugleich – konkludent – gestellt. Das gilt auch, wenn die Waren in der ESumA fehlerhaft bezeichnet wurden. Für die ordnungsgemäße Gestellung kommt es letztlich also nur auf die Abgabe einer fehlerfreien VVAM an. Eine korrekte VVAM stellt eine Änderung der ESumA dar (vgl. auch Art. 129 UZK). Werden allerdings fehlerhafte Angaben aus der ESumA in die VVAM übernommen, sieht die rechtliche Bewertung anders aus. In diesem Fall liegt eine Verletzung der Gestellungspflicht gem. Art. 139 Abs. 1 UZK vor.

Mögliche Fehler der ESumA, die sich in der VVSumA fortsetzen

- Nur die Teilmenge einer gesamten Warenmenge ist in der ESumA und auch in der VVAM angemeldet worden: Zum Beispiel wurden 100 Stück der Ware x angemeldet, verbracht wurden jedoch 150 Stück der Ware x.
- Unterschiedliche Warenarten wurden verbracht: In der ESumA und der VVSumA wurde nur eine Warenart angemeldet, beispielsweise Hosen, zudem verbracht – aber nicht angemeldet – werden Schuhe.
- Anmeldung von sog. Aliudwaren – die in der ESumA und der VVAM angemeldete Ware ist eine Aliudware: Das ist der Fall, wenn ihre Bezeichnung in der Anmeldung nicht im Kern der tatsächlich verbrachten Ware entspricht. Wurden beispielsweise Kochtöpfe angemeldet, tatsächlich wurden aber Zigaretten in das Zollgebiet verbracht, bezieht sich die Anmeldung in der ESumA und der VVSumA auf Waren, die tatsächlich nicht vorhanden sind. Es handelt sich in einem solchen Fall um die Anmeldung sog. Aliudwaren. Die Zollschuld entsteht in diesem Fall für die verbrachten, aber nicht in der VVSumA bezeichneten Waren, hier für die Zigaretten wegen Verletzung der Gestellungspflicht gem. Art. 79 Abs. 1 UZK.

d) Verletzung in Bezug auf die Beförderungspflicht, Art. 135 UZK

Bei Verletzung der in Art. 135 UZK festgelegten Verpflichtungen zur ordnungsgemäßen Beförderung kann es ebenfalls zu einer Zollschuldentstehung gem. Art. 79 Abs. 1 a) UZK kommen. Die Pflichten wurden verletzt, wenn die Waren nach dem Eingang in das Zollgebiet nicht unmittelbar auf den bezeichneten Verkehrswegen und nach den festgelegten Einzelheiten zum Amtsplatz einer Eingangszollstelle befördert werden. Insbesondere die Verkehrswegepflichten, die sich derzeit noch aus § 2 ZollVG i.V.m. § 2 ZollV ergeben, sind hier zu nennen.

II. Zeitpunkt, Art. 79 Abs. 2 a) UZK

Maßgebend ist der Zeitpunkt, zu dem die Verpflichtung nicht erfüllt ist. Das ist der Zeitpunkt zu dem die Gestellungs- oder Beförderungspflicht nicht erfüllt ist. Insoweit ist in der Klausur das entsprechende Datum zu nennen.

III. Zollschuldner, Art. 79 Abs. 3 UZK

Die möglichen Zollschuldner sind in Art. 79 Abs. 3 a) bis c) UZK abschließend aufgeführt.

- **Buchstabe a):** Die Person, die die Verpflichtung zu erfüllen hatte (Pflichteninhaber).
- **Buchstabe b):** Die Person, die
  - wusste oder vernünftigerweise hätte wissen müssen, dass eine zollrechtliche Verpflichtung nicht erfüllt war und für Rechnung der Person nach Buchstabe a) gehandelt hat oder
  - an der Handlung nach Buchstabe a) beteiligt war.
- **Buchstabe c):** Die Person, die die Waren erworben oder in Besitz genommen hat und zu diesem Zeitpunkt wusste oder vernünftigerweise hätte wissen müssen, dass eine zollrechtliche Verpflichtung nicht erfüllt war.

Problematik zu Buchstabe a) bei Verbringen z.B. durch einen Lkw-Fahrer

Grundsätzlich ist der Verbringer, also der Lkw-Fahrer, nach Art. 139 Abs. 1 a) UZK zur Gestellung verpflichtet. Er ist damit Pflichteninhaber. Allerdings handelt der Lkw-Fahrer – wie in der Praxis üblich sein dürfte – regelmäßig im Namen oder im Auftrag einer Spedition. Dann ist die Spedition nach Art. 139 Abs. 1 b) UZK zur ordnungsgemäßen Gestellung verpflichtet. Sie wird als Pflichteninhaber nach Art. 79 Abs. 3 a) UZK Zollschuldner (andere Ansicht mit entsprechender Begründung vertretbar).

Erwerber und Besitzer nach Buchstabe c)

Erwerber ist die Person, die über die Ware ein Verpflichtungsgeschäft geschlossen hat (z.B. einen Kaufvertrag). Das sog. Verfügungsgeschäft (also die Eigentumsübertragung) ist keine Voraussetzung für das Merkmal „Erwerb“.

Der Besitzer wird Zollschuldner, sofern er bei Besitzerwerb (die tatsächliche Sachherrschaft ist entscheidend) wusste oder hätte wissen müssen, dass eine zollrechtliche Verpflichtung nicht erfüllt wurde.

Gesamtschuldnerische Haftung

Mehrere Zollschuldner haften gem. Art. 84 UZK als Gesamtschuldner. Da Art. 84 UZK den Begriff der Gesamtschuld nicht beschreibt, ist auf § 44 AO und ggf. auch auf § 421 BGB als Orientierungsmaßstab zurückzugreifen.

Hinweis zum Zollschuldner in Art. 79 Abs. 3 UZK

Eine ausführliche – nahezu lehrbuchartige – Darstellung zur Frage der Zollschuldnerschaft in Bezug auf Art. 79 Abs. 3 UZK findet sich in Z 0901 Abs. 338 ff.

IV. Abgabenbegünstigung, Art. 86 Abs. 6 UZK

Auch bei Entstehung einer Zollschuld gem. Art. 79 UZK können die Waren von den Einfuhrabgaben befreit sein oder einer Abgabenbegünstigung unterliegen, mit der Folge, dass die Zollschuld nicht bzw. zu einem geringeren Zollsatz entsteht, wenn die Voraussetzungen des Art. 86 Abs. 6 UZK erfüllt sind.

Prüfung von Art. 86 Abs. 6 UZK

Es dürfte nicht der Regelfall sein, dass die Voraussetzungen für ein Nichtentstehen der Zollschuld bei der Verletzung von Pflichten in Bezug auf das Verbringen vorliegen. Sollte dies gleichwohl der Fall sein, sollte die Nichtentstehung der Zollschuld in Punkt „IV. Abgabenbegünstigung gem. Art. 86 Abs. 6 UZK“ geprüft werden. Hintergrund: Die Norm setzt u.a. voraus, dass kein Täuschungsversuch vorliegt. Der Täuschungsversuch kann nur durch einen Zollschuldner begangen worden sein. Daher empfiehlt es sich, die Voraussetzungen und die Rechtsfolge der Norm nach dem Zollschuldner in Punkt „IV. Abgabenbegünstigung gem. Art. 86 Abs. 6 UZK“ zu prüfen.

Gibt es im Sachverhalt keine Anhaltspunkte für eine Prüfung von Art. 86 Abs. 6 UZK ist dieser Punkt mangels gutachtlicher Relevanz nicht anzuführen. In diesem Fall ist der Punkt „V. Erlöschen der Zollschuld“ vorzuziehen. Ein Fall einschließlich der Darstellung der Tatbestandsmerkmale von Art. 86 Abs. 6 UZK liegt Schema 17 zugrunde.

Wird Art. 86 Abs. 6 UZK geprüft und liegt danach ein Fall der Nichtentstehung vor, ist die Prüfung der Zollschuld beendet. Die nachfolgenden Punkte wären demzufolge nicht zu erörtern. Aus diesem Grund könnte Art. 86 Abs. 6 UZK in diesem Fall auch beim Merkmal „Einfuhrabgabepflicht“ geprüft werden.

V. Erlöschen der Zollschuld, Art. 124 Abs. 1 h) UZK

Bevor die Bemessung der Zollschuld geprüft wird, ist die Frage des Erlöschens der Zollschuld zu klären. Dabei ist insbesondere auf Art. 124 Abs. 1 h) UZK einzugehen. Voraussetzungen sind:

1. Zollschuldentstehung nach Art. 79 UZK

2. Keine erheblichen Auswirkungen auf die ordnungsgemäße Abwicklung des Zollverfahrens, Art. 124 Abs. 1 h) i) UZK

Ein Erlöschen kommt nach Art. 124 Abs. 1 h) i) UZK nur in Betracht, wenn sich die Verstöße nicht auf die ordnungsgemäße Abwicklung eines „Zollverfahrens“ ausgewirkt haben.

Der Begriff „Zollverfahren“ erfasst einmal die in Art. 5 Nr. 16 UZK i.V.m. Art. 210 a) bis d) UZK genannten Zollverfahren und – bei weiter Auslegung des Begriffs – auch die vorübergehende Verwahrung. Bei Verletzungen der Gestellungspflicht gem. Art. 134 UZK liegt keine vorübergehende Verwahrung vor, sodass keine Pflichtverletzungen in Bezug auf ein Zollverfahren vorliegen.

Fraglich ist, ob Art. 124 Abs. 1 h) i) UZK i.V.m. Art. 103 e) DA auch dann zur Anwendung kommen kann, wenn kein Zollverfahren (also auch keine vorübergehende Verwahrung) vorliegt. Diesbezüglich lassen sich sowohl Argumente für wie gegen eine Anwendung der Regelung finden. Nach Ansicht der Zollverwaltung (Z 0901 Abs. 414) ist der Erlöschenstatbestand von Art. 124 Abs. 1 h) UZK nicht anwendbar, wenn die Waren vorschriftswidrig verbracht wurden. Voraussetzung für eine Anwendung der Norm ist danach, dass zumindest die Waren gestellt wurden, sodass eine vorübergehende Verwahrung vorliegt. Diese ist sodann als Zollverfahren im Sinne der Vorschrift zu werten.

Zu berücksichtigen ist allerdings, dass Art. 103 e) DA nach dessen Wortlaut ein Erlöschen der Zollschuld in allen Fällen einer Zollschuldentstehung gem. Art. 79 Abs. 1 UZK regelt, also auch den Fall der Zollschuldentstehung durch Verletzung der Gestellungspflicht.

§ **Art. 103 e) DA – Verstöße, die sich nicht wesentlich auf die ordnungsgemäße Abwicklung eines Zollverfahrens auswirken (Artikel 124 Absatz 1 Buchstabe h Ziffer i des Zollkodex)**

Es ist eine Zollschuld gemäß Artikel 79 Absatz 1 Buchstaben a oder b des Zollkodex entstanden und die betreffende Person hat die zuständigen Zollbehörden über den Verstoß unterrichtet, bevor die Zollschuld mitgeteilt wurde oder die Zollbehörden dieser Person eine Kontrolle angekündigt haben.

Damit soll Art. 103 e) DA also auch anwendbar sein, wenn kein Zollverfahren vorliegt. Dieses Ergebnis beruht auf der Regelung in Art. 126 UZK. Diese Norm ermächtigt die Kommission in delegierten Rechtsakten (also in Regelungen der DA) die Verstöße aufzustellen, „die keine erheblichen Auswirkungen auf die ordnungsgemäße Abwicklung des betreffenden Zollverfahrens haben und die Artikel 124 Absatz 1 h) i) UZK **ergänzen**“. Die entscheidende Formulierung ist „die Artikel 124 Absatz 1 h) i) UZK ergänzen“. Die Regelung in Art. 103 e) DA ist eine Ergänzung um einen Fall, in dem kein Zollverfahren vorliegt.

ⓘ **Hinweis für Klausuren**

In einer Klausur sollte das Rechtsproblem an dieser Stelle angesprochen und mit einer kurzen Begründung gelöst werden. Beispielsweise könnte folgende Formulierung gewählt werden:

„Es könnte eine Heilung gem. Art. 124 Abs. 1 h) i) UZK i.V.m. Art. 103 e) DA in Betracht kommen. Nach dem Wortlaut darf sich der Verstoß nicht auf die ordnungsgemäße Abwicklung eines Zollverfahrens ausgewirkt haben. Bei Verletzung der Gestellungspflicht liegt kein Zollverfahren im Sinne der Vorschrift vor. Allerdings ergänzt Art. 103 e) DA die Fälle eines Erlöschens der Zollschuld um alle Fälle einer Zollschuldentstehung gem. Art. 79 Abs. 1 UZK und damit auch um Fälle, in denen kein Zollverfahren vorliegt. Folglich ist ein Erlöschen gem. Art. 103 e) DA auch ohne das Bestehen eines Zollverfahrens möglich.“

Welche Voraussetzungen erfüllt sein müssen, damit keine erheblichen Auswirkungen auf die ordnungsgemäße Abwicklung nach Art. 124 Abs. 1 h) i) UZK bestehen, ist in Art. 103 e) DA normiert. Die Voraussetzungen sind:

- Zollschuldentstehung nach Art. 79 Abs. 1 a) UZK
- Betreffende Person hat die zuständigen Zollbehörden über den Verstoß unterrichtet,
- bevor Zollschuld mitgeteilt wurde oder Zollkontrolle angekündigt worden ist.

3. Kein Täuschungsversuch, Art. 124 Abs. 1 h) i) UZK

Die Zollschuld darf nicht durch einen Täuschungsversuch entstanden sein. Neben dem Versuch der Täuschung ist „Erst-Recht" im Fall der Täuschung keine Abgabenbefreiung möglich.

Eine Täuschung liegt dann vor, wenn der Beteiligte durch Verletzung von zollrechtlichen Vorschriften das Ziel verfolgt, Maßnahmen der Zollbehörden zu behindern oder zu vereiteln. Dabei kommt es nicht darauf an, dass der Beteiligte Einfuhrabgaben vorenthalten will. Verfolgt der Beteiligte allerdings das Ziel, die Einfuhrabgaben nicht oder nicht in gesetzlicher Höhe entrichten zu wollen, ist immer von einem Täuschungsversuch bzw. einer Täuschung auszugehen.

4. Bereinigung der Situation, Art. 124 Abs. 1 h) ii) UZK

Erfüllung der Förmlichkeiten zur Bereinigung der Situation der Waren gem. Art. 124 Abs. 1 h) ii) UZK. Insoweit ist entscheidend, ob die Waren wieder unter zollamtliche Überwachung gestellt werden können, um Zollkontrollen weiterhin zu gewährleisten. Das ist z.B. der Fall, wenn der Zollschuldner die Waren unverändert der Zollstelle wieder vorführt und damit letztlich gestellt.

VI. Bemessung der Zollschuld

Die Bemessung ist in gleicher Weise zu prüfen wie bei der Entstehung der Zollschuld gem. Art. 77 Abs. 1 a) UZK. Insoweit wird auf dieses Schema verwiesen.

Schema 16

Zollschuld gem. Art. 79 Abs. 1 a) UZK – durch Nichterfüllung einer der in den zollrechtlichen Vorschriften festgelegten Verpflichtungen in Bezug auf ein Entziehen aus der zollamtlichen Überwachung bei vorübergehender Verwahrung

I. Entstehungstatbestand, Art. 79 Abs. 1 a) UZK

„Die Zollschuld könnte durch Entziehen der Waren aus der vorübergehenden Verwahrung gem. Art. 79 Abs. 1 a) UZK durch – hier ist die Tathandlung des Entziehens zu nennen – entstanden sein." Diese oder eine ähnliche Formulierung könnte den einleitenden Obersatz der Prüfung kennzeichnen.

1. Einfuhrabgabenpflichtige Nicht-Unionswaren

a) Waren

Definition: Waren sind körperliche, bewegliche Gegenstände, einschließlich des elektrischen Stroms (Z 0601 Abs. 101).

b) Nicht-Unionswaren, Art. 5 Nr. 24 UZK

Es muss sich um Nicht-Unionswaren handeln. Das ist der Fall, wenn die Voraussetzungen gem. Art. 5 Nr. 24 UZK vorliegen. Nicht-Unionswaren sind danach Waren, die nicht unter Art. 5 Nr. 23 UZK fallen. Dem Grunde nach erfordert diese Negativabgrenzung eine Prüfung der Voraussetzungen von Art. 5 Nr. 23 UZK. Wurden Waren aus einem Drittland in das Zollgebiet verbracht, liegen (regelmäßig) unproblematisch Nicht-Unionswaren vor. Auf die Ausnahme bei internem Versand nach Art. 227 UZK ist nur dann einzugehen, wenn ein entsprechender Fall vorliegt. Im Fall des internen Versands verlieren die Waren ihren zollrechtlichen Status als Unionswaren nicht.

Bei einer Einfuhr aus einem Drittland greift überdies die Statusvermutung nach Art. 153 Abs. 1 UZK gem. Art. 119 Abs. 1 a) DA nicht.

Formulierungsbeispiel

„Es handelt sich bei den – Produkt nennen – um bewegliche Gegenstände, also um Waren. Die Waren stammen aus – Drittland nennen – und wurden in das Zollgebiet verbracht und erst hier zur Überlassung zum zollrechtlich freien Verkehr angemeldet; damit liegen Nicht-Unionswaren gem. Art. 5 Nr. 24 UZK vor."

c) Einfuhrabgabenpflicht

Definition: Eine Ware ist einfuhrabgabenpflichtig, wenn nach dem Zolltarif ein Zoll vorgesehen ist und im Einzelfall keine außertariflichen Abgabenbefreiungen vorliegen (Z 0901 Abs. 108).

Formulierung in unproblematischen Fällen

In der Regel ist das Merkmal „einfuhrabgabenpflichtige Ware“ unproblematisch. In diesem Fall kann – im Urteilsstil – beispielsweise folgende Formulierung gebraucht werden:

„Die – Produkte nennen – sind einfuhrabgabenpflichtige Waren. Denn sie sind bewegliche Gegenstände, die nach dem Zolltarif zollpflichtig und außertariflich nicht vom Zoll befreit sind.“

2. Pflichtverletzung durch Entziehen von Waren in der vorübergehenden Verwahrung

Ergeben sich aus zollrechtlichen Vorschriften über die vorübergehende Verwahrung Verpflichtungen in Bezug auf ein Entziehen, können Verletzungen dieser Pflicht eine Zollschuld gem. Art. 79 Abs. 1 a) UZK begründen.

In Art. 79 Abs. 1 a) UZK wird das Entziehen ausdrücklich angesprochen. Allerdings ist das Entziehen für sich weniger eine Pflichtverletzung, sondern eher eine Tathandlung. Die eigentliche Pflicht, die Waren nicht zu entziehen, muss sich aus einer zollrechtlichen Vorschrift über die vorübergehende Verwahrung ergeben.

a) Pflichten in Bezug auf das Entziehen

In der vorübergehenden Verwahrung sind zwei Regelungen in Bezug auf ein Entziehen zu beachten. Zum einen Art. 139 Abs. 7 UZK und Art. 147 Abs. 1 UZK.

Nach Art. 139 Abs. 7 UZK dürfen die gestellten Waren „nicht ohne Zustimmung der Zollbehörden vom Ort der Gestellung entfernt werden“.

Nach Art. 147 Abs. 3 a) UZK hat der Verwahrungslagerinhaber sicherzustellen, „dass die in der vorübergehenden Verwahrung befindlichen Waren nicht der zollamtlichen Überwachung entzogen werden“.

In der gutachtlichen Fallprüfung ist zunächst festzustellen, aus welcher der beiden vorstehenden Normen sich die Pflicht ergibt. Im Regelfall dürfte dies Art. 147 Abs. 3 a) UZK sein; diese Norm wird im Weiteren zugrunde gelegt.

Ergänzend kann zudem auf die Regelung in Art. 134 Abs. 1 UAbs. 2 UZK zurückgegriffen werden. Dann dürfen die Waren nicht „ohne Erlaubnis der Zollbehörden entfernt werden“. Diese Regelung kann als allgemeine Regelung in Bezug darauf verstanden werden, dass ein Entziehen während der Dauer der zollamtlichen Überwachung nicht erfolgen darf.

Art. 134 Abs. 1 UAbs. 2 UZK: Allgemeine Regelung in Bezug auf das Entziehen

Bei der Prüfung der Zollschuldentstehung bei besonderen Verfahren z.B. der aktiven Veredelung oder bei einem Versand kann für die Problematik des Entziehens stets auf Art. 134 Abs. 1 UAbs. 2 UZK zurückgegriffen werden. Es handelt sich bei dieser Regelung um eine zollrechtliche Vorschrift in Bezug auf das Entziehen.

b) Entziehen aus der zollamtlichen Überwachung

Die Nichterfüllung der in Art. 147 Abs. 3 a) UZK festgelegten Verpflichtung könnte sich durch das Entziehen von Nicht-Unionswaren aus der zollamtlichen Überwachung ergeben.

aa) Zollamtliche Überwachung

Die zollamtliche Überwachung ist in Art. 5 Nr. 27 UZK legal definiert. Sie besteht aus allgemeinen Maßnahmen der Zollbehörden mit dem Ziel, die Einhaltung der zollrechtlichen Vorschriften und ggf. der sonstigen Vorschriften zu gewährleisten, die für Waren gelten, die solchen Maßnahmen unterliegen.

Nach Art. 134 Abs. 1 UAbs. 1 UZK unterliegen Waren, die in das Zollgebiet der Union verbracht werden, ab dem Zeitpunkt ihres Eingangs der zollamtlichen Überwachung. Eine Beendigung der Überwachung ist gem. Art. 134 Abs. 1 UAbs. 4 UZK durch die vorübergehende Verwahrung der Waren nicht eingetreten.

bb) Entziehen

Definition: Eine Handlung oder Unterlassung, die dazu führt, dass zollamtliche Prüfungen (nach der geänderten Regelung in Art. 4 Nr. 14 UZK: „Zollkontrollen") an der Ware, wenn auch nur vorübergehend, nicht mehr vorgenommen werden können (Z 0901 Abs. 317). Etwas kürzer formuliert, könnte man sagen: Können die Zollbehörden, wenn auch nur vorübergehend, Zollkontrollen (Art. 5 Nr. 3 UZK) an den Waren nicht durchführen, sind die Waren der zollamtlichen Überwachung entzogen. Dabei ist nicht erforderlich, dass ein subjektives Element vorliegt (Wissenselement). Abzustellen ist allein auf objektive Faktoren, also darauf, dass sich die Waren objektiv nicht mehr am Ort des Verwahrungslagers befinden.

Die Definition des Begriffs „Entziehen" basiert auf der Rechtsprechung des EuGH und wurde auch vom Bundesfinanzhof in seinen Entscheidungen zugrunde gelegt.

Auszug aus dem Urteil des EuGH zur Auslegung des Merkmals Entziehen aus der zollamtlichen Überwachung (vom 1.2.2001, abgedruckt in ZfZ 2001, S. 121 ff.) Die einzelnen Sätze der Entscheidung wurden eingekürzt. Gestrichen wurden die Vorschriften des Zollkodex alter Fassung, deren Abdruck eher verwirren würden.

„Aus Artikel [...] ergibt sich [...] dass der Begriff der Entziehung daher so zu verstehen ist, dass er jede Handlung oder Unterlassung umfasst, die dazu führt, dass die zuständige Zollbehörde auch nur zeitweise am Zugang zu einer unter zollamtlicher Überwachung stehenden Ware und der Durchführung der in Artikel 37 Absatz 1 des Zollkodex vorgesehenen Prüfungen gehindert wird.

Zudem ist es für die Entziehung einer Ware aus der zollamtlichen Überwachung im Sinne von Artikel [...] nicht erforderlich, dass ein subjektives Element vorliegt, sondern es müssen nur objektive Voraussetzungen, wie insbesondere das körperliche Fehlen der Ware am zugelassenen Verwahrungsort zu dem Zeitpunkt erfüllt sein, zu dem die Zollbehörde die Beschau dieser Ware vornehmen möchte."

Unerheblich ist, ob die Zollbehörde im konkreten Fall eine Kontrollabsicht hat (vgl. EuGH Entscheidungssammlung 2001, I S. 873 Rz. 47, BFH NV 2008, S. 629). Vereitelt eine ohne Zustimmung der Zollbehörden durchgeführte Handlung eine Kontrollmaßnahme, die rein theoretisch zum Zeitpunkt der Handlung durchgeführt werden würde, liegt ein Fall des Entziehens vor.

Beispiele für Entziehenshandlungen

- Diebstahl aus einem Verwahrungslager
- anderweitiges unerlaubtes Entfernen vom Ort der vorübergehenden Verwahrung oder Auslieferung an Kunden
- unerlaubtes Verarbeiten einer Nicht-Unionsware

II. Zeitpunkt, Art. 79 Abs. 2 UZK

Die Zollschuld entsteht in dem Zeitpunkt, in dem die Verpflichtung, deren Nichterfüllung die Zollschuld entstehen lässt, nicht oder nicht mehr erfüllt ist. Abzustellen ist insoweit auf den Zeitpunkt des Entziehens der Waren; dementsprechend ist hier das Datum der Entziehungshandlung zu nennen.

III. Zollschuldner, Art. 79 Abs. 3 UZK

Die möglichen Zollschuldner sind in Art. 79 Abs. 3 a) bis c) UZK abschließend aufgeführt.

- **Buchstabe a):** Die Person, die die Verpflichtung zu erfüllen hatte (Pflichteninhaber).
- **Buchstabe b):** Die Person, die

— wusste oder vernünftigerweise hätte wissen müssen, dass eine zollrechtliche Verpflichtung nicht erfüllt war und für Rechnung der Person nach Buchstabe a) gehandelt hat oder
— an der Handlung nach Buchstabe a) beteiligt war.

- **Buchstabe c):** Die Person, die die Waren erworben oder in Besitz genommen hat und zu diesem Zeitpunkt wusste oder vernünftigerweise hätte wissen müssen, dass eine zollrechtliche Verpflichtung nicht erfüllt war.

Hinweis zum Zollschuldner in Art. 79 Abs. 3 UZK

Eine ausführliche – nahezu lehrbuchartige – Darstellung zur Frage der Zollschuldnerschaft in Bezug auf Art. 79 Abs. 3 UZK findet sich in Z 0901 Abs. 338 ff.

Beispiele für Personen, die als Zollschuldner in Betracht kommen:

- Der Verwahrungslagerinhaber wird gem. Art. 79 Abs. 3 a) UZK Zollschuldner und zwar als derjenige, der gem. Art. 147 Abs. 3 a) UZK objektiv die betreffende Pflicht zu erfüllen hat. Subjektive Elemente sind dabei unbeachtlich. Wurde der Verwahrungslagerinhaber beispielsweise bestohlen, hat er gleichwohl objektiv die Pflicht aus Art.147 Abs. 3 a) UZK nicht eingehalten und wird aus diesem (objektiven) Grund Zollschuldner.
- Hat ein Dieb die Waren durch Diebstahl entzogen, ist er nach Art. 79 Abs. 3 c) UZK Zollschuldner als Person, die die Waren durch Erlangung der tatsächlichen Verfügungsmacht in Besitz genommen hat. (Das Merkmal „Waren erworben" liegt dagegen nicht vor, da keine vertragliche Grundlage für den Erwerb bestand.) Allerdings ist in diesem Fall ein subjektives Element erforderlich. Nur wenn der Dieb zum Zeitpunkt der Inbesitznahme wusste oder vernünftigerweise hätte wissen müssen, dass durch das Entziehen eine zollrechtliche Verpflichtung verletzt wurde, wird er Zollschuldner.

Aussetzung der Abgabenentrichtung

Mehrere Zollschuldner haften nach Art. 84 UZK als Gesamtschuldner. Die Zollbehörden setzen nach Art. 108 Abs. 3 c) UZK i.V.m. Art. 91 DA jedoch die Verpflichtung eines Zollschuldners nach Art. 79 Abs. 3 a) UZK aus, wenn folgende Voraussetzungen erfüllt sind:

- Einem weiteren festgestellten Zollschuldner (nach Art. 79 Abs. 3 b) und c) UZK) wurde der Abgabenbetrag mitgeteilt (Art. 91 Abs. 1 a) DA).
- Der Zollschuldner nach Art. 79 Abs. 3 a) UZK wurde der Abgabenbetrag nach Art. 102 UZK (also durch Steuerbescheid) mitgeteilt (Art. 91 Abs. 1 b) DA).
- Der Zollschuldner nach Art. 79 Abs. 3 a) UZK gilt nicht zugleich als Zollschuldner nach Art. 79 Abs. 3 b) und c) UZK (Art. 91 Abs. 1 c) DA).
- Eine Sicherheit in Höhe des Abgabenbetrags wurde geleistet (Art. 91 Abs. 2 DA).
- Die Aussetzung ist auf ein Jahr begrenzt (Art. 91 Abs. 3 DA).

IV. Abgabenbegünstigung, Art. 86 Abs. 6 UZK

Gemäß Art. 86 Abs. 6 UZK können die Waren auch bei Entstehung einer Zollschuld gem. Art. 79 UZK von den Einfuhrabgaben befreit sein oder es gelten Abgabenbegünstigungen, mit der Folge, dass die Zollschuld nicht oder zu einem geringeren Zollsatz entsteht, wenn die Tatbestandsmerkmale der Vorschrift gegeben sind.

Prüfung von Art. 86 Abs. 6 UZK

Eine Begünstigung im Hinblick auf die Zollschuld sollte in Punkt „IV. Abgabenbegünstigung gem. Art. 86 Abs. 6 UZK" geprüft werden. Hintergrund: Die Norm setzt u.a. voraus, dass kein Täuschungsversuch vorliegt. Der Täuschungsversuch kann nur durch einen Zollschuldner begangen worden sein. Daher empfiehlt es sich, die Voraussetzungen und die Rechtsfolge der Norm nach dem Zollschuldner in Punkt „IV. Abgabenbegünstigung gem. Art. 86 Abs. 6 UZK" zu prüfen.

Gibt es im Sachverhalt keine Anhaltspunkte für eine Prüfung von Art. 86 Abs. 6 UZK ist dieser Punkt mangels gutachtlicher Relevanz nicht anzuführen. In diesem Fall ist Punkt „V. Erlöschen der Zollschuld" vorzuziehen.

Ein Fall einschließlich der Darstellung der Tatbestandsmerkmale von Art. 86 Abs. 6 UZK liegt Schema 17 zugrunde.

Wird Art. 86 Abs. 6 UZK geprüft und liegt danach ein Fall der Nichtentstehung vor, ist die Prüfung der Zollschuld beendet. Die nachfolgenden Punkte wären demzufolge nicht zu erörtern.

Die einzelnen Elemente der Prüfung von Art. 86 Abs. 6 UZK sind:

1. Die Zollschuld ist gem. Art. 79 UZK (oder Art. 82 UZK – unerheblicher Fall) entstanden.
2. Der Verstoß, durch den die Zollschuld entstanden ist, war nicht auf einen Täuschungsversuch zurückzuführen.

   Ein Täuschungsversuch liegt vor, wenn ein vorsätzliches Verhalten dazu geführt hat, dass zollrechtliche Vorschriften verletzt wurden. Auf diesem vorsätzlichen Verhalten muss eine Zollschuldentstehung beruhen (Z 0901 Abs. 106).
3. Anwendung der Befreiungsregelung

   In diesem Fall ist – trotz des Verstoßes – die zolltarifliche Abgabenbegünstigung oder – die in Art. 56 Abs. 2 d) bis g) UZK, Art. 203 bis 205 und 208 UZK oder Art. 259 bis 262 UZK und nach der ZollbefrVO – (Z 0210) vorgesehene Befreiung von den Einfuhrabgaben grundsätzlich auch anwendbar.

Täuschungsversuch bei mehreren Personen/Zollschuldnern

Hat einer der Zollschuldner einen Täuschungsversuch begangen, kann Art. 86 Abs. 6 UZK insgesamt nicht mehr angewendet werden. Es ist (nach dem Sinn und Zweck der Norm) unerheblich, wer den Täuschungsversuch begangen hat. Eine Abgabenbegünstigung wird gem. Art. 86 Abs. 6 UZK demnach nicht gewährt, wenn festgestellt werden kann, dass – gleichgültig von welchem Zollschuldner – ein Täuschungsversuch begangen wurde.

V. Erlöschen der Zollschuld, Art. 124 Abs. 1 h) UZK

Bevor die Bemessung der Zollschuld geprüft wird, ist die Frage des Erlöschens der Zollschuld zu klären. Dabei ist insbesondere auf Art. 124 Abs. 1 h) UZK einzugehen. Voraussetzungen sind:

1. Zollschuldentstehung nach Art. 79 UZK

2. Keine erheblichen Auswirkungen auf die ordnungsgemäße Abwicklung des Zollverfahrens, Art. 124 Abs. 1 h) i) UZK

Ein Erlöschen kommt nach Art. 124 Abs. 1 h) i) UZK nur in Betracht, wenn die Verstöße keine erheblichen Auswirkungen auf die ordnungsgemäße Abwicklung eines Zollverfahrens haben. Der Begriff „Zollverfahren" erfasst einmal die in Art. 5 Nr. 16 UZK i.V.m. Art. 210 a) bis d) UZK genannten Zollverfahren und – bei weiter Auslegung des Begriffs – auch die vorübergehende Verwahrung. Die Waren befinden sich in der vorübergehenden Verwahrung, also in einem Zollverfahren.

Gemäß Art. 126 UZK ist die EU-Kommission befugt, die Fälle festzulegen, die keine erheblichen Auswirkungen auf die ordnungsgemäße Abwicklung eines Zollverfahrens haben, und ist auch befugt, Art. 124 Abs. 1 h) i) UZK zu ergänzen. In Art. 103 e) DA ist hiervon umfassend Gebrauch gemacht worden. Nach Art. 103 e) DA kann ein Fall ohne Auswirkungen dann vorkommen, wenn eine Zollschuld gem. Art. 79 Abs. 1 UZK entstanden ist und die weiteren Voraussetzungen der Norm erfüllt sind.

Welche Voraussetzungen erfüllt sein müssen, damit keine erheblichen Auswirkungen auf die ordnungsgemäße Abwicklung nach Art. 124 Abs. 1 h) i) UZK bestehen, ist u.a. in Art. 103 e) DA normiert.

Die Voraussetzungen sind:

- Zollschuldentstehung nach Art. 79 Abs. 1 a) UZK,
- die betreffende Person hat die zuständigen Zollbehörden über den Verstoß unterrichtet,
- bevor Zollschuld mitgeteilt wurde oder Zollkontrolle angekündigt worden ist.

3. Kein Täuschungsversuch, Art. 124 Abs. 1 h) i) UZK

Die Zollschuld darf nicht durch einen Täuschungsversuch entstanden sein. Neben dem Versuch der Täuschung ist „Erst-Recht“ im Fall der Täuschung keine Abgabenbefreiung möglich.

Eine Täuschung liegt dann vor, wenn der Beteiligte durch Verletzung von zollrechtlichen Vorschriften das Ziel verfolgt, Maßnahmen der Zollbehörden zu behindern oder zu vereiteln. Dabei kommt es nicht darauf an, dass der Beteiligte Einfuhrabgaben vorenthalten will. Verfolgt der Beteiligte allerdings das Ziel, die Einfuhrabgaben nicht oder nicht in gesetzlicher Höhe entrichten zu wollen, ist immer von einem Täuschungsversuch bzw. einer Täuschung auszugehen.

4. Bereinigung der Situation, Art. 124 Abs. 1 h) ii) UZK

Erfüllung der Förmlichkeiten zur Bereinigung der Situation der Waren gem. Art. 124 Abs. 1 h) ii) UZK.

Insoweit ist entscheidend, ob die nämlichen Waren wieder unter zollamtliche Überwachung gestellt werden können, um eine Zollkontrolle weiterhin zu gewährleisten. Das ist der Fall, wenn die Waren:

- in das Verwahrungslager zurückgeführt werden oder
- an dem Ort, an dem sie sich momentan befinden unter zollamtliche Überwachung gestellt werden, entweder durch Verwahrung in einem ortsnahen Verwahrungslager oder durch Anmeldung zur Überlassung zum zollrechtlich freien Verkehr.

VI. Bemessung der Zollschuld

Die Bemessung ist in gleicher Weise zu prüfen wie bei der Entstehung der Zollschuld gem. Art. 77 Abs. 1 a) UZK. Insoweit wird auf dieses Schema verwiesen.

Schema 17

Zollschuld gem. Art. 79 Abs. 1 a) UZK – durch Nichterfüllung einer der in den zollrechtlichen Vorschriften festgelegten Verpflichtungen in Bezug auf die vorübergehende Verwahrung

I. Entstehungstatbestand, Art. 79 Abs. 1 a) UZK

1. Einfuhrabgabenpflichtige Nicht-Unionswaren

a) Waren

Definition: Waren sind körperliche, bewegliche Gegenstände, einschließlich des elektrischen Stroms (Z 0601 Abs. 101).

b) Nicht-Unionswaren (Art. 5 Nr. 24 UZK)

Es muss sich um Nicht-Unionswaren handeln. Das ist der Fall, wenn die Voraussetzungen gem. Art. 5 Nr. 24 UZK vorliegen. Nicht-Unionswaren sind danach Waren, die nicht unter Art. 5 Nr. 23 UZK fallen. Dem Grunde nach erfordert diese Negativabgrenzung eine Prüfung der Voraussetzungen von Art. 5 Nr. 23 UZK. Wurden Waren aus einem Drittland in das Zollgebiet verbracht, liegen (regelmäßig) unproblematisch Nicht-Unionswaren vor. Auf die Ausnahme bei internem Versand nach Art. 227 UZK ist nur dann einzugehen, wenn ein entsprechender Fall vorliegt. Im Fall des internen Versands verlieren die Waren nicht ihren zollrechtlichen Status als Unionswaren.

Bei einer Einfuhr aus einem Drittland greift überdies die Statusvermutung nach Art. 153 Abs. 1 UZK gem. Art. 119 Abs. 1 a) DA nicht.

> **Formulierungsbeispiel**
>
> „Es handelt sich bei dem – Produkt nennen – um einen beweglichen Gegenstand, also um eine Ware. Die Ware stammt aus – Drittland nennen – und wurde in das Zollgebiet verbracht und erst hier zur Überlassung zum zollrechtlich freien Verkehr angemeldet; damit liegt eine Nicht-Unionsware gem. Art. 5 Nr. 24 UZK vor."

c) Einfuhrabgabenpflicht

Definition: Eine Ware ist einfuhrabgabenpflichtig, wenn nach dem Zolltarif ein Zoll vorgesehen ist und im Einzelfall keine außertariflichen Abgabenbefreiungen vorliegen (Z 0901 Abs. 108).

Formulierung in unproblematischen Fällen

In der Regel ist das Merkmal „einfuhrabgabenpflichtige Ware" unproblematisch. In diesem Fall kann – im Urteilsstil – beispielsweise folgende Formulierung gebraucht werden:

„Es handelt sich bei dem – Produkt nennen – um einen beweglichen Gegenstand, also um eine Ware. Die Ware stammt aus – Drittland nennen – und wurde in das Zollgebiet verbracht und erst hier zur Überlassung zum zollrechtlich freien Verkehr angemeldet; damit liegt eine Nicht-Unionsware gem. Art. 5 Nr. 24 UZK vor. Die Ware unterliegt einem Zollsatz nach dem Zolltarif. Außertarifliche Befreiungen sind nicht ersichtlich. Die Nicht-Unionsware ist demzufolge einfuhrabgabenpflichtig."

2. Verletzung von festgelegten Verpflichtungen („Pflichtverletzungen") in Bezug auf die vorübergehende Verwahrung

Ergeben sich aus zollrechtlichen Vorschriften in Bezug auf die vorübergehende Verwahrung Verpflichtungen des Wirtschaftsbeteiligten, führt eine Pflichtverletzung zur Entstehung der Zollschuld gem. Art. 79 Abs. 1 a) UZK. Die vorübergehende Verwahrung ist der Zeitraum ab der Gestellung (vgl. Art. 144 UZK) bis zur Überführung in ein Zollverfahren oder der Wiederausfuhr (vgl. Art. 149 UZK). Nach Art. 147 Abs. 3 b) UZK hat der Inhaber eines Verwahrungslagers die Pflichten, die sich aus der vorübergehenden Verwahrung ergeben, einzuhalten.

In Bezug auf diesen Zeitraum ergeben sich unterschiedliche Verpflichtungen. Nach Art. 145 Abs. 1 UZK besteht die Pflicht, eine Anmeldung zur vorübergehenden Verwahrung abzugeben (VVAM). Weitere Verpflichtungen ergeben sich zudem aus Art. 147 UZK: Beispielsweise sind die Waren am Ort eines Verwahrungslagers zu verwahren (Art. 147 Abs. 1 UZK), gem. Art. 147 Abs. 2 UZK dürfen die vorübergehend verwahrten Waren ausschließlich sog. Erhaltungsbehandlungen unterzogen werden.

Beachte: Übliche Behandlungen gem. Art. 220 UZK sind in der vorübergehenden Verwahrung unzulässig.

Darüber hinaus hat der Wirtschaftsbeteiligte nach Art. 149 UZK die Pflicht, die Waren innerhalb von 90 Tagen in ein Zollverfahren zu überführen oder die Waren wieder auszuführen. Regelfall dürfte die Überführung in ein Zollverfahren sein. Die vorstehenden Verpflichtungen sind Pflichten aus der vorübergehenden Verwahrung gem. Art. 147 Abs. 3 b) UZK.

a) Pflicht aus Art. 149 UZK

Die Pflicht aus Art. 149 UZK wird im Folgenden näher dargestellt. Nach dem Wortlaut von Art. 149 UZK müssen die Waren innerhalb von 90 Tagen ab der Abgabe der VVAM in ein Zollverfahren überführt werden. Der Begriff „Überführung" in der Norm kann nicht dahingehend ausgelegt werden, dass innerhalb der 90 Tage bereits die Überführung durch eine Überlassung der Waren zum Zollverfahren abgeschlossen ist. Vielmehr ist darunter zu verstehen, dass der Wirtschaftsbeteiligte alle Förmlichkeiten für eine Überführung erfüllt haben muss. Folglich muss innerhalb von 90 Tagen eine Zollanmeldung nach Art. 158 UZK zur Überführung in ein Zollverfahren bei der Zollstelle abgegeben worden sein. Nur diese Pflicht kann der Wirtschaftsbeteiligte haben. Denn alles Weitere, also die Annahme der Zollanmeldung und die spätere Überlassung der Waren, sind von ihm nicht zu beeinflussen und liegen ausschließlich im Hoheitsbereich der Zollbehörde.

Fazit: Nach Art. 149 UZK sind Nicht-Unionswaren, die sich in vorübergehender Verwahrung befinden, innerhalb von 90 Tagen ab Abgabe der VVAM in ein Zollverfahren zu überführen, d.h., es ist eine Zollanmeldung nach Art. 158 UZK abzugeben. Es handelt es sich hierbei um eine Pflicht aus der vorübergehenden Verwahrung gem. Art. 147 Abs. 3 b) UZK.

b) Nichterfüllung der Pflicht

Die 90-Tage-Frist berechnet sich nach Art. 3 der FristenVO. Für die Bestimmung des Beginns der Frist wird nach Art. 3 Abs. 1 UAbs. 2 FristenVO der Tag der Abgabe der VVAM nicht mitgerechnet. Fristbeginn ist somit nach Art. 3 Abs. 2 b) FristenVO der Folgetag um 00:00 Uhr. Die Frist endet nach Art. 3 Abs. 3 b) FristenVO mit Ablauf der letzten Stunde des letzten Tages der Frist, also nach 90 Tagen ab dem Tag des Fristbeginns, um 24:00 Uhr.

Ist die Frist im Einzelfall abgelaufen, liegt eine Nichterfüllung der Pflicht nach Art. 149 UZK vor. Eine Verlängerung der Frist sieht das Zollrecht in Art. 149 UZK nicht vor. Daraus folgt im Ergebnis, dass eine Pflicht in Bezug auf die vorübergehende Verwahrung nicht erfüllt wurde.

II. Zeitpunkt, Art. 79 Abs. 2 a) UZK

Die Zollschuld entsteht am Tag des Fristablauf (vgl. oben Art. 3 b) FristenVO) um 24:00 Uhr, da zu diesem Zeitpunkt – durch Fristablauf – die zollrechtliche Verpflichtung in Bezug auf die vorübergehende Verwahrung nicht mehr erfüllt werden kann.

III. Zollschuldner, Art. 79 Abs. 3 a) UZK

Zollschuldner ist gem. Art. 79 Abs. 3 a) UZK die Person, die die betreffende Verpflichtung zu erfüllen hatte. In diesem Fall der Bewilligungsinhaber des Verwahrungslagers, denn diese Person hatte die Pflicht nach Art. 147 Abs. 3 b), Art. 149 UZK zu erfüllen.

Hinweis zum Zollschuldner in Art. 79 Abs. 3 UZK

Eine ausführliche – nahezu lehrbuchartige – Darstellung zur Frage der Zollschuldnerschaft in Bezug auf Art. 79 Abs. 3 UZK findet sich in Z 0901 Abs. 338 ff.

IV. Erlöschen der Zollschuld, Art. 124 Abs. 1 h) UZK

Liegen keine Anhaltspunkte für eine Abgabenbegünstigung gem. Art. 86 Abs. 6 UZK vor, ist mit dem Punkt „Erlöschen der Zollschuld" fortzufahren.

Bevor die Bemessung der Zollschuld geprüft wird, ist die Frage des Erlöschens der Zollschuld zu klären. Dabei ist insbesondere auf Art. 124 Abs. 1 h) UZK einzugehen. Voraussetzungen sind:

1. Zollschuldentstehung nach Art. 79 UZK

Die Zollschuld muss nach Art. 79 UZK entstanden sein. Das ist der Fall, wenn die Nichterfüllung der Pflicht aus Art. 149 UZK zur Zollschuldentstehung nach dieser Norm geführt hat.

2. Keine erheblichen Auswirkungen auf die ordnungsgemäße Abwicklung des Zollverfahrens, Art. 124 Abs. 1 h) i) UZK

Ein Erlöschen kommt nach Art. 124 Abs. 1 h) i) UZK i.V.m. Art. 103 DA nur in Betracht, wenn die Verstöße keine erheblichen Auswirkungen auf die ordnungsgemäße Abwicklung eines „Zollverfahrens" haben.

Der Begriff „Zollverfahren" erfasst nicht nur die in Art. 5 Nr. 16 UZK genannten Zollverfahren, sondern auch die vorübergehende Verwahrung. Die Waren befinden sich in der vorübergehenden Verwahrung.

Gemäß Art. 126 UZK ist die EU-Kommission befugt, die Fälle festzulegen, die keine erheblichen Auswirkungen auf die ordnungsgemäße Abwicklung eines Zollverfahrens haben und ist auch befugt, Art. 124 Abs. 1 h) i) UZK zu ergänzen. In Art. 103 DA ist hiervon umfassend Gebrauch gemacht worden.

a) Fall nach Art. 124 Abs. 1 h) i) UZK i.V.m. Art. 103 a) DA

Ein Fall nach Art. 103 a) DA setzt voraus, dass eine Frist überschritten wurde und eine zollrechtliche Vorschrift vorsieht, dass die überschrittene Frist verlängert werden kann. In Art. 149 UZK ist keine Fristverlängerung über die 90 Tage hinaus vorgesehen. Folglich kann es im Fall der Überschreitung der Frist gem. Art. 149 UZK nie eine „Heilung" gem. Art. 103 a) DA geben.

b) Fall nach Art. 124 Abs. 1 h) i) UZK i.V.m. Art. 103 e) DA

Ein Fall der keine erheblichen Auswirkungen auf die ordnungsgemäße Abwicklung hat, ist des Weiteren in Art. 124 Abs. 1 h) i) UZK i.V.m. Art. 103 e) DA normiert. Die Voraussetzungen sind:

- Zollschuldentstehung nach Art. 79 Abs. 1 a) UZK,
- die betreffende Person hat die zuständigen Zollbehörden über den Verstoß unterrichtet,
- bevor Zollschuld mitgeteilt wurde oder Zollkontrolle angekündigt worden ist.

3. Kein Täuschungsversuch, Art. 124 Abs. 1 h) i) UZK

Die Zollschuld darf nicht durch einen Täuschungsversuch entstanden sein. Neben dem Versuch der Täuschung ist „Erst-Recht" im Fall der Täuschung keine Abgabenbefreiung möglich.

Eine Täuschung liegt dann vor, wenn der Beteiligte durch Verletzung von zollrechtlichen Vorschriften das Ziel verfolgt, Maßnahmen der Zollbehörden zu behindern oder zu vereiteln. Dabei kommt es nicht darauf an, dass der Beteiligte Einfuhrabgaben vorenthalten will. Verfolgt der Beteiligte allerdings das Ziel, die Einfuhrabgaben nicht oder nicht in gesetzlicher Höhe entrichten zu wollen, ist immer von einem Täuschungsversuch bzw. einer Täuschung auszugehen.

4. Bereinigung der Situation, Art. 124 Abs. 1 h) ii) UZK

Erfüllung der Förmlichkeiten zur Bereinigung der Situation der Waren gem. Art. 124 Abs. 1 h) ii) UZK. Im Fall der Überschreitung der Frist zur Abgabe einer Zollanmeldung gem. Art. 158 UZK ist es erforderlich, dass der Wirtschaftsbeteiligte unverzüglich eine ordnungsgemäß erstellte Zollanmeldung an die Zollstelle übermittelt.

Liegen die Voraussetzungen für ein Erlöschen gem. Art. 124 Abs. 1 h) i) UZK vor, ist die Prüfung an dieser Stelle beendet. Ansonsten ist die Bemessung der Zollschuld im Folgepunkt zu untersuchen.

VI. Bemessung der Zollschuld

Die Bemessung ist in gleicher Weise zu prüfen wie bei der Entstehung der Zollschuld gem. Art. 77 Abs. 1 a) UZK. Insoweit wird auf dieses Schema verwiesen.

Schema 18
Zollschuld gem. Art. 79 Abs. 1 a) UZK und Anwendung von Art. 86 Abs. 6 UZK

Das nachfolgende Prüfungsschema beinhaltet den Fall einer Zollschuldentstehung nach Art. 79 Abs. 1 a) UZK unter Berücksichtigung von Art. 86 Abs. 6 UZK. Beispielhaft wird ein Fall des Entziehens einer Ware dargestellt, für die die Voraussetzungen als Rückware gem. Art. 203 UZK vorliegen, wobei wegen des Entziehens eine Anmeldung zur Überlassung zum freien Verkehr fehlt. Infolgedessen kann diese außertarifliche Befreiung im Ergebnis nicht gewährt werden. Denn diese setzt gem. Art. 203 UZK eine Anmeldung zur Überlassung zum zollrechtlich freien Verkehr voraus.

I. Entstehung, Art. 79 Abs. 1 a) UZK

Die Zollschuld könnte für – Ware an dieser Stelle nennen – durch Nichterfüllung einer der in den zollrechtlichen Vorschriften festgelegten Verpflichtungen in Bezug auf das Entziehen aus der zollamtlichen Überwachung in der vorübergehenden Verwahrung nach Art. 79 Abs. 1 a) UZK entstanden sein.

1. Einfuhrabgabenpflichtige Nicht-Unionswaren

a) Nicht-Unionswaren

Bei unproblematischer Ausgangssituation kann – im Urteilsstil – beispielsweise folgende Formulierung verwendet werden:

„Es handelt sich bei – Ware nennen – um einen beweglichen Gegenstand, also um eine Ware. Die Voraussetzungen für eine Nicht-Unionsware gem. Art. 5 Nr. 24 UZK liegen ebenfalls vor."

b) Einfuhrabgabenpflicht

Eine Ware ist einfuhrabgabenpflichtig, wenn nach dem Zolltarif ein Zoll vorgesehen ist und im Einzelfall keine außertariflichen Abgabenbefreiungen vorliegen.

Außertarifliche Befreiungen können sich aus der Regelung über Rückwaren gem. Art. 203 UZK ergeben (Z 0901 Abs. 108).

Hier wird bespielhaft die Frage geprüft, ob die Ware als Rückware gem. Art. 203 UZK einfuhrabgabenfrei sein könnte.

Voraussetzungen für eine einfuhrabgabenfreie Rückware gem. Art. 203 UZK

- Eine Unionsware (Art. 5 Nr. 23 UZK) wurde ausgeführt.
- Die Wiedereinfuhr ist innerhalb von drei Jahren erfolgt.
- Eine Anmeldung zur Überlassung zum zollrechtlich freien Verkehr wurde (mit Codierung 4010) abgegeben.
- Bei Wiedereinfuhr muss sich die Ware nach Art. 203 Abs. 5 UZK in demselben Zustand wie bei der Ausfuhr befinden (vgl. auch Art. 158 DA, der Einzelheiten regelt).
- Nach Art. 203 Abs. 6 UZK ist mit Informationen (also insbesondere Unterlagen) zu belegen, dass die Bedingungen für die Befreiung erfüllt sind (vgl. auch Art. 160 DA zum Auskunftsblatt INF 3).

Wird für die wiedereingeführte Ware keine Anmeldung zur Überlassung zum zollrechtlich freien Verkehr abgegeben, z.B. weil sie der zollamtlichen Überwachung entzogen wurde, kommt die Gewährung einer Befreiung von den Einfuhrabgaben gem. Art. 203 UZK nicht in Betracht. Die außertarifliche Befreiung ist nicht gegeben, mit der Folge, dass die Ware einfuhrabgabenpflichtig ist.

Im Ergebnis liegt damit eine einfuhrabgabenpflichtige Nicht-Unionsware vor.

Beachte: Anwendbarkeit von Art. 86 Abs. 6 UZK

Zu beachten ist, dass im vorstehenden Fall die Voraussetzungen nach Art. 86 Abs. 6 UZK vorliegen können. Deshalb kann Art. 86 Abs. 6 UZK – wie unter Punkt IV. dargestellt – zu einer Abgabenbefreiung führen, auch wenn die außertarifliche Befreiung nicht unmittelbar zur Anwendung kommen konnte.

2. Verpflichtung in Bezug auf ein Entziehen aus der vorübergehenden Verwahrung oder des Zollverfahrens

Weitere Voraussetzung ist, dass eine in den zollrechtlichen Vorschriften festgelegte Verpflichtung in Bezug auf ein Entziehen der Waren aus der vorübergehenden Verwahrung oder des bestehenden Zollverfahrens nicht erfüllt wurde. Wurde z.B. eine Ware aus der vorübergehenden Verwahrung entzogen, ist folgender Aufbau zu empfehlen:

a) Pflicht aus Art. 147 Abs. 1 UZK

Nach Art. 147 Abs. 1 UZK hat der Verwahrungslagerinhaber dafür zu sorgen, dass die Waren nicht der zollamtlichen Überwachung entzogen werden. Eine entsprechende Pflicht liegt damit vor. Zudem kann auf die Regelung in Art. 134 Abs. 1 UAbs. 2 UZK zurückgegriffen werden, wonach ein Entziehen durch den Pflichtigen ebenfalls zu verhindern ist.

b) Entziehen aus der zollamtlichen Überwachung

Nichterfüllung einer der in den zollrechtlichen Vorschriften festgelegten Verpflichtungen durch Entziehen von Nicht-Unionswaren aus der zollamtlichen Überwachung.

aa) Zollamtliche Überwachung

Die zollamtliche Überwachung ist in Art. 5 Nr. 27 UZK legal definiert. Sie besteht aus allgemeinen Maßnahmen der Zollbehörden mit dem Ziel, die Einhaltung der zollrechtlichen Vorschriften und ggf. der sonstigen Vorschriften zu gewährleisten, die für Waren gelten, die solchen Maßnahmen unterliegen. Nach Art. 134 Abs. 1 UZK unterliegen Waren, die in das Zollgebiet der Union verbracht werden, ab dem Zeitpunkt ihres Eingangs der zollamtlichen Überwachung und können Zollkontrollen unterzogen werden.

bb) Entziehen

Können die Zollbehörden, wenn auch nur vorübergehend, Zollkontrollen (Art. 5 Nr. 3 UZK) an den Waren nicht durchführen, sind die Waren der zollamtlichen Überwachung entzogen (vgl. Z 0901 Abs. 317).

Ergebnis: Die Zollschuld gem. Art. 79 Abs. 1 a) UZK ist entstanden.

II. Zeitpunkt, Art. 79 Abs. 2 a) UZK

Es ist das konkrete Datum zu nennen, zu dem die zollrechtliche Verpflichtung in Bezug auf die vorübergehende Verwahrung nicht mehr erfüllt werden kann.

III. Zollschuldner, Art. 79 Abs. 3 UZK

Zollschuldner ist der Inhaber des Verwahrungslagers, da diese Person nach Art. 147 Abs. 1 a) UZK die Pflicht, die sich aus der vorübergehenden Verwahrung ergibt, zu erfüllen hat. Der Dieb ist nach Art. 79 Abs. 3 c) UZK als Person, die die Waren in Besitz genommen hat, Zollschuldner, allerdings nur, wenn er zu diesem Zeitpunkt wusste oder vernünftigerweise hätte wissen müssen, dass eine zollrechtliche Verpflichtung nicht erfüllt war. Ohne Vorliegen des subjektiven Elements wird der Dieb kein Zollschuldner.

IV. Abgabenbegünstigung gem. Art. 86 Abs. 6 UZK

Voraussetzungen für eine Abgabenbegünstigung gem. Art. 86 Abs. 6 UZK sind:

1. Zollschuld nach Art. 79 UZK entstanden

Die Zollschuld muss nach Art. 79 UZK (oder nach Art. 82 UZK, Fall bei Ausfuhrzollschuld, praktisch bedeutungslos) entstanden sein.

2. Fallgruppen erweiterter Abgabenbefreiung

Es werden vier Fallgruppen für eine Abgabenbefreiung in der Vorschrift genannt:

- Art. 56 Abs. 2 d) bis g) UZK
- Art. 203 bis 205 und 208 UZK
- Art. 259 bis 262 UZK
- ZollbefrVO

Im Beispielsfall liegen die Voraussetzungen für eine Rückware gem. Art. 203 UZK – bis auf das Element „Anmeldung zur Überlassung zum zollrechtlich freien Verkehr" – vor.

3. Kein Täuschungsversuch

Ein Täuschungsversuch liegt vor, wenn der Beteiligte durch vorsätzliches Zuwiderhandeln zollrechtliche Vorschriften missachtet (vgl. Z 0901 Abs. 106). Dabei kommt es nicht darauf an, dass der Beteiligte Einfuhrabgaben vorenthalten will (Z 0901 Abs. 106). Verfolgt der Beteiligte allerdings das Ziel, die Einfuhrabgaben nicht oder nicht in gesetzlicher Höhe entrichten zu wollen, ist immer von einem Täuschungsversuch bzw. einer Täuschung auszugehen.

Fraglich ist, ob im Fall einer gesamtschuldnerischen Haftung in keiner Person ein Täuschungsversuch vorliegen darf. Mit anderen Worten: Führt bereits der Täuschungsversuch eines Gesamtschuldners dazu, dass Art. 86 Abs. 6 UZK nicht mehr angewendet werden kann? Diese Frage wird man bejahen müssen. Die Formulierung „kein Täuschungsversuch" ist als allgemeine Voraussetzung zu verstehen. Liegt ein Täuschungsversuch vor, der durch einen der Gesamtschuldner begangen wurde, ist Art. 86 Abs. 6 UZK nicht anwendbar (ausdrücklich Z 0901 Abs. 105). Im Gegensatz dazu wird beispielsweise in Art. 124 Abs. 6 UZK darauf abgestellt, dass eine Zollschuld nur in der Person erlischt, die den Täuschungsversuch nicht unternommen hat.

Liegen die Voraussetzungen von Art. 86 Abs. 6 UZK vor, ist die Zollschuld nicht entstanden. Liegen die Voraussetzungen dagegen nicht vor, ist in der nachstehenden Weise weiter zu prüfen.

V. Erlöschen der Zollschuld, Art. 124 Abs. 1 h) UZK

1. Zollschuldentstehung gem. Art. 79 UZK (siehe oben)

2. Auswirkungen auf die ordnungsgemäße Abwicklung, Art. 124 Abs. 1 h) i) UZK

VI. Bemessung der Zollschuld

Nur zu prüfen, wenn Art. 86 Abs. 6 UZK und Art. 124 UZK verneint werden. Weitere Ausführungen dazu unterbleiben an dieser Stelle.

Schema 19
Begriff der Aliudware

Eine allgemeingültige Feststellung, wann von einer Aliudware, d.h. einer zollschuldrechtlich relevanten Abweichung der angemeldeten von der tatsächlich vorhandenen Ware, auszugehen ist, lässt sich nicht treffen; vielmehr sind grundsätzlich die Umstände des jeweiligen Einzelfalls maßgebend. Auszugehen ist stets von der Warenbeschreibung der Anmeldung zur vorübergehenden Verwahrung oder der Zollanmeldung. Die nachfolgenden Kriterien können bei der Entscheidung, ob eine Aliudware vorliegt, herangezogen werden:

I. Negativabgrenzung: Kein Fall einer Aliudware

Eine aus zollrechtlicher Sicht akzeptable Bezeichnung der vorhandenen Ware und damit kein Fall der Aliudware ist i.d.R. gegeben, wenn die

- angegebene Bezeichnung handelsüblich ist und als Oberbegriff für die vorhandene Ware dienen kann (z.B. Damenoberbekleidung für Damenmäntel, Büromaterial für Schreibwaren, Schirmständer aus Kunststoff für Ständer zum Fixieren eines Sonnenschirms) oder
- bezeichnete Ware im weitesten Sinne zu demselben Zweck wie die vorhandene Ware verwendet werden kann (z.B. Rasentrimmer für Rasenkantenschere, T-Shirt für Pullover).

II. Beispiele für Aliudwaren

Von einer Falschanmeldung – und damit vom Vorliegen einer Aliudware – kann danach z.B. in folgenden Fällen ausgegangen werden (tatsächliche Fallgestaltungen aus der Praxis):

- Rasentrimmer statt Kettensäge,
- Knabenshorts statt Damenkleider,
- Druckmaschinenteile statt Gartenschredder,
- Haushaltshandschuhe statt Kondome,
- tiefgefrorene Erdbeeren statt Butter (BFH vom 8.5.1990, BFHE 161, S. 266),
- Kochgeräte statt Zigaretten (EuGH vom 3.3.2005, ZfZ 2005, S. 192, 194).

Schema 20
Zollschuld bei Waren, die Verboten und Beschränkungen gem. Art. 83 UZK unterliegen

I. Gesetzliche Regelung

Nach Art. 83 Abs. 1 UZK entsteht eine Zollschuld nach Art. 77 UZK oder 79 UZK auch bei Waren, die Verboten und Beschränkungen unterliegen. Welcher Art das Verbot oder die Beschränkung ist, ist unerheblich. Von diesem gesetzlichen Grundsatz sind zwei Ausnahmen in Art. 83 Abs. 2 UZK normiert:

Es entsteht jedoch keine Zollschuld

- bei vorschriftswidrigem Verbringen von Falschgeld in das Zollgebiet (Art. 83 Abs. 2 a) UZK) bzw.
- wenn Suchtstoffe oder psychotrope Stoffe in das Zollgebiet verbracht werden, die nicht unter einer strengen Überwachung durch die zuständigen Behörden im Hinblick auf ihre Verwendung zu medizinischen oder wissenschaftlichen Zwecken stehen (Art. 83 Abs. 2 b) UZK).

Im letzteren Fall bei strenger Überwachung durch zuständige Behörden kann demnach doch (als Ausnahmeregelung) eine Zollschuld entstehen.

II. Bedeutung

Zunächst wird durch die Vorschrift verdeutlicht, dass auch diejenigen Waren, für die Verbote und Beschränkungen gelten, als Waren anzusehen sind. Für diese Waren kann die Zollschuld entstehen, es sei denn, es handelt sich um einen Ausnahmefall gem. Art. 86 Abs. 2 a) oder b) UZK. Diese Waren werden auch als „res extra commercium" bezeichnet, also als Waren, die außerhalb eines legalen Handels stehen.

EuGH zur Zollschuldentstehung für Falschgeld

Auszug aus dem Urteil des EuGH vom 6.12.1990, C-343/89, EU:C:1990:445 (ZfZ 1991, S. 106 ff.) in der Rechtssache Witzemann gegen Hauptzollamt München-Mitte auf ein Ersuchen um Vorabentscheidung des Finanzgericht München:

„[...] In diesem Zusammenhang ist darauf hinzuweisen, dass der Gerichtshof in den Urteilen vom 26. Oktober 1982 in der Rechtssache 221/81 (Wolf, Slg. 1982, 3681) und in der Rechtssache 240/81 (Einberger I, Slg. 1982, 3699) für Recht erkannt hat, daß bei der Einfuhr von Betäubungsmitteln, die nicht Gegenstand des von den zuständigen Stellen streng überwachten Vertriebs zur Verwendung für medizinische oder wissenschaftliche Zwecke sind, keine Zollschuld entsteht.

Der Gerichtshof ist zu diesem Ergebnis gelangt, nachdem er festgestellt hatte, daß Einfuhr und Vertrieb von Betäubungsmitteln außerhalb dieses streng überwachten Handels in allen

> Mitgliedstaaten entsprechend den von diesen in diesem Bereich eingegangenen völkerrechtlichen Verpflichtungen verboten sind. Er hat daraus gefolgert, daß eine Zollschuld bei der Einfuhr von Betäubungsmitteln die nicht in den Handel gebracht und der Wirtschaft der Gemeinschaft zugeführt werden können, nicht entstehen kann. [...]"

1. Vorschriftswidriges Verbringen von Falschgeld

Nach dem Wortlaut von Art. 86 Abs. 2 a) UZK muss das Falschgeld vorschriftswidrig in das Zollgebiet verbracht worden sein. In diesem Zusammenhang ist der Begriff „vorschriftswidriges Verbringen" ohne weitere Bedeutung überflüssig. Jedenfalls will Art. 86 Abs. 2 a) UZK nicht nur die Fälle eines vorschriftswidrigen Verbringens erfassen und von der Entstehung einer Zollschuld gem. Art. 79 Abs. 1 a) UZK ausnehmen. Denn es kann auch bei Falschgeld durchaus ein ordnungsgemäßes Verbringen gegeben sein, nämlich dann, wenn das Falschgeld vorschriftsgemäß zur Überlassung zum zollrechtlich freien Verkehr bzw. zur Endverwendung angemeldet wird. Denkbar ist dies beispielsweise dann, wenn das Falschgeld wissenschaftlich analysiert oder im Rahmen einer Ausstellung gezeigt werden soll. Auch in diesem Fall darf eine Zollschuld nicht zur Entstehung gelangen.

2. Unterscheidung zwischen Suchtstoffen und psychotropen Stoffen

Suchtstoffe sind Substanzen, deren Gebrauch dazu führen kann, dass der Konsument körperlich und/oder psychisch von den Drogen abhängig wird. Psychotrope Stoffe sind Arzneimittel, die im medizinischen Bereich bei der Behandlung von seelischen Störungen eingesetzt werden. Diese Substanzen müssen keine Abhängigkeit zur Folge haben. Darunter sind nicht nur Substanzen nach dem Betäubungsmittelgesetz zu verstehen, sondern auch die in § 2 Nr. 1 Neue-psychoaktive-Stoffe-Gesetz bezeichneten Stoffe.

3. Streng überwachte Verwendung zu medizinischen oder wissenschaftlichen Zwecken

Für Suchtstoffe und psychotrope Stoffe gilt die Ausnahme von der Zollschuldentstehung aber nur dann, wenn die Waren „nicht unter strenger Überwachung durch die zuständigen Behörden im Hinblick auf deren Verwendung zu medizinischen oder wissenschaftlichen Zwecken stehen". Mit anderen Worten, es gibt auch für diese Waren einen Bereich der Legalität, nämlich wenn die Waren unter besonderer Überwachung einer zuständigen Behörde stehen. Gehen die Waren in einen überwachten Kreislauf ein, kann für diese Waren – gewissermaßen als Ausnahme von der Ausnahme – auch eine Zollschuld entstehen.

Aufbau in einer Klausur

In der Klausur empfiehlt es sich, die Frage nach der Entstehung der Zollschuld bei Waren, die Verboten und Beschränkungen unterliegen, im Rahmen des Tatbestandsmerkmals „einfuhrabgabenpflichtige Ware“ zu beantworten. In diesem Fall sollte auf Art. 86 UZK hingewiesen und festgestellt werden, dass für diese Waren auch eine Zollschuld entstehen kann. Nur bei den sog. res extra commercium sind weitergehende Ausführungen erforderlich.

Formulierungsbeispiel: Einfuhrabgabenpflichtige Nicht-Unionsware

„Der eingeführte Gegenstand – Ware genau benennen – ist körperlich und beweglich, also eine Ware. Obwohl die Ware Verbots- bzw. Beschränkungsmaßnahmen nach – Artikel in der europäischen Verordnung oder Paragraf nach nationalem Gesetz/nationaler Verordnung nennen – unterliegt, kann für diese Ware gem. Art. 86 Abs. 1 UZK eine Zollschuld entstehen. Ein Fall nach Art. 86 Abs. 2 UZK liegt nicht vor. Die Voraussetzungen für eine Nicht-Unionsware gem. Art. 5 Nr. 24 UZK liegen vor, da die Ware aus einem Drittland in das Zollgebiet verbracht wurde und sich nicht im freien Verkehr der Union befand. Da für die Ware ein Zollsatz in Höhe von x% besteht und außertarifliche Befreiungen nicht gegeben sind, ist die Ware zudem einfuhrabgabenpflichtig.“

Kapitel 3

Prüfungsschemata Zollwertprüfung und Einfuhrumsatzsteuer

Schema 21
Grundschema Ermittlung des Zollwerts gem. Art. 70 UZK

I. Eingeführte Waren

- Waren = körperliche Gegenstände, einschließlich elektrischer Strom
- Eingeführt = Eingang der Waren in das Zollgebiet der Union

II. Verkauf zur Ausfuhr in das Zollgebiet

- Verkauf = Kaufvertrag oder Werk- bzw. Werklieferungsvertrag (vgl. auch Z 5101 Abs. 6).
- zum Zweck der Ausfuhr verkauft (vgl. Art. 128 Abs. 1 IA)

III. Art. 70 Abs. 3 a) bis d) UZK, sog. Negativvoraussetzungen (Z 5101 Abs. 23 ff. – kann angewendet werden)

- Wenn Merkmale unproblematisch sind: „Die Voraussetzungen der Art. 70 Abs. 3 a) bis d) UZK liegen vor."
- Wenn ein Merkmal problematisch ist, ist der jeweilige Buchstabe herauszugreifen und zu prüfen. Hinsichtlich der übrigen Voraussetzungen reicht die Feststellung, dass diese Voraussetzungen vorliegen.

  Hinweis: Liegt Verbundenheit nach Art. 70 Abs. 3 d) UZK vor, ist die Frage an dieser Stelle zu prüfen. Wird Verbundenheit bejaht, ist der tatsächliche Preis, wie nachstehend dargestellt, zu ermitteln, wobei zudem nach dem Verfahren nach Art. 134 IA ein Vergleichswert und damit eine mögliche Preisbeeinflussung zu ermitteln ist.

IV. Tatsächlicher Preis nach Art. 70 Abs. 2 UZK

- Ausgangspunkt: Kaufmännischer Rechnungsbetrag (zzgl. evtl. geleisteter Vorauszahlungen)
- Berücksichtigung von Preisnachlässen (Art. 130 IA):
  - Rabatte, sofern kein zollwertfremder Bestandteil. Ist Rabatt zollwertfremder Bestandteil, ist der Betrag dem Rechnungsbetrag hinzuzuaddieren.
  - Skonti

    Merke: Skonto immer vom Rechnungsbetrag berechnen.

- Schäden/Sachmängel nach Art. 131 Abs. 1 und 2 IA.
- mittelbare Zahlungen

V. Anpassungen nach Art. 71, 72 UZK

- plus Hinzurechnungen (Art. 71 UZK)
- Nicht einbeziehbare Bestandteile – „Abzüge“ (Art. 72 UZK)
- **Ergebnis: Zollwert (Transaktionswert)**

Im folgenden Schema werden die vorstehenden Punkte im Detail erläutert.

Schema 22

Prüfungsschema Zollwertrecht – Transaktionswertmethode gem. Art. 70 Abs. 1 UZK

Der Prüfung des Zollwerts von Waren geht i.d.R. die Prüfung der Zollschuldentstehung voraus. Wurden Waren nach entsprechender Anmeldung beispielsweise zum zollrechtlich freien Verkehr überlassen, ergibt sich die Zollschuld aus Art. 77 UZK. Im Gutachten sind in diesem Fall zunächst die Punkte I. bis III. zu prüfen und erst in Punkt „IV. Bemessung“ ist auf den Zollwert einzugehen. Bei diesem Regelfall orientiert man sich an nachfolgendem Schema.

Wird dagegen nur nach dem Zollwert einer Ware gefragt, sind die Punkte I. bis IV. 3. wegzulassen. In diesem Fall sollte mit einem Obersatz begonnen werden, der lauten könnte: „Der Zollwert ist nach der Transaktionswertmethode gem. Art. 70 Abs. 1 UZK als vorrangige Grundlage für die Bestimmung des Zollwerts zu ermitteln.“ Bei der Gliederung sollte dann darauf geachtet werden, dass mit dem Punkt „I. Eingeführte Waren“ begonnen wird. Die weiteren Gliederungspunkte sind ebenfalls zu verändern, also ist unter Punkt „II. Verkauf zur Ausfuhr“ zu prüfen, unter Punkt „III. Negativvoraussetzungen“, unter Punkt „IV. Tatsächlicher Preis“ und anschließend die Anpassungen unter „V. Anpassungen“.

I. Entstehung, Art. 77 Abs. 1 a) UZK

1. Einfuhrabgabenpflichtige Nicht-Unionswaren

2. Überlassung zum zollrechtlich freien Verkehr

II. Zeitpunkt, Art. 77 Abs. 2 UZK

Zeitpunkt = Annahme der Zollanmeldung

III. Zollschuldner, Art. 77 Abs. 3 UZK

Nach Art. 77 Abs. 3 S. 1 UZK = Anmelder (Art. 5 Nr. 15 UZK)

IV. Bemessung

Im Rahmen der Bemessung ist zunächst der Bemessungszeitpunkt festzustellen. Anschließend sind die Bemessungsgrundlagen zu nennen.

1. Bemessungszeitpunkt, Art. 85 Abs. 1 UZK

Im Hinblick auf den Zeitpunkt der Bemessung ist nach Art. 85 Abs. 1 UZK auf den Zeitpunkt der Zollschuldentstehung abzustellen. Im Fall einer Zollschuldentstehung gem. Art. 77 UZK ist auf den Zeitpunkt nach Art. 77 Abs. 2 UZK abzustellen. Maßgeblich ist demzufolge der Zeitpunkt der Annahme der Zollanmeldung.

2. Bemessungsgrundlagen

Die für eine Bemessung der Zollschuld zu berücksichtigenden Bemessungsgrundlagen sind der Zollwert, die Menge, die Beschaffenheit der Waren und der Ursprung (vgl. auch Art. 86 Abs. 1 UAbs. 2 UZK). Dass der Zollsatz ebenfalls als Bemessungsgrundlage heranzuziehen ist, ergibt sich aus Art. 56 Abs. 1 UZK. Danach richten sich die zu entrichtenden Abgaben nach dem Gemeinsamen Zolltarif, letztlich also nach dem Zollsatz, der in diesem Zolltarif für die Waren festgelegt ist.

In einer Klausur sollten an dieser Stelle bereits im Urteilsstil die unproblematischen Bemessungsgrundlagen genannt werden. Im Regelfall sind die Bemessungsgrundlagen mit Ausnahme des Zollwerts unproblematisch. Sollte der Zollwert nicht als fixe Angabe im Sachverhalt angegeben sein, ist diese Bemessungsgrundlage, wie nachfolgend aufgezeigt, zu prüfen.

3. Zollwert, Art. 70 Abs. 1 UZK

Einleitung: Nach Art. 70 Abs. 1 UZK ist die vorrangige Grundlage für die Bestimmung des Zollwerts der Transaktionswert, der erforderlichenfalls anzupassen ist.

a) Eingeführte Waren

Es muss sich um eingeführte Waren handeln.

Definition Waren: Waren sind alle beweglichen Güter einschließlich des elektrischen Stroms (Z 0601 Abs. 101).

Die Waren müssen in das Zollgebiet „eingeführt" worden sein. Das Merkmal „eingeführte Waren" ergibt sich zwar nicht ausdrücklich aus dem Wortlaut von Art. 70 Abs. 1 UZK, der insoweit nur „Waren" als Voraussetzung nennt. Allerdings wird in Art. 70 Abs. 2 UZK für die Bestimmung des tatsächlichen Preises auf die „eingeführten Waren" Bezug genommen. Gleiches gilt nach Art. 71 UZK auch für Hinzurechnungen zum tatsächlichen Preis, die „für die eingeführten Waren" in Betracht kommen. Aus diesem Grund ist es folgerichtig, auch in Art. 70 Abs. 1 UZK das Merkmal „eingeführte Waren" als Tatbestandsvoraussetzung anzusehen.

Eingeführt sind Waren, die in das Zollgebiet der Union verbracht worden sind, d.h., die Waren müssen tatsächlich in das Zollgebiet gelangt sein. Waren, die sich außerhalb des Zollgebiets befinden, können nicht bemessen werden, da sie – mangels Eingang in das Zollgebiet – gem. Art. 134 Abs. 1 UZK nicht der zollamtlichen Überwachung unterliegen.

ⓘ **Hinweis für Klausuren: Zollgebiet**

Die Waren müssen in das Zollgebiet verbracht worden sein. Im Regelfall ist das Merkmal „Zollgebiet" unproblematisch. Es bedarf insoweit ausschließlich der Feststellung im Urteilsstil, dass sich die Waren im Zollgebiet befinden, wobei auf Art. 4 UZK (Gebiete, die zum Zollgebiet gehören) Bezug zu nehmen ist.

b) Verkauf zur Ausfuhr in das Zollgebiet

Ein „Verkauf zur Ausfuhr in das Zollgebiet" liegt vor, wenn einerseits das Merkmal „Verkauf" und andererseits das Merkmal „zur Ausfuhr in das Zollgebiet" bejaht werden kann. Zunächst ist also zu erörtern, ob überhaupt ein Verkauf im Sinne der Vorschrift vorliegt. Anschließend ist zu prüfen, ob der Verkauf zum Zweck der Ausfuhr erfolgt ist.

aa) Verkauf

Ein Verkauf im Sinne der Vorschrift ist immer dann gegeben, wenn ein Kaufvertrag zwischen den Parteien geschlossen wurde (vgl. auch § 433 BGB). Die wesentlichen Elemente eines Kaufvertrags liegen vor, wenn eine Ware gegen Entgelt und mit Eigentumsverschaffung vom Verkäufer an den Käufer übergehen soll (Z 5101 Abs. 6). Regelmäßig wird in Klausursachverhalten positiv festgestellt, dass die Parteien einen Kaufvertrag geschlossen haben. Zudem kann aber auch auf die Rechnung verwiesen werden. Wenn in einer Rechnung für eine Ware ein bestimmtes Entgelt gefordert wird, ist dieser Umstand ein Indiz für einen Kaufvertrag. Kein Verkauf liegt bei Schenkung, Miete oder Leasing vor. In diesen Fällen fehlt eine Entgeltzahlung (Schenkung) oder die Verschaffung von Eigentum (Miete, Leasing).

Ein Verkauf im Sinne der Vorschrift liegt aber nicht nur vor, wenn ein Kaufvertrag geschlossen wurde, sondern auch bei einem Werk- oder Werklieferungsvertrag (vgl. §§ 631, 651 BGB und Z 5101 Abs. 6).

ⓘ **Begriff des zollwertrechtlichen Verkaufs**

Kaufvertrag

Ein Verkauf liegt bei Abschluss eines Kaufvertrags vor. In § 433 BGB ist der Kaufvertrag geregelt.

§ 433 BGB – Vertragstypische Pflichten beim Kaufvertrag

(1) Durch den Kaufvertrag wird der Verkäufer einer Sache verpflichtet, dem Käufer die Sache zu übergeben und das Eigentum an der Sache zu verschaffen. Der Verkäufer hat dem Käufer die Sache frei von Sach- und Rechtsmängeln zu verschaffen.

(2) Der Käufer ist verpflichtet, dem Verkäufer den vereinbarten Kaufpreis zu zahlen und die gekaufte Sache abzunehmen.

Ein Kaufvertrag ist durch zwei Verpflichtungen gekennzeichnet:

1. Der Verkäufer ist verpflichtet, eine Sache (= Ware) zu liefern (= Besitz verschaffen) und Eigentum daran zu verschaffen.
2. Der Käufer ist verpflichtet, die Ware abzunehmen und den vereinbarten Preis zu zahlen.

Werkvertrag/Werklieferungsvertrag

Ein Verkauf i.S.v. Art. 70 Abs. 1 UZK liegt auch bei einem Werkvertrag bzw. einem Werklieferungsvertrag vor. Beide Vertragstypen sind ebenfalls im BGB geregelt und zwar in § 631 bzw. 651 BGB.

§ 631 BGB – Vertragstypische Pflichten beim Werkvertrag

(1) Durch den Werkvertrag wird der Unternehmer zur Herstellung des versprochenen Werkes, der Besteller zur Entrichtung der vereinbarten Vergütung verpflichtet.

(2) Gegenstand des Werkvertrags kann sowohl die **Herstellung oder Veränderung einer Sache** als auch ein anderer durch Arbeit oder Dienstleistung herbeizuführender Erfolg sein.

§ 650 BGB – Anwendung des Kaufrechts *(Werklieferungsvertrag)*

Auf einen Vertrag, der die Lieferung herzustellender oder zu erzeugender **beweglicher Sachen** zum Gegenstand hat, finden die Vorschriften über den Kauf Anwendung. [...]

Abgrenzung Werkvertrag – Werklieferungsvertrag

Ein Werklieferungsvertrag betrifft bewegliche Sachen (= Waren), die hergestellt oder erzeugt werden. Nicht erfasst werden die Fälle einer Ausbesserung beweglicher Sachen. Ein Werkvertrag besteht zwar auch in der Herstellung einer Sache, aber – in Abgrenzung zu § 651 BGB – kann damit nur eine unbewegliche Sache gemeint sein (= Immobilien). Wird dagegen im Rahmen eines Werkvertrags eine Sache ausgebessert, sind auch bewegliche Sachen Gegenstand eines Werkvertrags.

bb) Zur Ausfuhr in das Zollgebiet

Weiter ist zu prüfen, ob bezüglich dieser Waren auch ein Verkauf zur Ausfuhr in das Unionszollgebiet gegeben ist. Es ist der Frage nachzugehen, ob der Verkauf den Zweck verfolgte, dass die Waren anschließend im Zollgebiet in den Wirtschaftskreislauf gelangen sollen. Wenn die Waren im Anschluss an den Verkauf in das Zollgebiet verbracht wurden – also in das Zollgebiet eingegangen sind – und eine Anmeldung zur Überlassung zum zollrechtlich freien Verkehr für die Waren abgeben wurde, deutet das gesamte Geschehen darauf hin, dass die Waren in den Wirtschaftskreislauf gelangen sollen, womit festgestellt werden kann, dass sie zum Zweck der Ausfuhr verkauft wurden.

Hintergrund des Merkmals „Verkauf zur Ausfuhr"

Es muss ein Verkauf zur Ausfuhr geschlossen worden sein. Damit ist bezweckt, dass die Parteien vor dem Hintergrund des Verbringens der Waren aus dem Drittland in das Zollgebiet einen entsprechenden „Ausfuhrpreis" vereinbart haben. Sind sich die Parteien darüber bewusst, wird sich der Preis zum einen vom Inlandpreis der Waren im Drittland unterscheiden und zum anderen auch von einem Preis, der für die Waren bei einem Verkauf in ein Drittland außerhalb des Zollgebiets der Union vereinbart werden würde.

Sollte es vor dem Eingang in das Zollgebiet der Union mehr als einen Kaufvertrag gegeben haben, ist nach Art. 128 Abs. 1 IA allein der letzte Verkauf, der vor dem Verbringen in das Zollgebiet geschlossen wurde, das maßgebliche Kaufgeschäft.

Beispiel: Verkäufer A aus Mexiko verkauft die Waren an den Käufer B in den USA; Käufer B wiederverkauft die Waren an den Käufer C in Kanada; dieser wiederverkauft die Waren an den Käufer D aus Deutschland. Maßgeblich ist nach Art. 128 Abs. 1 IA allein der Verkauf zwischen dem Verkäufer C aus Kanada und dem Käufer D aus Deutschland.

c) Negativvoraussetzungen, Art. 70 Abs. 3 a) bis d) UZK

- **Buchstabe a):** Keine Verfügungs- oder Nutzungseinschränkung (Dabei sind die Ausnahmeregelungen in den Ziffern i) bis iii) zu beachten.)

  Beispiel: Die Ware darf nur zu Ausstellungszwecken verwendet werden.

- **Buchstabe b):** Bedingungen oder Leistungen (vgl. auch Art. 133 IA)

  Beispiel: Der Preis steht unter der Bedingung, dass der Käufer im folgenden Jahr eine Mindestmenge an Waren beim Verkäufer kauft.

- **Buchstabe c):** Keine Beteiligung am späteren Erlös (vgl. auch Art. 136 IA)

  Beispiel: Es wird vereinbart, dass der Käufer 2% des Erlöses an Weiterverkäufen der eingeführten Ware noch an den Verkäufer zu entrichten hat. Da unklar ist, wie viel Waren tatsächlich weiterverkauft werden können, ist die Erlösbeteiligung in diesem Fall nicht bestimmbar. Ist dagegen der Umfang des Weiterverkaufs und damit die Erlösbeteiligung bestimmbar, steht Art. 70 Abs. 1 c) UZK der Anwendung der Transaktionswertmethode nicht im Weg. In diesem Fall ist Art. 71 Abs. 1 d) UZK zu beachten. Danach ist die Erlösbeteiligung als Hinzurechnungstatbestand dem tatsächlichen Preis hinzuzurechnen.

- **Buchstabe d):** Keine schädliche Verbundenheit (vgl. auch Art. 134 IA)

  Beispiel: Ford USA verkauft an Ford Deutschland Teile für die Autoproduktion. In diesem Fall ist zu erörtern, ob die Preisgestaltung für die Waren durch die Verbundenheit beeinflusst wurde. Für die Prüfung, ob eine Preisbeeinflussung vorliegt, ist Art. 134 IA anzuwenden.

Hinweise für die Klausurbearbeitung

Wenn die Merkmale von Art. 70 Abs. 3 a) bis d) UZK unproblematisch sind, empfiehlt sich folgende Feststellung: „Die Voraussetzungen der Art. 70 Abs. 3 a) bis d) UZK liegen vor." Dies gilt insbesondere dann, wenn im Sachverhalt zur Klausur eine entsprechende Anmerkung enthalten ist.

Sollte ein Merkmal von Art. 70 Abs. 1 a) bis d) UZK dagegen problematisch sein, ist der jeweilige Buchstabe der Norm zu prüfen. Formulierungsbeispiel: „In diesem Fall könnte Art. 70 Abs. 1 a) UZK problematisch sein, weil der Käufer die Waren nicht uneingeschränkt nutzen darf."

d) Tatsächlich gezahlter oder zu zahlender Preis, Art. 70 Abs. 2 UZK

Die Legaldefinition des tatsächlichen Preises ergibt sich aus Art. 70 Abs. 2 UZK. Danach ist der tatsächlich gezahlte oder zu zahlende Preis die vollständige Zahlung, die der Käufer an den Verkäufer oder der Käufer an einen Dritten zugunsten des Verkäufers für die eingeführte Ware leistet oder zu leisten hat. Der tatsächliche Preis schließt alle Zahlungen ein, die als Voraussetzung für den Verkauf der eingeführten Ware tatsächlich geleistet werden oder zu leisten sind. Einzelheiten zur Frage des tatsächlichen Preises sind in Art. 129 IA geregelt, insbesondere im Hinblick auf die Person eines Dritten an den eine Leistung erfolgen kann.

§ **Art. 129 Abs. 1 IA – Tatsächlich gezahlter oder zu zahlender Preis (Artikel 70 Absatz 1 und 2 des Zollkodex)**

Der tatsächlich gezahlte oder zu zahlende Preis im Sinne des Artikels 70 Absätze 1 und 2 des Zollkodex schließt alle Zahlungen ein, die vom Käufer als Bedingung für den Verkauf der eingeführten Waren an eine der folgenden Personen tatsächlich geleistet werden oder zu leisten sind:

a) an den Verkäufer,

b) an einen Dritten zugunsten des Verkäufers,

c) an einen mit dem Verkäufer verbundenen Dritten,

d) an einen Dritten, wobei die Zahlung zur Erfüllung einer Verpflichtung des Verkäufers gegenüber dem Dritten erfolgt.

Zahlungen können auch durch Kreditbriefe oder verkehrsfähige Wertpapiere erfolgen und unmittelbar oder mittelbar durchgeführt werden.

aa) Rechnungsbetrag

Die Zahlung des Käufers an den Verkäufer, die auf der Basis einer kaufmännischen Rechnung erfolgt, ist bei der Bestimmung der vollständigen Zahlung immer der Ausgangspunkt. Diese Zahlung wird als unmittelbare Zahlung bezeichnet (vgl. auch Art. 129 Abs. 1 letzter Satz IA). Die unmittelbare Zahlung an den Verkäufer ergibt sich immer aus dem in der Rechnung ausgewiesenen kaufmännischen Rechnungsbetrag. Der kaufmännische Rechnungsbetrag erfasst regelmäßig nicht nur den Preis für die Waren, sondern alle Positionen, die in den zu zahlenden Preis für die Transaktion einfließen.

Beispiel:

Waren	104.000,– €
plus Verpackung	1.000,– €
abzüglich Mengenrabatt	5.000,– €
	100.000,– €

Die Berücksichtigung aller Positionen ergibt einen kaufmännischen Rechnungsbetrag in Höhe von 100.000,– €. Dieser Betrag ist der Ausgangspunkt der unmittelbaren Zahlung vom Käufer an den Verkäufer.

Merke: Ausgangspunkt bei der Bestimmung des tatsächlichen Preises ist **immer** der kaufmännische Rechnungsbetrag.

bb) Berücksichtigung von Preisnachlässen, Art. 130 Abs. 1, 2 IA

Ist in der Rechnung ein Rabatt berücksichtigt, ist der kaufmännische Rechnungsbetrag um den Rabatt gemindert. Es handelt sich damit um einen Preisnachlass im Rahmen der Transaktion. Ein Skonto ist ebenfalls ein Preisnachlass, sofern der Käufer den Rechnungsbetrag innerhalb einer bestimmten Frist oder eines bestimmten Zeitraums bezahlt. In diesem Fall kann der Käufer den Rechnungsbetrag um das Skonto mindern.

In diesem Zusammenhang sind Art. 130 Abs. 1 und 2 IA zu berücksichtigen; die Regelungen bestimmen, wie sog. Preisnachlässe zu behandeln sind. Zu den Preisnachlässen gehören ein eingeräumtes Skonto sowie ein Rabatt.

(a) Berücksichtigung von Skonto

Nach Art. 130 Abs. 1 IA werden Preisnachlässe berücksichtigt, wenn „der Kaufvertrag zum Zeitpunkt der Annahme der Zollanmeldung deren Anwendung und Betrag ausweist“.

Bei einem noch nicht gezahlten Preis ist gem. Art. 130 Abs. 2 IA darauf abzustellen, welches Skonto im Zeitpunkt der Annahme der Zollanmeldung in Anspruch genommen werden kann. Auf den tatsächlichen Zahlungszeitpunkt kommt es nicht an. Entscheidend ist nur der Zeitpunkt der Annahme der Zollanmeldung.

Die Regelung erfasst nur den Fall der Zollschuldentstehung gem. Art. 77 UZK, denn nur bei dieser Entstehungsnorm ist die Annahme einer Zollanmeldung Voraussetzung für die Zollschuldentstehung. Ist die Zollschuld dagegen wegen einer Pflichtverletzung nach Art. 79 UZK entstanden, sind Preisnachlässe nicht zu berücksichtigen.

Ist der Rechnungspreis im Zeitpunkt der Annahme der Zollanmeldung bereits gezahlt worden (tatsächlich gezahlter Preis), ist hinsichtlich der Skontierung auf das tatsächlich vom Käufer in Anspruch genommene Skonto abzustellen, sofern sich dieser Betrag auch aus dem Kaufvertrag ergab (vgl. Art. 130 Abs. 1 IA, wenn der Kaufvertrag den Betrag ausweist).

Ist der Kaufpreis im Zeitpunkt der Annahme der Zollanmeldung noch zu zahlen (tatsächlich zu zahlender Preis), ist ebenfalls auf das im Kaufvertrag ausgewiesene Skonto abzustellen. In diesem Fall ist zu prüfen, ob das Skonto im Zeitpunkt der Annahme der Zollanmeldung noch in Anspruch genommen werden kann (vgl. Art. 130 Abs. 2 IA).

Ob das Skonto im Ergebnis handelsüblich sein muss, ergibt sich zwar nicht aus dem Wortlaut von Art. 130 Abs. 1 und 2 IA, jedoch wird man die Handelsüblichkeit des Skontos ebenfalls als Voraussetzung ansehen müssen; es sei denn, es wird im Einzelfall nachgewiesen, dass eine nicht handelsübliche Skontierung tatsächlich in Anspruch genommen wurde (vgl. auch Z 5101 Abs. 16).

Beachte: Bei einem bei Annahme der Zollanmeldung noch zu zahlenden Preis ist zu beachten, dass es nicht darauf ankommt, ob der Käufer die tatsächliche Zahlung unter Inanspruchnahme eines Skontos leistet; dieser Aspekt ist für die zollwertrechtliche Bestimmung des Skontos unerheblich.

Beispiel: Sieht die kaufvertragliche Regelung vor, dass ein Skonto innerhalb von 10 Tagen nach Erhalt der Waren möglich ist und ist die Annahme der Zollanmeldung innerhalb der 10 Tage erfolgt, muss das Skonto berücksichtigt werden. Denn im Zeitpunkt der Annahme der Zollanmeldung kann das Skonto in Anspruch genommen werden. Zahlt der Käufer dagegen tatsächlich erst 20 Tage nach Erhalt der Waren, kann er nach dem Kaufvertrag, also gegenüber dem Verkäufer, kein Skonto in Anspruch nehmen. Dieser Umstand beeinflusst die zollwertrechtliche Berücksichtigung des Skontos gem. Art. 130 Abs. 1 und 2 IA nicht.

(b) Berücksichtigung von Rabatten

Für die Berücksichtigung von Rabatten ist zu beachten: Rabatte sind zu berücksichtigen, wenn sie kein sog. zollwertfremder Bestandteil sind. Zollwertfremd ist ein Rabatt, der sich nicht auf die zu bewertende Ware bezieht. Nicht zu berücksichtigen sind beispielsweise Rabatte, die sich auf eine vorherige Lieferung beziehen.

Rechnerisch hat dies zur Folge, dass der zollwertfremde Rabatt zum Rechnungsbetrag zu addieren ist, da ansonsten die verbrachte Ware um einen Preisnachlass gemindert werden würde, der sich nicht auf diese Ware bezieht. Aber beachten Sie: Die Höhe eines Skontos verändert sich in diesem Fall nicht, denn Skonto ist als rein kaufmännische Vereinbarung **immer** vom Rechnungsbetrag zu berechnen. Es wäre demzufolge fehlerhaft, das Skonto von einem um den zollwertfremden Rabatt erhöhten Rechnungspreis zu berechnen.

Daher gilt folgender Merksatz:

Die Höhe eines Skontos ist **immer** vom Rechnungsbetrag zu berechnen.

cc) Schäden, Sachmängel, Teilverluste, Art. 131 Abs. 2, Art. 132 IA

Schäden oder Sachmängel können den tatsächlichen Preis ebenfalls mindern. Zu berücksichtigen sind dabei die Voraussetzungen von Art. 131 Abs. 2 und Art. 132 IA (vgl. auch Schema 25).

dd) Aufteilungsregelung, Art. 131 Abs. 1 IA

Zu beachten ist die Aufteilungsregelung gem. Art. 131 Abs. 1 IA bei Vereinbarung eines Gesamtkaufpreises für eine Warenmenge, die nunmehr in Teilmengen abgerufen und zur Überlassung zum zollrechtlich freien Verkehr angemeldet wird.

Ist ein Gesamtpreis für eine Lieferung vereinbart worden und wird von der Gesamtmenge nur eine Teilmenge zur Überlassung zum zollrechtlich freien Verkehr angemeldet, entspricht der tatsächliche Preis dem Verhältnis der Teilmenge zum Preis für die Gesamtmenge.

ee) Mittelbare Zahlungen an den Verkäufer

Zwischen dem Verkäufer und dem Käufer kann vereinbart werden, dass der Käufer neben der Zahlung des Kaufpreises (als unmittelbare Zahlung) eine weitere Leistung zu erbringen hat. Die Zahlung setzt sich in diesem Fall aus mehreren Bestandteilen, nämlich der eigentlichen Kaufpreiszahlung auf der Basis der Rechnung (unmittelbare Zahlung) und der weiteren Leistung zusammen.

Die neben dem Kaufpreis zu erbringende zusätzliche Leistung wird als mittelbare Zahlung bezeichnet. Dabei kann es sich um eine Leistung gem. Art. 70 Abs. 3 b) UZK handeln, sofern diese der Höhe nach bestimmbar ist oder um sog. abgespaltene Kaufpreisbestandteile. Abgespaltene Kaufpreisbestandteile sind zusätzliche (mittelbare) Zahlungen, die im Rahmen einer weiteren Vereinbarung im Zusammenhang mit dem Verkauf der eingeführten Waren getroffen wurden (Beispiele in Z 5101 Abs. 12). Weitere Ausführungen und Beispiele zu den mittelbaren Zahlungen ergeben sich aus dem „Schema 22 – Bestimmung des tatsächlichen Preises“ in Punkt I. 2.

ⓘ **Art. 129 Abs. 2 IA – Keine mittelbare Zahlung bei Werbekosten**

Keine mittelbare Zahlung liegt bei Übernahme von Werbekosten vor, die der Käufer auf eigene Rechnung durchführt. Sind Werbungskosten für die Waren durch den Käufer durchzuführen und die Kosten dafür vom Käufer zu tragen, gelten diese Kosten gem. Art. 129 Abs. 2 IA nicht als mittelbare Zahlung an den Verkäufer.

ff) Zahlungen zugunsten des Verkäufers an einen Dritten

Zahlungen zugunsten des Käufers an einen Dritten werden in Art. 129 Abs. 1 b) bis d) IA beschrieben. Im Fall nach Buchstabe d) liegt eine Zahlung an einen Dritten dann vor, wenn der Käufer die Verpflichtung des Verkäufers gegenüber einem Dritten erfüllt.

Beispiel eines Falles nach Art. 129 Abs. 1 d) IA: Der Verkäufer hat Vormaterialien bei einem Dritten gekauft, um die Waren produzieren zu können, die anschließend an den Käufer verkauft wurden. Für die Vormaterialien schuldet der Verkäufer dem Dritten 5.000,– €. Der Verkäufer und der Käufer können nun vereinbaren, dass der Käufer für die produzierten Waren einen bestimmten (reduzierten) Kaufpreis zahlt und zudem verpflichtet ist, an den Dritten die ausstehenden 5.000,– € zu zahlen. Letzteres ist die Zahlung an einen Dritten durch Erfüllung einer Verbindlichkeit des Verkäufers.

gg) Umrechnung in Euro, Art. 53 Abs. 1 UZK

Eine in fremder Währung zu erbringende Zahlung ist gem. Art. 53 Abs. 1 UZK in Euro umzurechnen. Gleiches gilt für Anpassungen des tatsächlichen Preises gem. Art. 71 oder 72 UZK. Der Umrechnungskurs bestimmt sich nach Art. 146 IA. Dabei gilt: Nach Art. 146 Abs. 2 S. 1 IA ist der am vorletzten Mittwoch eines Kalendermonats veröffentlichte Kurs maßgeblich und zwar gem. Art. 146 Abs. 3 IA für den gesamten folgenden Monat (zu den Ausnahmen vgl. Art. 146 Abs. 2 S. 2 und Art. 146 Abs. 3 IA).

> **Hinweis**
>
> Ist in einer Klausur ein Umrechnungskurs angegeben, ist dieser Kurs anzuwenden, ohne dass es der rechtlichen Herleitung über Art. 146 IA bedarf.

e) Anpassungen des tatsächlichen Preises

Die Anpassungen des tatsächlichen Preises sind in Art. 71 UZK („Hinzurechnungen") und in Art. 72 UZK („Abzüge") geregelt.

In Klausuren sind insbesondere die Hinzurechnungen gem. Art. 71 Abs. 1 UZK zu beachten. Nachfolgend werden klausurrelevante Hinzurechnungen kurz dargestellt.

aa) Provisionen und Maklerlöhne, Art. 71 Abs. 1 a) i) UZK

Provisionen (und Maklerlöhne) sind hinzuzurechnen, sofern es sich nicht um eine Einkaufsprovision handelt. Provisionen sind Zahlungen, die an Dritte für ihre Mitwirkung beim Abschluss des Kaufvertrags erbracht werden. Ausgenommen sind sog. Einkaufsprovisionen. Eine Einkaufsprovision liegt vor, wenn ein Einführer jemandem einen Betrag dafür zahlt, dass dieser für den Einführer beim Kauf der Waren tätig wird (vgl. auch Art. 5 Nr. 41 UZK).

bb) Umschließungskosten, Art. 71 Abs. 1 a) ii) UZK

Zu den Umschließungskosten vgl. Z 5101 Abs. 40. Zu diesen Kosten gehören alle Kosten, die sich auf ein Behältnis oder eine Verpackung nach der AV 5 a) und b) beziehen.

Beachte: Die in Art. 71 Abs. 1 a) iii) UZK genannten Verpackungskosten sind erst zu prüfen, wenn Art. 71 Abs. 1 a) ii) UZK nicht zur Anwendung kommt.

cc) Beförderungs- und Versicherungskosten, Art. 71 Abs. 1 e) i) UZK

(a) Beförderungskosten bis zum Ort des Verbringens

Definition: Beförderungskosten sind alle Haupt- und Nebenleistungen, die für die Beförderung der Waren in das Zollgebiet anfallen. Welche Kosten zu berücksichtigen sind, ergibt sich beispielhaft aus Z 5101 Abs. 68.

Die Beförderungskosten sind nur dann hinzuzurechnen, wenn sie nicht bereits im tatsächlichen Preis enthalten sind. Ob die Beförderungskosten im tatsächlichen Preis enthalten sind, ist aus der jeweiligen Incoterms®-Klausel abzuleiten, die von Verkäufer und Käufer im Kaufvertrag vereinbart wurde. Die Incoterms® sind in Anlage 4 zu Z 5101 aufgezählt und erläutert (Anlage 4 zur Dienstvorschrift kann angewendet werden).

Die Beförderungskosten sind, sofern sie nicht im tatsächlichen Preis enthalten sind, bis zum Ort des Verbringens (OdV) hinzuzurechnen. Der OdV ist gem. Art. 137 IA zu bestimmen.

Wird beispielsweise die Lieferbedingung EXW vereinbart, sind keine Beförderungskosten bis zum OdV im tatsächlichen Preis enthalten. Wird z.B. in einem Beförderungsvertrag mit einem Spediteur ein Preis für die Beförderung vereinbart, der ab EXW bis zum Ort, an dem der Warenempfänger im Zollgebiet der Union ansässig ist, vereinbart, handelt es sich um Gesamtkosten, die über den OdV hinausgehen. In diesem Fall sind die (Gesamt-)Beförderungskosten, die über den OdV hinausgehen, nach Art. 138 Abs. 1 IA aufzuteilen (z.B. nach Kilometeranteilen, auch Kilometerschlüssel genannt). Nur die Kosten bis zum OdV sind dem tatsächlichen Preis zuzurechnen.

Für Beförderungen im Luftverkehr ist zudem Art. 138 Abs. 2 IA i.V.m. Anhang 23-01 IA (prozentuale Aufteilung der Luftfrachtkosten) zu berücksichtigen.

(b) Versicherungskosten

Da Kosten für die Versicherung von Waren im Regelfall nicht auf eine Beförderungsstrecke bezogen berechnet und vereinbart werden, sondern sich am Wert der Waren orientieren, ist eine Aufteilung bis zum OdV (also bezogen auf eine

Beförderungsstrecke) nicht möglich. Folglich sind Versicherungskosten gem. Art. 71 Abs. 1 e) i) UZK komplett hinzuzurechnen (vgl. auch Z 5101 Abs. 80).

V. Ergebnis

Der tatsächliche Preis einschließlich der Anpassungen – Hinzurechnungen nach Art. 71 Abs. 1 UZK und abzüglich evtl. in Betracht kommender Abzüge nach Art. 72 UZK – ergibt den Zollwert der Waren nach der Transaktionswertmethode.

Schema 23
Bestimmung des tatsächlichen Preises

Der tatsächlich gezahlte oder zu zahlende Preis ist Teil der Prüfung der Transaktionswertmethode gem. Art. 70 Abs. 1 UZK. Nachfolgend wird dieser Komplex eingehend dargestellt.

Tatbestandsmerkmale der Transaktionswertmethode gem. Art. 70 Abs. 1 UZK im Überblick

- Eingeführte Waren
- Verkauf zur Ausfuhr in das Zollgebiet der Union
- Vorliegen der Voraussetzungen von Art. 70 Abs. 3 a) bis d) UZK (sog. Negativvoraussetzungen)
- Tatsächlich gezahlter oder zu zahlender Preis (Definition: Art. 70 Abs. 2 UZK)
- Anpassungen – Hinzurechnungen zum tatsächlichen Preis gem. Art. 71 UZK oder
- Anpassungen – Nicht in den tatsächlichen Preis einbeziehbare Bestandteile („Abzüge") gem. Art. 72 UZK

Die Definition des tatsächlich gezahlten oder zu zahlenden Preises ergibt sich aus Art. 70 Abs. 2 UZK. Danach ist der tatsächliche Preis „die vollständige Zahlung, die der Käufer an den Verkäufer oder der Käufer an einen Dritten zugunsten des Verkäufers leistet oder zu leisten hat". Einzelheiten zur Frage, was von dem tatsächlichen Preis umfasst ist, ergeben sich aus Art. 129 Abs. 1 und 2 IA. Danach schließt der tatsächliche Preis alle Zahlungen ein, die vom Käufer als Bedingung für den Verkauf geleistet werden oder zu leisten sind.

§ **Art. 129 Abs. 1 IA – Tatsächlich gezahlter oder zu zahlender Preis (Artikel 70 Absatz 1 und 2 des Zollkodex)**

Der tatsächlich gezahlte oder zu zahlende Preis im Sinne des Artikels 70 Absätze 1 und 2 des Zollkodex schließt alle Zahlungen ein, die vom Käufer als Bedingung für den Verkauf der eingeführten Waren an eine der folgenden Personen tatsächlich geleistet werden oder zu leisten sind:

a) an den Verkäufer,

b) an einen Dritten zugunsten des Verkäufers,

c) an einen mit dem Verkäufer verbundenen Dritten,

d) an einen Dritten, wobei die Zahlung zur Erfüllung einer Verpflichtung des Verkäufers gegenüber dem Dritten erfolgt.

Zahlungen können auch durch Kreditbriefe oder verkehrsfähige Wertpapiere erfolgen und unmittelbar oder mittelbar durchgeführt werden.

EuGH zum tatsächlichen Preis

Der EuGH folgerte aus dem gesetzlichen Wortlaut in der Unifert-Entscheidung (vom 6.6.1990 zwischen der Unifert Handels GmbH (Klägerin) und dem Hauptzollamt Münster, ZfZ 1990, 255 ff.), dass der tatsächlich gezahlte oder zu zahlende Preis alle vom Käufer an den Verkäufer als Gegenleistung im Rahmen des Verkaufsvorgangs erbrachten Zahlungen umfasse.

I. Vollständige Zahlung an den Verkäufer

Zahlungen an den Verkäufer können, wie sich auch aus Art. 129 UAbs. 2 IA a.E. ergibt, unmittelbar oder mittelbar erfolgen.

1. Unmittelbare Zahlung

Eine unmittelbare Zahlung an den Verkäufer liegt vor, wenn Verkäufer und Käufer im Rahmen des Kaufvertrags eine einheitliche Kaufpreissumme vereinbaren und dieser Preis direkt an den Verkäufer gezahlt wird. Regelmäßig ergibt sich die Zahlung des vereinbarten Kaufpreises aus einer Rechnung an den Käufer. Vorauszahlungen sind ebenfalls Teil einer unmittelbaren Leistung. Die konkrete Höhe der Zahlungspflicht ergibt sich aus dem Rechnungsendbetrag, wobei dieser Betrag um berechtigte Preisminderungen, wie Rabatte und Skonto, zu korrigieren ist (vgl. dazu die Ausführungen zu IV.).

2. Mittelbare Zahlungen

Zwischen dem Verkäufer und dem Käufer kann vereinbart werden, dass der Käufer neben der (unmittelbaren) Zahlung des Kaufpreises nach der zugrundeliegenden Rechnung weitere Zahlungen zu erbringen hat. Begrifflich wird die zusätzliche Leistung als mittelbare Zahlung bezeichnet. Dabei handelt es sich entweder um eine Leistung gem. Art. 70 Abs. 3 b) UZK, die der Höhe nach bestimmbar ist, oder um sog. abgespaltene Kaufpreisbestandteile. Abgespaltene Kaufpreisbestandteile sind (mittelbare) Zahlungen, die im Rahmen einer weiteren Vereinbarung im Zusammenhang mit dem Verkauf der eingeführten Waren getroffen wurde (Beispiele in Z 5101 Abs. 12).

Ist die Leistung nach Art. 70 Abs. 3 b) UZK der Höhe nach nicht bestimmbar, führt dies dazu, dass die Transaktionswertmethode nicht anwendbar ist.

Beispiel: Der Käufer verpflichtet sich, den Verkäufer dabei zu unterstützen, in der EU geeignete Grundstücke für den Aufbau von Produktionsstätten zu finden. Diese Tätigkeit hat einen Wert, der allerdings nicht quantifizierbar ist. Daher ist diese Leistung der Höhe nach nicht bestimmbar, also auch keine mittelbare Zahlung. Gemäß Art. 70 Abs. 3 b) UZK führt die mangelnde Bestimmbarkeit der Leistungshöhe dazu, dass die Transaktionswertmethode nicht angewendet werden kann. In diesem Fall ist auf eine der Folgemethoden von Art. 74 UZK einzugehen.

Die „vollständige Zahlung“ setzt sich in diesem Fall aus mehreren Bestandteilen, nämlich der eigentlichen Kaufpreiszahlung (der unmittelbaren Zahlung) und der mittelbaren Zahlung zusammen.

Beispiele:

1. Eine bestimmbare (mittelbare) Leistung liegt z.B. vor, wenn Verkäufer und Käufer einen reduzierten Kaufpreis für die eingeführte Ware vereinbaren und zusätzlich einen Kaufvertrag über eine Lagerhalle schließen, die der Käufer der eingeführten Ware dem Verkäufer veräußert. Der Kaufpreis für die Lagerhalle ist eine bestimmbare Leistung gem. Art. 70 Abs. 3 b) UZK, die neben dem Kaufpreis (also mittelbar) für die eingeführte Ware zu zahlen ist. Die vollständige Zahlung besteht in diesem Fall aus der Kaufpreiszahlung und dem Kaufpreis für die Halle.
2. Ein abgespaltener Kaufpreis liegt aber auch dann vor, wenn die Parteien des Kaufgeschäfts einen reduzierten Preis vereinbaren und der Käufer sich zusätzlich verpflichtet, dem Verkäufer den Betrag für eine Reise zu zahlen.
3. Auch eine Schwarzgeldvereinbarung ist als abgespaltener Kaufpreisbestandteil und damit als mittelbare Zahlung anzusehen.

II. Zahlung zugunsten des Verkäufers an einen Dritten

Die Zahlung zugunsten des Verkäufers ist eine Leistung, die nicht an den Verkäufer, sondern zugunsten des Verkäufers gegenüber einem Dritten erbracht wird. Diese Zahlung ist auch als mittelbare Zahlung anzusehen.

Zahlungen zugunsten des Käufers an einen Dritten werden in Art. 129 Abs. 1 b) bis d) IA beschrieben. Eine Leistung an einen Dritten zugunsten des Verkäufers liegt gem. Art. 129 Abs. 1 d) IA beispielsweise vor, wenn der Verkäufer und der Käufer einen reduzierten Kaufpreis vereinbaren und der Käufer sich im Gegenzug verpflichtet, eine Zahlung an einen Dritten zur Erfüllung einer Verpflichtung des Verkäufers zu erbringen (vgl. auch Z 5101 Abs. 11).

Beispiel: Der Verkäufer kauft von einem Dritten (D) Vormaterialien im Rahmen eines Kaufvertrags zu 20.000,– €. Anschließend produziert der Verkäufer die Waren, die er dann zu 50.000,– € an den Käufer verkauft. Die Rechnung lautet über 30.000,– €. Weiterhin vereinbaren der Verkäufer und der Käufer, dass der Käufer an D 20.000,– € zahlt, da die Forderung des D aus dem Kaufvertrag mit dem Verkäufer noch nicht erfüllt wurde. Zahlt nun der Käufer an D die 20.000,– €, erfüllt er eine Verpflichtung des Verkäufers (nämlich aus dem Kaufvertrag zwischen dem Verkäufer und D über die Vormaterialien).

Der tatsächliche Preis besteht in diesem Fall aus der unmittelbaren Zahlung in Höhe von 30.000,– € an den Verkäufer und aus der mittelbaren Zahlung in Höhe von 20.000,– € zugunsten des Verkäufers an D. Insgesamt beläuft sich der tatsächliche Preis auf 50.000,– €, also aus der Addition von unmittelbarer und mittelbarer Zahlung.

Schaubild zur vollständigen Zahlung des Käufers an den Verkäufer

Siehe Seite 140.

I. Vollständige Zahlung

Nach Art. 70 Abs. 2 UZK alle Zahlungen des Käufers an den Verkäufer, einschließlich der Zahlungen, die Voraussetzungen für den Verkauf der eingeführten Waren sind.

Unmittelbare oder mittelbare Zahlung

Die Zahlung kann unmittelbar oder mittelbar erfolgen, vgl. Art. 129 Abs. 1 UAbs. 2 IA. In der Regel ist die „normale" Zahlung des in der Rechnung angegebenen Rechnungspreises die unmittelbare Zahlung. Mittelbare Zahlungen ergeben sich aus gesonderten Vereinbarungen zwischen den Vertragsparteien.

Auch die Definition in Art. 70 Abs. 2 UZK zeigt, dass mittelbare Zahlungen erfasst sind, da „alle" Zahlungen Bestandteil des tatsächlichen Preises sind.

II. An den Verkäufer oder an einen Dritten zugunsten des Verkäufers

1. An den Verkäufer

Die Zahlungen an den Verkäufer können unmittelbar oder mittelbar erfolgen.

a) Unmittelbare Zahlungen

Die unmittelbare Zahlung besteht in der Zahlung des in der Rechnung ausgewiesenen Rechnungspreises (= Preis einschließlich aller Rechnungspositionen) unter Berücksichtigung berechtigter Preisnachlässe (Skonto und Rabatt für die eingeführten Waren).

b) Mittelbare Zahlungen

Mittelbare Zahlungen sind Zahlungen, die sich nicht als Kaufpreis aus der Rechnung ergeben, sondern von Verkäufer und Käufer gesondert vereinbart wurden. Zu unterscheiden sind: Bedingungen oder Leistungen i.S.v. Art. 70 Abs. 3 b) UZK und sog. abgespaltene Kaufpreisbestandteile.

aa) Bedingungen oder Leistungen

Bedingungen oder Leistungen i.S.v. Art. 70 Abs. 3 b) UZK bestehen nicht in der Zahlung eines Preises, sondern in einer weiteren, vertragsgemäß vereinbarten Handlung. Ist die Bedingung bzw. Leistung der Höhe bestimmbar, ist der entsprechende Wert nach Art. 133 IA Teil des tatsächlichen Preises. Ist die Höhe der Bedingung bzw. der Leistung betragsmäßig nicht quantifizierbar, ist die Transaktionswertmethode nicht anwendbar (vgl. Art. 70 Abs. 3 b) UZK). In diesem Fall ist auf die Folgemethoden gem. Art. 74 UZK zurückzugreifen.

bb) Abgespaltene Kaufpreisbestandteile

Abgespaltene Kaufpreisbestandteile liegen vor, wenn der Verkäufer und der Käufer vereinbaren, einen Teil des Kaufpreises abzuspalten (diesen also zu reduzieren) und dafür als Zahlung im Zusammenhang mit einer zusätzlichen Vereinbarung zu berücksichtigen. Zahlt der Käufer neben dem Kaufpreis einen Betrag für Analysekosten an den Verkäufer, die die Qualität des Produkts zertifizieren, liegt ein Fall einer mittelbaren Zahlung in Form eines abgespaltenen Kaufpreises vor, oder auch dann, wenn der Käufer einen Teil des Kaufpreises „schwarz" an den Verkäufer zahlt.

2. An einen Dritten zugunsten des Verkäufers

Auch Zahlungen an einen Dritten sind Bestandteil der vollständigen Zahlung und damit des tatsächlichen Preises. Dabei handelt es sich immer um sog. mittelbare Leistungen. Denn sie sind immer Gegenstand einer gesonderten Vereinbarung zwischen dem Verkäufer und dem Käufer. Zahlungen an einen Dritten zugunsten des Käufers sind in Art. 129 Abs. 1 b) bis d) IA beschrieben.

III. Zu zahlender Preis oder gezahlter Preis

Gezahlter Preis bedeutet, dass die Zahlung bereits vor der Bewertung erbracht wurde. Zu zahlender Preis bedeutet, dass die Leistung im Bewertungszeitpunkt noch nicht erbracht wurde. Unerheblich ist, ob sie überhaupt jemals erbracht wird. Entscheidend ist ausschließlich, dass eine bestimmte Zahlung vereinbarungsgemäß noch zu erbringen ist. Daher ist auch im Fall einer Insolvenz des Käufers, die möglicherweise dazu führt, dass die vereinbarte Zahlung nie erbracht werden wird, die ursprünglich vereinbarte Zahlung der tatsächlich zu zahlende Preis.

Aufteilungsregelung gem. Art. 131 Abs. 1 IA bei Gesamtpreis und Teilmengenüberführung

Ist ein Gesamtpreis für eine größere Lieferung vereinbart worden und wird von der Gesamtmenge nur eine Teilmenge zur Überführung in den zollrechtlich freien Verkehr angemeldet, entspricht der tatsächliche Preis dem Verhältnis der Teilmenge zum Preis für die Gesamtmenge. Dieser Fall ist denkbar, wenn neben der Überführung der Teilmenge in den zollrechtlich freien Verkehr die Restmenge entweder später eingeführt werden soll oder bei gleichzeitiger Einfuhr beispielsweise zum Zolllagerverfahren bzw. zur Wiederausfuhr abgefertigt werden soll.

IV. Berücksichtigung von Rabatt und Skonto

Die zollwertrechtliche Beurteilung von Rabatt und Skonto ist Bestandteil einer gutachtlichen Prüfung des tatsächlichen Preises (ausführlich: Kock, Die zollwertrechtliche Behandlung von Rabatt und Skonto, ZfZ 2009, S. 10 ff.).

Die Prüfung, ob ein Rabatt und/oder ein Skonto zollwertrechtlich anerkannt werden kann, erfolgt im Rahmen des Tatbestandsmerkmals „tatsächlich gezahlter oder zu zahlender Preis“. Nach der Definition in Art. 70 Abs. 2 UZK ist der tatsächliche Preis „die vollständige Zahlung für die eingeführte Ware an den Verkäufer oder zu dessen Gunsten“. Damit wird bereits angedeutet, dass Rabatte bzw. ein Skonto die vollständige Zahlung – in Form eines Preisnachlasses – beeinflussen können. Einzelheiten regelt dazu Art. 130 IA.

1. Reduzierung des Rechnungsbetrags um Preisnachlässe

Ausgangspunkt ist die vollständige Zahlung des Käufers an den Verkäufer. Wenn der Käufer den vereinbarten Kaufpreis auf der Grundlage einer Rechnung über die Ware zahlt und zwar direkt an den Verkäufer, handelt es sich zollwertrechtlich um eine sog. unmittelbare Leistung. Grundlage für die konkrete Höhe der Zahlungspflicht des Käufers ist der Rechnungsbetrag. Das ist (immer) der Betrag, der in einer Rechnung als Endsumme ausgewiesen ist. Er umfasst den Preis für die Waren, kann aber auch weitere Positionen erfassen. Beispielsweise können Verpackungskosten und ein gewährter Rabatt, der sich auf die Waren bezieht (z.B. ein Mengenrabatt), den Rechnungsbetrag bestimmen.

Vom Rechnungsbetrag abzuziehen ist ein anzuerkennendes Skonto. In Bezug auf einen Rabatt ist zu prüfen, ob sich dieser auf die verbrachten Waren bezieht oder nicht (vgl. dazu eingehend unter Punkt 3.) Der endgültig ermittelte Betrag (also Rechnungsbetrag abzüglich Preisnachlässen) wird zollwertrechtlich „Rechnungsendbetrag“ genannt.

2. Skonto

Skonto ist ein Preisnachlass, den der Verkäufer dafür gewährt, dass der Käufer innerhalb einer bestimmten Frist/eines bestimmten Zeitraums zahlt.

Wurde der Kaufpreis bereits gezahlt, bevor die Waren in das Zollgebiet eingegangen sind (sog. Vorkasse), ist das tatsächlich vom Käufer in Anspruch genommene Skonto nur zu berücksichtigen, wenn der Käufer dieses Skonto nach dem Kaufvertrag auch in Anspruch nehmen durfte (vgl. den Wortlaut von Art. 130 Abs. 1 IA, „wenn der Kaufvertrag zum Zeitpunkt der Annahme der Zollanmeldung deren Anwendung und Höhe ausweist“).

Wurde der Kaufpreis noch nicht gezahlt („zu zahlender Preis“), ist nach Art. 130 Abs. 2 IA die Skontierung zugrunde zu legen, die im Zeitpunkt der Annahme der Zollanmeldung nach dem Kaufvertrag gewährt werden kann. Das heißt, es ist im Zeitpunkt der Annahme der Zollanmeldung die Skontierung zu gewähren, die vom Käufer zu diesem Zeitpunkt noch in Anspruch genommen werden kann. Dabei ist zu prüfen, ob das Skonto handelsüblich ist.

Merke: Das Skonto ist eine kaufmännische Vereinbarung und deshalb immer vom Rechnungsbetrag abzuziehen.

Ausgeschlossen sind Skontierungen, die nicht handelsüblich sind, es sei denn, der Käufer macht glaubhaft, dass er ein nicht handelsübliches, höheres Skonto tatsächlich in Anspruch nehmen kann oder genommen hat.

Zollwertrechtlich ist es nach dem Sinn und Zweck von Art. 130 Abs. 2 IA unbeachtlich, wenn der Käufer im Einzelfall tatsächlich die Rechnung erst zu einem Zeitpunkt zahlt, zu dem er nach der Skontierungsvereinbarung das Skonto gegenüber dem Verkäufer nicht mehr in Anspruch nehmen kann.

Allerdings ist eine Skontierung des Rechnungsbetrags ausgeschlossen, d.h., das Skonto ist nicht zu gewähren, wenn der Käufer im Zeitpunkt der Annahme der Zollanmeldung bereits die Absicht hatte, den Kaufpreis erst zu zahlen, wenn ein Skonto nicht mehr in Anspruch genommen werden kann.

3. Rabatt

Ein Rabatt ist zollwertrechtlich gesehen ein Preisnachlass i.S.v. Art. 130 Abs. 1 IA. Der Rabatt ist in der geltend gemachten Höhe anzuerkennen, sofern sich die

Preisermäßigung auf die eingeführte Ware bezieht. Das ist immer der Fall, wenn sich aus der Rechnung – ohne weitergehende einschränkende Hinweise – ergibt, dass ein Rabatt (z.B. ein Mengenrabatt) in einer bestimmten Höhe gewährt wird. Ein Rabatt kann sich aber auch auf eine Vorlieferung beziehen. Das ist der Fall, wenn in der Rechnung über die jetzige Warenlieferung eine nachträgliche Rabattgewährung für zuvor gelieferte Waren ausgewiesen ist. Es handelt sich dabei um einen sog. zollwertfremden Bestandteil, d.h., um eine Rechnungsposition, die sich nicht auf die eingeführten Waren, sondern auch auf die Vorlieferung bezieht. In einem solchen Fall kann der Rabatt bei der Bestimmung des tatsächlichen Preises zollwertrechtlich nicht berücksichtigt werden. Folglich ist der tatsächliche Preis der um den nicht berücksichtigungsfähigen Rabatt erhöhte Kaufpreis.

Berechnungsbeispiel 1: Rabatt bezieht sich auf die eingeführte Ware

Verkaufspreis (Nettorechnungspreis): 10.000 Stück Schreibtischleuchten für 100.000,– €, abzüglich eines Mengenrabatts für die Abnahme von 10.000 Stück in Höhe von 1.000,– €. Hinweis: Zollwertrechtlich ist ein Rabatt zu berücksichtigen, da er sich auf die eingeführte Ware bezieht.

Ergebnis: Rechnungsbetrag = 99.000,– € (rabattierter Preis).

Es wird ein handelsübliches Skonto in Höhe von 2% bei Zahlung innerhalb von 14 Tagen nach Rechnungserhalt eingeräumt. Das Skonto wird abgezogen, wenn es im Zeitpunkt der Annahme der Zollanmeldung noch in Anspruch genommen werden kann und handelsüblich ist, vgl. Art. 130 Abs. 1 IA.

Merke: Skonto wird **immer** vom kaufmännischen Rechnungsbetrag abgezogen!

Skonto = 1.980,– € (= 2% Skonto vom Rechnungsendbetrag, hier: 99.000,– €).

Endergebnis: Rechnungsendbetrag = 97.020,– € (= Rechnungsbetrag – Skonto).

Berechnungsbeispiel 2: Rabatt bezieht sich nicht auf die eingeführte Ware

10.000 Stück Schreibtischleuchten für 100.000,– €, abzüglich eines nachträglichen Rabatts für eine Vorlieferung in Höhe von 1.000,– €. Skonto wie Beispiel 1.

Ergebnis: Rechnungsbetrag: 99.000,– €.

Abzüglich Skonto, da es im Zeitpunkt der Annahme der Zollanmeldung noch in Anspruch genommen werden kann und handelsüblich ist, vgl. Art. 130 Abs. 1 IA. Das Skonto wird vom Rechnungsbetrag abgezogen!

Skonto = 1.980,– € (= 2% Skonto vom Rechnungsbetrag, hier: 99.000,– €).

Zwischenergebnis abzüglich Skonto: 97.020,– € (= Rechnungsbetrag – Skonto).

Aber: Zollwertrechtlich ist der Rabatt nicht zu berücksichtigen, da er sich nicht auf die eingeführte Waren bezieht. Sogenannte zollwertfremde Rabatte sind nicht zu berücksichtigen. Bei der Bestimmung des tatsächlichen Preises ist der zollwertfremde Rabatt für die Vorlieferung in Höhe von 1.000,– € daher rechnerisch dem kaufmännischen Rechnungspreis hinzuzuaddieren. Er darf zollwertrechtlich also nicht als Preisnachlass für die eigeführte und zu bewertenden Schreibtischleuchten herangezogen werden.

Der tatsächliche Preis beträgt mithin: 97.020,– € (= Rechnungsbetrag – Skonto) plus 1.000,– € (zollwertfremder Rabatt) = 98.020,– € tatsächlicher Preis für die Waren.

V. Weitere Gesichtspunkte bei der Bestimmung des tatsächlichen Preises

1. Schäden, Sachmängel und Teilverluste, Art. 131 Abs. 2, Art. 132 IA

Schäden oder Sachmängel können den tatsächlichen Preis ebenfalls mindern. Gleiches gilt bei Teilverlusten. Rechtsgrundlagen sind in den Art. 131 und 132 IA enthalten. Einzelheiten im Schema 25 „Auswirkungen von Teilverlusten, Beschädigungen und Sachmängeln auf den tatsächlichen Preis".

2. Aufteilungsregelung, Art. 131 Abs. 1 IA

Beachte die Aufteilungsregelung gem. Art. 131 Abs. 1 IA bei Vereinbarung eines Gesamtkaufpreises für eine Warenmenge, die nunmehr in Teilmengen abgerufen und zur Überlassung zum zollrechtlich freien Verkehr angemeldet wird.

Ist ein Gesamtpreis für eine Lieferung vereinbart worden und wird von der Gesamtmenge nur eine Teilmenge zur Überlassung zum zollrechtlich freien Verkehr angemeldet, entspricht der tatsächliche Preis dem Verhältnis der Teilmenge zum Preis für die Gesamtmenge.

3. Umrechnung in Euro, Art. 53 Abs. 1 UZK

Eine in fremder Währung zu erbringende Zahlung ist gem. Art. 53 Abs. 1 UZK in Euro umzurechnen. Gleiches gilt für Anpassungen des tatsächlichen Preises gem. Art. 71 oder Art. 72 UZK. Der Umrechnungskurs bestimmt sich nach Art. 146 IA. Dabei gilt: Nach Art. 146 Abs. 2 S. 1 IA ist der am vorletzten Mittwoch eines Kalendermonats veröffentlichte Kurs maßgeblich und zwar gem. Art. 146 Abs. 3 IA für den gesamten folgenden Monat (zu den Ausnahmen vgl. Art. 146 Abs. 2 S. 2 und Art. 146 Abs. 3 IA).

Hinweis: Ist in einer Klausur ein Umrechnungskurs angegeben, ist dieser Kurs anzuwenden, ohne dass es der rechtlichen Herleitung über Art. 146 IA bedarf.

ⓘ **Gutachtliche Prüfung des tatsächlichen Preises**

1. Ausgangspunkt: der Rechnungsbetrag
   - ggf. Einbeziehung von Vorauszahlungen;
   - evtl. Berücksichtigung von Teillieferungen (vgl. Art. 131 IA)
2. Berechtigte Preisnachlässe (Art. 130 Abs. 1 IA)
   - Skonto (immer vom Rechnungsbetrag abziehen!)
   - Rabatt; zu berücksichtigen, wenn er sich auf die eingeführte Ware bezieht, ansonsten zollwertfremder Bestandteil, der dem skontierten Preis hinzuzuaddieren ist.

- evtl. Berücksichtigung von Schäden und Teilverlusten gem. Art. 131 Abs. 1 IA
- evtl. Berücksichtigung von schadhaften Waren gem. Art. 132 IA
- ggf. mittelbare Zahlungen an den Verkäufer oder zu seinen Gunsten

Ergebnis: tatsächlicher Preis gem. Art. 70 Abs. 2 UZK

Schema 24
Ausschlusstatbestände von Art. 70 Abs. 3 a) bis d) UZK

Liegt einer der Ausschlusstatbestände von Art. 70 Abs. 3 a) bis d) UZK vor, führt dies dazu, dass die Transaktionswertmethode gem. Art. 70 UZK nicht anwendbar ist. Diese Voraussetzungen werden auch Negativvoraussetzungen genannt.

Die vier Ausschlusstatbestände bzw. Negativvoraussetzungen von Art. 70 Abs. 3 a) bis d) UZK

- Verfügungs- oder Nutzungseinschränkungen nach Art. 70 Abs. 3 a) UZK
- Bedingungen oder noch zu erbringende Leistungen nach Art. 70 Abs. 3 b) UZK
- Beteiligung am späteren Erlös nach Art. 70 Abs. 3 c) UZK
- Preisbeeinflussung durch Verbundenheit nach Art. 70 Abs. 3 d) UZK

I. Verfügungs- oder Nutzungseinschränkungen gem. Art. 70 Abs. 3 a) UZK

Einschränkungen nach Art. 70 Abs. 3 a) UZK liegen vor, wenn der Käufer über die Ware nicht frei verfügen kann. Das ist dann der Fall, wenn der Käufer durch die vertragliche Vereinbarung mit dem Verkäufer daran gehindert ist, nach seinen Vorstellungen mit der Ware zu verfahren. Liegt eine Verfügungsbeschränkung vor, ist davon auszugehen, dass der Käufer für notwendige Verfügungsrechte zusätzliche Zahlungen leisten muss.

Beispiel: Der Käufer darf einen erworbenen Pkw nur zu Ausstellungszwecken verwenden.

Für die Beurteilung, ob eine Verfügungs- oder Nutzungseinschränkung vorliegt, ist nur das Kaufgeschäft maßgebend. Ergibt sich aus dem Kaufvertrag eine derartige Einschränkung, ist davon auszugehen, dass der vereinbarte Kaufpreis nicht mit einem Preis vergleichbar ist, der zu zahlen ist, wenn die Ware in den Wirtschaftskreislauf eingehen soll. Um zu beurteilen, ob der Preis durch die Verfügungs- bzw. Nutzungseinschränkung beeinträchtigt ist, sind Vergleichsgeschäfte heranzuziehen (vgl. Z 5101 Abs. 23).

Nach Art. 70 Abs. 3 a) i) bis III) UZK sind drei Fälle vom Anwendungsbereich der Vorschrift ausgenommen (sog. unschädliche Einschränkungen):

- Einschränkungen durch Gesetz oder behördliche Anordnung (Grund: Diese Einschränkungen treffen jeden Käufer.),
- Gebietsabgrenzungsabsprachen (auch Vertriebseinschränkungen genannt),

- Einschränkungen, die sich auf den Wert der Waren nicht wesentlich auswirken.

Beispiel: Verkäufer verlangt vom Käufer, einen Pkw nicht vor einem festgelegten Zeitpunkt, zu dem ein neues Modelljahr beginnt, zu verkaufen.

II. Bedingungen oder noch zu erbringende Leistungen gem. Art. 70 Abs. 3 b) UZK (vgl. auch Z 5101 Abs. 24)

1. Bedingung

Eine Bedingung ist eine Vertragsklausel, nach der die Wirksamkeit des Vertrags oder der vereinbarte Preis von einem zukünftigen Ereignis abhängen soll (vgl. Z 5101 Abs. 25). Keine Bedingungen sind sog. Allgemeine Geschäftsbedingungen, also Klauseln, die die Abwicklung des Kaufgeschäfts betreffen.

Beispiel für Vertragsbedingungen: Der Kaufvertrag steht unter der Bedingung, dass der Käufer weiter Waren des Verkäufers bezieht (auflösende Bedingung).

Beispiel für eine Preisbedingung: Der vereinbarte Preis steht unter der Bedingung einer Gegenlieferung des Käufers an den Verkäufer.

2. Noch zu erbringende Leistung

Hierunter sind Leistungen zu verstehen, die der Käufer aufgrund des Kaufvertrags außer der Zahlung des Kaufpreises für die eingeführten Waren zu erbringen hat.

Beispiel: Der Käufer verpflichtet sich im Kaufvertrag, für den Verkäufer eine Bürgschaft zu übernehmen.

3. Nichtbestimmbarkeit des Werts der Bedingung/Leistung

Eine Einschränkung nach Art. 70 Abs. 3 b) UZK liegt nur dann vor, wenn sich der Wert der Bedingung/Leistung nicht bestimmen lässt. Das ist dann der Fall, wenn er sich betragsmäßig nicht eindeutig ermitteln lässt. Zu weiteren Einzelheiten vgl. auch Art. 133 IA.

Zu beachten ist, dass im Fall der betragsmäßigen Bestimmbarkeit des Werts der Bedingung oder Leistung einerseits die Transaktionswertmethode anwendbar bleibt und dass dieser Betrag als mittelbare Leistung Bestandteil bei der Ermittlung des tatsächlichen Preises ist.

III. Beteiligung am späteren Erlös gem. Art. 70 Abs. 3 c) UZK

Erlösbeteiligungen sind gegeben, wenn der Käufer an den Verkäufer aus dem Erlös, z.B. aus Weiterverkäufen, zusätzliche Zahlungen zu erbringen hat. In diesem Fall ist davon auszugehen, dass der vereinbarte Kaufpreis niedriger ist als bei einer Transaktion ohne Erlösbeteiligung. Zu weiteren Einzelheiten vgl. Art. 136 IA.

Beispiel: Der Verkäufer verkauft an den Käufer eine Ware und vereinbart mit dem Käufer, dass dieser 2% der Weiterverkaufserlöse an den Verkäufer zu entrichten hat (unbestimmbare Erlösbeteiligung).

Ist die Höhe der Erlösbeteiligung betragsmäßig nicht zu bestimmen, liegt eine schädliche (d.h. eine die Transaktionswertmethode ausschließende) Einschränkung vor. Dagegen ist bei bestimmbaren Erlösbeteiligungen der tatsächliche Preis um diesen Wert anzupassen, und zwar im Rahmen der Hinzurechnung nach Art. 71 Abs. 1 d) UZK, der explizit die Hinzurechnung von Erlösen aus Weiterverkäufen vorsieht.

IV. Preisbeeinflussung durch Verbundenheit gem. Art. 70 Abs. 3 d) UZK

Die Transaktionswertmethode kommt nicht zur Anwendung, wenn der Preis durch Verbundenheit zwischen Verkäufer und Käufer beeinflusst ist (vgl. Z 5101 Abs. 26 bis 35 – kann angewendet werden). Einzelheiten sind zudem aus Art. 134 IA zu entnehmen.

1. Verbundenheit

Wann eine Verbundenheit vorliegt, ist nicht geregelt (im Gegensatz zur Vorgängervorschrift in Art. 143 ZK-DVO). Daher ist dieser Punkt aus gesellschaftsrechtlichen Aspekten abzuleiten. Dabei kann auf die einzelnen Fallgruppen der Vorgängerregelungen in Art. 143 ZK-DVO als Anhaltspunkt für Verbundenheit durchaus zurückgegriffen werden, aber ohne die Norm anzuwenden. Der Hauptfall einer Verbundenheit ist anzunehmen, wenn eine Muttergesellschaft aus einem Drittland Waren an eine Tochtergesellschaft verkauft, die im Zollgebiet ansässig ist.

§ **Vorgängerregelung in Art. 143 ZK-DVO**

(1) Im Sinne von Titel II Kapitel 3 des Zollkodex sowie der Bestimmungen des vorliegenden Titels gelten Personen nur dann als verbunden, wenn:

a) sie der Leitung des Geschäftsbetriebs der jeweils anderen Person angehören;

b) sie Teilhaber oder Gesellschafter von Personengesellschaften sind;

c) sie sich in einem Arbeitgeber-Arbeitnehmerverhältnis zueinander befinden;

d) eine beliebige Person unmittelbar oder mittelbar 5 v.H. oder mehr der im Umlauf befindlichen stimmberechtigten Anteile oder Aktien beider Personen besitzt, kontrolliert oder innehat;

e) eine von ihnen unmittelbar oder mittelbar die andere kontrolliert;

f) beide von ihnen unmittelbar oder mittelbar von einer dritten Person kontrolliert werden;

g) sie zusammen unmittelbar oder mittelbar eine dritte Person kontrollieren oder

h) sie Mitglieder derselben Familie sind. Personen werden nur dann als Mitglieder derselben Familie angesehen, wenn sie in einem der folgenden Verwandschaftsverhältnisse zueinander stehen:

- Ehegatten,
- Eltern und Kind,
- Geschwister (auch Halbgeschwister),
- Großeltern und Enkel,
- Onkel oder Tante und Neffe oder Nichte,
- Schwiegereltern und Schwiegersohn oder Schwiegertochter,
- Schwäger und Schwägerinnen.

(2) Personen, die dadurch miteinander verbunden sind, dass die eine von ihnen Alleinvertreter oder Alleinkonzessionär der anderen ist, gelten unabhängig von der Bezeichnung nur dann als verbunden im Sinne dieses Titels, wenn auf sie eines der Kriterien nach Absatz 1 zutrifft

2. Preisbeeinflussung

Nach Art. 70 Abs. 3 d) UZK führt die Verbundenheit nur dann zu einem Ausschluss der Transaktionswertmethode, wenn der Preis durch die Verbundenheit nicht beeinflusst ist. Dabei sind gem. Art. 134 Abs. 1 S. 1 IA die Begleitumstände des Geschäfts zu prüfen. Gegebenenfalls hat der Anmelder Informationen beizubringen, die belegen, dass der Preis nicht durch die Verbundenheit beeinflusst ist (Art. 134 Abs. 1 S. 2 IA).

Beispiel: Ford USA verkauft an Ford Deutschland Teile für die Autoproduktion. In diesem Fall ist zu erörtern, ob die Preisgestaltung für die Waren durch die Verbundenheit beeinflusst wurde. Für die Prüfung, ob eine Preisbeeinflussung vorliegt, ist Art. 134 IA anzuwenden.

Schema 25
Auswirkungen von Teilverlusten, Beschädigungen und Sachmängeln auf den tatsächlichen Preis

I. Beschädigungen und Teilverluste gem. Art. 131 Abs. 2 IA

1. Begriffsbestimmung

Eine Beschädigung oder ein Teilverlust liegen vor, wenn die Ware nicht in dem Zustand bzw. in der Menge geliefert wird, die vertraglich vereinbart war und dies auf einen Umstand

- nach der Herstellung der Ware, aber
- vor ihrer Überlassung zum zollrechtlich freien Verkehr eingetreten ist.

Die Beschädigung der Waren muss nach der Herstellung der Ware eingetreten sein. Die Ware muss also fehlerfrei hergestellt worden sein. Es kann nur beschädigt werden, was ursprünglich vertragsgemäß hergestellt wurde („in Ordnung war"). Mehrheitlich werden Beschädigungen (sog. Transportschäden) oder Teilverluste während des Transports der Ware eintreten. Möglich ist es aber auch, dass eine Beschädigung oder ein Verlust noch vor dem Transport, z.B. während der Lagerung beim Verkäufer, eintritt. Beschädigungen und Teilverluste müssen vor der Überlassung zum zollrechtlich freien Verkehr eintreten. Alle nach der Überlassung zum zollrechtlich freien Verkehr eingetretenen Beschädigungen und Teilverluste sind zollwertrechtlich unerheblich, d.h., sie können nicht bei der Bestimmung des tatsächlichen Preises mindernd wirken. Die Regelung in Art. 131 Abs. 2 IA bezieht sich begrifflich nur auf Teilverluste. Im Fall eines Totalverlusts der Waren liegt kein berücksichtigungsfähiger tatsächlicher Preis vor, sodass die Transaktionswertmethode in diesem Fall nicht anwendbar sein kann.

2. Auswirkungen auf den tatsächlichen Preis

Eine Korrektur des tatsächlichen Preises ist anteilig möglich („anteilsmäßige Aufteilung", vgl. Art. 131 Abs. 2 IA). Hierzu bedarf es keiner Einigung zwischen dem Verkäufer und dem Käufer der Waren auf einen neuen, geminderten Kaufpreis. Der Käufer kann die Wertreduzierung selbst bestimmen und im Rahmen der zollwertrechtlichen Bemessung der Waren gegenüber der Zollstelle geltend machen (in der Zollanmeldung). Der Wert der Beschädigung oder des Teilverlusts sind Faktoren, die bei der Berechnung des tatsächlichen Preises nicht zu berücksichtigen sind. Das heißt, in der Praxis ist der Rechnungspreis um die jeweilige Wertminderung zu reduzieren.

II. Schadhafte Waren (Sachmängel) gem. Art. 132 IA

1. Begriffsbestimmung

Schadhafte Waren sind Waren, die entweder nicht die vertraglich vereinbarten Eigenschaften aufweisen oder die im Rahmen der Produktion fehlerhaft hergestellt wurden (sog. fertigungsbedingte Mangel – zur Definition vgl. auch EuGH vom 12.10.2017, C-661/15, EU:C:2017:753). Im letzten Fall handelt es sich um sog. Sachmängel. Dies dürfte der wichtigste Grund für eine Schadhaftigkeit sein.

2. Auswirkungen auf den tatsächlichen Preis

Die Auswirkungen auf den tatsächlichen Preis sind in Art. 132 a) bis c) IA aufgeführt. Danach kann der tatsächliche Preis korrigiert werden, wenn folgende Voraussetzungen gegeben sind:

- **Buchstabe a):** Sachmangel zum Zeitpunkt der Annahme der Zollanmeldung zur Überlassung zum zollrechtlich freien Verkehr tatsächlich (objektiv) vorhanden.
- **Buchstabe b):** Verkäufer hat eine Vertragsanpassung zum Schadensausgleich vorgenommen, um
  - i) eine vor der Annahme der Zollanmeldung eingegangene vertragliche Verpflichtung zu erfüllen;
  - ii) einer für die Waren geltenden gesetzlichen Gewährleistungspflicht nachzukommen.
- **Buchstabe c):** Anpassung innerhalb eines Jahres

  Der tatsächliche Preis kann nur dann um die durch den Verkäufer vorgenommen Anpassung des Verkaufspreises gemindert werden, wenn die vorgenommene Preisanpassung innerhalb eines Jahres nach dem Datum der Annahme der Zollanmeldung vorgenommen wurde.

Beachte: Wird der Sachmangel bereits vor der Annahme der Zollanmeldung vom Warenempfänger bemerkt und kommt es schon vor der Annahme der Zollanmeldung zu einer Vertragsanpassung zwischen den Parteien des Kaufvertrags, liegt eine sog. Vertragsänderung vor, die dazu führt, dass der geänderte Preis der (neue) tatsächliche Preis ist. Der ursprüngliche Preis ist durch die Vertragsänderung rechtlich nicht mehr existent. In diesem Fall ist die Anpassungsregelung nach Art. 132 IA nicht anwendbar.

Diese Regelung in Art. 132 IA hat dann Bedeutung, wenn der Sachmangel (wie es in der Praxis regelmäßig der Fall ist) erst nach der Überlassung zum zollrechtlich freien Verkehr entdeckt wurde. Da die Zollabfertigung durch Überlassung bereits beendet ist, kann eine Korrektur des Zollwerts – und damit im Ergebnis des Abgabenbetrags Zoll – nur noch über die Regelungen von Erlass und Erstattung erfolgen.

Schema 26
Provisionen, Maklerlöhne gem. Art. 71 Abs. 1 a) i) UZK

Nach Art. 71 Abs. 1 UZK sind die in der Vorschrift genannten Kosten bzw. Werte dem tatsächlichen Preis hinzuzurechnen. In Buchstabe a) Ziffern i) bis iii) UZK werden hinzurechenbare Kosten aufgeführt, die hinzuzurechnen sind, wenn sie für den Käufer entstanden sind und noch nicht im tatsächlichen Preis (beispielsweise als Bestandteil der Rechnung des Verkäufers) enthalten sind.

Nach Art. 70 Abs. 1 a) i) UZK sind Provisionen und Maklerlöhne dem tatsächlichen Preis hinzuzurechnen, sofern es sich nicht um eine Einkaufsprovision handelt.

I. Provisionen

Provisionen sind Zahlungen an Dritte, die für den Käufer oder den Verkäufer beim Abschluss des Kaufgeschäfts tätig geworden sind. Diese Personen sind Agenten, Vermittler oder Kommissionäre. Agenten oder Vermittler bringen die Vertragsparteien entweder nur zusammen (reines Vermittlungsgeschäft), sodass der Verkäufer und der Käufer anschließend in eigenem Namen den Vertrag schließen, oder sie schließen in fremdem Namen (sog. direkte bzw. unmittelbare Stellvertretung) für den Verkäufer bzw. den Käufer den Kaufvertrag (Abschlussvertreter). Kommissionäre schließen den Kaufvertrag in eigenem Namen, aber für fremde Rechnung und zwar für Rechnung des Verkäufers oder des Käufers (sog. indirekte bzw. mittelbare Stellvertretung). Ob die Person als Agent, Vermittler oder Kommissionär bezeichnet worden ist, ist für die rechtliche Beurteilung ohne Belang. Es kommt nur darauf an, ob sie eine vom Verkäufer oder Käufer unabhängige, d.h. eine selbstständige, Person ist und für ihre Mitwirkung beim Abschluss des Kaufgeschäfts eine Vergütung erhält. Damit können Angestellte des Verkäufers oder des Käufers niemals eine Vergütung im Sinne einer Provision erhalten, wenn sie beim Kaufabschluss mitwirken (in diesem Fall handelt es sich um sog. Gemeinkosten beim Vertragsschluss).

Die Höhe der Provision wird regelmäßig nach einem vereinbarten Prozentsatz des Warenpreises berechnet, gelegentlich aber auch als Festpreis ausgemacht.

II. Maklerlöhne

Maklerlöhne sind Zahlungen an Makler für das Zustandekommen eines Kaufgeschäfts zwischen dem Verkäufer und dem Käufer. Ein Makler bzw. Handelsmakler ist eine selbstständige und unabhängige Person, die für andere die Vermittlung, z.B. von Verträgen über Kaufgeschäfte, übernimmt. Im Unterschied zum Agenten oder Vermittler handelt der Makler sowohl für den Verkäufer als auch den Käufer. Das heißt, er führt Käufer und Verkäufer zusammen, die anschließend den Vertrag schließen.

Den Maklerlohn schulden, soweit nichts anderes vereinbart ist, gem. § 99 HGB beide Vertragsparteien je zur Hälfte. Er wird in einem Prozentsatz des vereinbarten Kaufpreises ausgedrückt. Der Maklerlohn wird häufig als Courtage (= französisch für Maklerlohn/-entgelt), mitunter auch (ungenau) als Provision bezeichnet.

III. Ausgenommen Einkaufsprovisionen

Zum tatsächlichen Preis nicht hinzuzurechnen sind sog. Einkaufsprovisionen. Gleiches gilt, obwohl nicht ausdrücklich genannt, auch für Einkaufsmaklerlöhne.

Eine Einkaufsprovision (ein Einkaufsmaklerlohn) ist eine Zahlung (Provision oder Maklerlohn), die ein Importeur (regelmäßig ist es der Käufer der Waren) einer von ihm beauftragten Person (dem Provisionär oder dem Makler) dafür zahlt, dass dieser für ihn, den Einführer, beim Kauf der zu bewertenden Waren tätig war (vgl. Art. 5 Nr. 41 UZK).

Wenn ein Käufer also diese Personen beauftragt, für ihn einen Verkäufer ausfindig zu machen oder auch mit einem Verkäufer einen Vertrag als Stellvertreter für den Käufer abzuschließen, ist eine hierfür geleistete Zahlung eine Einkaufsprovision, die nicht dem tatsächlichen Preis hinzugerechnet werden darf. Zahlt dagegen nicht der Käufer den an der Vermittlung beteiligten Dritten, sondern wird die Zahlung an den Verkäufer abgewälzt, handelt es sich begrifflich nicht um eine Einkaufsprovision. Die Hinzurechnung scheitert jedoch in diesem Fall, da eine Hinzurechnung nach der einleitenden Formulierung von Art. 71 Abs. 1 a) UZK nur dann in Betracht kommt, wenn diese Kosten (also die Zahlung an den Dritten) „dem Käufer entstehen".

ⓘ **Hinzurechnung von Provisionen, Maklerlöhnen gem. Art. 71 Abs. 1 a) i) UZK**

- Provision oder Maklerlohn
- zu zahlen für das Zustandekommen des Kaufgeschäfts
- für den Käufer entstanden,
- sofern nicht bereits im tatsächlichen Preis enthalten
- ausgenommen Einkaufsprovisionen

Schema 27
Hinzurechnungen gem. Art. 71 Abs. 1 a) ii) und iii) UZK

I. Umschließungen, die für Zollzwecke als Einheit mit den Waren anzusehen sind gem. Art. 71 Abs. 1 a) ii) UZK

1. Allgemeines

Gemäß Art. 70 Abs. 1 a) ii) UZK sind die Kosten von Umschließungen, die für Zollzwecke als Einheit mit den Waren angesehen werden, dem tatsächlichen Preis hinzuzurechnen. Hinzugerechnet werden die Kosten von Umschließungen, nicht dagegen ihr Wert. Kosten sind umfassend zu verstehen. Soll beispielsweise eine Verpackung im Ergebnis beim Käufer der Waren verbleiben, gehören neben dem eigentlichen Materialwert auch die Arbeitskosten, die für die Verpackung angefallen sind zu den Kosten von Umschließungen. Sollen dagegen die Verpackungen an den Verkäufer oder an das Unternehmen, dass die Verpackung bewirkt hat, zurückgesendet werden, fallen die Rücksendungskosten neben evtl. Mietkosten für die Verpackungen unter die Kosten, die nach Art. 71 Abs. 1 a) ii) UZK dem tatsächlichen Preis hinzuzurechnen sind.

Das gilt aber nur, wenn die Kosten „nicht in dem für die eingeführten Waren tatsächlich gezahlten oder zu zahlenden Preis enthalten sind“, wie sich aus der einleitenden Formulierung von Art. 71 Abs. 1 a) UZK ablesen lässt. Insoweit ist die Lieferbedingung (Incoterms®) zu berücksichtigen. Diesbezüglich ist festzustellen, dass nach jeder Lieferbedingung eine zweckmäßige Verpackung durch den Verkäufer geschuldet ist, auch bei der Lieferbedingung EXW. Demzufolge sind die Kosten für Umschließungen dem Grunde nach immer im tatsächlichen Preis enthalten. Etwas anderes ist nur dann anzunehmen, wenn die Parteien die Kosten für die Umschließungen aus der jeweiligen Incoterms®-Klausel ausschließen, wenn sie also eine individuelle Gestaltung der Lieferbedingung vornehmen. In diesem Fall kann eine gesonderte Regelung zu den Umschließungen zwischen dem Verkäufer und dem Käufer vereinbart werden, die inhaltlich regelt, dass der Käufer die Kosten hierfür zu tragen hat, die ihm dann gesondert in Rechnung gestellt werden (beispielsweise durch ein Verpackungsunternehmen).

Unter Umschließungen, die für Zollzwecke als Einheit mit der Ware anzusehen sind, gehören Behältnisse und Verpackungen, die zolltariflich wie die Ware einzureihen sind. Bei der Beurteilung dieser Frage ist auf die tarifliche Einreichungsvorschrift der AV 5 zurückzugreifen. Immer, wenn ein Fall der AV 5 vorliegt, ist die Umschließung aus zollwertrechtlicher Sicht als Einheit mit der Ware zu behandeln. Eine selbstständige Einreihung von Behältnissen und Verpackungen kommt demzufolge nicht in Betracht. Gleichwohl sind die Kosten für die

Umschließungen dem tatsächlichen Preis hinzuzurechnen, sofern die Waren nicht darin enthalten sind.

§ **Allgemeine Vorschrift 5 (AV 5)**

Zusätzlich zu den vorstehenden Allgemeinen Vorschriften gilt für die nachstehend aufgeführten Waren Folgendes:

a) Behältnisse für Fotoapparate, Musikinstrumente, Waffen, Zeichengeräte, Schmuck und ähnliche Behältnisse, die zur Aufnahme einer bestimmten Ware oder Warenzusammenstellung besonders gestaltet oder hergerichtet und zum dauernden Gebrauch geeignet sind, werden wie die Waren eingereiht, für die sie bestimmt sind, wenn sie mit diesen Waren gestellt und üblicherweise zusammen mit ihnen verkauft werden. Diese Allgemeine Vorschrift wird nicht angewendet auf Behältnisse, die dem Ganzen seinen wesentlichen Charakter verleihen.

b) Vorbehaltlich der vorstehenden Allgemeinen Vorschrift 5 a) werden Verpackungen [1] wie die darin enthaltenen Waren eingereiht, wenn sie zur Verpackung dieser Waren üblich sind. Diese Allgemeine Vorschrift gilt nicht verbindlich für Verpackungen, die eindeutig zur mehrfachen Verwendung geeignet sind.

---

1) Als „Verpackungen" gelten innere und äußere Behältnisse, Aufmachungen, Umhüllungen und Unterlagen mit Ausnahme von Beförderungsmitteln – insbesondere Behältern –, Planen, Lademitteln und des bei der Beförderung verwendeten Zubehörs. Der Ausdruck „Verpackungen" umfasst nicht die in der Allgemeinen Vorschrift 5 a) angesprochenen Behältnisse

2. Behältnisse nach AV 5 a)

Definition: Gegenstände, die zur Aufnahme von Waren besonders gestaltet oder hergerichtet und zum dauernden Gebrauch bestimmt sind.

Besonders gestaltet bzw. hergerichtet ist der Gegenstand, wenn er speziell für die Aufnahme der Ware, für die er bestimmt ist, gestaltet ist. Manche Behältnisse haben äußerlich die Form der Ware, z.B. Behältnisse für Fotoapparate oder für Musikinstrumente. Zum dauernden Gebrauch bestimmt ist das Behältnis, wenn die Lebensdauer so ausgelegt ist, dass es der Lebensdauer der Ware entspricht, für die es bestimmt ist. Das Behältnis dient häufig dem Schutz von Waren. Zudem müssen die Behältnisse mit den Waren gestellt und üblicherweise zusammen mit ihnen verkauft werden.

3. Verpackungen nach AV 5 b)

Definition: Alle inneren und äußeren Behältnisse, Aufmachungen, Umhüllungen und Unterlagen mit Ausnahme von Beförderungsmitteln. Nicht als Verpackung anzusehen sind die Behältnisse i.S.v. AV 5 a) und Verpackungen, die eindeutig zur mehrfachen Verwendung bestimmt sind. Begrifflich ist weiterhin erforderlich, dass sie zur Verpackung der Waren üblich sind, unabhängig von der Handelsstufe (Großhandelsverkauf/Einzelhandelsverkauf).

II. Verpackungskosten gem. Art. 71 Abs. 1 a) iii) UZK

Hier sind Kosten angesprochen, die nicht schon unter Art. 71 Abs. 1 a) ii) UZK fallen. Umfasst sind die Kosten, die notwendig sind, um die Waren während des Transports vor Beschädigung oder Verlust zu sichern oder die die Beförderung auf bestimmten Beförderungsmitteln ermöglichen oder erleichtern sollen, z.B. Schnüre, Seile, Spanngurte, Pappe, Papier, Schaumstoff (vgl. auch Z 5101 Abs. 43).

Schema 28
Hinzurechnungen gem. Art. 71 Abs. 1 b) UZK

I. Gegenstände bzw. Leistungen

In Art. 71 Abs. 1 b) i) bis iv) UZK werden die Gegenstände bzw. Leistungen aufgezählt, für die eine Hinzurechnung in Betracht kommt (sog. Beistellungen, weil sie vom Käufer zur Verfügung gestellt werden). Zunächst sollte festgestellt werden, welche der Beistellung im vorliegenden Fall in Betracht kommt.

Gegenstände oder Leistungen gem. Art. 71 Abs. 1 b) i) bis iv) UZK

i) Bestandteile, Teile und dergleichen

ii) Produktionsmittel

iii) Verbrauchsmaterialien

iv) geistige Beistellungen („Know-how")

1. Art. 71 Abs. 1 b) i) UZK

Diese Beistellung erfasst Materialien, Bestandteile, Teile und dergleichen, die in den eingeführten Waren enthalten sind. Unzweifelhaft ist eine Beistellung in der eingeführten Ware enthalten, wenn sie zu 100% körperlich im Erzeugnis vorhanden ist. Wenn die Beistellung dagegen nicht vollständig körperlich im Erzeugnis enthalten ist, weil bei der Herstellung der Einfuhrware Abfälle, Reste usw. entstanden sind, ist eine wirtschaftliche Abwägung vorzunehmen. Die Beistellung ist nach wirtschaftlicher Betrachtung in den eingeführten Waren enthalten, wenn sie zur Herstellung der Einfuhrware notwendig war und keinen eigenen Handelswert hat.

In der eingeführten Ware enthalten

Entweder

- vollständig körperlich, oder aber
- wirtschaftlich (für Herstellung notwendig, kein eigener Handelswert)

in den eingeführten Waren enthalten.

2. Art. 71 Abs. 1 b) ii) UZK

Zu dieser Beistellung zählen die sog. Produktionsmittel, d.h. Hilfsmittel, die bei der Herstellung der Waren verwendet werden.

3. Art. 71 Abs. 1 b) iii) UZK

Der Wert von sog. Verbrauchsmaterialien ist ebenfalls hinzuzurechnen, z.B. verbrauchte Öle, Schmiermittel usw.

4. Art. 71 Abs. 1 b) iv) UZK

Der Wert der sog. geistigen Beistellung ist hinzuzurechnen, sofern sie außerhalb des Zollgebiets erarbeitet worden ist. Als Wert ist der Kaufpreis der Beistellung anzusetzen, sofern der Käufer sie von einer mit ihm nicht verbundenen Person erworben hat (Z 5101 Abs. 55).

II. Verwendung im Zusammenhang mit der Herstellung

Die Beistellung muss tatsächlich im Zusammenhang mit der Herstellung und dem Verkauf der zu bewertenden Ware verwendet worden sein.

III. Vom Käufer zur Verfügung gestellte Beistellung

1. Unmittelbar oder mittelbar zur Verfügung gestellt

Unmittelbar zur Verfügung gestellt ist die Beistellung, wenn der Einführer den Gegenstand bzw. die Leistung selbst erbringt. Mittelbar ist die Beistellung dagegen, wenn ein Dritter auf Veranlassung des Einführers die Beistellung an den Hersteller im Drittland liefert. In beiden Fällen kann eine Hinzurechnung erfolgen, auch dann, wenn der Dritte im Drittland ansässig ist.

2. Unentgeltlich oder zu ermäßigten Preisen

Eine Beistellung erfolgt unentgeltlich, wenn der Hersteller im Drittland hierfür keine Gegenleistung zu erbringen hat. Zu ermäßigten Preisen ist die Beistellung geliefert, wenn der Hersteller hierfür einen geringeren, d.h. nicht den üblichen Preis, zu zahlen hat.

IV. Wert der Beistellung

1. Wertermittlung

Hinzuzurechnen ist der Wert der Beistellung. Dabei sind entweder der Kaufpreis für die Waren oder – wenn der Verkäufer die Waren selbst herstellt – die Herstellungskosten anzusetzen.

2. Anteiliger Wert

Gegebenenfalls ist nicht der gesamte Wert der Beistellung, sondern nur eine anteilige Hinzurechnung vorzunehmen. Das ist dann der Fall, wenn nicht die gesamte Beistellung im Zusammenhang mit der Herstellung der Ware verwendet worden ist (z.B. bei Teileinfuhr bzw. wenn nicht alle Materialien usw. körperlich und wirtschaftlich im Erzeugnis enthalten sind). Bei anteiliger Verwendung der Beistellung ist nur der anteilige Wert der verwendeten Beistellungen anzusetzen.

Schema 29
Hinzurechnungen gem. Art. 71 Abs. 1 e) UZK

I. Beförderungskosten gem. Art. 71 Abs. 1 e) i) UZK

1. Begriff

Begrifflich erfasst sind alle Haupt- und Nebenleistungen, die mit der Beförderung der Waren in Richtung auf das Zollgebiet der Gemeinschaft verbunden sind (ausgenommen Ladekosten nach Art. 71 Abs. 1 e) ii) UZK), vgl. auch VSF Z 5101 Abs. 68. Die Kosten müssen tatsächlich in der geltend gemachten Höhe entstanden sein. Zu den Beförderungskosten zählen u.a.: Frachtkosten, Speditionskosten, Miete für Beförderungsmittel und Behälter, Umladekosten, Kosten für Beförderungsvermittlung, Kosten für Beförderungsverzögerungen (z.B. Demurrage-Kosten = Schiffsliegegebühren bei Verzögerung der Beladung). Nach der Rechtsprechung des EuGH (Urteil vom 11.5.2017, C-59/16, EU:C:2017:362) sind die Beförderungskosten (es folgt ein wörtliches Zitat aus dem Urteil) „nicht zwangsläufig auf Beträge beschränkt, die von den die Beförderung der eingeführten Waren selbst durchführenden Frachtführern in Rechnung gestellt werden. Von anderen Dienstleistern, wie einem Spediteur, in Rechnung gestellte Beträge können solche Kosten sein, wenn sie mit der Beförderung der Waren in das Zollgebiet der Union verbunden sind“.

2. Kosten bis zum Ort des Verbringens

Die Kosten bis zum Ort des Verbringens (OdV) sind hinzuzurechnen, soweit sie nicht schon im tatsächlichen Preis enthalten sind. Der OdV ist aus Art. 137 IA zu entnehmen. Ob die Kosten vom tatsächlichen Preis erfasst sind, ergibt sich aus den Lieferbedingungen. Sind die Beförderungskosten nicht im tatsächlichen Preis enthalten, z.B. bei der EXW-Lieferbedingung, sind die Kosten bis zum OdV hinzuzurechnen. Die wichtigsten Lieferbedingungen sind in Anhang 4 zur Dienstvorschrift Zollwertrecht Z 5101 aufgeführt und erläutert.

Wird ein Beförderungsvertrag geschlossen, der die Kosten ab Werk bis zum inländischen Bestimmungsort erfasst, kann unter den Voraussetzungen von Art. 138 Abs. 1 IA eine Kostenaufteilung erfolgen. Für die Aufteilung von Luftfrachtkosten vgl. auch Art. 138 Abs. 2 IA i.V.m. Anhang 23-01 IA.

II. Versicherungskosten gem. Art. 71 Abs. 1 e) i) UZK

Versicherungskosten, die im Zusammenhang mit der Lieferung und Beförderung der zu bewertenden Waren (sog. Transportversicherung) bis zum OdV entstanden sind, sind hinzuzurechnen. Üblicherweise werden die Versicherungskosten nicht nach der Beförderungsstrecke, sondern nach dem Warenwert berechnet. Bei einer Transportversicherung die Kosten bis zum inländischen Bestimmungsort ausweist, werden die Versicherungskosten daher nicht nach einem Kostenanteil bis zum OdV bzw. ab diesem gestaffelt.

Beachte: Eine Aufteilung der Versicherungskosten nach Art. 138 Abs. 1 IA kommt nicht in Betracht, weil diese Vorschrift ausdrücklich nur die Aufteilung von Beförderungskosten regelt. Daher sind stets die gesamten Versicherungskosten hinzuzurechnen.

III. Ladekosten gem. Art. 71 Abs. 1 e) ii) UZK

Hinzuzurechnen sind die Ladekosten sowie die mit der Beförderung zusammenhängenden Kosten für die Behandlung der Waren.

Ladekosten sind Kosten der Ver- und Beladung. Diese Kosten entstehen bei Beginn der Beförderung. Entladekosten bis zum OdV zählen ebenfalls zu den hinzurechenbaren Kosten, nicht dagegen die Entladekosten am OdV. Diesbezügliche Kosten am OdV sind keine Kosten bis zum OdV.

IV. Kosten der Behandlung der Waren gem. Art. 71 Abs. 1 e) ii) UZK

Kosten der Warenbehandlung sind Kosten, die notwendig sind, damit die Waren in unversehrtem Zustand in das Zollgebiet der Gemeinschaft gelangen, z.B. Fütterungskosten, Kühlkosten, Belüftungskosten. Diese Kosten sind bis zum OdV hinzuzurechnen.

Schema 30
Incoterms® 2010 (International Commercial Terms)

Die Incoterms® sind internationale Festlegungen von Handelsbedingungen im Außenhandel im Kaufvertrag. Sie regeln wesentliche Pflichten von Verkäufer und Käufer. Festgelegt ist z.B. auch, wann die sog. Preisgefahr auf den Käufer übergeht. Die Preisgefahr regelt den Zeitpunkt, ab dem der Verkäufer von seiner Lieferverpflichtung frei wird, während der Käufer zur Zahlung des Kaufpreises verpflichtet bleibt. Die Incoterms® werden von der Internationalen Handelskammer herausgegeben. Die in Paris ansässige internationale nicht staatliche Organisation (engl.: International Chamber of Commerce, kurz ICC) wurde 1919 gegründet und hat die Aufgabe, den internationalen Handel zu unterstützen und zu fördern.

Inhalt der Klausel		Übergang der Preisgefahr
E-Klausel, Abholklausel: Kosten der Exportfreimachung, Kosten für Haupttransport und Importfreimachung: Käufer		
EXW	Ex Works = Ab Werk; anzugeben ist der Ort des Werks/ Werksgeländes des Verkäufers, verwendbar für jede Transportart (= multimodale Klausel)	Übergabe am Werksort
F-Klauseln: Kosten der Exportfreimachung: Verkäufer, Kosten für Haupttransport und Importfreimachung: Käufer		
FCA	Free Carrier = Frei Frachtführer; anzugeben ist der Ort der Übergabe an Frachtführer, verwendbar für jede Transportart	Ort der Übergabe an Frachtführer
FAS	Free alongside Ship = Frei Längsseite Seeschiff; anzugeben ist der Verschiffungshafen, verwendbar für Schiffstransport (See- und Binnenschiffstransport)	Bereitstellung der Ware längsseits des Schiffs
FOB	Free on Board = Frei an Bord; anzugeben ist der Verschiffungshafen, verwendbar für Schiffstransport	Bereitstellung der Ware an Bord des Schiffs
C-Klauseln: Kosten der Exportfreimachung und Kosten für Haupttransport: Verkäufer, Importfreimachung: Käufer		
CFR	Cost and Freight = Kosten und Fracht; anzugeben ist der Bestimmungshafen, verwendbar für Schiffstransport	Bereitstellung der Ware an der Verladestelle an Bord des Schiffs
CIF	Cost, Insurance and Freight = Kosten, Versicherung und Fracht; anzugeben ist der Bestimmungshafen, verwendbar für Schiffstransport	Bereitstellung der Ware an der Verladestelle an Bord des Schiffs
CPT	Carriage paid to = Frachtfrei; anzugeben ist der Bestimmungsort, verwendbar für jede Transportart	Übergabe an Frachtführer

Inhalt der Klausel		Übergang der Preisgefahr
CIP	Carriage and Insurance paid to = Frachtfrei versichert; anzugeben ist der Bestimmungsort, verwendbar für jede Transportart	Übergabe an Frachtführer
D-Klauseln: sog. Ankunftsklauseln **Kosten der Exportfreimachung, Kosten für Haupttransport und Importfreimachung: Verkäufer**		
DAT	Delivered at Terminal = Geliefert Terminal; anzugeben ist ein Terminal am Bestimmungsort, verwendbar für jede Transportart	Nach Entladen der Ware am Bestimmungsort
DAP	Delivered at Place = Geliefert zum Bestimmungsort; anzugeben ist der Bestimmungsort, verwendbar für jede Transportart	Bereitstellung der entladebereiten Ware am Bestimmungsort
DDP	Delivered Duty paid = Geliefert verzollt ggf. mit EUSt; anzugeben ist der Bestimmungsort, verwendbar für jede Transportart	Bereitstellung der entladebereiten Ware am Bestimmungsort

Schema 31

Anpassungen gem. Art. 72 UZK anhand eines Berechnungsbeispiels bei Lieferbedingung „DDP verzollt, versteuert“

I. Anpassungen – Abzüge – vom tatsächlichen Preis nach Art. 72 UZK

Der tatsächlich gezahlte oder zu zahlende Preis ist ggf. nach Art. 71, 72 UZK anzupassen. Bei einer in der Rechnung angegebenen Lieferbedingung „DDP verzollt, versteuert“ sind die Beförderungskosten und Einfuhrabgaben bis zum Empfänger der Waren im Rechnungspreis enthalten („frei Haus“). Nach Art. 72 UZK sind als mögliche Abzugspositionen zur Ermittlung des Zollwerts die inländischen Beförderungskosten sowie die aufgrund der Einfuhr zu zahlenden Abgaben aus dem Zollwert herauszurechnen.

II. Retrograde Berechnung des Zollwerts

Bei der Lieferbedingung „DDP, verzollt, versteuert“ ist in dem tatsächlich zu zahlenden Preis ein vom Verkäufer einkalkulierter Anteil für den tatsächlich zu entrichtenden Zoll, für die Beförderungskosten und für die tatsächlich zu entrichtende Einfuhrumsatzsteuer (EUSt) enthalten.

1. Abzug des einbezogenen EUSt-Betrags gem. Art. 72 f) UZK

Nach Art. 72 f) UZK sind Einfuhrabgaben, d.h. die in der Union aufgrund der Einfuhr zu zahlenden Abgaben, nicht in den tatsächlichen Preis einzubeziehen. Dazu gehört neben dem Zoll auch die EUSt. Die Abgabe EUSt ist in einem ersten Schritt nach Art. 72 f) UZK aus dem tatsächlichen Preis herauszurechnen. Es ergibt sich nach diesem Rechenschritt ein EUSt-Wert ohne EUSt nach folgender Rechnung. Es ist zu beachten, dass im Rechnungspreis im folgenden Beispiel 19% Einfuhrumsatzsteuer einberechnet worden sind.

Beispiel: Ware Y, tatsächlicher Preis 100.000,– €

(100.000,– € : 119) x 19 = 15.966,39 € EUSt

100.000,– € – 15.966,39 € = 84.033,61 € EUSt-Wert

2. Abzug der einbezogenen Beförderungskosten gem. Art. 72 a) UZK

Abzuziehen von dem EUSt-Wert sind sodann all diejenigen Elemente, die nach Art. 72 UZK nicht zum Zollwert zu rechnen sind. Dabei ist der im tatsächlich gezahlten oder zu zahlenden Preis enthaltene Zoll erst nach Berücksichtigung der anderen infrage kommenden Positionen herauszurechnen.

Es sind die innergemeinschaftlichen Beförderungskosten gem. Art. 72 a) UZK abzuziehen. Abzustellen ist auf die Kosten ab dem OdV. Dieser bestimmt sich nach Art. 137 Abs. 1 IA. Es ist ggf. die Aufteilungsregelung in Art. 137 Abs. 1 und Abs. 2 UZK zu beachten.

Beispiel: Es sind Kosten vom OdV bis zum Bestimmungsort (= innergemeinschaftliche Beförderungskosten) in Höhe von 1.000,– € angefallen.

84.033,61 € EUSt-Wert – 1.000,– € Beförderungskosten = 83.033,61 € (= Zollwert + Zoll)

3. Abzug der Einfuhrabgabe Zoll

Nach Abzug der innergemeinschaftlichen Beförderungskosten verbleibt der Zollwert zzgl. des einberechneten Zollbetrags. Dabei ist der tatsächliche, also gesetzt geregelte Zoll, und nicht etwa ein von den Kaufvertragsparteien angenommener Zoll herauszurechnen.

Beispiel: Es wird ein Wertzoll in Höhe von 3% angenommen. Der Zollwert plus Zoll beträgt: 83.033,61 €. Daraus ergibt sich folgende Berechnung:

(83.033,61 € : 103) x 3 = 2.418,45 € Zoll

83.033,61 € – 2.418,45 € = 80.615,16 € Zollwert

Der Zollwert für die Ware x beträgt also 80.615,16 €.

Schaubild zur retrograden Berechnung des Zollwerts bei Lieferbedingung „DDP, verzollt und versteuert“

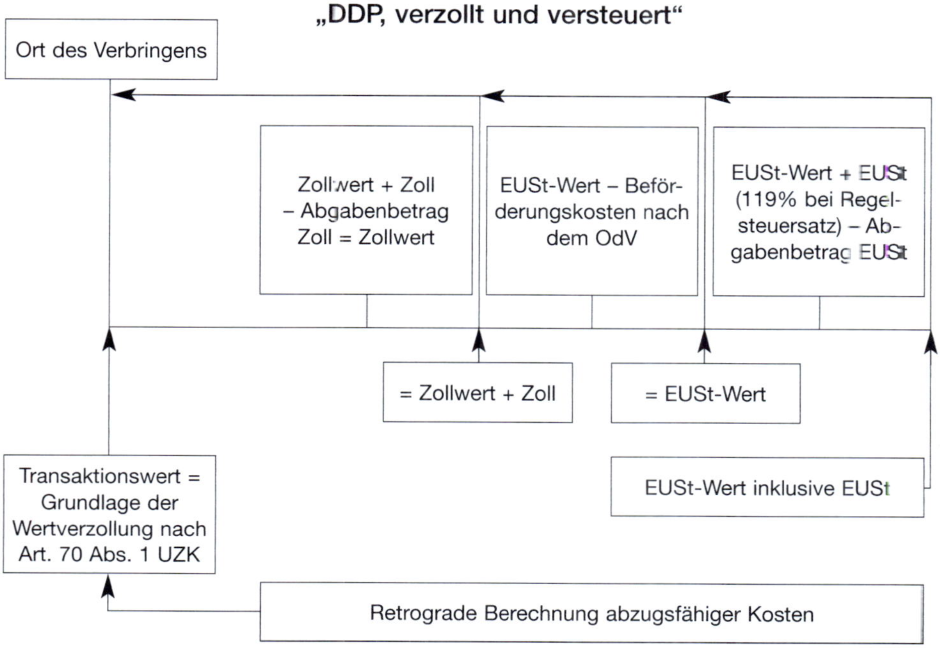

Schema 32

Transaktionswert gleicher oder ähnlicher (gleichartiger) Waren gem. Art. 74 Abs. 2 a) und b) UZK

Sollte der Zollwert mangels eines Transaktionswerts nicht gem. Art. 70 Abs. 1 UZK ermittelt werden können, ist nach Art. 74 Abs. 1 UZK entsprechend der sog. Folgemethoden des Abs. 2 der Vorschrift vorzugehen.

§

Art. 74 UZK – Nachrangige Methoden der Zollwertbestimmung

(1) Kann der Zollwert von Waren nicht nach Artikel 70 bestimmt werden, so werden die Voraussetzungen des Absatzes 2 Buchstaben a bis d nacheinander geprüft, bis der erste Buchstabe erreicht ist, nach dem der Zollwert der Waren bestimmt werden kann.

Die Reihenfolge der Anwendung der Buchstaben c und d des Absatzes 2 wird auf Ersuchen des Anmelders umgekehrt.

(2) Der Zollwert nach Absatz 1 ist

a) der Transaktionswert gleicher Waren, die zur Ausfuhr in das Zollgebiet der Union verkauft und zu demselben oder annähernd demselben Zeitpunkt wie die zu bewertenden Waren ausgeführt wurden,

b) der Transaktionswert ähnlicher Waren, die zur Ausfuhr in das Zollgebiet der Union verkauft und zu demselben oder annähernd demselben Zeitpunkt wie die zu bewertenden Waren ausgeführt wurden,

c) der Wert auf der Grundlage des Preises je Einheit, zu dem die eingeführten Waren oder eingeführte gleiche oder gleichartige Waren in der größten Menge insgesamt im Zollgebiet der Union an Personen verkauft werden, die nicht mit den Verkäufern verbunden sind, oder

d) der errechnete Wert, bestehend aus der Summe folgender Elemente:

   i) Kosten oder Wert des Materials, der Herstellung sowie sonstiger Be- oder Verarbeitungen, die bei der Erzeugung der eingeführten Waren anfallen,

   ii) Betrag für Gewinn und Gemeinkosten, der dem Betrag entspricht, der üblicherweise von Herstellern im Ausfuhrland bei Verkäufen von Waren der gleichen Art oder Beschaffenheit wie die zu bewertenden Waren zur Ausfuhr in die Union angesetzt wird,

   iii) Kosten oder Wert aller anderen in Artikel 71 Absatz 1 Buchstabe e genannten Elemente.

(3) Kann der Zollwert nicht nach Absatz 1 bestimmt werden, so erfolgt die Bestimmung auf der Grundlage von im Zollgebiet der Union verfügbaren Daten und unter Einsatz sinnvoller Hilfsmittel entsprechend den Grundsätzen und allgemeinen Bestimmungen aller folgenden Rechtsinstrumente:

a) des Übereinkommens zur Durchführung von Artikel VII des Allgemeinen Zoll- und Handelsabkommens,

b) des Artikels VII des Allgemeinen Zoll- und Handelsabkommens,

c) dieses Kapitels.

Eine der Folgemethoden ist die in Art. 74 Abs. 2 a) UZK geregelte Methode, den Zollwert anhand des Transaktionswerts gleicher Waren zu bestimmen. Dabei wird auf den Transaktionswert für eine gleiche Ware abgestellt, die zur Ausfuhr in das Zollgebiet der Union verkauft und zu demselben oder annähernd demselben Zeitpunkt wie die zu bewertenden Waren ausgeführt wurden.

I. Kein Transaktionswert gem. Art. 70 UZK zu ermitteln

Es besteht keine Möglichkeit, den Transaktionswert für die zu bewertende Ware nach Art. 70 UZK zu ermitteln. Das ist z.B. der Fall, wenn es sich um eine kostenlose Garantielieferung handelt, um eine Schenkung oder um eine Warenlieferung im Rahmen eines Leasingvertrags. In diesen Fällen liegt kein Verkauf i.S.v. Art. 70 Abs. 1 UZK vor, sodass die Transaktionswertmethode nicht anwendbar ist.

II. Transaktionswert gleicher oder ähnlicher/gleichartiger Waren

1. Begriff gleiche bzw. ähnliche/gleichartige Waren

a) Gleiche Waren

Der Begriff „gleiche Waren" ist in Art. 1 Abs. 2 Nr. 4 IA definiert. In Abgrenzung zu Art. 74 Abs. 2 b) UZK, der den Begriff „ähnliche Waren" beinhaltet, liegt eine gleiche Ware nur dann vor, wenn die Waren in jeder Hinsicht gleich sind, einschließlich der Eigenschaften, der Qualität und des Ansehens der Waren im Handel (= Prestige, Image der Waren). Allenfalls geringfügige Unterschiede im Aussehen sind unerheblich (= identische oder nahezu identische Ware). Grundsätzlich müssen die gleichen Waren gem. Art. 141 Abs. 5 IA vom selben Hersteller stammen. Waren anderer Hersteller sind erst dann heranzuziehen, wenn Waren desselben Herstellers für eine Bewertung nicht vorhanden sind.

b) Ähnliche Waren bzw. gleichartige Waren

In Art. 74 Abs. 2 b) UZK wird von ähnlichen Waren gesprochen, in Art. 141 Abs. 1 IA dagegen von gleichartigen Waren. Die Begriffe sind gleichbedeutend zu verwenden. Eine Legaldefinition existiert in Art. 1 Abs. 2 Nr. 14 IA.

Gemäß Art. 1 Abs. 2 Nr. 14 IA sind ähnliche Waren solche, die im selben Land hergestellt wurden und die nicht in jeder Hinsicht gleich sind, jedoch gleiche Eigenschaften und gleiche Materialzusammensetzungen aufweisen und dazu geeignet sind, gleiche Aufgaben zu erfüllen. Ferner müssen sie im Handel austauschbar sein.

Grundsätzlich müssen die gleichen Waren gem. Art. 141 Abs. 5 IA vom selben Hersteller stammen. Waren anderer Hersteller sind erst dann heranzuziehen, wenn Waren desselben Herstellers für eine Bewertung nicht vorhanden sind.

c) Weitere Kriterien nach Art. 141 Abs. 1 IA

- Kaufgeschäft auf der gleichen Handelsstufe
- über im Wesentlichen gleiche Mengen wie die zu bewertenden Waren.
- Kann ein solches Geschäft nicht festgestellt werden, kann eine andere Handelsstufe bzw. eine abweichende Menge herangezogen werden, allerdings sind die jeweiligen Unterschiede in Bezug auf die Handelsstufe und/oder die Menge zu berichtigen.

d) Gegebenenfalls Berichtigungen nach Art. 141 Abs. 2 IA

Sind die Waren auf andere Weise befördert worden als die eingeführten Waren bzw. liegen der Beförderung unterschiedliche Entfernungen zugrunde, ist dem Rechnung zu tragen, d.h., es sind entsprechende Berichtigungen vorzunehmen.

e) Preiskonkurrenz gem. Art. 141 Abs. 3 IA

Werden mehrere Transaktionswerte für die gleichen bzw. die ähnlichen/gleichartigen Waren festgestellt, ist der niedrigste Preis zur Ermittlung des Zollwerts der eingeführten Waren heranzuziehen.

III. Im selben oder annähernd demselben Zeitpunkt ausgeführt wie die zu bewertende Ware

Das Merkmal, dass die Waren zu „annähernd im selben Zeitpunkt ausgeführt“ worden sein müssen wie die zu bewertenden Waren, dürfte – wie bereits in der Vergangenheit üblichen Verwaltungspraxis – erfüllt sein, wenn der Zeitpunkt der Vergleichsausfuhr nicht mehr als 60 Tage vor oder nach der Ausfuhr der zu bewertenden Waren liegt (Z 5101 Abs. 36).

Schema 33
Methoden zur Ermittlung des Zollwerts im Überblick

Die in Bezug auf die Ermittlung des Zollwerts eingeführter Waren zu berücksichtigenden Methoden sind in Art. 70 und Art. 74 UZK geregelt. In Art. 70 Abs. 1 UZK ist die sog. Transaktionswertmethode normiert. Die Transaktionswertmethode ist „die vorrangige Grundlage für den Zollwert von Waren". Die nachfolgenden Methoden ergeben sich aus Art. 74 UZK. Sie sind anwendbar, wenn „der Zollwert von Waren nicht nach Art. 70 UZK bestimmt werden" kann. Dabei ist grundsätzlich die Reihenfolge in Art. 74 Abs. 2 a) bis d) UZK einzuhalten. Allerdings kann auf Antrag des Anmelders die Anwendung der Buchstaben c) und d) umgekehrt werden.

	Methoden	Rechtsgrundlagen
1.	Transaktionswertmethode	Art. 70 Abs. 1 UZK; Art. 127 bis 133 und 135 bis 140 IA
	Transaktionswert bei Verbundenheit; Methode 1 anwendbar, sofern keine Preisbeeinflussung	Art. 70 Abs. 1, 3 d) UZK; Art. 134 IA
	Ist der Transaktionswert nicht nach der Transaktionswertmethode zu bestimmen, sind die Folgemethoden nach Art. 74 Abs. 2 UZK anzuwenden.	
2.	Transaktionswert für gleiche Waren	Art. 74 Abs. 2 a) UZK; Definition Art. 1 Abs. 2 Nr. 4 IA; Art. 141 Abs. 1 bis 5 IA
3.	Transaktionswert für ähnliche Waren	Art. 74 Abs. 2 b) UZK; Definition Art. 1 Abs. 2 Nr. 14 IA; Art. 141 Abs. 1 bis 5 IA
4.	Wert auf der Grundlage eines Preises je Einheit, sog. deduktive Methode	Art. 74 Abs. 2 c) UZK; Art. 142 IA
5.	Methode des errechneten Werts, sog. additive Methode	Art. 74 Abs. 2 d) UZK; Art. 143 IA
	Auf Antrag des Anmelders kann die Anwendung der Methoden 4 und 5 umgekehrt werden.	Art. 74 Abs. 1 S. 1 UZK
6.	Fall-Back-Methode, auch Schlussmethode genannt	Art. 74 Abs. 3 UZK; Art. 144 IA

Schema 34
Einfuhrumsatzsteuer (EUSt) in der Fallprüfung

Das folgende Prüfungsschema behandelt die Prüfung der Einfuhrumsatzsteuer, wobei die Überlassung zum zollrechtlich freien Verkehr die zollrechtliche Ausgangssituation ist.

A. Vorbemerkungen

1. Wenn die Aufgabenstellung in einer Klausur beispielsweise lautet „Prüfen und berechnen Sie die Einfuhrabgaben nach dem ZollVG" bzw. „[...] nach § 1 Abs. 1 ZollVG", ist neben der Zollschuld auch die EUSt zu prüfen. Denn die EUSt ist eine Einfuhrabgabe nach § 1 Abs. 1 S. 3 ZollVG. Die EUSt wird im Übrigen gem. § 21 Abs. 1 UStG als Verbrauchsteuer im Sinne der Abgabenordnung qualifiziert.
2. Ist nach der jeweiligen Fallfrage die Zollschuld und die EUSt zu prüfen, sollte die Prüfung der Abgabe Zoll in Punkt „A. Zollschuld" dargestellt werden. Anschließend ist die Prüfung der EUSt in Punkt „B. EUSt" gutachtlich zu erörtern.
3. Die gutachtliche Fallprüfung der EUSt ist mit einem Obersatz einzuleiten. Die nachfolgenden Beispiele zeigen zwei Möglichkeiten für eine Prüfungseinleitung.

Beispiel 1: „X könnte zur Zahlung von EUSt verpflichtet sein. Voraussetzung dafür ist, dass ein Steuergegenstand gem. § 1 Abs. 1 Nr. 4 UStG gegeben ist und die EUSt entstanden ist."

Beispiel 2: „X ist zur Zahlung von EUSt verpflichtet, wenn für einen Steuergegenstand gem. § 1 Abs. 1 Nr. 4 UStG die EUSt entstanden ist."

Prüfungsschema im Überblick für die Prüfung der EUSt bei Überlassung zum zollrechtlich freien Verkehr

I. Steuerbarer Umsatz, § 1 Abs. 1 Nr. 4 UStG – Steuergegenstand

1. Gegenstände
2. Einfuhr im Inland
   a) Einfuhr in das Inland aus einem Drittland
   b) Einfuhr „im" Inland

II. Entstehung der EUSt, §§ 13 Abs. 2, 21 Abs. 2 UStG i.V.m. Art. 77 UZK singngemäß

1. Entstehungstatbestand, §§ 13 Abs. 2, 21 Abs. 2 UStG i.V.m. Art. 77 Abs. 1 a) UZK sinngemäß

a) Steuerpflichtige Gegenstände

Die Gegenstände sind steuerpflichtig, wenn für diese keine Steuerbefreiung besteht. Steuerbefreiungen können sich aus § 5 Abs. 1 UStG (z.B. nach Nr. 3 bei Verfahren 4200) oder § 5 Abs. 2 UStG i.V.m. der EF-VO oder der EUStBV ergeben.

b) Überlassung zum steuerrechtlich freien Verkehr

2. Entstehungszeitpunkt, §§ 13 Abs. 2, 21 Abs. 2 UStG i.V.m. Art. 77 Abs. 2 UZK sinngemäß
3. EUSt-Schuldner, §§ 13a Abs. 2, 21 Abs. 2 UStG i.V.m. Art. 77 Abs. 3 UZK sinngemäß
4. Gegebenenfalls Erlöschen der EuSt, § 21 Abs. 2 UStG i.V.m. Art. 124 UZK sinngemäß
5. Bemessungszeitpunkt, §§ 13 Abs. 2, 21 Abs. 2 UStG i.V.m. Art. 85 Abs. 1 UZK sinngemäß

III. Bemessung der EUSt, §§ 11, 12 UStG

1. EUSt-Wert, § 11 Abs. 1 und 3 UStG
2. EUSt-Satz, § 12 UStG

B. Prüfungsschema im Detail

Das vorstehende Prüfungsschema wird in der Folge detailliert erläutert. Dabei ist – wie bereits erwähnt – die Überlassung zum zollrechtlich freien Verkehr der zollrechtliche Ausgangspunkt der EUSt-Prüfung.

I. Steuerbarer Umsatz, § 1 Abs. 1 Nr. 4 UStG (Steuergegenstand)

Die folgende Darstellung ist in der dargestellten Ausführlichkeit keinesfalls in einer Prüfungsklausur erforderlich. Die detaillierten Ausführungen dienen dazu, ein Grundverständnis für die EUSt zu entwickeln. Die Ausführungen, die in einer Klausur erforderlich sind, werden am Ende dieses Punktes durch ein Formulierungsbeispiel besonders hervorgehoben.

Steuergegenstand ist der steuerbare Umsatz gem. § 1 Abs. 1 Nr. 4 UStG, also „die Einfuhr von Gegenständen im Inland" („oder in den österreichischen Gebieten Jungholz und Mittelberg" – diese Einfuhrsituation wird mangels Klausurrelevanz nicht behandelt).

1. Gegenstände

Es müssen „Gegenstände" eingeführt werden. Der umsatzsteuerrechtliche Begriff „Gegenstände" entspricht vollständig dem zollrechtlichen Warenbegriff und kann mit diesem inhaltlich gleichgesetzt werden. Damit ist ein Gegenstand jedes bewegliche (körperliche) Gut, einschließlich elektrischem Strom (vgl. Z 8101 Abs. 5). Allerdings würden gem. § 21 Abs. 5 UStG die EUSt-Regeln auch für Gegenstände gelten, die keine Waren im zollrechtlichen Sinne sind.

2. Einfuhr im Inland

Nach dem gesetzlichen Wortlaut muss hinsichtlich der Gegenstände eine Einfuhr im Inland vorliegen. Eine Legaldefinition, die eindeutig beschreibt, was unter einer Einfuhr im Inland zu verstehen ist, existiert nicht.

Eine Einfuhr „im" Inland ist bereits sprachlich nicht mit einer Einfuhr „in das" Inland gleichzusetzen. Die Formulierung „im" Inland impliziert – gewissermaßen als Grundvoraussetzung –, dass zunächst eine Einfuhr „in das" Inland vorgelegen hat. Es sollte damit zunächst geprüft werden, ob die Gegenstände in das Inland verbracht wurden, wobei die Einfuhr in das Inland aus einem Drittland erfolgt sein muss. Anschließend ist der Frage nachzugehen, ob eine Einfuhr „im" Inland vorliegt.

a) Einfuhr in das Inland aus einem Drittland

Die Gegenstände sind in das Inland nach § 1 Abs. 2 UStG verbracht, wenn sie körperlich in das Inland gelangt sind. Das ist wiederum der Fall, sobald sich die Gegenstände tatsächlich im Inland befinden.

§ **§ 1 Abs. 2 UStG – Steuerbare Umsätze** ***(Definition „Inland")***

Inland im Sinne dieses Gesetzes ist das Gebiet der Bundesrepublik Deutschland mit Ausnahme des Gebiets von Büsingen, der Insel Helgoland, der Freizonen des Kontrolltyps I nach § 1 Abs. 1 Satz 1 des Zollverwaltungsgesetzes (Freihäfen), der Gewässer und Watten zwischen der Hoheitsgrenze und der jeweiligen Strandlinie sowie der deutschen Schiffe und der deutschen Luftfahrzeuge in Gebieten, die zu keinem Zollgebiet gehören. Ausland im Sinne dieses Gesetzes ist das Gebiet, das danach nicht Inland ist. Wird ein Umsatz im Inland ausgeführt, so kommt es für die Besteuerung nicht darauf an, ob der Unternehmer deutscher Staatsangehöriger ist, seinen Wohnsitz oder Sitz im Inland hat, im Inland eine Betriebsstätte unterhält, die Rechnung erteilt oder die Zahlung empfängt.

Die in das Inland verbrachten Gegenstände müssen aus einem Drittland stammen (zur Definition des Drittlands vgl. § 1 Abs. 2a S. 3 UStG). Wurden die Gegenstände nicht aus einem Drittland, sondern aus einem anderen Mitgliedstaat der Europäischen Union verbracht, ist dieser Erwerb nicht gem. § 1 Abs. 1 Nr. 4 UStG im Rahmen der Einfuhrumsatzsteuer steuerbar, sondern als sog. innergemeinschaftlicher Erwerb gem. § 1 Abs. 1 Nr. 5 UStG zu besteuern.

b) Einfuhr „im" Inland

Über die Einfuhr in das Inland hinaus, muss eine Einfuhr „im" Inland erfolgt sein. Der Gesetzgeber hat mit der Formulierung zum Ausdruck bringen wollen, dass eine Einfuhr aus einem Drittland in das Inland zwar Grundvoraussetzung für eine Einfuhr ist („körperliche Einfuhr/körperliches Verbringen"), allein aber nicht ausreicht.

Um eine Einfuhr „im“ Inland bejahen zu können, ist neben der Einfuhr in das Inland eine weitere Voraussetzung erforderlich. Hinzukommen muss eine Integration der Waren in den Wirtschaftskreislauf im Inland. Eine Integration in den Wirtschaftskreislauf liegt vor, wenn die Waren zum zollrechtlich freien Verkehr überlassen wurden, denn in diesem Fall konnten die Waren einem Verbrauch zugeführt werden.

Diese Auslegung des Merkmals Einfuhr „im“ Inland geht auf ein Urteil des EuGH im Rahmen eines Vorabentscheidungsverfahren zurück, das gegenständlich die Auslegung von Regelungen insbesondere aus der sog. Mehrwertsteuersystemrichtlinie betraf (vgl. EuGH vom 2.6.2016 – verbundene Rechtssachen C-226/14 und C-228/14, EU:C:2016:405).

Auslegung des Merkmals Einfuhr „im“ Inland

Diese Auslegung des Tatbestandsmerkmals Einfuhr „im“ Inland ist zurückzuführen auf die Art. 30, 70, 71 der Richtlinie 2006/112/EG des Rates vom 28.11.2006 über das gemeinsame Mehrwertsteuersystem (MwStSystRL). In Art. 70, 30 RL wird das Verbringen eines Gegenstands als Grundvoraussetzung für den Steueranspruch beschrieben.

Art. 30 MwStSystRL

Als „Einfuhr eines Gegenstands“ gilt die Verbringung eines Gegenstands, der sich nicht im freien Verkehr im Sinne des Artikels 24 des Vertrags befindet, in die Gemeinschaft.

Art. 70 MwStSystRL

Steuertatbestand und Steueranspruch treten zu dem Zeitpunkt ein, zu dem die Einfuhr des Gegenstands erfolgt.

Art. 71 Abs. 1 MwStSystRL

Unterliegen Gegenstände vom Zeitpunkt ihrer Verbringung in die Gemeinschaft einem Verfahren oder einer sonstigen Regelung im Sinne der Artikel 156, 276 und 277, der Regelung der vorübergehenden Verwendung bei vollständiger Befreiung von Einfuhrabgaben oder dem externen Versandverfahren, treten Steuertatbestand und Steueranspruch erst zu dem Zeitpunkt ein, zu dem die Gegenstände diesem Verfahren oder dieser sonstigen Regelung nicht mehr unterliegen. […]

Nach Art. 71 Abs. 1 MwStSystRL ist allein das Verbringen nicht ausreichend; denn aus der Vorschrift ergibt sich, dass Gegenstände erst steuerbar sind, wenn diese Waren den genannten Verfahren oder sonstigen Regelungen nicht mehr unterliegen. Und das ist der Fall, wenn sie in den Wirtschaftskreislauf integriert worden sind. Das eine Integration in den Wirtschaftskreislauf der entscheidende Aspekt ist, der letztlich dazu führt, das Merkmal Einfuhr „im“ Inland gem. § 1 Abs. 1 Nr. 4 UStG zu bejahen, hat der EuGH im vorstehenden Urteil ausdrücklich betont (Randnr. 65 des Urteils) und in einem weiteren Urteil vom 1.6.2017 (Rechtssache C-571/15; Randnr. 54, EU:C:2017:417) bestätigt.

Von einer Integration in den Wirtschaftskreislauf kann zudem gesprochen werden, wenn die Waren vorschriftswidrig in das Zollgebiet verbracht oder der zollamtlichen Überwachung entzogen wurden. In diesen Fällen ist im Zeitpunkt der Tathandlung möglicherweise noch keine (endgültige) Integration in den Wirtschaftskreislauf anzunehmen. Gleichwohl besteht (zumindest) „die Gefahr, dass sie in den Wirtschaftskreislauf der Union gelangen" (so der EuGH im Urteil vom 2.6.2016 unter Randnr. 65 wörtlich). In diesem Fall ist das Merkmal der Einfuhr „im" Inland ebenfalls zu bejahen. Damit könnte man sagen, dass alleine die potenzielle Gefahr eines Eingehens in den Wirtschaftskreislauf ausreicht. Dies kann bei einem vorschriftswidrigen Verbringen bzw. einem Entziehen aus der zollamtlichen Überwachung durchaus angenommen werden.

> ⓘ **Keine Integration bei Pflichtverletzungen**
>
> Dagegen kann mangels Integration in den Wirtschaftskreislauf das Merkmal „im" Inland nicht bejaht werden, wenn zwar zollrechtliche Pflichten bezüglich der Waren verletzt wurden, die Waren sich aber tatsächlich weiterhin in der vorübergehenden Verwahrung oder einem Zollverfahren befinden, unabhängig davon, ob in diesen Fällen die Zollschuld nach Art. 79 Abs. 1 a) UZK entstanden ist. Denn dadurch, dass sich die Waren auch fortan in der vorübergehenden Verwahrung oder einem Zollverfahrens befinden, liegt keine Integration der Waren in den Wirtschaftskreislauf – und damit keine Einfuhr „im" Inland – vor.

In einer Prüfungsklausur ist es nicht erforderlich, die Herleitung des Merkmals „Einfuhr im Inland" in der dargestellten Weise abzuhandeln. Entscheidend ist, zu erkennen, dass allein eine Einfuhr in das Inland wegen des Wortlauts der Norm gerade nicht ausreicht. Das nachstehende Formulierungsbeispiel zeigt, wie man in argumentativer Hinsicht in einer Klausur vorgehen kann.

> ⓘ **Formulierungsbeispiel zum Merkmal „Einfuhr im Inland"**
>
> „Es müsste eine Einfuhr im Inland vorliegen. Das ist dann der Fall, wenn für einen Gegenstand, der aus einem Drittland (§ 1 Abs. 2a S. 3 UStG) in das Inland (§ 1 Abs. 2 S. 1 UStG) verbracht wurde, eine Zollschuld entstanden ist. Der Gegenstand – an dieser Stelle genau zu bezeichnen – wurde aus einem (hier zu nennenden) Drittland (vgl. § 1 Abs. 2a S. 3 UStG) nach Deutschland und damit in das Inland gem. § 1 Abs. 2 S. 1 UStG verbracht. Eine Integration in den Wirtschaftskreislauf und damit eine Einfuhr im Inland liegt darin, dass der Gegenstand zum zollrechtlich freien Verkehr überlassen wurde."

II. Entstehung der EUSt, §§ 13 Abs. 2, 21 Abs. 2 UStG i.V.m. Art. 77 UZK sinngemäß

Bei der Entstehung der EUSt sind gem. §§ 13 Abs. 2, 21 Abs. 2 UStG die Zollvorschriften – in diesem Fall also die Zollschuldvorschriften – sinngemäß anwendbar.

1. Entstehungstatbestand, §§ 13 Abs. 2, 21 Abs. 2 UStG i.V.m. Art. 77 Abs. 1 a) UZK sinngemäß

Prüfung des Entstehungstatbestands

Vor der Prüfung des Entstehungstatbestands sind einige Vorüberlegungen anzustellen, die im Zusammenhang mit der Formulierung in § 21 Abs. 2 S. 1 UStG stehen. Nach der Norm sollen die Zollvorschriften „sinngemäß“ angewendet werden. Das bedeutet, dass die Zollschuldvorschriften des UZK bei einer sinngemäßen Prüfung des Entstehungstatbestands bezüglich der EUSt heranzuziehen sind.

- **Zollschuld entstanden:** Ist eine Zollschuld gem. Art. 77 UZK entstanden, ist dieser Entstehungstatbestand sinngemäß anzuwenden.
- **Zollschuld nicht entstanden:** Ist dagegen – mangels einfuhrabgabenpflichtiger Ware – keine Zollschuld entstanden, ist Art. 77 Abs. 1 a) UZK ebenfalls als Zollschuldentstehungstatbestand sinngemäß anzuwenden. Zwar liegt in diesem Fall keine Zollschuldentstehung gem. Art. 77 Abs. 1 a) UZK vor. Gleichwohl ist für die sinngemäße Anwendung bei der EUSt-Prüfung immer auf die Zollschuldnorm abzustellen, die im Fall einer Zollschuldentstehung anzuwenden wäre.
- **Sinngemäße Anwendung der Zollvorschriften bedeutet:**
  - Eine wörtliche Anwendung der Tatbestandsmerkmale der Zollschuldentstehungstatbestände ist nicht möglich.
  - Es sind die umsatzsteuerrechtlichen Merkmale anzuwenden, die dem Sinn der zollrechtlichen Merkmale entsprechen. Deshalb sind die zollschuldrechtlichen Tatbestandsmerkmale durch sinngemäße (sinnentsprechende) Merkmale des UStG zu ersetzen, nämlich durch:
    - „Steuerpflichtiger Gegenstand“ (ersetzt das Merkmal „einfuhrabgabenpflichtige Nicht-Unionsware“)
    - „Überlassung zum steuerrechtlich freien Verkehr“ (ersetzt das Merkmal „Überlassung zum zollrechtlich freien Verkehr“)

Klausurhinweis mit Formulierungsbeispiel

„Die Einfuhrumsatzsteuer könnte gem. §§ 13 Abs. 2, 21 Abs. 2 UStG i.V.m. Art. 77 Abs. 1 a) UZK sinngemäß entstanden sein. Die sinngemäße Anwendung der Zollvorschriften macht es erforderlich, die zollrechtlichen Tatbestandsmerkmale der Zollschuldnorm durch entsprechende umsatzsteuerrechtliche Begriffe zu ersetzen. Deshalb ist zu prüfen, ob steuerpflichtige Gegenstände vorliegen und eine Überlassung zum steuerrechtlich freien Verkehr erfolgt ist.“

a) Steuerpflichtige Gegenstände

Die im Inland eingeführten Gegenstände müssen steuerpflichtig sein. Da Sie bereits in Punkt I. 1. geprüft haben, ob Gegenstände im umsatzsteuerrechtlichen Sinne vorhanden sind, ist eine erneute Prüfung an dieser Stelle unnötig. Deshalb werden die Gegenstände an dieser Stelle schlicht genannt, verbunden mit der Frage, ob diese Gegenstände steuerpflichtig sind. Die Gegenstände sind immer dann steuerpflichtig, wenn im Einzelfall keine Steuerbefreiung gegeben ist.

Steuerbefreiungen sind in § 5 Abs. 1 und Abs. 2 UStG zu finden. In erster Linie ergeben sich Steuerbefreiungen bei der Einfuhr aus Steuerbefreiung nach § 5 Abs. 1 Nr. 3 UStG, der Einfuhrumsatzsteuer-Befreiungsverordnung (EUStBV, Z 8051) oder aus der Einreise-Freimengen-Verordnung (EF-VO, Z 0181). Die beiden letztgenannten Befreiungen basieren auf § 5 Abs. 2 UStG. In dieser Vorschrift sind Fälle genannt, in denen das Bundesministerium der Finanzen durch Rechtsverordnung Steuerbefreiungen oder Steuerermäßigungen anordnen kann.

aa) Überblick über Befreiungstatbestände

- **Befreiungen nach der EF-VO:**
  - Steuerbefreiungen können sich aus der Einreise-Freimengen-Verordnung, kurz EF-VO ergeben. Dabei ist insbesondere auf § 1 EF-VO hinzuweisen. Die Vorschrift enthält von der Steuer befreite Höchstmengen und Wertgrenzen bei einer Einfuhr von Waren, sofern es sich um Reisemitbringsel von Reisenden handelt (sog. Reiseverkehr). Die Mengenbegrenzungen ergeben sich aus § 2 Abs. 1 Nr. 1 bis 4 EF-VO. Zum Beispiel sind 200 Zigaretten (§ 2 Abs. 1 Nr. 1 a)), 100 Zigarillos (§ 2 Abs. 1 Nr. 1 b)), 50 Zigarren (§ 2 Abs. 1 Nr. 1 c)), oder 250 Gramm Rauchtabak (§ 2 Abs. 1 Nr. 1 d)) steuerfrei.
  - Für sog. andere Waren (d.h., andere Waren als in den Nr. 1 bis 4 genannt) gilt nach § 1 Abs. 1 Nr. 5 EF-VO eine Wertgrenze. Nach § 1 Abs. 1 Nr. 5 a) EF-VO ist bis zu einem Warenwert von 300,– € eine Steuerbefreiung vorgesehen (Nr. 5 a)); hiervon ausgenommen sind Flug- bzw. Seereisende, für die eine höhere Warenwertgrenze von 430,– € gilt. Für Reisende unter 15 Jahren ist ebenfalls eine gesonderte, niedrigere Wertgrenze vorgesehen, nämlich 175,– €.
- **Befreiungen nach der EUStBV:** Weitere Befreiungstatbestände können sich aus der Einfuhrumsatzsteuer-Befreiungsverordnung, kurz EUStBV ergeben.
  - Gemäß § 1 Abs. 1 EUStBV sind Gegenstände einfuhrumsatzsteuerfrei, die nach der Zollbefreiungsverordnung von 1983 in der Fassung von 2008 zollfrei eingeführt werden können. Ausgenommen sind aber Art. 29 bis 31, 45, 52 bis 59b, 63a und 63b Zollbefreiungsverordnung. Zu beachten ist, dass die Zollbefreiungsverordnung im Jahr 2010 in einer neuen Fassung in Kraft getreten ist. Auf diese Verordnung wird in § 1 Abs. 1 EUStBV nicht verwiesen. In der Bezugnahme auf die Zollbefreiungsverordnung von 1983 in der Fassung von 2008 handelt es sich nicht um eine sog. statische Verweisung (Gegensatz: Dynamische Verweisung, d.h. allgemeine Verweisung auf die jeweils gültige Fassung einer Rechtsnorm). Daher ist – jedenfalls bis die EUStBV auf die derzeit gültige Fas-

sung der Zollbefreiungsverordnung aus 2010 verweist – eine Steuerbefreiung über die (alte) Zollbefreiungsverordnung aus 1983 in der Fassung von 2008 zu ermitteln.

- Ebenfalls einfuhrumsatzsteuerfrei ist gem. § 1 Abs. 2 EUStBV (vorbehaltlich § 11 EUStBV) die vorübergehende Einfuhr von Gegenständen, die nach Art. 137 bis 144 UZK (= vorübergehende Verwendung) frei von Einfuhrabgaben i.S.d. Art. 4 Nr. 10 UZK eingeführt werden können; hiervon ausgenommen sind die Vorschriften über die vorübergehende Verwendung bei teilweiser Befreiung von Einfuhrabgaben. Das heißt, nur die Waren, die in der vorübergehenden Verwendung vollständig von den Einfuhrabgaben befreit sind, sind auch einfuhrumsatzsteuerfrei. Nur teilweise befreite Waren sind nicht umsatzsteuerfrei, auch nicht zum Teil. Also sind diese Waren voll steuerpflichtig (es gibt keine „Teilversteuerung“ für Waren, die in der vorübergehenden Verwendung teilweise befreit sind). Einzelheiten zur EUSt bei vorübergehender Verwendung sind in Schema 55 zu finden.
- Gemäß § 5 Abs. 2 Nr. 3 UStG i.V.m. § 1 Abs. 2a EUStBV ist die Einfuhr von Gegenständen, die nach dem Zollrecht als Rückwaren zollfrei eingeführt werden können, grundsätzlich auch einfuhrumsatzsteuerfrei. Die Verweise auf den Zollkodex sind als sog. „dynamische Verweisungen“ zu verstehen, sodass Art. 203 UZK zu prüfen ist. Zu beachten ist allerdings § 12 EUStBV, wonach die Steuerbefreiung für Rückwaren in den dort genannten Fällen ausgeschlossen ist.

- **Steuerbefreiung bei Verfahren 4200/Steuerbefreiung nach § 5 Abs. 1 Nr. 3 UStG:**

  Liegt dagegen eine Steuerbefreiung z.B. gem. § 5 Abs. 1 Nr. 3 UStG vor (sog. Verfahren 4200), ist ebenfalls eine Befreiung von der EUSt gegeben. Diese Fallgestaltung ist nach Maßgabe des Prüfungsschemas zu prüfen, das im Anschluss an dieses Schema (EUSt bei Steuerbefreiung gem. § 5 Abs. 1 Nr. 3 UStG) beschrieben ist.

Kommt nach dem Sachverhalt offensichtlich keine Steuerbefreiung gem. § 5 UStG in Betracht, kann im Urteilsstil beispielsweise festgestellt werden: „Steuerbefreiungen gem. § 5 UStG sind nicht ersichtlich. Damit handelt es sich um steuerpflichtige Gegenstände.“

Zusammenfassung: Steuerbefreiungen gem. § 5 UStG

In Betracht kommen Befreiungen gem. § 5 Abs. 1 Nr. 3 UStG oder gem. § 5 Abs. 2 UStG i.V.m. einer Rechtsverordnung, die EUSt-Befreiungen vorsieht.

- **Befreiungen gem. § 5 Abs. 2 UStG:** Befreiungen von der EUSt bei der Einfuhr können sich über § 5 Abs. 2 UStG beispielsweise aus der Einfuhrumsatzsteuer-Befreiungsverordnung (EUStBV, Z 8051) oder aus der Einreise-Freimengen-Verordnung (EF-VO, Z 0181) ergeben.
- **Steuerbefreiung nach § 5 Abs. 1 Nr. 3 UStG bei Verfahren 4200:** Steuerbefreit ist die Einfuhr von Gegenständen, die von einem Schuldner der Einfuhrumsatzsteuer im Anschluss an die Einfuhr unmittelbar zur Ausführung von innergemeinschaftlichen Lieferungen i.S.v. § 4 Nr. 1 b), § 6a UStG verwendet werden (steuerbefreite Anschlusslieferung).

b) Überlassung zum steuerrechtlich freien Verkehr

Das Merkmal „Überlassung zum steuerrechtlich freien Verkehr“ ersetzt das zollrechtliche Merkmal „Überlassung zum zollrechtlich freien Verkehr“ in Art. 77 Abs. 1 a) UZK. Ist in einem Sachverhalt der Verfahrenscode 4000 angegeben, dann besagt dies, dass der Anmelder beantragt, die Ware zum zoll- und steuerrechtlich freien Verkehr zu überlassen.

2. Entstehungszeitpunkt, §§ 13 Abs. 2, 21 Abs. 2 UStG i.V.m. Art. 77 Abs. 2 UZK sinngemäß

Der Entstehungszeitpunkt einer EUSt-Schuld ist in sinngemäßer Anwendung aus dem Art. 77 Abs. 2 UZK zu entnehmen.

Beispiel: Bei Überlassung zum zollrechtlich freien Verkehr ist der Tag, an dem die Zollanmeldung angenommen worden ist, nach §§ 13 Abs. 2, 21 Abs. 2 UStG i.V.m. Art. 77 Abs. 2 UZK sinngemäß ebenfalls maßgeblich für den Zeitpunkt der EUSt-Entstehung.

3. EUSt-Schuldner, §§ 13a Abs. 2, 21 Abs. 2 UStG i.V.m. Art. 77 Abs. 3 UZK sinngemäß

Der EUSt-Schuldner ergibt sich aus §§ 13a Abs. 2, 21 Abs. 2 UStG ebenfalls in sinngemäßer Anwendung der Zollvorschriften. Bezüglich des EUSt-Schuldners ist also nicht § 13 Abs. 2 UStG, sondern § 13a Abs. 2 UStG der Ausgangspunkt der Prüfung. Also ist Art. 77 Abs. 3 UZK sinngemäß anzuwenden. Das heißt, dass der (Zoll-)Anmelder, der gem. Art. 77 Abs. 3 UZK Zollschuldner geworden ist, auch EUSt-Schuldner ist.

4. Erlöschen der EUSt, § 21 Abs. 2 UStG i.V.m. Art. 124 UZK sinngemäß

Im Zusammenhang mit der Prüfung der Entstehung der EUSt erscheint es folgerichtig, den Verweis in § 21 Abs. 2 UStG auf die sinngemäße Anwendung der Zollvorschriften auf Art. 124 UZK auszudehnen. Damit können die Gründe, die gem. Art. 124 UZK zu einem Erlöschen der Zollschuld geführt haben, sinngemäß auf die EUSt angewendet werden. Liegt also ein Erlöschensgrund gem. Art. 124 UZK vor, ist die EUSt gem. § 21 Abs. 2 UZK in sinngemäßer Anwendung des Art. 124 UZK ebenfalls erloschen. Liegt ersichtlich kein Erlöschensgrund vor, kann dieser Prüfungspunkt weggelassen werden. In diesem Fall, ist die Prüfung unmittelbar mit dem Bemessungszeitpunkt fortzusetzen.

5. Bemessungszeitpunkt, §§ 13 Abs. 2, 21 Abs. 2 UStG i.V.m. Art. 85 Abs. 1 UZK sinngemäß

Der Bemessungszeitpunkt der EUSt bestimmt sich gem. § 21 Abs. 2 UStG in sinngemäßer Anwendung des Art. 85 Abs. 1 UZK. Also ist die Bemessung zum Zeitpunkt des Entstehens der Einfuhrumsatzsteuer (vgl. den vorstehenden Punkt II. 2.) durchzuführen.

Bei der anschließenden Bemessung der EUSt ist eine sinngemäße Anwendung von Zollvorschriften über § 21 Abs. 2 UStG nicht möglich. Denn die §§ 11 (Bestimmung des EUSt-Werts) und 12 UStG (EUSt-Satz) enthalten selbstständige Regelungen zur EUSt-Bemessung, die einen Rückgriff auf sinngemäß anwendbare Zollvorschriften ausschließen.

III. Bemessung der EUSt, §§ 11, 12 UStG

Abschließend ist die Bemessung der EUSt vorzunehmen. Dabei ist eingangs auf den Zeitpunkt der Bemessung einzugehen. Danach sind die Bemessungsgrundlagen, der EUSt-Wert gem. § 11 UStG und der EUSt-Satz gem. § 12 UStG zu prüfen.

1. EUSt-Wert, § 11 Abs. 1 und 3 UStG

a) Zollwert als Grundlage, § 11 Abs. 1 UStG

Ausgangspunkt bei der Ermittlung des EUSt-Werts ist gem. § 11 Abs. 1 UStG der Zollwert (wie bei der passiven Veredelung zu verfahren ist, ergibt sich aus dem „Prüfungsschemata passive Veredelung"). Wenn – wie in Klausuren üblich – bereits vor der Prüfung der EUSt die Zollschuld der Höhe nach berechnet wurde, ist in diesem Zusammenhang bereits der Zollwert ermittelt worden. Dieser Wert ist ohne weitere Begründung an dieser Stelle zu nennen. Nur in Ausnahmefällen, in denen die Zollschuld vorab nicht der Höhe nach bestimmt wurde, muss an dieser Stelle eine Zollwertprüfung nach den zollwertrechtlichen Regelungen der Art. 70 ff. UZK vorgenommen werden.

b) Hinzurechnungen, § 11 Abs. 3 UStG

Hinzuzurechnen sind die in § 11 Abs. 3 UStG genannten Beträge/Kosten, sofern sie nicht bereits im Zollwert nach § 11 Abs. 1 UStG enthalten sind.

aa) Ausländische Abgaben, § 11 Abs. 3 Nr. 1 UStG

Hinzuzurechnen sind die im Ausland für den eingeführten Gegenstand geschuldeten Beträge an Einfuhrabgaben, Steuern und sonstigen Abgaben. Dieser Hinzurechnungstatbestand erfasst nur die „ausländischen“ Einfuhrabgaben, nicht die Einfuhrabgaben, die im Zusammenhang mit der Einfuhr in die EU entstanden sind; diese fallen unter Nr. 2. Eine Hinzurechnung nach Nr. 1 spielt in Klausuren keine nennenswerte Rolle.

bb) Der tatsächlich zu entrichtende Zoll, § 11 Abs. 3 Nr. 2 UStG

Hinzuzurechnen sind – in Klausuren ein Regelfall – die aufgrund der Einfuhr im Zeitpunkt des Entstehens der Einfuhrumsatzsteuer auf den Gegenstand entfallenden Zollschuldbeträge. An dieser Stelle ist mithin der berechnete Zollschuldbetrag zu nennen.

cc) Kosten bis zum ersten Bestimmungsort, § 11 Abs. 3 Nr. 3 UStG

Nach § 11 Abs. 3 Nr. 3 UStG sind „die auf den Gegenstand entfallenden Kosten für die Vermittlung der Lieferung und die Kosten der Beförderung sowie für andere sonstige Leistungen bis zum ersten Bestimmungsort im Gemeinschaftsgebiet“ hinzuzurechnen.

- **Kosten der Beförderung:** Unmittelbar angesprochen werden die „Kosten der Beförderung“ „bis zum ersten Bestimmungsort im Gemeinschaftsgebiet“. Kosten der Beförderung im umsatzsteuerrechtlichen Sinn sind inhaltlich identisch mit den zollrechtlichen Beförderungskosten gem. Art. 71 Abs. 1 e) i) UZK (Z 8101 Abs. 35 mit Verweis auf Z 5101 Abs. 74). Der erste Bestimmungsort im Gemeinschaftsgebiet ist der Ort, an dem der grenzüberschreitende Frachtvertrag endet (vgl. auch Art. 86 Abs. 2 der Mehrwertsteuerrichtlinie der EG aus 2006 und Z 8101 Abs. 37). Dieser Ort ergibt sich aus den Beförderungsdokumenten und/oder aus der Beförderungsrechnung.

§

Art. 86 MwStSystRL

(1) In die Steuerbemessungsgrundlage sind – soweit nicht bereits darin enthalten – folgende Elemente einzubeziehen:

a) die außerhalb des Einfuhrmitgliedstaats geschuldeten Steuern, Zölle, Abschöpfungen und sonstigen Abgaben, sowie diejenigen, die aufgrund der Einfuhr geschuldet werden, mit Ausnahme der zu erhebenden Mehrwertsteuer;

> b) die Nebenkosten – wie Provisions-, Verpackungs-, Beförderungs- und Versicherungskosten –, die bis zum ersten Bestimmungsort der Gegenstände im Gebiet des Einfuhrmitgliedstaats entstehen sowie diejenigen, die sich aus der Beförderung nach einem anderen Bestimmungsort in der Gemeinschaft ergeben, der zum Zeitpunkt, zu dem der Steuertatbestand eintritt, bekannt ist.
>
> (2) Für Zwecke des Absatzes 1 Buchstabe b gilt als „erster Bestimmungsort" der Ort, der auf dem Frachtbrief oder einem anderen Begleitpapier, unter dem die Gegenstände in den Einfuhrmitgliedstaat verbracht werden, angegeben ist. Fehlt eine solche Angabe, gilt als erster Bestimmungsort der Ort, an dem die erste Umladung im Einfuhrmitgliedstaat erfolgt.

Hinzuzurechnen sind die Kosten bis zum ersten Bestimmungsort im Gemeinschaftsgebiet, soweit diese Kosten nicht bereits im Ausgangswert gem. § 11 Abs. 1 UStG, also im Zollwert, berücksichtigt worden sind. Im Zollwert enthalten sind gem. Art. 71 Abs. 1 e) i) UZK stets die Kosten vom drittländischen Verkäufer bis zum OdV in das Zollgebiet. Ist § 11 Abs. 1 UStG und damit der Zollwert Ausgangspunkt der EUSt-Bemessung, ist die Hinzurechnung stets auf die sog. innergemeinschaftlichen Beförderungskosten beschränkt.

- **Versicherungskosten:** Die Versicherungskosten sind in aller Regel nicht hinzuzurechnen, da sie regelmäßig bereits vollständig im Zollwert gem. Art. 71 Abs. 1 e) i) UZK berücksichtigt werden. Dass die Versicherungskosten im Regelfall über Art. 71 Abs. 1 e) i) UZK vollständig erfasst werden, hängt damit zusammen, dass diese Kosten nahezu ausnahmslos auf den Warenwert und nicht auf eine Beförderungsstrecke bis zum OdV bezogen werden. Folglich sind die Versicherungskosten vollständig über Art. 71 Abs. 1 e) i) UZK zu berücksichtigen und werden auf diese Weise Teil des Zollwerts. Eine Hinzurechnung dieser Kosten über § 11 Abs. 3 Nr. 3 UStG erfolgt daher im Regelfall nicht.

Eine Ausnahme betrifft nur den Fall, dass die Versicherungskosten – außergewöhnlicher Weise – bis zum OdV ausgewiesen wurden und weitere Versicherungskosten vom OdV bis zum ersten Bestimmungsort in Rechnung gestellt worden sein sollten. Bei dieser Konstellation sind die Versicherungskosten ab dem OdV zum EUSt-Wert nach § 11 Abs. 3 Nr. 3 UStG hinzuzurechnen. Obwohl die Versicherungskosten in Nr. 3 nicht explizit als hinzuzurechnende Kosten genannt werden, können diese Kosten entweder als „Kosten der Beförderung" oder als „andere sonstige Leistungen" anzusehen sein. Unter welchen der Begriffe die Versicherungskosten letztlich zu subsumieren sind, kann im Ergebnis offen bleiben. Es ist ausreichend, darauf zu verweisen, dass Versicherungskosten unter eines der Tatbestandsmerkmale fallen werden und damit zwingend hinzuzurechnen sind.

dd) Weiterer Bestimmungsort, § 11 Abs. 3 Nr. 4 UStG

Steht ein weiterer Bestimmungsort im Unionsgebiet im Zeitpunkt der Entstehung der EUSt bereits fest, sind die Beförderungskosten bis zu diesem weiteren Ort, gem. § 11 Abs. 3 Nr. 4 UStG hinzuzurechnen. Ein weiterer Bestimmungsort ist der Ort, der über den ersten Bestimmungsort hinausgeht. Wird z.B. eine Ware von Bern/Schweiz bis nach Frankfurt/Main befördert und endet der grenzüberschreitende Frachtvertrag in Frankfurt/Main, sind die innergemeinschaftlichen Beförderungskosten vom OdV in das Zollgebiet bis nach Frankfurt/Main über § 11 Abs. 3 Nr. 3 UStG hinzuzurechnen. Wird die Ware im Anschluss von Frankfurt/Main bis nach Hamburg befördert und steht diese Beförderung einschließlich der Kosten bereits im Zeitpunkt der Bemessung der EUSt fest, sind die Kosten der Beförderung bis zu diesem weiteren Bestimmungsort im Gemeinschaftsgebiet gem. § 11 Abs. 3 Nr. 4 UStG dem EUSt-Wert gem. § 11 Abs. 1 UStG hinzuzurechnen.

ⓘ **Steuerbefreiung für die Beförderungsleistung als steuerbarer Umsatz**

Gemäß § 1 Abs. 1 Nr. 1 UStG ist die erbrachte Beförderungsleistung zu einem weiteren Bestimmungsort als ein steuerbarer Umsatz grundsätzlich umsatzsteuerpflichtig. Werden jedoch die Beförderungskosten nach § 11 Abs. 3 Nr. 4 UStG wertmäßig bereits im Rahmen der Einfuhrumsatzbesteuerung hinzugerechnet, ist die Beförderungsleistung gem. § 4 Nr. 3 a) bb) UStG von der – weiteren – Umsatzbesteuerung gem. § 1 Abs. 1 Nr. 1 UStG befreit.

2. EUSt-Satz, § 12 UStG

Der EUSt-Satz beträgt gem. § 12 Abs. 1 oder Abs. 2 UStG entweder 19% oder 7% (die diesbezüglichen Angaben im Sachverhalt einer Klausur sind zu beachten).

ⓘ **Ergebnis**

Abschließend ist das Endergebnis zu formulieren. Der an EUSt zu zahlende Betrag ergibt sich aus dem EUSt-Wert multipliziert mit dem EUSt-Satz. Dieser Betrag ist schließlich als Endergebnis der Prüfung der EUSt-Schuld anzugeben, beispielsweise: „Der Gesamtbetrag an EUSt beläuft sich auf x,– €."

Schema 35
EUSt mit Steuerbefreiungen gem. § 5 Abs. 1 Nr. 3 UStG

Werden Gegenstände im Anschluss an eine Einfuhr unmittelbar zur Ausführung von innergemeinschaftlichen Lieferungen verwendet, ist eine Befreiung von der EUSt gem. § 5 Abs. 1 Nr. 3 UStG möglich. Die Prüfung dieser Fallkonstellation ist Gegenstand dieses Schemas.

§

§ 5 UStG – Steuerbefreiungen bei der Einfuhr

(1) Steuerfrei ist die Einfuhr

[...]

3. der Gegenstände, die von einem Schuldner der Einfuhrumsatzsteuer im Anschluss an die Einfuhr unmittelbar zur Ausführung von innergemeinschaftlichen Lieferungen (§ 4 Nummer 1 Buchstabe b § 6a) verwendet werden; der Schuldner der Einfuhrumsatzsteuer hat zum Zeitpunkt der Einfuhr
   a) seine im Geltungsbereich dieses Gesetzes erteilte Umsatzsteuer-Identifikationsnummer oder die im Geltungsbereich dieses Gesetzes erteilte Umsatzsteuer-Identifikationsnummer seines Fiskalvertreters und
   b) die im anderen Mitgliedstaat erteilte Umsatzsteuer-Identifikationsnummer des Abnehmers mitzuteilen sowie
   c) nachzuweisen, dass die Gegenstände zur Beförderung oder Versendung in das übrige Gemeinschaftsgebiet bestimmt sind;

[...]

Beispiel für einen Einleitungssatz: „X ist zur Zahlung von EUSt verpflichtet, wenn ein Steuergegenstand gem. § 1 Abs. 1 Nr. 4 UStG vorliegt, für den die EUSt entstanden ist. Die EUSt entsteht, wenn keine Steuerbefreiung gem. § 5 UStG in Betracht kommt."

I. Steuerbarer Umsatz, § 1 Abs. 1 Nr. 4 UStG (Steuergegenstand)

1. Gegenstände

(Prüfung wie Schema 34 „EUSt in der Fallprüfung")

2. Einfuhr im Inland

(Prüfung wie Schema 34 „EUSt in der Fallprüfung")

II. Entstehung der EUSt

1. Entstehungstatbestand, §§ 13 Abs. 2, 21 Abs. 2 UStG i.V.m. Art. 77 Abs. 1 a) UZK sinngemäß

Die EUSt könnte gem. §§ 13 Abs. 2, 21 Abs. 2 UStG i.V.m. Art. 77 Abs. 1 a) UZK sinngemäß entstanden sein. Dann müsste ein steuerpflichtiger Gegenstand vorliegen, der nicht von der EUSt befreit ist.

a) Steuerpflichtiger Gegenstand

An dieser Stelle ist der steuerpflichtige Gegenstand zu benennen und festzustellen, dass ein Steuergegenstand grundsätzlich auch steuerpflichtig ist, es sei denn, eine Steuerbefreiung kommt in Betracht.

Sollten Sie bei Ihren Vorüberlegungen zu dem Ergebnis kommen, dass eine Steuerbefreiung z.B. nach § 5 Abs. 1 Nr. 3 UStG gegeben ist, ist die Steuerbefreiung nicht in Punkt „a) Steuerpflichtiger Gegenstand" zu prüfen. Es ist in diesem Fall systematisch zweckmäßig, den Befreiungstatbestand eigenständig in einem separaten Prüfungspunkt darzulegen. Es empfiehlt sich, die Tatbestandsmerkmale der Steuerbefreiung in Punkt „b) Befreiung, § 5 Abs. 1 Nr. 3 UStG" zu bearbeiten.

b) Befreiung, § 5 Abs. 1 Nr. 3 UStG

Der Befreiungstatbestand ist in diesem Punkt gutachtlich zu prüfen. Sollte im Ergebnis die Befreiung zu bejahen sein, ist der Steuergegenstand nicht steuerpflichtig. Das wiederum führt im Ergebnis dazu, dass die Verpflichtung zur Zahlung von EUSt nicht besteht.

Steuerbefreit ist die Einfuhr von Gegenständen, die von einem Schuldner der Einfuhrumsatzsteuer im Anschluss an die Einfuhr unmittelbar zur Ausführung von innergemeinschaftlichen Lieferungen i.S.v. § 4 Nr. 1 b) und § 6a UStG verwendet werden (auch steuerbefreite Anschlusslieferung genannt).

Ob diese Befreiung zu prüfen ist, ist regelmäßig daran zu erkennen, dass der Zollanmelder den Verfahrenscode 4200 in der Zollanmeldung einträgt. Durch die Eintragung des Verfahrenscodes 4200 in der Zollanmeldung wird die gleichzeitige Überführung von Waren in den zoll- und steuerrechtlich freien Verkehr mit steuerbefreiender Lieferung in einen anderen Mitgliedstaat (Befreiung von der EUSt) nach § 5 Abs. 1 Nr. 3 UStG beantragt (vgl. Merkblatt zu Zollanmeldungen, summarischen Anmeldungen und Wiederausfuhrmitteilungen, Z 3455).

aa) Schuldner der EUSt

Die Anschlusslieferung muss von einem Schuldner der EUSt bewirkt werden. Allerdings ist dieser gesetzliche Wortlaut eher ungenau. Und zwar deshalb, weil es im Ergebnis keinen Schuldner der EUSt geben kann, wenn Gegenstände für eine steuerbefreite Anschlusslieferung in einem anderen Mitgliedstaat der EU verwendet werden. In diesem Fall ist die EUSt nicht entstanden, es kann demzufolge auch keinen Schuldner der EUSt geben. Daher kann nur gemeint sein, dass eine Person, die Schuldner der EUSt wäre, wenn die EUSt entstanden wäre, die Anschlusslieferung bewirkt. Da der Zollschuldner, §§ 13a Abs. 2, 21 Abs. 2 UStG i.V.m. Art. 77 Abs. 3 UZK bei Entstehen der EUSt auch EUSt-Schuldner wäre, ist auf diese Person abzustellen.

bb) Im Anschluss an die Einfuhr

Die innergemeinschaftliche Lieferung muss im Anschluss an eine Einfuhr ausgeführt worden sein. Eine Einfuhr liegt vor, wenn die Gegenstände in den Hoheitsbereich des UStG verbracht wurden. Sind die Gegenstände also nach Deutschland gelangt, ist eine Einfuhr gegeben.

cc) Ausführung von innergemeinschaftlichen Lieferungen, § 6a UStG

Es muss eine innergemeinschaftliche Lieferung gem. § 6a UStG vorliegen. Dazu sind die Voraussetzungen von § 6a Abs. 1 Nr. 1 bis 3 UStG zu untersuchen. In einem Klausursachverhalt werden bezüglich der Voraussetzungen der Nr. 1 bis 3 zielführende Angaben zu finden sein.

§

§ 6a Abs. 1 UStG – Innergemeinschaftliche Lieferung

Eine innergemeinschaftliche Lieferung (§ 4 Nr. 1 Buchstabe b) liegt vor, wenn bei einer Lieferung die folgenden Voraussetzungen erfüllt sind:

1. Der Unternehmer oder der Abnehmer hat den Gegenstand der Lieferung in das übrige Gemeinschaftsgebiet befördert oder versendet;
2. der Abnehmer ist
   a) ein Unternehmer, der den Gegenstand der Lieferung für sein Unternehmen erworben hat,
   b) eine juristische Person, die nicht Unternehmer ist oder die den Gegenstand der Lieferung nicht für ihr Unternehmen erworben hat, oder
   c) bei der Lieferung eines neuen Fahrzeugs auch jeder andere Erwerber

   und
3. der Erwerb des Gegenstands der Lieferung unterliegt beim Abnehmer in einem anderen Mitgliedstaat den Vorschriften der Umsatzbesteuerung.

Der Gegenstand der Lieferung kann durch Beauftragte vor der Beförderung oder Versendung in das übrige Gemeinschaftsgebiet bearbeitet oder verarbeitet worden sein. […]

dd) Voraussetzungen nach § 5 Abs. 1 Nr. 3 a) bis c) UStG

Schließlich müssen die übrigen in § 5 Abs. 1 Nr. 3 a) bis c) UStG genannten Voraussetzungen erfüllt sein.

Der (fiktive) Schuldner der Einfuhrumsatzsteuer hat danach zum Zeitpunkt der Einfuhr:

- **Buchstabe a):** seine im Geltungsbereich dieses Gesetzes erteilte Umsatzsteuer-Identifikationsnummer oder die im Geltungsbereich dieses Gesetzes erteilte Umsatzsteuer-Identifikationsnummer seines Fiskalvertreters und
- **Buchstabe b):** die im anderen Mitgliedstaat erteilte Umsatzsteuer-Identifikationsnummer des Abnehmers mitzuteilen sowie
- **Buchstabe c):** nachzuweisen, dass die Gegenstände zur Beförderung oder Versendung in das übrige Gemeinschaftsgebiet bestimmt sind.

Auch im Hinblick auf diese Voraussetzungen werden in einer Klausur Angaben enthalten sein, die eine konkrete Subsumtion ermöglichen. Also werden beispielsweise die Umsatzsteuer-Identifikationsnummer der liefernden Firma (Angabe ist nach Buchstabe a) 1. Alt. erforderlich) ebenso angegeben sein wie die Umsatzsteuer-Identifikationsnummer des Abnehmers (nach Buchstabe b) erforderlich). Der nach Buchstabe c) geforderte Nachweis wird in der Zollanmeldung durch Angabe der Rechnungsnummer erbracht, die in der Rechnung an den Abnehmer der Anschlusslieferung angegeben ist. Dabei sind die festgelegten, nachfolgend aufgeführten Codierungen zu verwenden.

Unterlagencodierung bei Verfahren 4200 im Zusammenhang mit § 5 Abs. 1 Nr. 3 a) bis c) UStG

Die in ATLAS zur Verfügung stehenden Unterlagencodierungen, die im Verfahren 4200 zwingend anzugeben sind. Es handelt sich dabei um TARIC-Codierungen.

Y040: Die USt-Identifikationsnummer, die im Mitgliedstaat der Einfuhr dem Schuldner der EUSt zugeteilt wurde.

Y041: Die USt-Identifikationsnummer des Empfängers der innergemeinschaftlichen Lieferung in einen anderen Mitgliedstaat.

Y042: Die im Mitgliedstaat der Einfuhr dem Steuervertreter zugeteilte USt-Identifikationsnummer für den Steuervertreter; dabei handelt es sich um den Fiskalvertreter gem. § 22a UStG.

Y044: Nachweis, aus dem hervorgeht, dass die eingeführten Gegenstände dazu bestimmt sind, aus dem Einfuhrmitgliedstaat in einen anderen Mitgliedstaat befördert oder versandt zu werden.

2. Ergebnis

Das Ergebnis zu „II. Entstehung der EUSt“ sollte aus systematischen Gründen in einem abschließenden Punkt festgehalten werden. Dazu bietet sich der Punkt „2. Ergebnis“ an.

Sind die Voraussetzungen von § 5 Abs. 1 Nr. 3 UStG insgesamt zu bejahen, liegt eine steuerbefreite innergemeinschaftliche Lieferung vor. Daraus folgt, dass die Gegenstände von der EUSt befreit sind, mit der Folge, dass keine Steuerpflicht bezüglich der Gegenstände besteht. Die EUSt ist damit gem. §§ 13 Abs. 2, 21 Abs. 2 UStG i.V.m. Art. 77 Abs. 1 a) UZK sinngemäß nicht entstanden.

Im Endergebnis folgt daraus wiederum, dass eine Verpflichtung zur Zahlung von EUSt nicht besteht.

Kapitel 4

Prüfungsschemata Zolllagerverfahren

Schema 36	Bewilligung eines Zolllagers
Schema 37	Zollschuld nach Art. 77 UZK im Anschluss an das Zolllagerverfahren
Schema 38	Zollschuld gem. Art. 79 Abs. 1 a) UZK durch Entziehen von Waren während der Lagerung
Schema 39	Zollschuld gem. Art. 79 Abs. 1 a) UZK durch Nichterfüllung einer der in den zollrechtlichen Vorschriften festgelegten Verpflichtungen in Bezug auf die Lagerung

Schema 36
Bewilligung eines Zolllagers

I. Verfahren

Zunächst ist zu prüfen, ob der Geltungsbereich der Lagerung nach Art. 237 Abs. 1 UZK gegeben ist. Das ist der Fall, wenn die Tatbestandsvoraussetzungen der Norm erfüllt sind. Diese sind hier zu prüfen. Zu beachten ist, dass Art. 237 Abs. 1 UZK als allgemeine Vorschrift für die Lagerung nicht nur für das Zolllager gilt, sondern auch für die Freizone. Zolllager und Freizonenregelungen fallen unter den Oberbegriff der Lagerung.

§ **Art. 237 Abs. 1 UZK – Geltungsbereich**

In der Lagerung können Nicht-Unionswaren innerhalb des Zollgebiets der Union gelagert werden, ohne Folgendem zu unterliegen:

a) Einfuhrabgaben,

b) sonstigen Abgaben nach anderen geltenden Vorschriften oder

c) handelspolitischen Maßnahmen, soweit diese nicht den Eingang oder den Ausgang von Waren in das oder aus dem Zollgebiet der Union untersagen.

ⓘ **Geltungsbereich von Art. 237 Abs. 1 UZK**

1. Voraussetzungen
   - Nicht-Unionswaren, Art. 5 Nr. 24 UZK
   - Lagerung
   - Im Zollgebiet der Union, Art. 4 UZK
2. Rechtsfolgen
   - Während der Lagerung unterliegen die Waren weder Einfuhrabgaben (vgl. Art. 5 Nr. 20 UZK) noch sonstigen Abgaben. Zudem finden handelspolitische Maßnahmen, soweit sie nicht das Verbringen in oder aus dem Zollgebiet untersagen, keine Anwendung.

II. Erforderlichkeit der Bewilligung

Die Erforderlichkeit einer Bewilligung für den Betrieb von Lagerstätten zur Zolllagerung ergibt sich aus Art. 211 Abs. 1 b) UZK.

§ **Art. 211 Abs. 1 UZK – Bewilligung**

Eine Bewilligung der Zollbehörden ist erforderlich für [...]

b) den Betrieb von Lagerstätten zur Zolllagerung von Waren, es sei denn, die Lagerstätten werden von der Zollbehörde selbst betrieben.

> Die Voraussetzungen für die Inanspruchnahme eines oder mehrerer der in Unterabsatz 1 genannten Verfahren oder für den Betrieb von Lagerstätten werden in der Bewilligung festgelegt.

III. Formelle Bewilligungsvoraussetzungen

Die formellen Bewilligungsvoraussetzungen betreffen die Fragen, wer Antragsteller sein kann, ob das Zolllager mit einem bestimmten Antrag zu beantragen ist und welche Zollstelle für die Bewilligung zuständig ist. Zudem ist zu prüfen, ob die Voraussetzungen für die Annahme des Antrags (Art. 22 UZK) erfüllt sind.

1. Antragsteller

Eine Vorschrift, aus der sich explizit ergibt, wer Antragsteller sein kann, existiert nicht. Aus Art. 22 Abs. 1 UZK ergibt sich nur der Hinweis, dass die Person, die eine zollrechtliche Entscheidung beantragt (die Bewilligung eines Zolllagers ist ein zollrechtliche Entscheidung nach Art. 5 Nr. 39 UZK), der zuständigen Zollbehörde alle Informationen vorzulegen hat, die benötigt werden. Antragsteller ist damit immer die Person, die eine Bewilligung eines Zolllagers beantragt, ohne dass weitere Voraussetzungen vorliegen müssen.

2. Antrag

Nach Art. 22 Abs. 1 UZK und Art. 6 Abs. 1 UZK ist der Antrag elektronisch zu stellen. Dabei sind die gemeinsamen Datenanforderungen gem. Art. 6 Abs. 2 UZK i.V.m. Art. 2 Abs. 1 DA, Anhang A zu beachten.

Allerdings sind in Deutschland derzeit keine elektronischen Systeme für die Antragstellung einsatzbereit. Über Art. 278 Abs. 1 UZK, Art. 22 TDA i.V.m. Anhang 12 TDA sind deshalb bis auf Weiteres schriftliche Anträge bei den zuständigen Zollstellen zu stellen.

> ⓘ **EU-Trader-Portal**
>
> Für mitgliedstaatenübergreifende Bewilligungen, d.h. Bewilligungen, bei denen mehr als ein Mitgliedstaat betroffen ist, wird der Antrag elektronisch über das EU-Trader-Portal gestellt.

3. Annahme des Antrags, Art. 22 Abs. 2 UZK, Art. 11 DA

Dass die Annahme des Antrags durch die zuständige Zollbehörde erforderlich ist, regelt Art. 22 Abs. 2 UZK.

§ **Art. 22 Abs. 2 UZK – Entscheidungen auf Antrag** *(Annahme des Antrags auf Bewilligung)*

Die Zollbehörden überprüfen unverzüglich und spätestens innerhalb von 30 Tagen ab dem Eingang des Antrags auf eine Entscheidung, ob die Bedingungen für die Annahme des Antrags erfüllt sind.

Stellen die Zollbehörden fest, dass der Antrag alle Informationen enthält, die sie für diese Entscheidung benötigen, so teilen sie dem Antragsteller innerhalb der in Unterabsatz 1 genannten Frist mit, dass sie den Antrag annehmen.

Ab der Annahme des Antrags beginnen die Bearbeitungsfristen gem. Art. 22 Abs. 3 UZK zu laufen. Grundsätzlich ist innerhalb von 120 Tagen über die beantragte Entscheidung zu entscheiden.

Die Bedingungen für die Annahme des Antrags sind in Art. 11 DA geregelt, zu beachten sind insbesondere die Bedingungen gem. Art. 11 Abs. 1 a) bis d) DA.

- **Buchstabe a):** Registrierung des Antragsstellers nach Art. 9 UZK („EORI"-Nummer, d.h. die Economic Operators Registration and Identification Number, vgl. Art. 1 Nr. 18 DA).
- **Buchstabe b):** Unionsansässigkeit des Antragstellers, da gem. Art. 211 Abs. 3 a) UZK die Ansässigkeit für das Verfahren erforderlich ist.
- **Buchstabe c):** Antrag bei der zuständigen Zollstelle eingereicht. Die zuständige Zollstelle ergibt sich aus Art. 22 Abs. 1 UAbs. 3 UZK. Danach ist die Zollstelle an dem Ort, an dem die Hauptbuchhaltung des Antragstellers geführt wird, zuständig. Bestätigt wird dies durch § 24 Abs. 4 ZollV; danach wird die Bewilligung eines Zolllagers von dem HZA erteilt, in dessen Bezirk die Hauptbuchhaltung des Antragstellers geführt wird. Diese Regelung hat nur noch deklaratorische Bedeutung. Die grundlegende (also die konstitutive) Regelung ergibt sich bereits aus Art. 22 Abs. 1 UAbs. 3 UZK. Sollte die zuständige Zollstelle nicht nach Art. 22 Abs. 1 UAbs. 3 UZK feststellbar sein, ist Art. 12 DA heranzuziehen.

§ **Art. 12 DA – Entscheidungsbefugte Zollbehörde (Artikel 22 Absatz 1 des Zollkodex)**

Falls die nach Artikel 22 Absatz 1 Unterabsatz 3 des Zollkodex zuständige Zollbehörde nicht bestimmt werden kann, so ist die zuständige Zollbehörde die Zollbehörde an dem Ort an dem die Aufzeichnungen und Unterlagen (Hauptbuchhaltung für Zollzwecke) des Antragstellers geführt werden oder zugänglich sind, anhand deren die Zollbehörde eine Entscheidung erlassen kann.

- **Buchstabe d):** Keine Rücknahme bzw. kein Widerruf einer früheren, gleichen Entscheidung innerhalb des letzten Jahres. Das heißt, es darf keine frühere Bewilligung über ein Zolllager innerhalb des letzten Jahres zurückgenommen oder widerrufen worden sein. Unter den Voraussetzungen von Art. 11 Abs. 2 DA kann der Zeitraum drei Jahre betragen.

IV. Materielle Bewilligungsvoraussetzungen

1. Persönliche Voraussetzungen, Art. 211 Abs. 3 UZK

a) Ansässigkeit, Art. 211 Abs. 3 a) UZK

§ **Art. 211 Abs. 3 a) UZK – Bewilligung** ***(Ansässigkeit)***

Sofern nichts anderes bestimmt ist, wird die Bewilligung nach Absatz 1 ausschließlich Personen erteilt, die alle folgenden Voraussetzungen erfüllen:

a) sie sind im Zollgebiet der Union ansässig,

[…]

b) Erforderliche Gewähr, Art. 211 Abs. 3 b) UZK

§ **Art. 211 Abs. 3 b) UZK – Bewilligung** ***(Erforderliche Gewähr)***

[…]

b) sie bieten die für die ordnungsgemäße Durchführung der Vorgänge erforderliche Gewähr; es wird davon ausgegangen, dass ein zugelassener Wirtschaftsbeteiligter für zollrechtliche Vereinfachungen diese Voraussetzung erfüllt, sofern der Tätigkeit, die das besondere Verfahren betrifft, bei der Zulassung nach Artikel 38 Absatz 2 Buchstabe a Rechnung getragen wird,

Der Antragsteller muss für die ordnungsgemäße Durchführung der Lagerung die erforderliche Gewähr bieten. Bei einem AEO C bzw. AEO F wird davon ausgegangen, dass er diese Voraussetzung erfüllt.

c) Sicherheitsleistung, Art. 211 Abs. 3 c) UZK

§ **Art. 211 Abs. 3 c) UZK – Bewilligung** ***(Aufzeichnungen)***

[…]

c) sie leisten eine Sicherheit nach Artikel 89, wenn für in ein besonderes Verfahren übergeführte Waren eine Zollschuld oder andere Abgaben entstehen können,

2. Sachliche Voraussetzungen, Art. 211 Abs. 4 UZK

a) Verwaltungsaufwand, Art. 211 Abs. 4 a) UZK

Zu prüfen ist der sog. Verwaltungsaufwand. Dieser darf nicht außer Verhältnis zum wirtschaftlichen Erfolg für den Wirtschaftsbeteiligten stehen.

§ **Art. 211 Abs. 4 UZK – Bewilligung *(Verwaltungsaufwand)***

Sofern nichts anderes bestimmt ist, wird die Bewilligung nach Absatz 1 in Ergänzung zu Absatz 3 ausschließlich erteilt, wenn alle folgenden Voraussetzungen erfüllt sind:

a) die Zollbehörden sind in der Lage, die zollamtliche Überwachung mit einem Verwaltungsaufwand auszuüben, der zum wirtschaftlichen Bedürfnis nicht außer Verhältnis steht, [...]

Grundsätzlich ist davon auszugehen, dass der Verwaltungsaufwand nicht außer Verhältnis zum wirtschaftlichen Erfolg steht. Nur wenn besondere Hinweise für das Gegenteil vorliegen, ist hierauf im Detail einzugehen. Der Verwaltungsaufwand stünde beispielsweise außer Verhältnis zum Erfolg, wenn Nicht-Unionswaren nach der Lagerung zur Überlassung zum zollrechtlich freien Verkehr angemeldet werden sollen, wobei die Waren einfuhrabgabenfrei sind. Dann ist die Bewilligung eines Zolllagers mit Verwaltungsaufwand verbunden, ohne dass ein wirtschaftlicher Erfolg (keine Einfuhrabgaben während der Lagerung zahlen zu müssen – sog. Kreditierungsfunktion) erkennbar ist.

b) Wirtschaftliches Bedürfnis für Lagerung

Für die Lagerung ist die Prüfung von wirtschaftlichen Voraussetzungen nicht vorgesehen. Nach Art. 211 Abs. 4 b) UZK sind wirtschaftliche Voraussetzungen ausschließlich bei Bewilligung von Veredelungen zu prüfen.

Allerdings muss ein wirtschaftliches Bedürfnis für eine Lagerung gegeben sein. Dieses Element geht aus der Formulierung von Art. 211 Abs. 4 a) UZK hervor, da es dort heißt „der zum wirtschaftlichen Bedürfnis [...]".

Ein wirtschaftliches Bedürfnis besteht, wenn der Hauptzweck in der Lagerung von Waren besteht und eine vorübergehende Verwahrung und/oder ein Zahlungsaufschub dem wirtschaftlichen Bedürfnis des Antragstellers nicht gerecht wird.

aa) Hauptzweck: Lagerung

Der Zweck muss in der Lagerung der Nicht-Unionswaren bestehen.

Abzugrenzen ist die Lagerung von Produktionsvorgängen und hier insbesondere von solchen Vorgängen, die im Rahmen einer aktiven Veredelung durchzuführen sind.

bb) Vorübergehende Verwahrung

Da die Verwahrung von Waren in der vorübergehenden Verwahrung gem. Art. 149 UZK bis zu 90 Tage möglich ist, bevor die Waren in ein Zollverfahren überführt (ausreichend ist die Abgabe einer Zollanmeldung) oder wiederausgeführt worden sein müssen, könnte insoweit das wirtschaftliche Bedürfnis entfallen, wenn die Lagerung nicht mehr als 90 Tage andauern wird. Dies gilt jedenfalls bei der sog. Kreditlagerung, d.h., bei einer Lagerung bei der sich die Überlassung in den zollrechtlich freien Verkehr anschließen soll.

3. Zolltechnische Voraussetzungen

a) Geeignete Aufzeichnungen, Art. 214 UZK

Der Bewilligungsinhaber muss geeignete Aufzeichnungen in der von den Zollbehörden genehmigten Form führen (vgl. Art. 214 UZK).

b) Sicherung der Nämlichkeit

Die Zollbehörden treffen – soweit erforderlich – nach Art. 192 Abs. 1 UZK die geeigneten Maßnahmen zur Sicherung der Nämlichkeit. In diesem Zusammenhang ist die Ersatzwarenregelung gem. Art. 223 UZK zu beachten.

§

Art. 223 UZK – Ersatzwaren

(1) Ersatzwaren sind Unionswaren, die anstelle der in ein besonderes Verfahren übergeführten Waren gelagert, verwendet oder veredelt werden.

[...]

Sofern nichts anderes bestimmt ist, müssen die Ersatzwaren demselben achtstelligen KN-Code zugewiesen sein und dieselbe Handelsqualität sowie dieselben technischen Merkmale aufweisen wie die Waren, die sie ersetzen.

(2) Unter der Voraussetzung, dass der ordnungsgemäße Ablauf des besonderen Verfahrens – insbesondere in Bezug auf die zollamtliche Überwachung – gewährleistet ist, bewilligen die Zollbehörden auf Antrag

a) die Verwendung von Ersatzwaren im Rahmen eines Zolllagers, einer Freizone, einer Endverwendung und einer Veredelung,

[...]

Zu beachten ist die Statusregelung in Art. 269 Abs. 1 IA – Status von Ersatzwaren (Artikel 223 des Zollkodex)

Im Fall des Zolllagerverfahrens und der vorübergehenden Verwendung werden die Ersatzwaren zu Nicht-Unionswaren und die Waren, die sie ersetzen, zu Unionswaren in dem Zeitpunkt, in dem sie in das anschließende Zollverfahren, mit dem das Verfahren erledigt wird, übergeführt werden oder die Ersatzwaren das Zollgebiet der Union verlassen haben.

Beispiel: Im Zolllager werden chinesische Trinkgläser eingelagert (Nicht-Unionswaren). Sie werden durch deutsche Trinkgläser (Unionswaren) ersetzt (Art. 223 UZK). Die deutschen Trinkgläser werden anschließend zur Überlassung zum zollrechtlich freien Verkehr angemeldet. Der Status wechselt mit der Annahme der Anmeldung zur Überlassung zum zollrechtlich freien Verkehr (Art. 269 Abs. 1 IA). Zu diesem Zeitpunkt werden die deutschen Trinkgläser zu Nicht-Unionswaren und die chinesischen Trinkgläser zu Unionswaren.

V. Bewilligungserteilung

Die Voraussetzungen für den Betrieb von Lagerstätten werden in der Bewilligung festgelegt (Art. 211 Abs. 1 UAbs. 2 UZK).

- **Form der Bewilligung:** Die Bewilligung soll elektronisch erteilt werden (Art. 6 Abs. 1 UZK). Die technischen Voraussetzungen hierzu fehlen derzeit noch. Es gelten gem. Art. 278 UZK Übergangsregelungen bis spätestens zum 31.12.2020. Bis auf Weiteres wird die Bewilligung gem. Art. 12 TDA i.V.m. Anhang 12 TDA schriftlich erteilt.
- **Entscheidungsfrist:** Die Bewilligung ist eine Entscheidung nach Art. 5 Nr. 39 UZK. Eine Entscheidung ist nach Art. 22 Abs. 3 UZK spätestens 120 Tage nach Annahme des Antrags zu erlassen, sofern nichts anderes bestimmt ist. In diesem Fall ergibt sich eine Abweichung aus Art. 171 Abs. 1 UAbs. 2 DA, wonach die Frist nur 60 Tage beträgt, sofern nur ein Mitgliedstaat an der Bewilligungserteilung beteiligt ist.
- **Wirksamkeit:** Die Bewilligung wird mit der Zustellung wirksam (Art. 22 Abs. 4 UZK); abweichende Regelungen zum Tag des Wirksamwerdens ergeben sich aus Art. 14 DA.
- **Gültigkeit:** Unbefristete Gültigkeit der Bewilligung (Art. 22 Abs. 5 UZK).

Beachte: Keine rückwirkende Bewilligung von Zolllagern

Eine rückwirkende Bewilligung des Betriebs von Lagerstätten ist gem. Art. 211 Abs. 2 g) UZK bei der Lagerung nicht möglich.

§ **Art. 211 Abs. 2 UZK – Bewilligung**

Die Zollbehörden erteilen eine Bewilligung rückwirkend, wenn alle folgenden Voraussetzungen erfüllt sind:

[…]

g) der Antrag betrifft nicht den Betrieb von Lagerstätten zur Zolllagerung von Waren,

[…]

Schema 37

Zollschuld nach Art. 77 UZK im Anschluss an das Zolllagerverfahren

Entstehung einer Zollschuld gem. Art. 77 Abs. 1 a) UZK durch Überführung in die Überlassung zum zollrechtlich freien Verkehr im Anschluss an die Lagerung.

I. Entstehungstatbestand, Art. 77 Abs. 1 a) UZK

1. Einfuhrabgabenpflichtige Nicht-Unionswaren

a) Waren

Definition: Waren sind körperliche, bewegliche Gegenstände, einschließlich des elektrischen Stroms (Z 0601 Abs. 101).

b) Nicht-Unionswaren, Art. 5 Nr. 24 UZK

Es muss sich um Nicht-Unionswaren handeln. Das ist der Fall, wenn die Voraussetzungen gem. Art. 5 Nr. 24 UZK vorliegen. Nicht-Unionswaren sind danach Waren, die nicht unter Art. 5 Nr. 23 UZK fallen. Dem Grunde nach erfordert diese Negativabgrenzung eine Prüfung der Voraussetzungen von Art. 5 Nr. 23 UZK. Im Übrigen gilt die Statusvermutung, dass es sich bei allen im Zollgebiet befindlichen Waren um Unionswaren handelt, gem. Art. 153 Abs. 1 i.V.m. Art. 119 Abs. 1 a) und c) DA nicht für Waren; denn für Waren, die nach dem Verbringen in das Zollgebiet der zollamtlichen Überwachung unterliegen, ist die Statusvermutung gem. Art. 119 Abs. 1 a) DA ausgeschlossen. Gleiches gilt für Waren, die sich nach der Überlassung im Zolllagerverfahren befinden gem. Art. 119 Abs. 1 c) DA.

§

Art. 5 Nr. 24 UZK – Begriffsbestimmungen *(Definition „Nicht-Unionswaren")*

24. „Nicht-Unionswaren" sind andere als die unter Nummer 23 genannten Waren und Waren, die den zollrechtlichen Status als Unionswaren verloren haben.

Art. 5 Nr. 23 UZK – Begriffsbestimmungen *(Definition „Unionswaren")*

23. „Unionswaren" sind Waren, die

a) im Zollgebiet der Union vollständig gewonnen oder hergestellt wurden und bei deren Herstellung keine aus Ländern oder Gebieten außerhalb des Zollgebiets der Union eingeführten Waren verwendet wurden,

b) aus Ländern oder Gebieten außerhalb des Zollgebiets der Union in dieses Gebiet verbracht und zum zollrechtlich freien Verkehr überlassen wurden,

c) im Zollgebiet der Union entweder ausschließlich aus Waren nach Buchstabe b oder aus Waren nach den Buchstaben a und b gewonnen oder hergestellt wurden.

Formulierungsbeispiel

„Es handelt sich bei dem – Produkt nennen – um einen beweglichen Gegenstand, also um eine Ware. Die Ware stammt aus – Drittland nennen – und wurde in das Zollgebiet verbracht und erst hier zur Überlassung zum zollrechtlich freien Verkehr angemeldet; damit liegt eine Nicht-Unionsware gem. Art. 5 Nr. 24 UZK vor. Zudem wird der Status einer Unionsware gem. Art. 153 UZK Abs. 1 i.V.m. Art. 119 Abs. 1 a) und c) DA nicht vermutet."

c) Einfuhrabgabenpflicht

Einfuhrabgaben sind gem. Art. 5 Nr. 20 UZK „die für die Einfuhr von Waren zu entrichtenden Abgaben". Dabei handelt es sich um die Einfuhrabgabe Zoll.

Definition „einfuhrabgabenpflichtig": Eine Ware ist einfuhrabgabenpflichtig, wenn nach dem Zolltarif ein Zoll vorgesehen ist und im Einzelfall keine außertariflichen Abgabenbefreiungen vorliegen. Außertarifliche Befreiungen ergeben sich hauptsächlich aus der Regelung über Rückwaren gem. Art. 203 UZK und aus Zollbefreiungen, die über Art. 5 Nr. 2 c) UZK, in Art. 41 ZollbefrVO i.V.m. §§ 1 ff. EF-VO geregelt sind (Z 0901 Abs. 108).

Formulierung in unproblematischen Fällen

In der Regel ist das Merkmal „einfuhrabgabenpflichtige Nicht-Unionsware" unproblematisch. In diesem Fall können – im Urteilsstil – beispielsweise folgende Formulierungen gebraucht werden:

„Es handelt sich bei dem – Produkt nennen – um einen beweglichen Gegenstand und damit um eine Ware. Die Ware stammt aus – Drittland nennen – und wurde in das Zollgebiet verbracht und erst hier in die Überlassung zum zollrechtlich freien Verkehr angemeldet; damit liegt eine Nicht-Unionsware gem. Art. 5 Nr. 24 UZK vor. Für die Ware ist nach dem Zolltarif ein Zollsatz vorgesehen. Außertarifliche Befreiungen sind nicht ersichtlich. Damit liegt eine Nicht-Unionsware vor, die einfuhrabgabenpflichtig ist."

2. Überlassung zum zollrechtlich freien Verkehr

Nach Art. 77 Abs. 1 a) UZK entsteht durch die Überführung in das Zollverfahren „Überlassung zum zollrechtlich freien Verkehr" die Einfuhrzollschuld. Aus Vereinfachungsgründen ist es zulässig, nur von „Überlassung zum zollrechtlich freien Verkehr" zu sprechen.

Diese Voraussetzung liegt nach der Auffassung des EuGH vor, wenn die Annahme einer Zollanmeldung zur Überführung in die Überlassung in den zollrechtlich freien Verkehr angenommen wurde und die Überlassung der Ware erfolgt ist.

Allerdings werden hierzu noch zwei weitere Ansichten vertreten. Einerseits soll nur die Annahme der Zollanmeldung entscheidend sein, andererseits die Annahme der Zollanmeldung und die Überlassungsreife. In einer Prüfungsklausur sind alle drei Ansichten kurz darzustellen.

Formulierung in unproblematischen Fällen

In einem unproblematischen Fall (Annahme und Überlassung liegen laut Sachverhalt vor) kann – im Urteilsstil – beispielsweise folgende Formulierung gebraucht werden:

„Die Annahme der Zollanmeldung ist erfolgt, ebenso die Überlassung der Waren. Daher liegt nach der Auffassung des EuGH, der neben der Annahme der Zollanmeldung zudem die Überlassung der Ware fordert, eine Überführung in den zollrechtlich freien Verkehr durch Überlassung vor. Gleiches gilt für die Ansicht, die ausschließlich auf die Annahme der Zollanmeldung abstellt sowie für die Auffassung, die die Überlassungsreife fordert. Denn die Überlassung der Waren setzt die Annahme einer Zollanmeldung und auch eine Überlassungsreife voraus."

Sind die Voraussetzungen für die Entstehung der Zollschuld gem. Art. 77 Abs. 1 a) UZK erfüllt, entsteht die Zollschuld in gesetzlich geschuldeter Höhe (Rechtsfolge).

Definition Zollschuld

Die Zollschuld ist in Art. 5 Nr. 18 UZK definiert als „Verpflichtung einer Person, den aufgrund der geltenden zollrechtlichen Vorschriften für eine bestimmte Ware vorgesehenen Betrag der Einfuhr- oder Ausfuhrabgaben zu entrichten".

Ist im Sachverhalt vermerkt, dass die Waren ordnungsgemäß in den zollrechtlich freien Verkehr übergeführt wurden, reicht ein entsprechender Satz mit einem Hinweis auf den Sachverhalt ebenso zur Begründung aus.

II. Zeitpunkt, Art. 77 Abs. 2 UZK

Die Zollschuld entsteht im Zeitpunkt der Annahme der Zollanmeldung – das entsprechende Datum ist an dieser Stelle zu nennen.

III. Zollschuldner, Art. 77 Abs. 3 UZK

Zollschuldner ist nach Art. 77 Abs. 3 S. 1 UZK der Anmelder. Gemäß Art. 5 Nr. 15 UZK ist Anmelder die Person (Art. 5 Nr. 4 UZK), die die Zollanmeldung in eigenem Namen abgibt (Fall ohne Stellvertretung oder bei indirekter Stellvertretung) oder die Person, in deren Namen die Zollanmeldung abgegeben wird (Fall der direkten Stellvertretung durch Abgabe in fremdem Namen). Nach Art. 5 Nr. 19 UZK ist der Anmelder eine zur Erfüllung der Zollschuld verpflichtete Person.

Im Fall der indirekten Vertretung ist auch der Vertretene Zollschuldner (Art. 77 Abs. 3 S. 2 UZK). Die Haftung mehrerer Zollschuldner ergibt sich aus den Regeln der Gesamtschuld gem. Art. 84 UZK.

Nach Art. 77 Abs. 2 UAbs. 2 UZK ist auch der sog. Informationsgeber weiterer Zollschuldner neben dem Anmelder (Gesamtschuldnerische Haftung gem. Art. 84 UZK).

IV. Bemessung der Zollschuld

1. Bemessungszeitpunkt, Art. 85 Abs. 1 UZK

Nach Art. 85 Abs. 1 UZK ist der Zeitpunkt des Entstehens der Zollschuld zugleich der Zeitpunkt für die Bemessung. Der Zeitpunkt des Entstehens ergibt sich bei der Überlassung zum zollrechtlich freien Verkehr aus Art. 77 Abs. 2 UZK; also ist auf den Zeitpunkt der Annahme der Zollanmeldung abzustellen. Dieser Zeitpunkt sollte hier genannt werden.

2. Abweichende Regelungen, Art. 86 UZK

a) Regelung gem. Art. 86 Abs. 1 UZK

Sind Kosten für die Lagerung entstanden bzw. für übliche Behandlungen (vgl. Art. 220 UZK), so werden weder die Kosten für die Lagerung der Waren noch ein sich aus einer üblichen Behandlung ergebender Wertzuwachs bei der Bemessung der Zollschuld berücksichtigt. Allerdings gilt dies nur, wenn der Zollanmelder einen zufriedenstellenden Nachweis für die Kosten vorlegt.

b) Regelung gem. Art. 86 Abs. 2 UZK

Hat eine übliche Behandlung gem. Art. 220 UZK zur Folge, dass sich die zolltarifliche Einreihung der in das Verfahren übergeführten Waren ändert, kann die ursprüngliche zolltarifliche Einreihung der Waren, die in das Verfahren übergeführt wurden, zugrunde gelegt werden, sofern der Zollanmelder dies beantragt. Ohne einen Antrag ist die „neue" zolltarifliche Einreihung maßgebend.

Beispiel für die Regelung in Art. 86 Abs. 2 UZK: Zubereitete (z.B. pasteurisierte) Erdbeeren der Position 2008, ohne Zusatz von Alkohol, mit Zusatz von Zucker, in Umschließungen mit einem Gewicht des Inhalts von mehr als 1 kg (Unterposition 2008 80 50 90 0), Zollsatz 17,6% werden in kleinere Gläser umgefüllt, Gewicht des Inhalts weniger als 1 kg (Unterposition 2008 80 70 00 0), Zollsatz 20,8%. Übliche Behandlung gem. Anhang 71-03 Abs. 18 mit zulässiger Änderung der Codenummer. Auf Antrag kann die zolltarifliche Einreihung bei der Überführung in das Zolllagerverfahren und damit in diesem Beispiel der Zollsatz von 17,7% zugrunde gelegt werden.

3. Bemessungsgrundlagen

Die Bemessungsgrundlagen sind: der Zollwert, die Menge, die Beschaffenheit und der Ursprung der Waren (vgl. auch Art. 86 Abs. 1 UAbs. 2 UZK). Zudem ist der Zollsatz eine weitere Bemessungsgrundlage. Denn nach Art. 56 Abs. 1 UZK ist der gemeinsame Zolltarif für die Ermittlung der Abgaben maßgeblich. Die zolltarifliche Einreihung kann sich durch eine übliche Behandlung unter Umständen ändern. In diesem Fall ist Art. 86 Abs. 2 UZK bei einem entsprechenden Antrag des Anmelder zu berücksichtigen.

ⓘ Die Bemessung ist sodann vorzunehmen. Regelmäßig wird der Zollwert der Waren in einem Klausursachverhalt nicht vorgegeben sein. In diesem Fall ist der Zollwert der Waren zu bestimmen. Dabei sind die Art. 70 ff. UZK maßgebend. Im Regelfall wird sich der Zollwert nach der Transaktionswertmethode bestimmen lassen. Dann sollte im Prüfungsaufbau der Punkt „4. Zollwert“ für die Prüfung gewählt werden. Vergleiche zur Transaktionswertmethode „Schema 22 – Prüfungsschema Zollwertrecht – Transaktionswertmethode gem. Art. 70 Abs. 1 UZK“.

Schema 38

Zollschuld gem. Art. 79 Abs. 1 a) UZK durch Entziehen von Waren während der Lagerung

I. Entstehungstatbestand, Art. 79 Abs. 1 a) UZK

1. Einfuhrabgabenpflichtige Nicht-Unionswaren

a) Waren

Definition: Waren sind körperliche, bewegliche Gegenstände, einschließlich des elektrischen Stroms (Z 0601 Abs. 101).

b) Nicht-Unionswaren, Art. 5 Nr. 24 UZK

Es muss sich um Nicht-Unionswaren handeln. Das ist der Fall, wenn die Voraussetzungen gem. Art. 5 Nr. 24 UZK vorliegen. Nicht-Unionswaren sind danach Waren, die nicht unter Art. 5 Nr. 23 UZK fallen. Dem Grunde nach erfordert diese Negativabgrenzung eine Prüfung der Voraussetzungen von Art. 5 Nr. 23 UZK. Wurden Waren aus einem Drittland in das Zollgebiet verbracht, liegen (regelmäßig) unproblematisch Nicht-Unionswaren vor. Im Übrigen gilt die Statusvermutung, dass es sich bei allen Waren, die sich im Zollgebiet befinden, um Unionswaren handelt, gem. Art. 153 Abs. 1 UZK i.V.m. Art. 119 Abs. 1 a) und c) DA nicht für Waren, die sich im Zolllagerverfahren befinden.

> **Formulierungsbeispiel**
>
> „Es handelt sich bei dem – Produkt nennen – um einen beweglichen Gegenstand, also um eine Ware. Die Ware stammt aus – Drittland nennen – und wurde in das Zollgebiet verbracht und erst hier zur Überlassung in die Lagerung angemeldet; damit liegt eine Nicht-Unionsware gem. Art. 5 Nr. 24 UZK vor. Zudem wird der Status einer Unionsware gem. Art. 153 Abs. 1 UZK i.V.m. Art. 119 Abs. 1 a) und c) DA nicht vermutet."

c) Einfuhrabgabenpflicht

Definition: Eine Ware ist einfuhrabgabenpflichtig, wenn nach dem Zolltarif ein Zoll vorgesehen ist und im Einzelfall keine außertariflichen Abgabenbefreiungen vorliegen (Z 0901 Abs. 108).

> **Formulierung in unproblematischen Fällen**
>
> In der Regel ist das Merkmal „einfuhrabgabenpflichtige Nicht-Unionsware" unproblematisch. In diesem Fall kann – im Urteilsstil – beispielsweise folgende Formulierung gebraucht werden:
>
> „Es handelt sich bei dem – Produkt nennen – um einen beweglichen Gegenstand, also um eine Ware. Die Ware stammt aus – Drittland nennen – und wurde in das Zollgebiet verbracht

und erst hier zur Überlassung in die Lagerung angemeldet; damit liegt eine Nicht-Unionsware gem. Art. 5 Nr. 24 UZK vor. Die Ware unterliegt einem Zollsatz nach dem Zolltarif. Außertarifliche Befreiungen sind nicht ersichtlich. Die Nicht-Unionsware ist demzufolge einfuhrabgabenpflichtig."

2. Entziehen aus der zollamtlichen Überwachung

a) Zollrechtliche Vorschriften in Bezug auf das Entziehen

In Art. 242 Abs. 1 UZK sind die Verantwortlichkeiten des Bewilligungsinhabers oder des Inhabers des Verfahrens während der Lagerung geregelt. Die Verpflichtung, dafür Sorge zu tragen, dass die Waren nicht der zollamtlichen Überwachung entzogen werden, ergibt sich dabei explizit aus Art. 242 Abs. 1 a) UZK. Daneben kann zudem auf Art. 134 Abs. 1 UAbs. 2 UZK zurückgegriffen werden.

§

Art. 242 Abs. 1 UZK – Pflichten des Bewilligungsinhabers oder des Inhabers des Verfahrens

Der Bewilligungsinhaber und der Inhaber des Verfahrens sind dafür verantwortlich, dass

a) die Waren im Zolllagerverfahren nicht der zollamtlichen Überwachung entzogen werden und

[...]

Art. 134 Abs. 1 UZK – Zollamtliche Überwachung

[...]

Sie bleiben so lange unter zollamtlicher Überwachung, wie dies für die Ermittlung des zollrechtlichen Status erforderlich ist, und sie dürfen daraus nicht ohne Erlaubnis der Zollbehörden entfernt werden.

[...]

b) Zollamtliche Überwachung

Zunächst ist festzustellen bzw. zu prüfen, dass bzw. ob eine zollamtliche Überwachung für die Waren besteht. Nach Art. 134 Abs. 1 UZK unterliegen Waren ab dem Eingang ins Zollgebiet der zollamtlichen Überwachung. Mit der Überlassung zur Lagerung endet die Überwachung nicht, sondern setzt sich im Rahmen der Lagerung fort. Die zollamtliche Überwachung besteht nach Art. 134 Abs. 1 UAbs. 4 UZK für Nicht-Unionswaren so lange, „bis sich ihr zollrechtlicher Status ändert oder sie aus dem Zollgebiet verbracht oder zerstört werden".

c) Entziehen

Definition: Eine Handlung oder Unterlassung, die dazu führt, dass zollamtliche Prüfungen (Art. 5 Nr. 3 UZK, „Zollkontrollen") an der Ware, wenn auch nur vorübergehend, nicht mehr vorgenommen werden können (vgl. Z 0901 Abs. 317).

Dies ist regelmäßig erst ab Gestellung der Fall (vgl. Z 0901 Abs. 319). Wurden die Waren in die Lagerung überlassen, ist dieses Kriterien ausreichend, um eine Gestellung der Waren zu bejahen. Denn ohne eine Gestellung ist es gem. Art. 172 Abs. 1 UZK nicht möglich, dass die Zollanmeldung zur Lagerung rechtwirksam angenommen werden kann.

Die Möglichkeit der Prüfung besteht – ausnahmsweise – fort, wenn die Zollstelle aus den vom Beteiligten vorzulegenden geeigneten Papieren den Ort, an dem sich die unveränderte Ware befindet, zeitnah feststellen kann, um dort Prüfungen vorzunehmen (vgl. Z 0901 Abs. 318). Auf subjektive Aspekte, insbesondere die Vorstellung des Handelnden, kommt es nicht an.

Beispiel für ein Entziehen: Entfernen der Ware aus dem Zolllager durch Diebstahl oder die zollrechtswidrige Auslieferung von Waren durch den Bewilligungsinhaber aus dem Zolllager an Dritte (z.B. an einen Kunden).

Vorübergehendes Entfernen (Art. 240 Abs. 3 UZK) als Entziehen

Nach Art. 240 Abs. 3 UZK bedarf es für ein vorübergehendes Entfernen aus dem Zolllager der vorherigen Bewilligung durch die Zollbehörden (außer bei höherer Gewalt). Ist keine entsprechende Bewilligung erteilt worden, liegt jedenfalls eine Pflichtverletzung vor, die als Entziehen zu qualifizieren ist. Wurde allerdings das unbewilligte vorübergehende Entfernen in den Bestandsaufzeichnungen dokumentiert, kann dies dazu führen, ein Entziehen zu verneinen (vgl. Z 0901 Abs. 318). In diesem Fall liegt gleichwohl eine Pflichtverletzung vor, die zur Zollschuldentstehung wegen Nichterfüllung einer Verpflichtung führen kann (vgl. dazu das nachfolgende Schema).

II. Zeitpunkt, Art. 79 Abs. 2 a) UZK

Die Zollschuld entsteht am Tag des Entziehens aus der zollamtlichen Überwachung, da zu diesem Zeitpunkt die zollrechtliche Verpflichtung, dafür zu sorgen, dass die Waren nicht der Überwachung entzogen werden, nicht mehr erfüllt werden kann.

III. Zollschuldner, Art. 79 Abs. 3 UZK

1. Zollschuldner nach Art. 79 Abs. 3 a) UZK

Zollschuldner ist gem. Art. 79 Abs. 3 a) UZK die Person, die die betreffende Verpflichtung zu erfüllen hatte. In diesem Fall sind das der Bewilligungsinhaber des Zolllagers und der Inhaber des Verfahrens (vgl. Art. 5 Nr. 35 UZK), denn diese Personen haben die Pflichten nach Art. 242 Abs. 1 UZK zu erfüllen. Bei einem privaten Zolllager (vgl. Art. 240 Abs. 2 UZK) sind diese Personen identisch. Auf die Besonderheiten bei öffentlichen Zolllagern soll nicht eingegangen werden, vgl. dazu Art. 242 Abs. 2 UZK und Art. 1 Nr. 32 und 33 DA.

2. Zollschuldner nach Art. 79 Abs. 3 b) UZK

Ein Beteiligter kann Zollschuldner nach Art. 79 Abs. 3 b) UZK werden, sofern die in der Norm geregelten weiteren subjektiven Elemente vorliegen („wissen oder wissen-müssen")

Beteiligt ist jede Person, die kausal zur Pflichtverletzung beigetragen hat (vgl. die Definition in Z 0901 Abs. 345 – Stichwort: Beteiligte Person). Damit ist auch ein Dieb Beteiligter im Sinne der Norm.

Bezüglich des subjektiven Elements des „vernünftigerweise hätte wissen-müssen" ist einerseits auf einen sorgfältig handelnden Dritten abzustellen. Maßgebend ist überdies, ob die beteiligte Person alles unternommen hat, was vernünftigerweise erwartet werden kann, in Bezug darauf, dass die entsprechende Verpflichtung eingehalten werden kann (vgl. dazu insgesamt die ausführliche Darstellung in Z 0901 Abs. 345 UAbs. 1 und 2).

IV. Erlöschen der Zollschuld, Art. 124 Abs. 1 h) UZK

Sollte ein Fall von Art. 86 Abs. 6 UZK vorliegen, ist dieser Punkt gesondert (vorab) zu prüfen. Ansonsten ist – bevor die Bemessung der Zollschuld geprüft wird – die Frage des Erlöschens der Zollschuld zu klären. Dabei ist insbesondere auf Art. 124 Abs. 1 h) UZK einzugehen. Die Voraussetzungen sind:

- Zollschuldentstehung nach Art. 79 UZK,
- der Verstoß darf nach Art. 124 Abs. 1 h) i) UZK keine erheblichen Auswirkungen auf die ordnungsgemäße Abwicklung des Zollverfahrens haben,
- zudem darf dem Verstoß nach Art. 124 Abs. 1 h) i) UZK kein Täuschungsversuch zugrunde liegen und
- nach Art. 124 Abs. 1 h ii) UZK müssen nachträglich alle Förmlichkeiten zur Bereinigung der Situation erfüllt worden sein.

1. Zollschuldentstehung nach Art. 79 UZK

Die Zollschuld muss nach Art. 79 UZK entstanden sein. Das ist der Fall, wenn die Nichterfüllung der Pflicht aus Art. 242 Abs. 1 a) oder b) UZK zur Zollschuldentstehung geführt hat.

2. Keine erheblichen Auswirkungen auf die ordnungsgemäße Abwicklung des Zollverfahrens, Art. 124 Abs. 1 h) i) UZK

a) Fälle ohne Auswirkungen nach Art. 103 DA

Ein Erlöschen kommt nach Art. 124 Abs. 1 h) i) UZK i.V.m. Art. 103 DA nur in Betracht, wenn die Verstöße keine erheblichen Auswirkungen auf die ordnungsgemäße Abwicklung eines Zollverfahrens haben. Das Zollverfahren (Art. 5 Nr. 16 UZK) ist in diesem Fall das Zolllagerverfahren.

Gemäß Art. 126 UZK ist die EU-Kommission befugt, die Fälle festzulegen, die keine erheblichen Auswirkungen auf die ordnungsgemäße Abwicklung eines Zollverfahrens haben. In Art. 103 DA ist hiervon Gebrauch gemacht worden.

b) Fall nach Art. 124 Abs. 1 h) i) UZK i.V.m. Art. 103 e) DA

Beispielsweise ist ein Fall, der keine erheblichen Auswirkungen auf die ordnungsgemäße Abwicklung hat, in Art. 124 Abs. 1 h) i) UZK i.V.m. Art. 103 e) DA normiert. Die Voraussetzungen sind:

- Zollschuldentstehung nach Art. 79 Abs. 1 a) UZK
- Betreffende Person hat die zuständigen Zollbehörden über den Verstoß unterrichtet,
- bevor Zollschuld mitgeteilt wurde oder Zollkontrolle angekündigt worden ist.

3. Kein Täuschungsversuch, Art. 124 Abs. 1 h) i) UZK

Die Zollschuld darf nicht durch einen Täuschungsversuch entstanden sein. Neben dem Versuch der Täuschung ist „Erst-Recht“ im Fall der Täuschung kein Erlöschen der Zollschuld möglich.

Eine Täuschung liegt vor, wenn der Beteiligte durch Verletzung von zollrechtlichen Vorschriften das Ziel verfolgt, Maßnahmen der Zollbehörden zu behindern oder zu vereiteln. Dabei kommt es nicht darauf an, dass der Beteiligte Einfuhrabgaben vorenthalten will. Verfolgt der Beteiligte allerdings das Ziel, die Einfuhrabgaben nicht oder nicht in gesetzlicher Höhe entrichten zu wollen, ist immer von einem Täuschungsversuch bzw. einer Täuschung auszugehen.

4. Bereinigung der Situation, Art. 124 Abs. 1 h) ii) UZK

Nachträglich muss die Person, die die einzuhaltenden Pflichten verletzt hat, gem. Art. 124 Abs. 1 h) ii) UZK die Förmlichkeiten erfüllen, die zur Bereinigung der Situation der Waren erforderlich sind.

Liegen die Voraussetzungen für ein Erlöschen gem. Art. 124 Abs. 1 h) i) UZK vor, ist die Prüfung an dieser Stelle beendet. Ansonsten ist die Bemessung der Zollschuld im Folgepunkt zu untersuchen.

VI. Bemessung der Zollschuld

Sollte die Zollschuld nicht erloschen sein, ist die Zollschuld zu bemessen.

1. Bemessungszeitpunkt, Art. 85 Abs. 1 UZK

Nach Art. 85 Abs. 1 UZK ist der Zeitpunkt des Entstehens der Zollschuld zugleich der Zeitpunkt für die Bemessung. Der Zeitpunkt des Entstehens ergibt sich aus Art. 79 Abs. 2 UZK; also ist auf den Zeitpunkt der Pflichtverletzung abzustellen. Dieser Zeitpunkt sollte hier genannt werden.

Die abweichenden Regelungen gem. Art. 86 Abs. 1 und Abs. 2 UZK sind nicht anwendbar. Beide Fälle beziehen sich inhaltlich nicht auf die Zollschuldentstehung gem. Art. 79 Abs. 1 a) UZK, sondern auf eine Zollschuldentstehung gem. Art. 77 Abs. 1 a) UZK. Denn beide Regelungen betreffen den Fall, dass ein Zollanmelder die abweichenden Bemessungsgrundlagen nachweist (Art. 86 Abs. 1 UZK) bzw. diese beantragt (Art. 86 Abs. 2 UZK). Dies ist nur im Rahmen der Abgabe einer Zollanmeldung zur Überlassung in den zollrechtlich freien Verkehr möglich.

2. Bemessungsgrundlagen

Die Bemessungsgrundlagen sind: der Zollwert, die Menge, die Beschaffenheit und der Ursprung der Waren (vgl. auch Art. 86 Abs. 1 UAbs. 2 UZK). Zudem ist der Zollsatz eine weitere Bemessungsgrundlage. Denn nach Art. 56 Abs. 1 UZK ist der gemeinsame Zolltarif für die Ermittlung der Abgaben maßgeblich.

ⓘ Die Bemessung ist sodann vorzunehmen. Regelmäßig wird der Zollwert der Waren in einem Klausursachverhalt nicht vorgegeben sein. In diesem Fall ist der Zollwert der Waren zu bestimmen. Dabei sind die Art. 70 ff. UZK maßgebend. Im Regelfall wird sich der Zollwert nach der Transaktionswertmethode bestimmen lassen. Dann sollte im Prüfungsaufbau der Punkt „3. Zollwert" für die Prüfung gewählt werden. Vergleiche zur Transaktionswertmethode „Schema 22 – Prüfungsschema Zollwertrecht – Transaktionswertmethode gem. Art. 70 Abs. 1 UZK".

Schema 39

Zollschuld gem. Art. 79 Abs. 1 a) UZK durch Nichterfüllung einer der in den zollrechtlichen Vorschriften festgelegten Verpflichtungen in Bezug auf die Lagerung

I. Entstehungstatbestand, Art. 79 Abs. 1 a) UZK

1. Einfuhrabgabenpflichtige Nicht-Unionswaren

a) Waren

Definition: Waren sind körperliche, bewegliche Gegenstände, einschließlich des elektrischen Stroms (Z 0601 Abs. 101).

b) Nicht-Unionswaren, Art. 5 Nr. 24 UZK

Es muss sich um Nicht-Unionswaren handeln. Das ist der Fall, wenn die Voraussetzungen gem. Art. 5 Nr. 24 UZK vorliegen. Nicht-Unionswaren sind danach Waren, die nicht unter Art. 5 Nr. 23 UZK fallen. Dem Grunde nach erfordert diese Negativabgrenzung eine Prüfung der Voraussetzungen von Art. 5 Nr. 23 UZK. Wurden Waren aus einem Drittland in das Zollgebiet verbracht, liegen (regelmäßig) unproblematisch Nicht-Unionswaren vor. Im Übrigen gilt die Statusvermutung, dass es sich bei allen Waren, die sich im Zollgebiet befinden, um Unionswaren handelt, gem. Art. 153 Abs. 1 i.V.m. Art. 119 Abs. 1 a) und c) DA nicht für Waren, die sich im Zolllagerverfahren befinden.

Formulierungsbeispiel

„Es handelt sich bei dem – Produkt nennen – um einen beweglichen Gegenstand, also um eine Ware. Die Ware stammt aus – Drittland nennen – und wurde in das Zollgebiet verbracht und erst hier zur Überlassung in die Lagerung angemeldet; damit liegt eine Nicht-Unionsware gem. Art. 5 Nr. 24 UZK vor. Zudem wird der Status einer Unionsware gem. Art. 153 UZK Abs. 1 i.V.m. Art. 119 Abs. 1 a) und c) DA nicht vermutet."

c) Einfuhrabgabenpflicht

Definition: Eine Ware ist einfuhrabgabenpflichtig, wenn nach dem Zolltarif ein Zoll vorgesehen ist und im Einzelfall keine außertariflichen Abgabenbefreiungen vorliegen (Z 0901 Abs. 108).

Formulierung in unproblematischen Fällen

In der Regel ist das Merkmal „einfuhrabgabenpflichtige Nicht-Unionsware" unproblematisch. In diesem Fall kann – im Urteilsstil – beispielsweise folgende Formulierung gebraucht werden:

„Es handelt sich bei dem – Produkt nennen – um einen beweglichen Gegenstand, also um eine Ware. Die Ware stammt aus – Drittland nennen – und wurde in das Zollgebiet verbracht und erst hier zur Überlassung in die Lagerung angemeldet; damit liegt eine Nicht-Unionsware gem. Art. 5 Nr. 24 UZK vor. Die Ware unterliegt einem Zollsatz nach dem Zolltarif. Außertarifliche Befreiungen sind nicht ersichtlich. Die Nicht-Unionsware ist demzufolge einfuhrabgabenpflichtig."

2. Verletzung von festgelegten Verpflichtungen in Bezug auf die Lagerung

a) Regelung in Art. 242 Abs. 1 b) UZK

Ergeben sich aus zollrechtlichen Vorschriften in Bezug auf die Lagerung Verpflichtungen, führt eine Pflichtverletzung zur Entstehung der Zollschuld gem. Art. 79 Abs. 1 a) UZK. Im Zolllagerverfahren ergeben sich Verpflichtungen aus Art. 242 Abs. 1 UZK.

§ **Art. 242 Abs. 1 UZK – Pflichten des Bewilligungsinhabers oder des Inhabers des Verfahrens**

Der Bewilligungsinhaber und der Inhaber des Verfahrens sind dafür verantwortlich, dass

a) die Waren im Zolllagerverfahren nicht der zollamtlichen Überwachung entzogen werden und

b) die Pflichten, die sich aus der Lagerung der Waren im Zolllagerverfahren ergeben, erfüllt werden.

In Art. 242 Abs. 1 a) UZK ergeben sich Verpflichtungen bei der Lagerung in Bezug auf ein Entziehen aus der zollamtlichen Überwachung. Diese Problematik wurde im vorstehden Schema beschrieben. Aus Art. 242 Abs. 1 b) UZK ergeben sich zusätzliche Verpflichtungen in Bezug auf die Lagerung, sofern sich aus anderweitigen Regelungen entsprechende Verpflichtungen ableiten lassen.

b) Einzuhaltende Pflichten (Fallvarianten)

aa) Übliche Lagerbehandlung, Art. 220 UZK

Die im Zolllagerverfahren befindlichen Waren dürfen sog. üblichen Lagerbehandlungen unterzogen werden. Die üblichen Behandlungen gem. Art. 220 UZK sind über Art. 180 DA in Anhang 71-03 DA beschrieben. Die Behandlungen sind nicht bewilligungspflichtig. Mit der Erteilung der Bewilligung für ein Zolllager ist der Bewilligungsinhaber berechtigt, übliche Behandlungen gem. Art. 220 UZK im Zolllager durchzuführen.

Allerdings müssen die Behandlungen in einer der Fallgruppen nach Anhang 71-03 DA erfasst sein. Ist das nicht der Fall, liegt keine übliche Behandlung, sondern eine über die übliche Behandlung hinausgehende unzulässige Behandlung der Waren, vor. Dann handelt es sich um einen Fall, in dem eine Pflicht nicht eingehalten wurde.

bb) Vorübergehendes Entfernen aus dem Zolllager, Art. 240 Abs. 3 UZK

Nach Art. 240 Abs. 3 UZK bedarf es für ein vorübergehendes Entfernen aus dem Zolllager der vorherigen Bewilligung durch die Zollbehörden (außer bei höherer Gewalt). Ist keine entsprechende Bewilligung erteilt worden, liegt eine Pflichtverletzung vor. In jedem Fall muss das unbewilligte vorübergehende Entfernen in den Bestandsaufzeichnungen dokumentiert worden sein. Ansonsten liegt bereits ein Fall des Entziehens vor.

II. Zeitpunkt, Art. 79 Abs. 2 a) UZK

Die Zollschuld entsteht am Tag der Pflichtverletzung, da ab diesem Tag die zollrechtliche Verpflichtung in Bezug auf die Lagerung nicht mehr erfüllt werden kann.

III. Zollschuldner, Art. 79 Abs. 3 a) UZK

Zollschuldner ist gem. Art. 79 Abs. 3 a) UZK die Person, die die betreffende Verpflichtung zu erfüllen hatte. In diesem Fall sind das der Bewilligungsinhaber des Zolllagers und der Inhaber des Verfahrens (vgl. Art. 5 Nr. 35 UZK), denn diese Personen haben die Pflichten nach Art. 242 Abs. 1 UZK zu erfüllen. Bei einem privaten Zolllager (vgl. Art. 240 Abs. 2 UZK) sind diese Personen identisch. Auf die Besonderheiten bei öffentlichen Zolllagern soll nicht eingegangen werden, vgl. dazu Art. 242 Abs. 2 UZK und Art. 1 Nr. 32 und 33 DA.

IV. Erlöschen der Zollschuld, Art. 124 Abs. 1 h) UZK

Sollte ein Fall von Art. 86 Abs. 6 UZK vorliegen, ist dieser Punkt gesondert (vorab) zu prüfen. Ansonsten ist – bevor die Bemessung der Zollschuld geprüft wird – die Frage des Erlöschens der Zollschuld zu klären. Dabei ist insbesondere auf Art. 124 Abs. 1 h) UZK einzugehen (Einzelheiten im Schema 38). Die Voraussetzungen sind:

- Zollschuldentstehung nach Art. 79 UZK,
- der Verstoß darf nach Art. 124 Abs. 1 h) i) UZK keine erheblichen Auswirkungen auf die ordnungsgemäße Abwicklung des Zollverfahrens haben,
- zudem darf dem Verstoß nach Art. 124 Abs. 1 h) i) UZK kein Täuschungsversuch zugrunde liegen und
- nach Art. 124 Abs. 1 h ii) UZK müssen nachträglich alle Förmlichkeiten zur Bereinigung der Situation erfüllt worden sein.

V. Bemessung der Zollschuld

Sollte die Zollschuld nicht erloschen sein, ist die Zollschuld zu bemessen.

1. Bemessungszeitpunkt, Art. 85 Abs. 1 UZK

Nach Art. 85 Abs. 1 UZK ist der Zeitpunkt des Entstehens der Zollschuld zugleich der Zeitpunkt für die Bemessung. Der Zeitpunkt des Entstehens ergibt sich aus Art. 79 Abs. 2 UZK; also ist auf den Zeitpunkt der Pflichtverletzung abzustellen. Dieser Zeitpunkt sollte hier genannt werden.

Die abweichenden Regelungen gem. Art. 86 Abs. 1 und Abs. 2 UZK sind nicht anwendbar. Beide Fälle beziehen sich inhaltlich nicht auf die Zollschuldentstehung gem. Art. 79 Abs. 1 a) UZK, sondern auf eine Zollschuldentstehung gem. Art. 77 Abs. 1 a) UZK. Denn beide Regelungen betreffen den Fall, dass ein Zollanmelder die abweichenden Bemessungsgrundlagen nachweist (Art. 86 Abs. 1 UZK) bzw. diese beantragt (Art. 86 Abs. 2 UZK). Dies ist nur im Rahmen der Abgabe einer Zollanmeldung zur Überlassung in den zollrechtlich freien Verkehr möglich.

2. Bemessungsgrundlagen

Die Bemessungsgrundlagen sind: der Zollwert, die Menge, die Beschaffenheit und der Ursprung der Waren (vgl. auch Art. 86 Abs. 1 UAbs. 2 UZK). Zudem ist der Zollsatz eine weitere Bemessungsgrundlage. Denn nach Art. 56 Abs. 1 UZK ist der gemeinsame Zolltarif für die Ermittlung der Abgaben maßgeblich.

ⓘ Die Bemessung ist sodann vorzunehmen. Regelmäßig wird der Zollwert der Waren in einem Klausursachverhalt nicht vorgegeben sein. In diesem Fall ist der Zollwert der Waren zu bestimmen. Dabei sind die Art. 70 ff. UZK maßgebend. Im Regelfall wird sich der Zollwert nach der Transaktionswertmethode bestimmen lassen. Dann sollte im Prüfungsaufbau der Punkt „3. Zollwert" für die Prüfung gewählt werden. Vergleiche zur Transaktionswertmethode „Schema 22 – Prüfungsschema Zollwertrecht – Transaktionswertmethode gem. Art. 70 Abs. 1 UZK".

Kapitel 5

Prüfungsschemata aktive Veredelung

Schema 40	Bewilligung einer aktiven Veredelung
Schema 41	Abrechnung einer aktiven Veredelung
Schema 42	Zollschuld gem. Art. 77 UZK nach aktiver Veredelung
Schema 43	Zollschuld gem. Art. 79 Abs. 1 a) UZK durch Entziehen bei aktiver Veredelung
Schema 44	Zollschuld gem. Art. 79 Abs. 1 a) UZK durch Nichterfüllung einer in den zollrechtlichen Vorschriften festgelegten Verpflichtung bei aktiver Veredelung
Schema 45	Zollschuld gem. Art. 79 Abs. 1 c) UZK durch Nichterfüllung einer Voraussetzung für die Überführung in die aktive Veredelung

Schema 40
Bewilligung einer aktiven Veredelung

I. Verfahren

Zuerst ist zu prüfen, ob die aktive Veredelung nach Art. 256 Abs. 1 UZK das beantragte und damit in Betracht kommende Verfahren ist. Dazu muss der Geltungsbereich dieser Norm eröffnet sein, d.h., die Voraussetzungen des Art. 256 Abs. 1 UZK müssen hier vorliegen.

Geltungsbereich gem. Art. 256 Abs. 1 UZK

1. Voraussetzungen

- Nicht-Unionswaren, Art. 5 Nr. 24 UZK
- im Zollgebiet der Union, Art. 4 UZK
- Durchführung von Veredelungsvorgängen, Art. 5 Nr. 37 UZK

Beachte: Nach Art. 256 Abs. 2 UZK ist außer im Fall der Ausbesserung und der Zerstörung das Nämlichkeitsprinzip zu beachten, d.h., es ist sicherzustellen, dass die Waren, die in die aktive Veredelung übergeführt worden sind, auch in den Veredelungserzeugnissen enthalten sind (Ausnahme bei Ersatzwaren nach Art. 223 UZK).

Beachte: Nach Art. 256 Abs. 3 UZK kann die aktive Veredelung auch für die Durchführung von Veredelungsvorgängen, die der Sicherstellung technischer Anforderungen dienen, oder für die Durchführung von üblichen Behandlungen gem. Art. 220 UZK genutzt werden.

2. Rechtsfolge

Bei einer aktiven Veredelung unterliegen die Nicht-Unionswaren weder Einfuhrabgaben (Art. 5 Nr. 20 UZK) noch sonstigen Abgaben. Zudem finden handelspolitische Maßnahmen, soweit sie nicht das Verbringen in oder aus dem Zollgebiet untersagen, keine Anwendung.

II. Erforderlichkeit der Bewilligung

Gemäß Art. 211 Abs. 1 a) UZK ist für die Inanspruchnahme einer aktiven Veredelung stets eine Bewilligung erforderlich.

§

Art. 211 Abs. 1 UZK – Bewilligung

Eine Bewilligung der Zollbehörden ist erforderlich für

a) die Inanspruchnahme der aktiven oder passiven Veredelung […]

Die Voraussetzungen für die Inanspruchnahme eines oder mehrerer der in Unterabsatz 1 genannten Verfahren […] werden in der Bewilligung festgelegt.

[…]

III. Formelle Bewilligungsvoraussetzungen (Normalverfahren bei Vorabbewilligung)

Die formellen Bewilligungsvoraussetzungen umfassen die Fragen, wer Antragsteller sein kann, ob bzw. wie ein Antrag zu stellen ist und ob die Voraussetzungen für die Annahme des Antrags erfüllt sind.

Im Normalverfahren wird eine förmliche Bewilligung vorab, d.h. vor Überführung der Waren in die aktive Veredelung, erteilt. Andererseits besteht unter den Voraussetzungen des Art. 163 Abs. 1 c) und Abs. 2 DA auch die Möglichkeit eines vereinfachten Bewilligungsverfahrens, in dem die Zollanmeldung zur Überführung in die aktive Veredelung als Antrag auf Bewilligung der aktiven Veredelung gilt.

Eine rückwirkende Bewilligung gem. Art. 211 Abs. 2 UZK ist grundsätzlich nur im Normalverfahren möglich, Art. 163 Abs. 2 h) DA.

1. Antragsteller

Artikel 22 Abs. 1 UZK verlangt von der Person, die eine Entscheidung, d.h. hier die Bewilligung einer aktiven Veredelung, beantragt, dass sie alle erforderlichen Informationen, die die zuständige Zollstelle benötigt, dieser übermittelt. Antragsteller ist damit die Person, die die Bewilligung der aktiven Veredelung beantragt und die dazugehörigen Informationen vorlegt. Dementsprechend ist der Antragsteller auch der künftige Inhaber der Bewilligung.

§ **Art. 5 Nr. 4 UZK – Begriffsbestimmungen** ***(Definition „Person")***

Eine „Person" ist eine natürliche Person, eine juristische Person oder eine Personenvereinigung, die keine juristische Person ist, die jedoch nach Unionsrecht oder nach einzelstaatlichem Recht die Möglichkeit hat, im Rechtsverkehr wirksam aufzutreten.

2. Antrag

Gemäß Art. 22 Abs. 1 UZK und Art. 6 Abs. 1 UZK ist ein elektronischer Antrag notwendig. Dabei sind die gemeinsamen Datenanforderungen nach Art. 6 Abs. 2 UZK i.V.m. Art. 2 Abs. 1 DA, Anhang A zu beachten.

Derzeit ist in Deutschland kein elektronisches System zur Antragstellung betriebsbereit. Daher ist vorerst gem. Art. 278 Abs. 1 UZK und Art 22 TDA ein schriftlicher Antrag nach dem Vordruck in Anhang 12 TDA bei der zuständigen Zollstelle zu stellen.

EU-Trader-Portal

Für mitgliedstaatenübergreifende Bewilligungen, d.h. Bewilligungen, bei denen mehr als ein Mitgliedstaat betroffen ist, wird der Antrag elektronisch über das EU-Trader-Portal gestellt.

3. Annahme des Antrags, Art. 22 Abs. 2 UZK, Art. 11 DA

Vor der Genehmigung des Antrags erfolgt dessen Annahme. Nach Art. 22 Abs. 2 UZK prüft die zuständige Zollstelle innerhalb von 30 Tagen nach Eingang des Antrags, ob die Bedingungen für die Annahme vorliegen.

Die Bedingungen für die Annahme des Antrags sind in Art. 11 DA, insbesondere im Art. 11 Abs. 1 a) bis d) DA, geregelt:

- **Buchstabe a):** Registrierung des Antragstellers nach Art. 9 UZK mittels EORI-Nummer (Art. 1 Nr. 18 DA)
- **Buchstabe b):** Ansässigkeit des Antragstellers im Zollgebiet der Union (Art. 5 Nr. 31 UZK), die auch nach Art. 211 Abs. 3 a) UZK für die Bewilligung des Verfahrens erforderlich ist
- **Buchstabe c):** Antragsstellung bei der zuständigen Zollbehörde nach Art. 22 Abs. 1 UAbs. 3 UZK. Demnach ist die Zollstelle an dem Ort, an dem die Hauptbuchhaltung des Antragstellers geführt wird, zuständig. Kann die zuständige Zollstelle nicht nach Art. 22 Abs. 1 UAbs. 3 UZK festgestellt werden, ist Art. 12 DA heranzuziehen.
- **Buchstabe d):** Innerhalb eines Jahres vor Antragstellung keine Rücknahme und kein Widerruf einer früheren Bewilligung über die aktive Veredelung wegen Nichterfüllung der Pflichten. Der Zeitraum kann unter den Voraussetzungen des Art. 11 Abs. 2 DA auf drei Jahre ausgedehnt werden.

Hinweis

Eine Annahme des Antrags ist gem. Art. 12 IA erst möglich, wenn alle benötigten Informationen der zuständigen Zollstelle vorliegen. Ab der Annahme des Antrags beginnen die Bearbeitungsfristen gem. Art. 22 Abs. 3 UZK. Grundsätzlich ist dem Antragsteller innerhalb von 120 Tagen nach der Annahme die Entscheidung mitzuteilen, sofern nichts anderes bestimmt ist. Hier stellt der Art. 171 Abs. 1 DA eine solche anderweitige Bestimmung dar, wonach sich die Frist auf 30 Tage verkürzt, wenn nur ein Mitgliedstaat an der Bewilligungserteilung beteiligt ist.

Exkurs: Vereinfachtes Verfahren

Unter den Voraussetzungen des Art. 163 Abs. 1 c) und Abs. 2 DA kann der Antrag auf Bewilligung einer aktiven Veredelung auch durch eine elektronische Zollanmeldung erfolgen. Das Antragsverfahren wird also vereinfacht, indem vorab kein eigenständiger Antrag auf Bewilligung bei der zuständigen Zollstelle zu stellen ist. Vielmehr gilt unter bestimmten Voraussetzungen die Zollanmeldung zur Überführung in die aktive Veredelung als Antrag auf eine Bewilligung.

Nach Art. 163 Abs. 1 c) DA ist eine Antragstellung mittels Zollanmeldung zur Überführung in die aktive Veredelung grundsätzlich nur möglich, wenn andere als in Anhang 71-02 DA genannte Waren in die aktive Veredelung übergeführt werden sollen und der Zollanmeldung zusätzliche Datenelemente gem. Anhang A DA beigefügt werden.

Beachte: Eine vereinfachte Antragstellung mittels Zollanmeldung ist jedoch nach Art. 163 Abs. 2 DA in folgenden Fällen nicht möglich:

- bei vereinfachter Zollanmeldung oder Zollanmeldung mittels Anschreibung in der Buchführung,
- bei zentraler Zollabwicklung,
- bei einem Antrag auf Erteilung einer Bewilligung, an der mehrere Mitgliedstaaten beteiligt sind (sog. einzige Bewilligung),
- bei einem Antrag auf Verwendung von Ersatzwaren gem. Art. 223 UZK,
- bei Unterrichtung des Anmelders durch die zuständige Zollstelle, dass eine Prüfung der wirtschaftlichen Voraussetzungen gem. Art. 211 Abs. 6 UZK erforderlich ist,
- bei Anwendung des Art. 167 Abs. 1 f) DA (= Waren des Anhangs 71-02 in einer der dort genannten Situationen),
- bei einem Antrag auf rückwirkende Bewilligung.

IV. Materielle Bewilligungsvoraussetzungen

Die materiellen Bewilligungsvoraussetzungen umfassen die persönlichen Voraussetzungen gem. Art. 211 Abs. 3 UZK, die der Antragsteller zu erfüllen hat, die sachlichen Voraussetzungen gem. Art. 211 Abs. 4 UZK sowie die sog. zolltechnischen Voraussetzungen.

1. Persönliche Voraussetzungen, Art. 211 Abs. 3 UZK

a) Ansässigkeit, Art. 211 Abs. 3 a) UZK

Die Ansässigkeit des Antragstellers stellt gem. Art. 211 Abs. 3 a) UZK auch eine materielle Bewilligungsvoraussetzung dar. Da sie jedoch schon im Rahmen des Art. 11 DA als Bedingung für die Annahme geprüft worden ist, kann an dieser Stelle auf eine erneute Prüfung verzichtet werden.

b) Erforderliche Gewähr, Art. 211 Abs. 3 b) UZK

Der Antragsteller muss für die ordnungsgemäße Durchführung der aktiven Veredelung die erforderliche Gewähr bieten. Bei einem AEO C bzw. AEO F wird davon ausgegangen, dass er diese Voraussetzung erfüllt (vgl. den Wortlaut der Norm).

c) Sicherheitsleistung, Art. 211 Abs. 3 c) UZK

Der Antragsteller muss gem. Art. 211 Abs. 3 c) UZK eine Sicherheit nach Art. 89 ff. UZK leisten. Diese Sicherheitsleistung kann für mehrere Zollverfahren gemeinsam erfolgen, Art. 89 Abs. 5 i.V.m. Art. 95 Abs. 1 UZK. In diesem Fall spricht man von einer Gesamtsicherheit.

> **Hinweis**
>
> Die Notwendigkeit einer Sicherheitsleistung kann auch – statt in den persönlichen Voraussetzungen – im Rahmen der zolltechnischen Voraussetzungen oder als separate Bewilligungsvoraussetzung geprüft werden.

d) Antragsteller ist der „Herr des Verfahrens", Art. 211 Abs. 3 d) UZK

Nach Art. 211 Abs. 3 d) UZK muss der Antragsteller bzw. Bewilligungsinhaber die Waren selbst veredeln oder zumindest ihre Veredelung veranlassen.

2. Sachliche Voraussetzungen, Art. 211 Abs. 4 UZK

a) Verhältnismäßiger Verwaltungsaufwand, Art. 211 Abs. 4 a) UZK

Es ist zu prüfen, ob der Verwaltungsaufwand für die zollamtliche Überwachung der aktiven Veredelung nicht außer Verhältnis zum wirtschaftlichen Bedürfnis des Antragstellers steht. Ergeben sich aus einem Klausursachverhalt keine anderweitigen Hinweise, ist davon auszugehen, dass der Verwaltungsaufwand nicht unverhältnismäßig hoch ist.

b) Wirtschaftliche Voraussetzungen, Art. 211 Abs. 4 b) UZK

Die wirtschaftlichen Voraussetzungen ergeben sich aus Art. 211 Abs. 4 b) UZK sowie Art. 166 und 167 DA. Grundsätzlich darf nach Art. 211 Abs. 4 b) UZK die Bewilligung einer aktiven Veredelung keine wesentlichen Interessen von Herstellern (dieser Art von Veredelungserzeugnissen) in der Union beeinträchtigen.

Bei Vorgängen, die in Art. 167 DA erfasst werden, gelten die wirtschaftlichen Voraussetzungen gem. Art. 211 Abs. 5 UZK als erfüllt bzw. die wesentlichen Interessen als nicht gefährdet.

> § **Art. 167 Abs. 1 DA – Fälle, in denen die wirtschaftlichen Voraussetzungen für die aktive Veredelung als erfüllt gelten (Artikel 211 Absatz 5 des Zollkodex)**
>
> Die wirtschaftlichen Voraussetzungen für die aktive Veredelung gelten als erfüllt, wenn der Antrag einen der folgenden Vorgänge betrifft:
>
> a) Veredelung von Waren, die nicht in Anhang 71-02 geführt werden;
>
> b) Ausbesserung;
>
> […]

Hier ist insbesondere der Art. 167 Abs. 1 a) DA zu beachten. Demnach gelten die wirtschaftlichen Voraussetzungen für die Veredelung von Waren, die nicht in

Anhang 71-02 DA geführt werden, als erfüllt. Anhang 71-02 erfasst insbesondere Waren der Marktorganisation. Demzufolge werden die wesentlichen Interessen bei allen anderen gewerblichen Waren im Regelfall nicht gefährdet.

Liegt kein Fall des Art. 167 DA vor, sind die wirtschaftlichen Voraussetzungen nach Maßgabe des Art. 166 Abs. 1 DA zu prüfen.

3. Zolltechnische Voraussetzungen

a) Geeignete Aufzeichnungen, Art. 214 UZK

Der Bewilligungsinhaber muss nach Art. 214 Abs. 1 UZK geeignete Aufzeichnungen in der von den Zollbehörden genehmigten Form führen. Der Inhalt dieser Aufzeichnungen ist Art. 178 DA zu entnehmen. Bei einem AEO C bzw. AEO F wird gem. Art. 214 Abs. 2 UZK davon ausgegangen, dass er diese Voraussetzung erfüllt, sofern seine Aufzeichnungen auch für die Zwecke einer aktiven Veredelung geeignet sind.

b) Sicherung der Nämlichkeit, Art. 256 Abs. 2 UZK, Art. 192 Abs. 1 UZK

Gemäß Art. 192 Abs. 1 UZK haben die Zollbehörden die geeigneten Maßnahmen zur Sicherung der Nämlichkeit zu treffen, wenn diese erforderlich sind. Dieses Erfordernis der Nämlichkeit ergibt sich bei der aktiven Veredelung aus Art. 256 Abs. 2 UZK. Demnach darf die aktive Veredelung nur angewendet werden, wenn die Veredelungserzeugnisse aus den in die aktive Veredelung übergeführten Waren hergestellt wurden. Die Mittel zur Nämlichkeitssicherung sind gem. Art. 240 Abs. 1 a) DA in der Bewilligung anzugeben.

Im Fall der Verwendung von Ersatzwaren (Art. 223 UZK) ist jedoch unter Beachtung des Äquivalenzprinzips ein Austausch von Waren möglich.

§

Art. 223 UZK – Ersatzwaren

(1) Ersatzwaren sind Unionswaren, die anstelle der in ein besonderes Verfahren übergeführten Waren gelagert, verwendet oder veredelt werden. [...]

Sofern nichts anderes bestimmt ist, müssen die Ersatzwaren demselben achtstelligen KN-Code zugewiesen sein und dieselbe Handelsqualität sowie dieselben technischen Merkmale aufweisen wie die Waren, die sie ersetzen.

(2) Unter der Voraussetzung, dass der ordnungsgemäße Ablauf des besonderen Verfahrens – insbesondere in Bezug auf die zollamtliche Überwachung – gewährleistet ist, bewilligen die Zollbehörden auf Antrag

a) die Verwendung von Ersatzwaren im Rahmen eines Zolllagers, einer Freizone, einer Endverwendung und einer Veredelung *(bei aktiver Veredelung IM/EX, Art. 1 Nr. 30 DA)*,

[...]

c) im Falle der aktiven Veredelung die Ausfuhr der aus den Ersatzwaren hergestellten Veredelungserzeugnisse vor der Einfuhr der Waren, die sie ersetzen *(bei aktiver Veredelung EX/IM, Art. 1 Nr. 29 DA)* […]

(3) Die Verwendung von Ersatzwaren wird nicht bewilligt,

a) wenn ausschließlich die üblichen Behandlungen im Sinne des Artikels 20 bei der aktiven Veredelung durchgeführt werden, […].

Beachte:

Art. 269 Abs. 2 IA – Status von Ersatzwaren (Artikel 223 des Zollkodex) *(Statuswechsel bei der aktiven Veredelung IM/EX)*

Im Fall einer aktiven Veredelung werden die Ersatzwaren und die aus ihnen hergestellten Veredelungserzeugnisse zu Nicht-Unionswaren und die Waren, die sie ersetzen, zu Unionswaren, sobald sie in das anschließende Zollverfahren, mit dem das Verfahren erledigt wird, übergeführt werden oder die Veredelungserzeugnisse das Zollgebiet der Union verlassen haben.

Gelangen die in die aktive Veredelung übergeführten Waren jedoch vor Erledigung des Verfahrens in den Wirtschaftskreislauf der Union, so wechselt ihr zollrechtlicher Status im Zeitpunkt dieses Verbringens auf den Markt. Ist zu erwarten, dass die Ersatzwaren zum Zeitpunkt, zu dem die Waren auf den Markt gebracht werden, nicht verfügbar sind, können die Zollbehörden auf Antrag des Inhabers des Verfahrens in Ausnahmefällen zulassen, dass die Ersatzwaren zu einem späteren von ihnen festzusetzenden Zeitpunkt innerhalb einer angemessenen Frist verfügbar sind.

Art. 269 Abs. 3 IA – Status von Ersatzwaren (Artikel 223 des Zollkodex) *(Statuswechsel bei der aktiven Veredelung EX/IM)*

Im Fall einer vorzeitigen Ausfuhr von Veredelungserzeugnissen im Rahmen der aktiven Veredelung werden die Ersatzwaren und die aus ihnen hergestellten Veredelungserzeugnisse rückwirkend zum Zeitpunkt ihrer Überführung in das Ausfuhrverfahren zu Nicht-Unionswaren, sofern die einzuführenden Waren in jenes Verfahren übergeführt werden.

[…]

c) Festlegung der Ausbeute, Art. 255 UZK

Soweit die Ausbeute nicht bereits gesetzlich geregelt ist, legen die Zollbehörden in der Bewilligung die Ausbeute und ggf. die Methode zur Berechnung der Ausbeute gem. Art. 255 UZK fest.

§

Art. 5 Nr. 38 UZK – Begriffsbestimmungen *(Definition „Ausbeute“)*

„Ausbeute“ ist die Menge oder der Prozentsatz der Veredelungserzeugnisse, die beziehungsweise der bei der Veredelung einer bestimmten Menge von in ein Veredelungsverfahren übergeführten Waren gewonnen wird.

d) Keine Rückveredelung, Art. 240 Abs. 3 a) DA

Artikel 240 Abs. 3 a) DA fordert, dass zum Zeitpunkt der Überführung der Veredelungserzeugnisse in den zollrechtlich freien Verkehr, diese nicht in wirtschaftlich lohnender Weise wieder in den Zustand vor der Veredelung versetzt werden können.

V. Bewilligungserteilung (Normalverfahren bei Vorabbewilligung)

In der Bewilligung werden gem. Art. 211 Abs. 1 a), UAbs. 2 UZK, Art. 240 DA die Voraussetzungen für die Inanspruchnahme der aktiven Veredelung geregelt.

- **Form der Bewilligung:** Die Bewilligung im Normalverfahren soll gem. Art. 6 Abs. 1 UZK elektronisch erteilt werden. Derzeit ist jedoch in Deutschland kein entsprechendes elektronisches System betriebsbereit, sodass vorerst gem. Art. 278 Abs. 1 UZK und Art. 22 TDA eine schriftliche Bewilligung nach dem Vordruck in Anhang 12 TDA erteilt wird.

Exkurs: Vereinfachtes Verfahren

Wird die Bewilligung der aktiven Veredelung im vereinfachten Verfahren gem. Art. 163 Abs. 1 c) DA beantragt, so erfolgt die Bewilligungserteilung durch Überlassung in die aktive Veredelung gem. Art. 262 IA.

- **Entscheidungsfrist:** Die Bewilligung ist eine Entscheidung nach Art. 5 Nr. 39 UZK. Sie ist daher spätestens 120 Tage nach Annahme des Antrags gem. Art. 22 Abs. 3 UAbs. 1 UZK zu erteilen, sofern nichts anderes bestimmt ist. In diesem Fall stellt der Art. 171 Abs. 1 UAbs. 1 DA eine anderweitige Bestimmung dar, wonach sich die Frist auf 30 Tage reduziert, wenn nur ein Mitgliedstaat an der Bewilligungserteilung beteiligt ist.
- **Wirksamkeit:** Die Bewilligung wird grundsätzlich mit Zustellung wirksam (Art. 22 Abs. 4 UZK). Eine anderweitige Regelung zum Tag des Wirksamwerdens befindet sich in Art. 14 DA.
- **Gültigkeit:** Abweichend von Art. 22 Abs. 5 UZK ist die Bewilligung nach Art. 173 DA maximal 5 Jahre gültig (Gültigkeit auf 3 Jahre begrenzt bei Waren des Anhangs 71-02 DA).
- **Frist für die Erledigung:** In der Bewilligung legen die Zollbehörden die Frist für die Erledigung der aktiven Veredelung nach Art. 215 Abs. 1 und 4 UZK i.V.m. Art. 257 Abs. 1 UZK fest. Gemäß Art. 257 Abs. 1 UAbs. 2 UZK richtet sich der Fristbeginn nach der Überführung in die aktive Veredelung und die Fristdauer nach dem Zeitaufwand, der für die Veredelungsvorgänge und die Erledigung erforderlich ist.

§

Art. 1 Nr. 23 DA – Begriffsbestimmungen ***(Definition „Frist für die Erledigung")***

„Frist für die Erledigung" ist die Frist, in der in ein besonderes Verfahren, ausgenommen den Versand, übergeführte Waren oder Veredelungserzeugnisse in ein anschließendes Zollverfahren übergeführt werden, zerstört werden, aus dem Zollgebiet der Union verbracht werden oder ihrer vorgeschriebenen Endverwendung zugeführt werden müssen. [...]

Art. 257 UZK – Frist für die Erledigung

(1) Die Zollbehörden setzen die Frist fest, innerhalb deren die aktive Veredelung gemäß Artikel 216 zu erledigen ist.

Diese Frist beginnt mit der Überführung der Nicht-Unionswaren in das Verfahren und berücksichtigt den Zeitaufwand, der für die Veredelungsvorgänge und die Erledigung des Verfahrens erforderlich ist.

(2) Die Zollbehörden können die in Absatz 1 angegebene Frist auf begründeten Antrag des Bewilligungsinhabers um einen angemessenen Zeitraum verlängern.

In der Bewilligung kann festgelegt werden, dass die Fristen, die während eines Monats, Vierteljahres oder Halbjahres beginnen, jeweils am letzten Tag eines darauf folgenden Monats, Vierteljahres oder Halbjahres ablaufen. [...]

Gemäß Art. 257 Abs. 2 UAbs. 1 UZK können die Zollbehörden diese Frist auf begründeten Antrag des Bewilligungsinhabers verlängern. Nach Art. 174 Abs. 1 DA kann diese Verlängerung auch nachträglich, d.h. nach Ablauf der ursprünglichen Frist, erfolgen.

Zudem sind die Möglichkeiten einer automatischen Fristverlängerung nach Art. 174 Abs. 2 DA und einer Globalisierung nach Art. 257 Abs. 2 UAbs. 2 UZK zu beachten.

VI. Rückwirkende Bewilligung

Unter den Voraussetzungen des Art. 211 Abs. 2 UZK und des Art. 172 DA kann die Bewilligung der aktiven Veredelung auch rückwirkend erteilt werden.

1. Voraussetzungen gem. Art. 211 Abs. 2 UZK

Dafür müssen zunächst die Voraussetzungen des Art. 211 Abs. 2 UZK kumulativ vorliegen.

§

Art. 211 Abs. 2 UZK – Bewilligung ***(Rückwirkende Bewilligung)***

Die Zollbehörden erteilen eine Bewilligung rückwirkend, wenn alle folgenden Voraussetzungen erfüllt sind:

a) es besteht eine nachgewiesene wirtschaftliche Notwendigkeit,

b) der Antrag hängt nicht mit betrügerischen Absichten zusammen,

c) der Antragsteller hat anhand seiner Buchhaltung oder anderer Aufzeichnungen nachgewiesen, dass

i) alle Voraussetzungen für das Verfahren erfüllt sind,

ii) gegebenenfalls die Nämlichkeit der Waren für den betreffenden Zeitraum festgestellt werden kann,

iii) die zollamtliche Prüfung des Verfahrens möglich ist,

d) allen erforderlichen Formalitäten zur Regelung der neuen rechtlichen Verhältnisse kann Rechnung getragen werden, einschließlich, soweit erforderlich, der Ungültigerklärung der betreffenden Zollanmeldung,

e) dem Antragsteller wurde in den drei Jahren vor Annahme des Antrags keine rückwirkende Bewilligung erteilt,

f) eine Prüfung der wirtschaftlichen Voraussetzungen ist nicht erforderlich, außer wenn die Erneuerung einer für denselben Vorgang und dieselben Waren bereits erteilten Bewilligung beantragt wird,

g) der Antrag betrifft nicht den Betrieb von Lagerstätten zur Zolllagerung von Waren,

h) wird die Erneuerung einer für denselben Vorgang und dieselben Waren bereits erteilten Bewilligung beantragt, so wird der Antrag binnen drei Jahren nach Ablauf der Gültigkeit der ursprünglichen Bewilligung gestellt.

Zollbehörden können eine rückwirkende Bewilligung auch dann erteilen, wenn die Waren, die in ein Zollverfahren übergeführt wurden, zum Zeitpunkt der Annahme des Antrags auf eine derartige Bewilligung nicht mehr verfügbar waren.

2. Rückwirkungszeitpunkt gem. Art. 172 DA

Anschließend ist der Zeitpunkt, zu dem die Bewilligung zurückwirkt, nach Art. 172 DA zu bestimmen.

§

Art. 172 DA – Rückwirkende Bewilligung (Artikel 22 Absatz 4 des Zollkodex)

(1) Erteilen die Zollbehörden gemäß Artikel 211 Absatz 2 des Zollkodex eine Bewilligung rückwirkend, wird die Bewilligung frühestens ab dem Datum der Annahme des Antrags wirksam.

(2) Unter außergewöhnlichen Umständen können die Zollbehörden zulassen, dass eine Bewilligung gemäß Absatz 1 frühestens ein Jahr, im Fall von Waren, die unter Anhang 71-02 fallen, frühestens drei Monate vor dem Datum der Annahme des Antrags wirksam wird.

(3) Wird die Erneuerung einer für denselben Vorgang und dieselben Waren bereits erteilten Bewilligung beantragt, so kann eine Bewilligung mit Rückwirkung bis zu dem Zeitpunkt, an dem die vorausgegangene Bewilligung unwirksam wurde, erteilt werden.

[...]

a) Datum der Annahme des Antrags, Art. 172 Abs. 1 DA

Bei einer rückwirkenden Bewilligungserteilung nach Art. 211 Abs. 2 UZK ist im Regelfall eine Rückwirkung frühestens zum Zeitpunkt der Annahme des Antrags möglich.

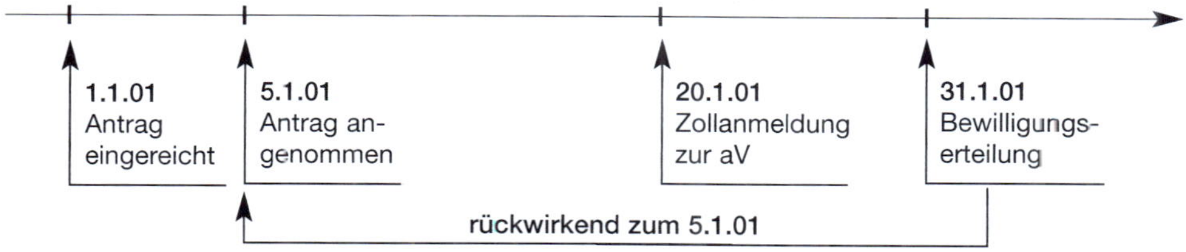

b) Ein Jahr vor Annahme des Antrags, Art. 172 Abs. 2 DA

Nur bei Vorliegen außergewöhnlicher Umstände können die Zollbehörden eine Rückwirkung bis zu einem Jahr vor Annahme des Antrags zulassen. Bei Waren des Anhangs 71-02 ist die Rückwirkung auf maximal drei Monate vor Antragsannahme begrenzt.

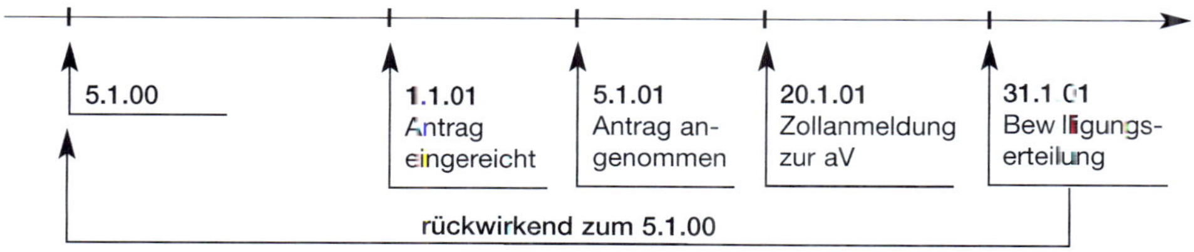

c) Zeitpunkt der Unwirksamkeit der vorherigen Bewilligung, Art. 172 Abs. 3 DA

Anders als Art. 172 Abs. 1 und Abs. 2 UZK setzt Art. 172 Abs. 3 UZK voraus, dass zu einem früheren Zeitpunkt eine Bewilligung zur aktiven Veredelung schon einmal erteilt worden ist. Hier handelt es sich folglich nicht um einen Erstantrag, sondern um einen Antrag auf Erneuerung einer für denselben Vorgang und dieselbe Ware bereits erteilten Bewilligung, die zwischenzeitlich unwirksam geworden ist.

Die Rückwirkung ist nach Art. 172 Abs. 3 UAbs. 1 DA maximal bis zum Zeitpunkt der Unwirksamkeit der vorausgegangenen Bewilligung möglich. Ist im Rahmen der Erneuerung der Bewilligung eine Prüfung der wirtschaftlichen Voraussetzungen gem. Art. 211 Abs. 6 UZK erforderlich, ist die Rückwirkung nach Art. 172 Abs. 3 UAbs. 2 DA auf den Zeitpunkt, an dem das Prüfungsergebnis vorliegt, begrenzt.

Im Fall eines Erneuerungsantrags ist Art. 211 Abs. 2 h) UZK zu beachten. Demnach muss ein solcher Antrag innerhalb von drei Jahren nach Ablauf der Gültigkeit der vorherigen Bewilligung gestellt werden, damit eine Rückwirkung der Bewilligung zulässig ist.

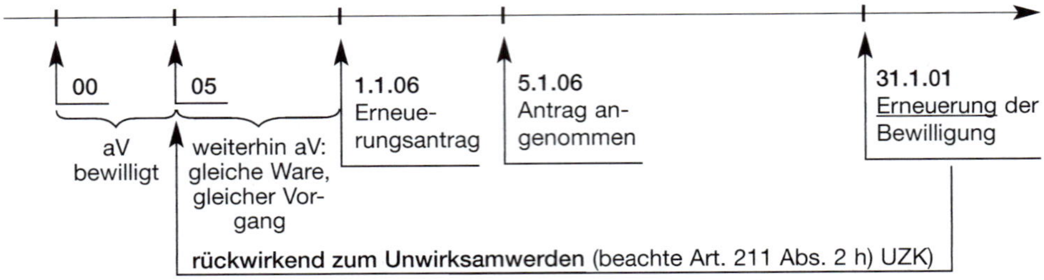

Beachte: Auswirkung auf Zollschuld nach Art. 79 UZK

Wird die Bewilligung rückwirkend erteilt, liegt keine Nichterfüllung einer Pflicht i.S.d. Art. 79 Abs. 1 UZK vor!

Schema 41
Abrechnung einer aktiven Veredelung

I. Sinn und Zweck der Abrechnung

Die Abrechnung der aktiven Veredelung dient der Feststellung, ob das Verfahren ordnungsgemäß durchgeführt worden ist und ob bzw. in welcher Höhe (bezogen auf die Warenmenge) ggf. eine Zollschuld entstanden ist. Rechtsgrundlage für die Erstellung der Abrechnung ist der Art. 175 DA.

II. Zeitpunkt der Vorlage der Abrechnung

1. Bestimmung der Abgabefrist, Art. 175 Abs. 1 DA

Die Abrechnung ist innerhalb von 30 Tagen nach Ablauf der Erledigungsfrist durch den Bewilligungsinhaber bei der Überwachungszollstelle vorzulegen.

Verlängerung der Abgabefrist gem. Art. 175 Abs. 2 DA

Die Abgabefrist kann auf Antrag des Bewilligungsinhabers von den Zollbehörden auf 60 Tage erweitert werden. In außergewöhnlichen Fällen ist auch eine nachträgliche Verlängerung der Abgabefrist möglich.

2. Berechnung der Erledigungsfrist, Art. 215 Abs. 4 i.V.m. Art. 257 UZK

Die Zollbehörden legen die Frist für die Erledigung der aktiven Veredelung nach Art. 215 Abs. 1 und 4 UZK i.V.m. Art. 257 Abs. 1 UZK in der Bewilligung fest.

Gemäß Art. 257 Abs. 1 UAbs. 2 UZK richtet sich der Fristbeginn nach der Überführung in die aktive Veredelung und die Fristdauer nach dem Zeitaufwand, der für die Veredelungsvorgänge und die Erledigung erforderlich ist.

In der Praxis wird im Regelfall eine sog. Globalisierung gem. Art. 257 Abs. 2 UAbs. 2 UZK bewilligt. Dabei stellt die vierteljährliche Globalisierung mit dreimonatiger Erledigungsfrist eine beliebte Konstellation dar. Diese bewirkt zunächst, dass sämtliche Nicht-Unionswaren, die in einem Vierteljahr in die aktive Veredelung übergeführt worden sind, zusammengefasst werden. Die Erledigungsfrist läuft anschließend für all diese Zugänge am letzten Tag des darauffolgenden Quartals ab.

Beispiel bei bewilligter vierteljährlicher Globalisierung mit dreimonatiger Frist: Die in die aktive Veredelung übergeführten Nicht-Unionswaren werden als Zugänge bezeichnet. Sie sind vierteljährlich globalisiert zusammenzufassen. Bei dreimonatiger Erledigungsfrist endet die Frist für diese Zugänge jeweils am Ende des folgenden Kalendervierteljahrs. Bis zu diesem Datum haben also die sog. Abgänge zu erfolgen. (Jahresangaben beziehen sich auf fiktive Jahre.)

Überführung in die aV (Zugänge) in der Zeit vom	Fristablauf (Abgänge)
01.01.01 – 31.03.01	30.06.01
01.04.01 – 30.06.01	30.09.01
01.07.01 – 30.09.01	31.12.01
01.10.01 – 31.12.01	31.03.02

Beispielsweise wird im Rahmen einer aktiven Veredelung der Einbau von Lenkrädern (= Nicht-Unionswaren) in Pkw (= Veredelungserzeugnisse) bewilligt. In der Zeit vom 01.01.01 bis zum 31.03.01 werden insgesamt 300 Lenkräder in die aktive Veredelung übergeführt. Für diese 300 Zugänge ist bis zum Ablauf des folgenden Kalendervierteljahrs, dem 30.06.01, die aktive Veredelung gem. Art. 215 Abs. 1 UZK zu erledigen. Werden also bis zum 30.06.01 300 PKW in ein Anschlusszollverfahren übergeführt oder wiederausgeführt, ist die Erledigungsfrist eingehalten.

3. Berechnung der Abgabefrist, Art. 55 Abs. 2 UZK i.V.m. Art. 3 FristenVO

Die Bestimmung der Frist für die Abgabe der Abrechnung erfolgt gem. Art. 55 Abs. 2 UZK nach der FristenVO. Der 30. Tag nach Ablauf der Erledigungsfrist ist demzufolge mithilfe des Art. 3 Abs. 1, Abs. 2 b) FristenVO zu berechnen.

ⓘ **Abgabefrist auf der Grundlage des vorherigen Beispiels**

Fristablauf (Abgänge)	Abgabe der Abrechnung spätestens am
30.06.01	30.07.01
30.09.01	30.10.01
31.12.01	30.01.02
31.03.02	30.04.02

III. Inhalt der Abrechnung, Art. 175 Abs. 3 DA

Die Einzelheiten der Abrechnung ergeben sich gem. Art. 175 Abs. 3 DA aus dem Anhang 71-06. In der Abrechnung sind u.a. die Menge der in die aktive Veredelung übergeführten Nicht-Unionswaren, für die die Erledigungsfrist abgelaufen ist, und die Menge der Veredelungserzeugnisse, die sich auf die Erledigung des Verfahrens beziehen (vgl. Anhang 71-06 b) und f) DA), gegenüberzustellen. Dadurch lassen sich sog. Fehlmengen, für die die Zollschuld entstanden ist, bestimmen. Die Überwachungszollstelle kontrolliert die Abrechnung unverzüglich, Art. 265 Abs. 1 IA.

1. Menge der in die aktive Veredelung übergeführten Nicht-Unionswaren

Zunächst ist die Menge der in die aktive Veredelung übergeführten Nicht-Unionswaren, für die die Erledigungsfrist abgelaufen ist, zu ermitteln, vgl. Anhang 71-06 b) DA. Im Regelfall der sog. vierteljährlichen Globalisierung mit dreimonatiger Frist sind die Fristen wie oben bereits dargestellt, zu erörtern und die entsprechende Menge an Nicht-Unionswaren zu berechnen.

2. Menge der Veredelungserzeugnisse, die sich auf die Erledigung beziehen

Nach Anhang 71-06 f) DA ist zudem die Menge an Veredelungserzeugnissen, die sich auf die Erledigung der aktiven Veredelung beziehen, zu bestimmen. Hier ist im Regelfall die Menge der Veredelungserzeugnisse anzuführen, die nach Art. 215 Abs. 1 UZK innerhalb der Erledigungsfrist mittels Zollanmeldung in ein Anschlusszollverfahren übergeführt oder wiederausgeführt worden sind.

3. Ausbeute

Die Ausbeute ist gem. Art. 5 Nr. 38 UZK die Menge oder der Prozentsatz der Veredelungserzeugnisse, die bzw. der bei der Veredelung einer bestimmten Menge von in die Veredlung übergeführten Waren gewonnen wird. Sofern die Ausbeute nicht bereits durch Unionsvorschriften geregelt ist, legen die Zollbehörden gem. Art. 255 UZK die Ausbeute in der Bewilligung fest. Nach Anhang 71-06 h) DA ist der Ausbeutesatz in der Abrechnung anzugeben.

Beispiel: Vier Stoßdämpfer (Nicht-Unionswaren) werden in einen Pkw (Veredelungserzeugnis) eingebaut. Der Ausbeutesatz beträgt 4 : 1.

4. Aufteilung der in die aktive Veredelung übergeführten Nicht-Unionswaren auf die Veredelungserzeugnisse

Um zu ermitteln, ob bzw. für welche Menge der in die aktive Veredelung übergeführten Nicht-Unionswaren evtl. eine Zollschuld entstanden ist, sind gem. Art. 86 Abs. 3 UZK i.V.m. Art. 72 Abs. 1 DA die Nicht-Unionswaren auf die Veredelungserzeugnisse aufzuteilen.

Als Berechnungsverfahren kommen nach Art. 72 Abs. 2 bis 6 DA die Berechnungen nach dem Mengenschlüssel, dem Wertschlüssel oder einer anderen zweckgerechten Methode in Betracht.

Im Veredelungsprozess verarbeitete Unionswaren

Im Fall der Veredelung in Form der Verarbeitung (Art. 5 Nr. 37 b) UZK) ist folgende Besonderheit zu beachten: Werden im Veredelungsvorgang neben den in die aktive Veredelung übergeführten Nicht-Unionswaren auch Unionswaren verarbeitet, so sind diese bei der Aufteilung nicht zu berücksichtigen und damit unter Umständen vor Anwendung des Berechnungsverfahrens herauszurechnen.

Beispiel: Zur Herstellung von Marmelade werden Aprikosen eingeführt. 60% der übrigen Zutaten sind Unionswaren. Aus Vereinfachungsgründen wird von einer Ausbeute von 1:1 ausgegangen (aus 1 kg Aprikosen wird 1 kg Marmelade hergestellt). Abzurechnen sind 1.000 kg Aprikosen. Ihnen stehen 2.500 kg Marmelade als Veredelungserzeugnisse, für die die aktive Veredelung erledigt wurde, gegenüber. Aufgrund des Unionswarenanteils sind nun vor Anwendung des Mengenschlüssels gem. Art. 72 Abs. 2 a), Abs. 3 DA die Unionswaren aus den Veredelungserzeugnissen herauszurechnen: 60% von 2.500 kg Marmelade = 1.500 kg Marmelade. Damit sind die 1.000 kg Aprikosen auf 2.500 kg - 1.500 kg = 1.000 kg Marmelade aufzuteilen.

a) Mengenschlüssel, Art. 72 Abs. 2 a), Abs. 3 DA

Entsteht bei dem Veredelungsvorgang nur eine Art von Veredelungserzeugnis, dann ist gem. Art. 72 Abs. 2 a) DA das in Art. 72 Abs. 3 DA beschriebene Berechnungsverfahren nach dem Mengenschlüssel anzuwenden.

Die Berechnung ist demnach wie folgt durchzuführen:

$$\frac{\text{Fehlmenge an Veredelungserzeugnissen}}{\text{herstellbare Veredelungserzeugnisse}} \times \text{Menge der in die aktive Veredelung übergeführten Nicht-Unionswaren}$$

b) Fehlmenge an Veredelungserzeugnissen

Für die Berechnung nach dem Mengenschlüssel in Art. 72 Abs. 2 a) i.V.m. Abs. 3 DA ist die sog. Fehlmenge der Veredelungserzeugnisse zu ermitteln.

Als Fehlmenge wird die Menge an Veredelungserzeugnissen bezeichnet, für die die aktive Veredelung nicht fristgerecht erledigt worden ist. Von diesem Begriff werden aber auch die Veredelungserzeugnisse, die gem. Art. 170 Abs. 1 DA bei Ablauf der Erledigungsfrist als zum zollrechtlich freien Verkehr überlassen gelten, erfasst.

Dafür ist zunächst zu berechnen, welche Menge an Veredelungserzeugnissen aus den in die aktive Veredelung übergeführten Nicht-Unionswaren unter Berücksichtigung des Ausbeutesatzes maximal herstellbar ist.

Davon wird die Menge an Veredelungserzeugnisse abgezogen, für die die aktive Veredelung innerhalb der Frist tatsächlich durch Überführung in ein Anschlusszollverfahren oder durch Wiederausfuhr erledigt worden ist. Veredelungserzeugnisse, für die die Fiktion nach Art. 170 Abs. 1 DA gilt, sind jedoch nicht in Abzug zu bringen.

Fiktion gem. Art. 170 Abs. 1 DA

Gemäß Art. 170 Abs. 1 DA kann in der Bewilligung festgelegt werden, dass die Veredelungserzeugnisse bei Ablauf der Erledigungsfrist als zum zollrechtlich freien Verkehr überlassen gelten, wenn sie bei Fristablauf nicht bereits wiederausgeführt oder in ein Anschlusszollverfahren übergeführt worden sind. Diese sind gem. Art. 175 Abs. 4 DA gesondert in der Abrechnung aufzunehmen und Teil der zu berechnenden Fehlmenge, für die eine Zollschuld entsteht, vgl. Anhang 71-06 i) DA.

Beispiel: Die Zollbehörden bewilligen den Einbau von Stoßdämpfern (Nicht-Unionwaren) in Pkw (Veredelungserzeugnisse) im Rahmen einer aktiven Veredelung. Der Ausbeutesatz beträgt 4 : 1. Es wurden insgesamt 1.200 Stück Stoßdämpfer in die aktive Veredelung übergeführt. Daraus wurden 250 PKW hergestellt und fristgerecht wiederausgeführt.

- **maximal herstellbare Veredelungserzeugnisse:** Aus den 1.200 in die aktive Veredelung übergeführten Stoßdämpfern sind bei einer Ausbeute von 4 : 1 maximal 300 PKW herstellbar.
- **Veredelungserzeugnisse, für die die aktive Veredelung erledigt worden ist:** Tatsächlich ist die aktive Veredelung nur für 250 PKW durch Wiederausfuhr fristgerecht erledigt worden.
- **Fehlmenge:** 300 Pkw – 250 Pkw = 50 Pkw; folglich entsteht für 50 Pkw die Zollschuld.

c) Berechnung der enthaltenen Nicht-Unionswaren

Zuletzt ist zu bestimmen, welche Menge der in die aktive Veredelung übergeführten Nicht-Unionswaren in dieser Fehlmenge an Veredelungserzeugnissen enthalten ist. Denn nur die in die aktive Veredelung übergeführten Nicht-Unionswaren (nicht die Veredelungserzeugnisse) bilden gem. Art. 86 Abs. 3 UZK die Grundlage für die Bemessung der Zollschuld. Dazu ist die oben genannte Formel anzuwenden.

Fortsetzung des vorherigen Beispiels: 50 Pkw x 1.200 Stoßdämpfer : 300 Pkw = 200 Stoßdämpfer

Schema 42
Zollschuld gem. Art. 77 UZK nach aktiver Veredelung

Zollschuld gem. Art. 77 UZK durch Überführung in die Überlassung zum zollrechtlich freien Verkehr nach aktiver Veredelung.

I. Entstehungstatbestand, Art. 77 Abs. 1 a) UZK

1. Einfuhrabgabenpflichtige Nicht-Unionsware

Die Veredelungserzeugnisse, die nach durchgeführter aktiver Veredelung im Zollgebiet der Union in den zollrechtlich freien Verkehr übergeführt werden, müssen einfuhrabgabenpflichtige Nicht-Unionswaren sein.

a) Waren

Definition: Waren sind körperliche, bewegliche Gegenstände, einschließlich des elektrischen Stroms (Z 0601 Abs. 101).

b) Nicht-Unionswaren, Art. 5 Nr. 24 UZK

Bei den Veredelungserzeugnissen muss es sich um Nicht-Unionswaren i.S.d. Art. 5 Nr. 24 UZK handeln. Demnach sind Nicht-Unionswaren andere Waren als die, die unter Art. 5 Nr. 23 UZK fallen. Nicht-Unionswaren sind also all die Waren, die die Begriffsbestimmung für Unionswaren nicht erfüllen. Damit ist grundsätzlich eine Negativabgrenzung zu Art. 5 Nr. 23 UZK vorzunehmen, indem dessen Voraussetzungen verneint werden.

§

Art. 5 Nr. 24 UZK – Begriffsbestimmungen ***(Definition „Nicht-Unionswaren“)***

„Nicht-Unionswaren“ sind andere als die unter Nummer 23 genannten Waren und Waren, die den zollrechtlichen Status als Unionswaren verloren haben.

Art. 5 Nr. 23 UZK – Begriffsbestimmungen ***(Definition „Unionswaren“)***

„Unionswaren“ sind Waren, die

a) im Zollgebiet der Union vollständig gewonnen oder hergestellt wurden und bei deren Herstellung keine aus Ländern oder Gebieten außerhalb des Zollgebiets der Union eingeführten Waren verwendet wurden,

b) aus Ländern oder Gebieten außerhalb des Zollgebiets der Union in dieses Gebiet verbracht und zum zollrechtlich freien Verkehr überlassen wurden,

c) im Zollgebiet der Union entweder ausschließlich aus Waren nach Buchstabe b oder aus Waren nach den Buchstaben a und b gewonnen oder hergestellt wurden.

Fiktion gem. Art. 170 Abs. 1 DA

Gemäß Art. 170 Abs. 1 DA kann in der Bewilligung festgelegt werden, dass die Veredelungserzeugnisse bei Ablauf der Erledigungsfrist als zum zollrechtlich freien Verkehr überlassen gelten, wenn sie bei Fristablauf nicht bereits wiederausgeführt oder in ein Anschlusszollverfahren übergeführt worden sind. Auch bei Vorliegen einer solchen Bewilligung handelt es sich bei den Veredelungserzeugnissen anfangs um Nicht-Unionswaren gem. Art. 5 Nr. 24 UZK. Sie werden erst mit Ablauf der Erledigungsfrist und mit Eingang in den Wirtschaftskreislauf gem. Art. 325 Abs. 2 IA zu Unionswaren.

Daneben gilt die Statusvermutung des Art. 153 Abs. 1 UZK, dass es sich bei allen im Zollgebiet der Union befindlichen Waren um Unionswaren handelt, nach Art. 119 Abs. 1 c) DA nicht für die Veredelungserzeugnisse.

Formulierungsbeispiel in unproblematischen Fällen

„Es handelt sich bei dem – Produkt nennen – um einen beweglichen Gegenstand, also um eine Ware. Die Voraussetzungen des Art. 5 Nr. 23 UZK liegen nicht vor, sodass es sich um eine Nicht-Unionsware nach Art. 5 Nr. 24 UZK handelt. Ferner wird für die Veredelungserzeugnisse der Status einer Unionsware gem. Art. 153 Abs. 1 UZK i.V.m. Art. 119 Abs. 1 c) DA nicht vermutet."

c) Einfuhrabgabenpflicht

Eine Ware ist einfuhrabgabenpflichtig, wenn nach dem Zolltarif ein Zoll vorgesehen ist und im Einzelfall keine außertariflichen Abgabenbefreiungen vorliegen (vgl. auch Z 0901 Abs. 5). Außertarifliche Abgabenbefreiungen ergeben sich hauptsächlich aus der Regelung über Rückwaren gem. Art. 203 UZK und aus Zollbefreiungen gem. Art. 5 Nr. 2 c) UZK, Art. 41 ZollbefrVO i.V.m. §§ 1 ff. EF-VO.

Formulierungsbeispiel in unproblematischen Fällen

„Für den – Produkt nennen – ist nach dem Zolltarif ein Zollsatz vorgesehen. Außertarifliche Befreiungen sind nicht ersichtlich. Damit ist diese Ware auch einfuhrabgabenpflichtig."

2. Überführung in das Zollverfahren „Überlassung zum zollrechtlich freien Verkehr"

Nach Art. 77 Abs. 1 a) UZK entsteht durch die Überführung in das Zollverfahren „Überlassung zum zollrechtlich freien Verkehr" die Einfuhrzollschuld.

a) Bei Abgabe einer Zollanmeldung

Die Überführung in dieses Zollverfahren liegt nach Auffassung des EuGH vor, wenn eine Zollanmeldung zur Überführung in die Überlassung zum zollrechtlich freien Verkehr angenommen wurde und die Überlassung der Ware erfolgt ist.

Allerdings werden hierzu noch zwei weitere Ansichten vertreten. Einerseits soll nur die Annahme der Zollanmeldung entscheidend sein, andererseits werden die Annahme der Zollanmeldung und die Überlassungsreife gefordert. In einer Prüfungsklausur sind alle drei Ansichten kurz darzustellen.

Formulierungsbeispiel in unproblematischen Fällen (Annahme und Überlassung liegen laut Sachverhalt vor)

„Die Annahme der Zollanmeldung ist erfolgt, ebenso die Überlassung der Waren. Daher liegt nach der Auffassung des EuGH, der neben der Annahme der Zollanmeldung zudem die Überlassung der Ware fordert, eine Überführung in das Zollverfahren „Überlassung zum zollrechtlich freien Verkehr“ vor. Gleiches gilt für die Ansicht, die ausschließlich auf die Annahme der Zollanmeldung abstellt sowie für die Auffassung, die die Überlassungsreife fordert. Denn die Überlassung der Waren setzt die Annahme einer Zollanmeldung und auch eine Überlassungsreife voraus.“

b) Fiktion der Überlassung zum zollrechtlich freien Verkehr gem. Art. 170 DA

Die Waren können bei entsprechender Bewilligung nach Art. 170 Abs. 1 DA ohne Zollanmeldung in den zollrechtlich freien Verkehr übergeführt werden. Weitere Förmlichkeiten sind zur Überführung nicht erforderlich.

Nach Art. 170 Abs. 1 DA gelten die Veredelungserzeugnisse oder die in die aktive Veredelung übergeführten Nicht-Unionswaren bei Ablauf der Erledigungsfrist als zum zollrechtlich freien Verkehr überlassen, wenn sie bei Fristablauf nicht bereits wiederausgeführt oder in ein anschließendes Zollverfahren übergeführt wurden.

In diesem Fall gilt die Zollanmeldung zur Überlassung zum zollrechtlich freien Verkehr zum Zeitpunkt des Ablaufs der Erledigungsfrist als abgegeben und angenommen und die Waren gelten als überlassen, Art. 325 Abs. 1 IA.

Nichterfüllung der Pflichten in Bezug auf ein Entziehen, wenn Art. 170 DA bewilligt

Ist die fiktive Überführung der Veredelungserzeugnisse in den zollrechtlich freien Verkehr gem. Art. 170 Abs. 1 DA bewilligt, gelten die Waren nicht nur gem. Art. 325 Abs. 1 IA als überlassen sondern gem. Art. 325 Abs. 2 IA mit Eingang in den Wirtschaftskreislauf als Unionswaren. Dadurch kann es im Ergebnis kein Entziehen aus der zollamtlichen Überwachung gem. Art. 79 Abs. 1 a) UZK geben, wenn der Bewilligungsinhaber die Entziehungshandlung vornimmt. Allerdings bleibt weiterhin ein Entziehen aus der zollamtlichen Überwachung und damit eine Zollschuldentstehung gem. Art. 79 Abs. 1 a) UZK möglich, wenn ein Dritter (z.B. Dieb) der Handelnde ist.

II. Zeitpunkt, Art. 77 Abs. 2 UZK

Die Zollschuld entsteht im Zeitpunkt der Annahme der Zollanmeldung zur Überlassung zum zollrechtlich freien Verkehr, Art. 172 Abs. 2 UZK. Hier ist das Datum der Annahme zu nennen.

Im Fall der fiktiven Überführung der Veredelungserzeugnisse in den zollrechtlich freien Verkehr gem. Art. 170 Abs. 1 DA, gilt die Zollanmeldung zum Zeitpunkt des Ablaufs der Erledigungsfrist gem. Art. 325 Abs. 1 IA als angenommen. Damit entsteht die Zollschuld mit Ablauf der Erledigungsfrist.

III. Zollschuldner, Art. 77 Abs. 3 UZK

Der Begriff des Zollschuldners ist in Art. 5 Nr. 19 UZK definiert. Demnach ist der Zollschuldner „eine zur Erfüllung der Zollschuld verpflichtete Person". Wer im Fall der Zollschuldentstehung durch Überführung in das Zollverfahren „Überlassung in den zollrechtlich freien Verkehr" verpflichtet ist, ist in Art. 77 Abs. 3 UZK geregelt.

Zollschuldner nach Art. 77 Abs. 3 S. 1 UZK ist der Anmelder i.S.d. Art. 5 Nr. 15 UZK.

§ **Art. 5 Nr. 15 UZK – Begriffsbestimmungen** ***(Definition „Anmelder")***

„Anmelder" ist die Person, die **in eigenem Namen eine Zollanmeldung**, eine Anmeldung zur vorübergehenden Verwahrung, eine summarische Eingangsanmeldung, eine summarische Ausgangsanmeldung, eine Wiederausfuhranmeldung oder eine Wiederausfuhrmitteilung abgibt oder die Person, **in deren Namen diese Anmeldung** oder Mitteilung abgegeben wird

Beachte: Im Fall der Fiktion nach Art. 170 Abs. 1 DA wurde keine Zollanmeldung abgegeben und angenommen. Nach Sinn und Zweck des Art. 170 Abs. 1 DA kommt aber im Ergebnis nur der Inhaber der entsprechenden Bewilligung als Zollschuldner in Betracht.

Daneben kommen nach Art. 77 Abs. 3 S. 2 UZK auch der indirekt Vertretene und nach Art. 77 Abs. 3 UAbs. 2 UZK der sog. Informationsgeber als Zollschuldner in Betracht. In diesen Fällen liegt eine Gesamtschuldnerschaft nach Art. 84 UZK vor.

ⓘ **Hinweis**

Bei der indirekten Vertretung gibt der Vertreter gem. Art. 18 Abs. 1 UAbs. 2 UZK die Zollanmeldung im eigenen Namen und für fremde Rechnung ab. Dadurch wird er gem. Art. 5 Nr. 15 UZK zum Zollanmelder und Zollschuldner nach Art. 77 Abs. 3 S. 1 UZK. Daneben verpflichtet Art. 77 Abs. 3 S. 2 UZK den indirekt Vertretenen. Damit sind indirekter Vertreter und Vertretener Gesamtschuldner nach Art. 84 UZK.

IV. Bemessung

1. Bemessungszeitpunkt

a) Grundsatz gem. Art. 85 Abs. 1 UZK

Nach Art. 85 Abs. 1 UZK wird die Zollschuld grundsätzlich zum Zeitpunkt der Zollschuldentstehung bemessen. Dieser ergibt sich hier aus Art. 77 Abs. 2 UZK; also ist auf den Zeitpunkt der Annahme der Zollanmeldung zur Überlassung zum zollrechtlich freien Verkehr abzustellen. Dieser Grundsatz gilt aber nur, soweit keine besondere Regelung greift.

b) Besondere Vorschrift gem. Art. 86 Abs. 3 UZK

Der Art. 86 Abs. 3 UZK beinhaltet eine besondere Regelung für den Fall, dass eine Zollschuld für Veredelungserzeugnisse nach der aktiven Veredelung entsteht. Diese besondere Regelung geht dem allgemeinen Grundsatz des Art. 85 Abs. 1 UZK vor.

Nach Art. 86 Abs. 3 UZK wird die Zollschuld für die Veredelungserzeugnisse anhand der Bemessungsgrundlagen bestimmt, die für die in die aktive Veredelung übergeführten Waren zum Zeitpunkt der Annahme der Zollanmeldung zur aktiven Veredelung maßgebend waren.

Menge der in die aV übergeführten Waren entsprechend der Abrechnung

Die Bemessung der Zollschuld für die Veredelungserzeugnisse erfolgt gem. Art. 86 Abs. 3 UZK anhand der Bemessungsgrundlagen für in die aktive Veredelung überführten Nicht-Unionswaren. Dafür ist zunächst die in den Veredelungserzeugnissen enthaltene Menge der in die aktive Veredelung übergeführten Waren zu bestimmen. Hier kann auf das Ergebnis der Abrechnung verwiesen werden.

2. Fifo-Prinzip, Art. 264 Abs. 1 IA

Gegebenenfalls ist das sog. Fifo-Prinzip (First in – First out) gem. Art. 264 Abs. 1 IA anzuwenden. Demnach sind die Veredelungserzeugnisse, für die die aktive Veredelung erledigt worden ist, aus den Nicht-Unionswaren hergestellt, die mit der jeweils ältesten Zollanmeldung in die aktive Veredelung übergeführt wurden. Dem ersten/ältesten Zugang wird also der erste Abgang zugeordnet.

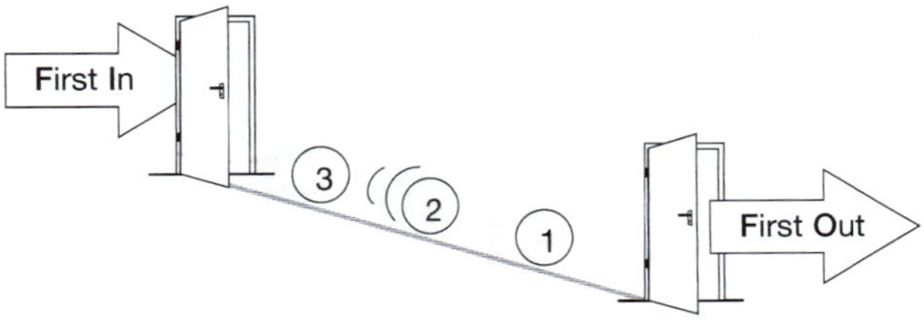

Dies ist insbesondere von Bedeutung, wenn die Nicht-Unionswaren verschiedenen Zugängen entstammen, also zu verschiedenen Zeitpunkten in die aktive Veredelung übergeführt wurden, und infolgedessen unterschiedliche Zollsätze oder Zollwerte aufweisen.

Häufig werden in der Klausur die Zollwerte, die bei den einzelnen Zugängen anzuwenden sind, ausdrücklich angegeben, sodass es keiner Prüfung des Zollwerts nach Art. 70 ff. UZK mehr bedarf.

3. Berechnung der Zollschuld

Abschließend ist der Zollschuldbetrag zu berechnen, also Zollwert x Zollsatz.

Schema 43
Zollschuld gem. Art. 79 Abs. 1 a) UZK durch Entziehen bei aktiver Veredelung

Zollschuld gem. Art. 79 Abs. 1 a) UZK wegen Nichterfüllung einer in den zollrechtlichen Vorschriften festgelegten Verpflichtung in Bezug auf ein Entziehen aus der zollamtlichen Überwachung bei aktiver Veredelung.

I. Zollschuldentstehung, Art. 79 Abs. 1 a) UZK

1. Einfuhrabgabenpflichtige Nicht-Unionswaren

Die Veredelungserzeugnisse müssen einfuhrabgabenpflichtige Nicht-Unionswaren sein.

a) Waren

Waren sind alle beweglichen Güter einschließlich des elektrischen Stroms (vgl. Z 0601 Abs. 101).

b) Nicht-Unionswaren, Art. 5 Nr. 24 UZK

Bei den Veredelungserzeugnissen muss es sich um Nicht-Unionswaren i.S.d. Art. 5 Nr. 24 UZK handeln. Demnach sind Nicht-Unionswaren andere Waren als die, die unter Art. 5 Nr. 23 UZK fallen. Nicht-Unionswaren sind also all die Waren, die die Begriffsbestimmung für Unionswaren nicht erfüllen. Damit ist grundsätzlich eine Negativabgrenzung zu Art. 5 Nr. 23 UZK vorzunehmen, indem dessen Voraussetzungen verneint werden.

§

Art. 5 Nr. 24 UZK – Begriffsbestimmungen ***(Definition „Nicht-Unionswaren“)***

„Nicht-Unionswaren“ sind andere als die unter Nummer 23 genannten Waren und Waren, die den zollrechtlichen Status als Unionswaren verloren haben.

Art. 5 Nr. 23 UZK – Begriffsbestimmungen ***(Definition „Unionswaren“)***

„Unionswaren“ sind Waren, die

a) im Zollgebiet der Union vollständig gewonnen oder hergestellt wurden und bei deren Herstellung keine aus Ländern oder Gebieten außerhalb des Zollgebiets der Union eingeführten Waren verwendet wurden,

b) aus Ländern oder Gebieten außerhalb des Zollgebiets der Union in dieses Gebiet verbracht und zum zollrechtlich freien Verkehr überlassen wurden,

c) im Zollgebiet der Union entweder ausschließlich aus Waren nach Buchstabe b oder aus Waren nach den Buchstaben a und b gewonnen oder hergestellt wurden.

Daneben gilt die Statusvermutung des Art. 153 Abs. 1 UZK, dass es sich bei allen im Zollgebiet der Union befindlichen Waren um Unionswaren handelt, nach Art. 119 Abs. 1 c) DA nicht für die Veredelungserzeugnisse.

> **Formulierungsbeispiel in unproblematischen Fällen**
> „Es handelt sich bei dem – Produkt nennen – um einen beweglichen Gegenstand also um eine Ware. Die Voraussetzungen des Art. 5 Nr. 23 UZK liegen nicht vor, sodass es sich um eine Nicht-Unionsware nach Art. 5 Nr. 24 UZK handelt. Ferner wird für die Veredelungserzeugnisse der Status einer Unionsware gem. Art. 153 Abs. 1 UZK i.V.m. Art. 119 Abs. 1 c) DA nicht vermutet."

c) Einfuhrabgabenpflicht

Eine Ware ist einfuhrabgabenpflichtig, wenn nach dem Zolltarif ein Zoll vorgesehen ist und im Einzelfall keine außertariflichen Abgabenbefreiungen vorliegen (vgl. auch Z 0901 Abs. 108). Außertarifliche Abgabenbefreiungen ergeben sich hauptsächlich aus der Regelung über Rückwaren gem. Art. 203 UZK und aus Zollbefreiungen gem. Art. 5 Nr. 2 c) UZK, Art. 41 ZollbefrVO i.V.m. §§ 1 ff. EF-VO.

> **Formulierungsbeispiel in unproblematischen Fällen**
> „Für den – Produkt nennen – ist nach dem Zolltarif ein Zollsatz vorgesehen. Außertarifliche Befreiungen sind nicht ersichtlich. Damit ist diese Ware auch einfuhrabgabenpflichtig."

2. Nichterfüllung einer in den zollrechtlichen Vorschriften festgelegten Verpflichtung in Bezug auf ein Entziehen

Ergeben sich aus den zollrechtlichen Vorschriften Verpflichtungen in Bezug auf ein Entziehen aus der zollamtlichen Überwachung bei aktiver Veredelung, dann führt eine Verletzung dieser Pflichten zur Zollschuldentstehung nach Art. 79 Abs. 1 a) UZK.

a) Vorschrift in Bezug auf das Entziehen

Das Entziehen aus der zollamtlichen Überwachung stellt eine in Art. 79 Abs. 1 a) UZK explizit genannte Tathandlung dar. Die Verpflichtung, diese Tathandlung zu unterlassen, muss sich aus einer zollrechtlichen Vorschrift ergeben. Eine solche allgemeine Regelung befindet sich in Art. 134 Abs. 1 UAbs. 2 UZK. Demnach dürfen Waren aus der zollamtlichen Überwachung nicht „ohne Erlaubnis der Zollbehörden entfernt werden". Somit stellt ein Entziehen aus der zollamtlichen Überwachung eine Nichterfüllung der Verpflichtung aus Art. 134 Abs. 1 UAbs. 2 UZK dar.

b) Zollamtliche Überwachung

Ein Entziehen aus der zollamtlichen Überwachung ist nur solange möglich, wie die in die aktive Veredelung übergeführten Waren bzw. Veredelungserzeugnisse der zollamtlichen Überwachung unterliegen. Die zollamtliche Überwachung beginnt gem. Art. 134 Abs. 1 UAbs. 1 UZK mit dem Eingang der Waren in das Zollgebiet der Union.

Da es sich im Fall der aktiven Veredelung um Nicht-Unionswaren handelt, endet die zollamtliche Überwachung gem. Art. 134 Abs. 1 UAbs. 4 UZK erst mit dem Statuswechsel, dem Verbringen der Waren aus dem Zollgebiet der Union oder ihrer Zerstörung. Folglich befinden sich die Waren für die Dauer der aktiven Veredelung unter zollamtlicher Überwachung.

c) Entziehen

Definition: Eine Handlung oder Unterlassung, die dazu führt, dass Zollkontrollen i.S.d. Art. 5 Nr. 3 UZK an der Ware, wenn auch nur vorübergehend, nicht mehr vorgenommen werden können (vgl. Z 0901 Abs. 317). Dabei ist nicht erforderlich, dass ein subjektives Element (Wissenselement) vorliegt.

Beispiel: Entfernen der Veredelungserzeugnisse vom Veredelungsort durch Diebstahl.

Die Möglichkeit der Prüfung besteht – ausnahmsweise – fort, wenn die Zollstelle aus den vom Beteiligten vorzulegenden geeigneten Papieren den Ort, an dem sich die unveränderte Ware befindet, zeitnah feststellen kann, um dort Prüfungen vorzunehmen (vgl. Z 0901 Abs. 318).

ⓘ **(Kein) Entziehen aus der zollamtlichen Überwachung, wenn Art. 170 Abs. 1 DA bewilligt**

Ist die fiktive Überführung der Veredelungserzeugnisse in den zollrechtlich freien Verkehr gem. Art. 170 Abs. 1 DA bewilligt, gelten die Waren nicht nur gem. Art. 325 Abs. 1 IA als überlassen, sondern gem. Art. 325 Abs. 2 IA mit Eingang in den Wirtschaftskreislauf als Unionswaren. Dadurch kann es im Ergebnis kein Entziehen aus der zollamtlichen Überwachung gem. Art. 79 Abs. 1 a) UZK geben, wenn der Bewilligungsinhaber die Entziehungshandlung vornimmt. Allerdings bleibt weiterhin ein Entziehen aus der zollamtlichen Überwachung und damit eine Zollschuldentstehung gem. Art. 79 Abs. 1 a) UZK möglich, wenn ein Dritter (z.B. Dieb) diese Tathandlung begeht.

II. Zeitpunkt, Art. 79 Abs. 2 a) UZK

Die Zollschuld entsteht zu dem Zeitpunkt, in dem die oben geprüfte Verpflichtung nicht oder nicht mehr erfüllt ist. Im Fall des Entziehens aus der zollamtlichen Überwachung ist auf den Zeitpunkt abzustellen, in dem eine konkrete Zollkontrolle nicht mehr möglich ist (vgl. Z 0901 Abs. 336).

III. Zollschuldner, Art. 79 Abs. 3 UZK

Der Begriff des Zollschuldners ist in Art. 5 Nr. 19 UZK definiert. Demnach ist der Zollschuldner „eine zur Erfüllung der Zollschuld verpflichtete Person". Wer im Fall der Zollschuldentstehung nach Art. 79 Abs. 1 a) UZK verpflichtet ist, ist in Art. 79 Abs. 3 UZK geregelt.

1. Zollschuldner, Art. 79 Abs. 3 a) UZK

Gemäß Art. 79 Abs. 3 a) UZK ist Zollschuldner die Person, die die oben geprüfte Verpflichtung zu erfüllen hatte. Im Fall der aktiven Veredelung ist das der Bewilligungsinhaber und Inhaber des Verfahrens (Art. 5 Nr. 35 UZK).

2. Zollschuldner, Art. 79 Abs. 3 b) UZK

Daneben sind weitere Zollschuldner möglich. Gemäß Art. 79 Abs. 3 b) UZK (vgl. dazu Z 0901 Abs. 345 ff.) ist zudem die Person Zollschuldner,

- die wusste oder vernünftigerweise hätte wissen müssen, dass eine zollrechtliche Verpflichtung nicht erfüllt war und für Rechnung der Person nach Buchstabe a) gehandelt hat oder
- an der Handlung nach Buchstabe a) beteiligt war. An der Handlung beteiligt ist z.B. ein Dieb. Beteiligt ist jede Person, die durch eine Handlung kausal dazu beigetragen hat, dass es zur Nichterfüllung der Verpflichtung kam. Also letztlich auch ein Täter, wie beispielsweise ein Dieb. In diesem Fall muss allerdings das subjektive Element in der Person des Beteiligten erfüllt sein.

3. Zollschuldner, Art. 79 Abs. 3 c) UZK

Zudem ist nach Art. 79 Abs. 3 c) UZK die Person Zollschuldner, die die Waren erworben oder in Besitz genommen hat und zu diesem Zeitpunkt wusste oder vernünftigerweise hätte wissen müssen, dass eine zollrechtliche Verpflichtung nicht erfüllt war. Allerdings stellt auch hier das erforderliche subjektive Element eine nicht unerhebliche Hürde dar. Zu den Einzelheiten vgl. Z 0901 Abs. 347.

Kommen mehrere Zollschuldner in Betracht, so haften diese gesamtschuldnerisch gem. Art. 84 UZK.

IV. Erlöschen der Zollschuld, Art. 124 Abs. 1 UZK

Vor der Prüfung der Bemessung der Zollschuld ist auf das Erlöschen der Zollschuld einzugehen. Dabei sind insbesondere folgende Fallvarianten zu bedenken.

1. Erlöschen der Zollschuld gem. Art. 124 Abs. 1 h) UZK

Für ein Erlöschen der Zollschuld nach Art. 124 Abs. 1 h) UZK müssen sämtliche der folgenden Voraussetzungen geprüft und bejaht werden.

a) Zollschuldentstehung gem. Art. 79 UZK

Die Zollschuld muss nach Art. 79 UZK entstanden sein. An dieser Stelle kann auf die bereits geprüfte Zollschuldentstehung verwiesen werden.

b) keine erheblichen Auswirkungen auf die ordnungsgemäße Abwicklung des Zollverfahrens, Art. 124 Abs. 1 h) i) UZK

aa) Fälle ohne Auswirkungen nach Art. 103 DA

Artikel 124 Abs. 1 h) i) UZK setzt für ein Erlöschen der Zollschuld voraus, dass die Verstöße keine erheblichen Auswirkungen auf die ordnungsgemäße Abwicklung des Zollverfahrens haben. Das Zollverfahren (Art. 5 Nr. 16 i.V.m. Art. 210 d) UZK) ist in diesem Fall die aktive Veredelung.

In Art. 103 DA hat die EU-Kommission von ihrer Ermächtigung nach Art. 126 UZK Gebrauch gemacht und abschließend die Fälle festgelegt, die keine erheblichen Auswirkungen auf die ordnungsgemäße Abwicklung eines Zollverfahrens haben.

bb) Fall nach Art. 124 Abs. 1 h) i) UZK i.V.m. Art. 103 b) DA

Ein Verstoß gilt als nicht wesentlich, wenn nach der oben geprüften Zollschuldentstehung gem. Art. 79 Abs. 1 a) UZK die Waren in den zollrechtlich freien Verkehr überlassen worden sind.

cc) Fall nach Art. 124 Abs. 1 h) i) UZK i.V.m. Art. 103 e) DA

Ein Verstoß gilt gem. Art. 124 Abs. 1 h) i) UZK i.V.m. Art. 103 e) DA als nicht wesentlich, wenn

- bei einer Zollschuldentstehung nach Art. 79 Abs. 1 a) UZK
- die betreffende Person die zuständigen Zollbehörden über den Verstoß unterrichtet (sog. proaktives Verhalten),
- bevor die Zollschuld mitgeteilt wurde oder eine Zollkontrolle angekündigt worden ist.

Beispiel: Aufgrund einer Verwechslung werden nicht die Veredelungserzeugnisse, die bereits in den zollrechtlich freien Verkehr übergeführt worden sind, sondern eine Palette mit Veredelungserzeugnissen, für die die aktive Veredelung noch nicht erledigt worden ist, an den Kunden ausgeliefert. Das zollrechtswidrige Entfernen der Waren vom Veredelungsort stellt regelmäßig ein Entziehen aus der zollamtlichen Überwachung dar und führt zur Zollschuldentstehung nach Art. 79 Abs. 1 a) UZK. Bevor die Zollbehörden davon Kenntnis erlangen, wird der Irrtum vom Verfahrensinhaber bemerkt. Die

Veredelungserzeugnisse werden unverzüglich zurück zum Veredelungsort befördert und der Vorfall der zuständigen Zollstelle mitgeteilt.

c) Kein Täuschungsversuch, Art. 124 Abs. 1 h) i) UZK

Die Zollschuld darf nicht aufgrund einer Täuschung entstanden sein. Dabei reicht der Versuch einer Täuschung bereits aus, um das Erlöschen der Zollschuld zu verhindern. Dies gilt bei einer vollendeten Täuschung erst recht.

Ein Täuschungsversuch liegt vor, wenn der Beteiligte das Ziel verfolgt, durch Verletzung von zollrechtlichen Vorschriften, Maßnahmen der Zollbehörder zu behindern oder zu vereiteln. Eine Abgabenverkürzung muss dabei nicht beabsichtigt sein (vgl. Z 0901 Abs. 106).

d) Erfüllung der Förmlichkeiten zur Bereinigung der Situation, Art. 124 Abs. 1 h) ii) UZK

Nachträglich muss die Person, die die Verpflichtung nicht erfüllt hat, die Förmlichkeiten erfüllen, die zur Bereinigung der Situation der Waren erforderlich sind. Um welche Förmlichkeiten es sich handelt, hängt von der jeweiligen Fallkonstellation ab (z.B. Abgabe einer ordnungsgemäßen Zollanmeldung).

2. Erlöschen der Zollschuld gem. Art. 124 Abs. 1 k) UZK

Ein Erlöschen der Zollschuld nach Art. 124 Abs. 1 k) UZK ist immer zu prüfen, wenn die Waren im Anschluss an die aktive Veredelung aus dem Zollgebiet der Union verbracht worden sind. Die Voraussetzungen sind im Einzelnen:

- Vorbehalt des Abs. 6,
- Zollschuld nach Art. 79 UZK entstanden,
- Waren nachweislich nicht verwendet oder verbraucht, sondern aus dem Zollgebiet verbracht.

a) Vorbehalt des Abs. 6

Ein Erlöschen der Zollschuld nach Art. 124 Abs. 1 k) UZK kommt nur vorbehaltlich des Art. 124 Abs. 6 UZK in Betracht. Demnach erlischt die Zollschuld nicht für Personen, die einen Täuschungsversuch begangen haben.

Kommen mehrere Zollschuldner in Betracht, so ist hier jeder Zollschuldner separat zu betrachten und zu prüfen.

b) Zollschuldentstehung gem. Art. 79 UZK

Die Zollschuld muss nach Art. 79 UZK entstanden sein. An dieser Stelle kann auf die vorhergehend geprüfte Zollschuldentstehung verwiesen werden.

c) Waren wurden nachweislich nicht verwendet oder verbraucht, sondern aus dem Zollgebiet verbracht

Für ein Erlöschen der Zollschuld muss nachgewiesen werden, dass die Waren aus dem Zollgebiet der Union verbracht worden sind und nicht zuvor im Zollgebiet verwendet oder verbraucht worden sind (Einzelheiten dazu ergeben sich aus Z 0901 Abs. 418). Das ist einerseits der Fall, wenn die Waren ordnungsgemäß im Verfahren der Wiederausfuhr wiederausgeführt wurden. Andererseits ist diese Voraussetzung aber auch dann erfüllt, wenn nach ordnungsgemäßer Veredelung die Veredelungserzeugnisse ohne Erfüllung der bei der Ausgangszollstelle vorgesehenen Förmlichkeiten wiederausgeführt werden (vgl. Z 0901 Abs. 418 UAbs. 6).

V. Bemessung

1. Bemessungszeitpunkt

a) Grundsatz gem. Art. 85 Abs. 1 UZK

Nach Art. 85 Abs. 1 UZK wird die Zollschuld grundsätzlich zum Zeitpunkt der Zollschuldentstehung bemessen. Dieser ergibt sich hier aus Art. 79 Abs. 2 a) UZK; also ist auf den Zeitpunkt der Entziehenshandlung abzustellen. Dieser Grundsatz gilt aber nur, soweit keine besondere Regelung greift.

b) Besondere Vorschrift gem. Art. 86 Abs. 3 UZK

Der Art. 86 Abs. 3 UZK beinhaltet eine besondere Regelung für den Fall, dass eine Zollschuld für Veredelungserzeugnisse nach der aktiven Veredelung entsteht. Diese besondere Regelung geht dem allgemeinen Grundsatz des Art. 85 Abs. 1 UZK vor.

Nach Art. 86 Abs. 3 UZK wird die Zollschuld für die Veredelungserzeugnisse anhand der Bemessungsgrundlagen bestimmt, die für die in die aktive Veredelung übergeführten Waren zum Zeitpunkt der Annahme der Zollanmeldung zur aktiven Veredelung maßgebend waren.

2. Fifo-Prinzip, Art. 264 Abs. 1 IA

Gegebenenfalls ist das sog. Fifo-Prinzip (First in – First out) gem. Art. 264 Abs. 1 IA anzuwenden. Demnach sind die Veredelungserzeugnisse, für die die aktive Veredelung erledigt worden ist, aus den Nicht-Unionswaren hergestellt, die mit der jeweils ältesten Zollanmeldung in die aktive Veredelung übergeführt wurden. Dem ersten/ältesten Zugang wird also der erste Abgang zugeordnet.

3. Berechnung der Zollschuld

Abschließend ist der Zollschuldbetrag zu berechnen, also Zollwert x Zollsatz.

Schema 44

Zollschuld gem. Art. 79 Abs. 1 a) UZK durch Nichterfüllung einer in den zollrechtlichen Vorschriften festgelegten Verpflichtung bei aktiver Veredelung

Zollschuld gem. Art. 79 Abs. 1 a) UZK wegen Nichterfüllung einer in den zollrechtlichen Vorschriften festgelegten Verpflichtung in Bezug auf die aktive Veredelung.

I. Zollschuldentstehung, Art. 79 Abs. 1 a) UZK

1. Einfuhrabgabenpflichtige Nicht-Unionswaren

Die Veredelungserzeugnisse müssen einfuhrabgabenpflichtige Nicht-Unionswaren sein.

a) Waren

Waren sind alle beweglichen Güter einschließlich des elektrischen Stroms (vgl. Z 0601 Abs. 101).

b) Nicht-Unionswaren, Art. 5 Nr. 24 UZK

Bei den Veredelungserzeugnissen muss es sich um Nicht-Unionswaren i.S.d. Art. 5 Nr. 24 UZK handeln. Demnach sind Nicht-Unionswaren andere Waren als die, die unter Art. 5 Nr. 23 UZK fallen. Nicht-Unionswaren sind also all die Waren, die die Begriffsbestimmung für Unionswaren nicht erfüllen. Damit ist grundsätzlich eine Negativabgrenzung zu Art. 5 Nr. 23 UZK vorzunehmen, indem dessen Voraussetzungen verneint werden.

§

Art. 5 Nr. 24 UZK – Begriffsbestimmungen *(Definition „Nicht-Unionswaren“)*

„Nicht-Unionswaren“ sind andere als die unter Nummer 23 genannten Waren und Waren, die den zollrechtlichen Status als Unionswaren verloren haben.

Art. 5 Nr. 23 UZK – Begriffsbestimmungen *(Definition „Unionswaren“)*

„Unionswaren“ sind Waren, die

a) im Zollgebiet der Union vollständig gewonnen oder hergestellt wurden und bei deren Herstellung keine aus Ländern oder Gebieten außerhalb des Zollgebiets der Union eingeführten Waren verwendet wurden,

b) aus Ländern oder Gebieten außerhalb des Zollgebiets der Union in dieses Gebiet verbracht und zum zollrechtlich freien Verkehr überlassen wurden,

c) im Zollgebiet der Union entweder ausschließlich aus Waren nach Buchstabe b oder aus Waren nach den Buchstaben a und b gewonnen oder hergestellt wurden.

Daneben gilt die Statusvermutung des Art. 153 Abs. 1 UZK, dass es sich bei allen im Zollgebiet der Union befindlichen Waren um Unionswaren handelt, nach Art. 119 Abs. 1 c) DA nicht für die Veredelungserzeugnisse.

Formulierungsbeispiel in unproblematischen Fällen

„Es handelt sich bei dem – Produkt nennen – um einen beweglichen Gegenstand also um eine Ware. Die Voraussetzungen des Art. 5 Nr. 23 UZK liegen nicht vor, sodass es sich um eine Nicht-Unionsware nach Art. 5 Nr. 24 UZK handelt. Ferner wird für die Veredelungserzeugnisse der Status einer Unionsware gem. Art. 153 Abs. 1 UZK i.V.m. Art. 119 Abs. 1 c) DA nicht vermutet.“

c) Einfuhrabgabenpflicht

Eine Ware ist einfuhrabgabenpflichtig, wenn nach dem Zolltarif ein Zoll vorgesehen ist und im Einzelfall keine außertariflichen Abgabenbefreiungen vorliegen (vgl. auch Z 0901 Abs. 108). Außertarifliche Abgabenbefreiungen ergeben sich hauptsächlich aus der Regelung über Rückwaren gem. Art. 203 UZK und aus Zollbefreiungen gem. Art. 5 Nr. 2 c) UZK, Art. 41 ZollbefrVO i.V.m. §§ 1 ff. EF-VO.

Formulierungsbeispiel in unproblematischen Fällen

„Für den – Produkt nennen – ist nach dem Zolltarif ein Zollsatz vorgesehen. Außertarifliche Befreiungen sind nicht ersichtlich. Damit ist diese Ware auch einfuhrabgabenpflichtig.“

2. Nichterfüllung einer in den zollrechtlichen Vorschriften festgelegten Verpflichtung in Bezug auf die aktive Veredelung

Ergeben sich aus den zollrechtlichen Vorschriften Verpflichtungen in Bezug auf die aktive Veredelung, dann führt eine Verletzung dieser Pflichten zur Zollschuldentstehung nach Art. 79 Abs. 1 a) UZK. Wie dem vorstehenden Schema zu entnehmen ist, ist der Fall des Entziehens aus der aktiven Veredelung – der zwar formal auch ein Fall der Pflichtverletzung ist, als gesonderter Fall zu prüfen. Dies ergibt sich letztlich aus dem Wortlaut von Art. 79 Abs. 1 a) UZK, wonach das Entziehen als zollschuldrechtlich relevante Handlung gesondert aufgeführt ist. Damit sind nur die „übrigen“ Pflichtverletzungen Gegenstände der nachfolgenden Prüfung, wobei im Folgenden ausschließlich die wichtigsten Fallvarianten dargestellt werden.

a) Nichteinhaltung der Frist für die Erledigung des Verfahrens

Es besteht nach Art. 215 Abs. 1 und 4 UZK i.V.m. Art. 257 Abs. 1 UZK die Verpflichtung, die Veredelungserzeugnisse zum Ablauf der Erledigungsfrist in ein anschließendes Zollverfahren zu überführen, aus dem Zollgebiet der Union zu verbringen oder zu zerstören. Wurde diese Frist nicht eingehalten, liegt eine Nichterfüllung der Verpflichtung vor.

Gründe, die eine Nichterfüllung dieser Verpflichtung verhindern können

- **Nachträgliche oder automatische Fristverlängerung**

  Gemäß Art. 257 Abs. 2 UAbs. 1 UZK i.V.m. Art. 174 Abs. 1 DA kann die Erledigungsfrist auf begründeten Antrag des Bewilligungsinhabers auch nachträglich, d.h. nach Ablauf der ursprünglichen Frist, verlängert werden. Ferner kann gem. Art. 174 Abs. 2 DA mit der Bewilligung zur aktiven Veredelung eine automatische Firstverlängerung bewilligt werden. In diesen beiden Fällen liegt keine Nichterfüllung der Pflicht zur Fristwahrung vor.

- **Fiktive Überführung in den zollrechtlich freien Verkehr**

  Ist die fiktive Überführung in den zollrechtlich freien Verkehr ohne Abgabe einer Zollanmeldung gem. Art. 170 Abs. 1 DA bewilligt worden, kann es nicht zu einer Pflichtverletzung durch Ablauf der Erledigungsfrist kommen. Die Waren gelten vielmehr mit Fristablauf als in den zollrechtlich freien Verkehr überlassen.

b) Nicht (fristgerechte) Abgabe der Abrechnung

Gemäß Art. 175 Abs. 1 DA ist die Abrechnung binnen 30 Tagen nach Ablauf der Frist für die Erledigung der aktiven Veredelung abzugeben. Die Nicht- bzw. nicht rechtzeitige Abgabe der Abrechnung stellt somit eine Nichterfüllung dieser Verpflichtung dar (vgl. EuGH, Urteil vom 6.9.2012, C-262/10, EU:C:2012:559).

Beachte: Entstehen der Zollschuld für alle abzurechnenden Waren

Im Fall der Nicht- bzw. nicht rechtzeitigen Abgabe der Abrechnung entsteht die Zollschuld für alle abzurechnenden Waren, selbst wenn diese zu diesem Zeitpunkt bereits wiederausgeführt worden sind (Grund: Bei fehlender Abrechnung fehlt der Überwachungszollstelle für alle abzurechnenden Waren der Nachweis über die ordnungsgemäße Erledigung der aktiven Veredelung).

Nachträglich Fristverlängerung verhindert die Nichterfüllung dieser Verpflichtung

Gemäß Art. 175 Abs. 2 DA kann in außergewöhnlichen Fällen auch nach Ablauf der 30-Tage-Frist diese auf maximal 60 Tage verlängert werden. Wenn eine Fristverlängerung nicht in Betracht kommt, ist an ein Erlöschen der Zollschuld nach Art. 124 Abs. 1 h) i) UZK i.V.m. Art. 103 a) DA zu prüfen.

c) Verstoß gegen eine in der Bewilligung festgelegten Verpflichtung

In der Bewilligung der aktiven Veredelung legen die Zollbehörden gem. Art. 211 Abs. 1 UAbs. 2 UZK die weiteren Voraussetzungen zur Inanspruchnahme dieses Verfahrens fest (z.B. Art des Veredelungsvorgangs und des Veredelungserzeugnisses). Gemäß Art. 23 Abs. 1 UZK ist der Bewilligungsinhaber zur Einhaltung dieses Bewilligungsinhalts verpflichtet. Ein Verstoß dagegen stellt eine Nichterfüllung der Verpflichtung aus Art. 211 Abs. 1 UAbs. 2 i.V.m. Art. 23 Abs. 1 UZK dar.

Beispiel: In der Bewilligung zur aktiven Veredelung wird als Veredelungsvorgang die Bearbeitung von Stoffen (Nicht-Unionsware) zu T-Shirts (Veredelungserzeugnis) festgelegt. Tatsächlich werden aber aus den Stoffen Handtücher hergestellt.

Rückwirkende Bewilligung verhindert Nichterfüllung der Verpflichtung

Gemäß Art. 211 Abs. 2 UZK i.V.m. Art. 172 DA kann nicht nur die Bewilligung der aktiven Veredelung in Gänze, sondern auch einzelne Bewilligungsinhalte unter den dort genannten Voraussetzungen rückwirkend bewilligt werden. Aufgrund der Rückwirkung liegt in diesen Fällen keine Nichterfüllung der jeweiligen in der Bewilligung festgelegten Verpflichtung vor.

Davon zu unterscheiden ist, die Überführung von Waren in eine aktive Veredelung, ohne dass zu diesem Zeitpunkt eine Bewilligung der aktiven Veredelung vorlag. In diesem Fall ist eine Zollschuldentstehung nach Art. 79 Abs. 1 c) UZK zu prüfen (vgl. Schema 45).

II. Zeitpunkt, Art. 79 Abs. 2 a) UZK

Die Zollschuld entsteht zu dem Zeitpunkt, in dem die oben geprüfte Verpflichtung nicht oder nicht mehr erfüllt ist.

III. Zollschuldner, Art. 79 Abs. 3 UZK

Der Begriff des Zollschuldners ist in Art. 5 Nr. 19 UZK definiert. Demnach ist der Zollschuldner „eine zur Erfüllung der Zollschuld verpflichtete Person". Wer im Fall der Zollschuldentstehung nach Art. 79 Abs. 1 a) UZK verpflichtet ist, ist in Art. 79 Abs. 3 UZK geregelt.

1. Zollschuldner, Art. 79 Abs. 3 a) UZK

Gemäß Art. 79 Abs. 3 a) UZK ist Zollschuldner die Person, die die oben geprüfte Verpflichtung zu erfüllen hatte. Im Fall der aktiven Veredelung ist das der Bewilligungsinhaber und Inhaber des Verfahrens (Art. 5 Nr. 35 UZK).

2. Zollschuldner, Art. 79 Abs. 3 b) UZK

Daneben sind weitere Zollschuldner möglich. Gemäß Art. 79 Abs. 3 b) UZK (vgl. Z 0901 Abs. 345 ff.) ist zudem die Person Zollschuldner,

- die wusste oder vernünftigerweise hätte wissen müssen, dass eine zollrechtliche Verpflichtung nicht erfüllt war und für Rechnung der Person nach Buchstabe a) gehandelt hat
- oder an der Handlung nach Buchstabe a) beteiligt war.

3. Zollschuldner, Art. 79 Abs. 3 c) UZK

Zudem ist nach Art. 79 Abs. 3 c) UZK die Person Zollschuldner, die die Waren erworben oder in Besitz genommen hat und zu diesem Zeitpunkt wusste oder vernünftigerweise hätte wissen müssen, dass eine zollrechtliche Verpflichtung nicht erfüllt war. Allerdings stellt das hier erforderliche subjektive Element eine nicht unerhebliche Hürde dar. Zu den Einzelheiten vgl. Z 0901 Abs. 347.

Kommen mehrere Zollschuldner in Betracht, so haften diese gesamtschuldnerisch gem. Art. 84 UZK.

IV. Erlöschen der Zollschuld, Art. 124 Abs. 1 UZK

Vor der Prüfung der Bemessung der Zollschuld ist auf das Erlöschen der Zollschuld einzugehen. Dabei sind insbesondere folgende Fallvarianten zu bedenken.

1. Erlöschen der Zollschuld gem. Art. 124 Abs. 1 h) UZK

Für ein Erlöschen der Zollschuld nach Art. 124 Abs. 1 h) UZK müssen sämtliche der folgenden Voraussetzungen geprüft und bejaht werden.

a) Zollschuldentstehung gem. Art. 79 UZK

Die Zollschuld muss nach Art. 79 UZK entstanden sein. An dieser Stelle kann auf die bereits geprüfte Zollschuldentstehung verwiesen werden.

b) Keine erheblichen Auswirkungen auf die ordnungsgemäße Abwicklung des Zollverfahrens, Art. 124 Abs. 1 h) i) UZK

aa) Fälle ohne Auswirkungen nach Art. 103 DA

Art. 124 Abs. 1 h) i) UZK setzt für ein Erlöschen der Zollschuld voraus, dass die Verstöße keine erheblichen Auswirkungen auf die ordnungsgemäße Abwicklung des Zollverfahrens haben. Das Zollverfahren (Art. 5 Nr. 16 i.V.m. Art. 210 d) UZK) ist in diesem Fall die aktive Veredelung.

In Art. 103 DA hat die EU-Kommission von ihrer Ermächtigung nach Art. 126 UZK Gebrauch gemacht und abschließend die Fälle festgelegt, die keine erheblichen Auswirkungen auf die ordnungsgemäße Abwicklung eines Zollverfahrens haben.

bb) Fall nach Art. 124 Abs. 1 h) i) UZK i.V.m. Art. 103 a) DA

Ein Verstoß gilt als nicht wesentlich, wenn es sich hierbei um ein Fristversäumnis handelt. Das Fristversäumnis darf aber nicht länger andauern als die Verlängerung, die bei einem entsprechenden Antrag gewährt worden wäre.

Nachträgliche Fristverlängerung

Wird die Erledigungsfrist nach Art. 257 Abs. 2 UAbs. 1 UZK i.V.m. Art. 174 Abs.1 DA oder die Abrechnungsfrist nach Art. 175 Abs. 2 DA nachträglich verlängert, so liegt schon keine Nichterfüllung der Pflicht zur Fristwahrung und damit keine Zollschuldentstehung vor. Ein Erlöschen der Zollschuld nach Art. 124 Abs. 1 h) i) UZK i.V.m. Art. 103 a) DA ist dann nicht mehr zu prüfen.

cc) Fall nach Art. 124 Abs. 1 h) i) UZK i.V.m. Art. 103 b) DA

Ein Verstoß gilt als nicht wesentlich, wenn nach der oben geprüften Zollschuldentstehung gem. Art. 79 Abs. 1 a) UZK die Waren in den zollrechtlich freien Verkehr überlassen worden sind.

c) Kein Täuschungsversuch, Art. 124 Abs. 1 h) i) UZK

Die Zollschuld darf nicht aufgrund einer Täuschung entstanden sein. Dabei reicht der Versuch einer Täuschung bereits aus, um das Erlöschen der Zollschuld zu verhindern. Dies gilt bei einer vollendeten Täuschung erst recht.

Ein Täuschungsversuch liegt vor, wenn der Beteiligte das Ziel verfolgt, durch Verletzung von zollrechtlichen Vorschriften, Maßnahmen der Zollbehörden zu behindern oder zu vereiteln. Eine Abgabenverkürzung muss dabei nicht beabsichtigt sein (vgl. Z 0901 Abs. 106).

d) Erfüllung der Förmlichkeiten zur Bereinigung der Situation, Art. 124 Abs. 1 h) ii) UZK

Nachträglich muss die Person, die die Verpflichtung nicht erfüllt hat, die Förmlichkeiten erfüllen, die zur Bereinigung der Situation der Waren erforderlich sind. Um welche Förmlichkeiten es sich handelt, hängt von der jeweiligen Fallkonstellation ab (z.B. Abgabe einer ordnungsgemäßen Zollanmeldung).

2. Erlöschen der Zollschuld gem. Art. 124 Abs. 1 k) UZK

Ein Erlöschen der Zollschuld nach Art. 124 Abs. 1 k) UZK ist immer zu prüfen, wenn die Waren im Anschluss an die aktive Veredelung aus dem Zollgebiet der Union verbracht worden sind. Die Voraussetzungen sind im Einzelnen:

- Vorbehalt des Abs. 6,
- Zollschuld nach Art. 79 UZK entstanden,
- Waren nachweislich nicht verwendet oder verbraucht, sondern aus dem Zollgebiet verbracht.

a) Vorbehalt des Abs. 6

Ein Erlöschen der Zollschuld nach Art. 124 Abs. 1 k) UZK kommt nur vorbehaltlich des Art. 124 Abs. 6 UZK in Betracht. Demnach erlischt die Zollschuld nicht für Personen, die einen Täuschungsversuch begangen haben.

Kommen mehrere Zollschuldner in Betracht, so ist hier jeder Zollschuldner separat zu betrachten und zu prüfen.

b) Zollschuldentstehung gem. Art. 79 UZK

Die Zollschuld muss nach Art. 79 UZK entstanden sein. An dieser Stelle kann auf die vorhergehend geprüfte Zollschuldentstehung verwiesen werden.

c) Waren wurden nachweislich nicht verwendet oder verbraucht, sondern aus dem Zollgebiet verbracht

Für ein Erlöschen der Zollschuld muss nachgewiesen werden, dass die Waren aus dem Zollgebiet der Union verbracht worden sind und nicht zuvor im Zollgebiet verwendet oder verbraucht worden sind (Einzelheiten dazu ergeben sich aus Z 0901 Abs. 418). Das ist einerseits der Fall, wenn die Waren ordnungsgemäß im Verfahren der Wiederausfuhr wiederausgeführt wurden. Andererseits ist diese Voraussetzung aber auch dann erfüllt, wenn nach ordnungsgemäßer Veredelung die Veredelungserzeugnisse ohne Erfüllung der bei der Ausgangszollstelle vorgesehenen Förmlichkeiten wiederausgeführt werden (vgl. Z 0901 Abs. 418 UAbs. 6).

V. Bemessung

1. Bemessungszeitpunkt

a) Grundsatz, Art. 85 Abs. 1 UZK

Nach Art. 85 Abs. 1 UZK wird die Zollschuld grundsätzlich zum Zeitpunkt der Zollschuldentstehung bemessen. Dieser ergibt sich hier aus Art. 79 Abs. 2 a) UZK; also ist auf den Zeitpunkt, in dem die oben geprüfte Verpflichtung nicht oder nicht mehr erfüllt ist, abzustellen. Dieser Grundsatz gilt aber nur, soweit keine besondere Regelung greift.

b) Besondere Vorschrift, Art. 86 Abs. 3 UZK

Der Art. 86 Abs. 3 UZK beinhaltet eine besondere Regelung für den Fall, dass eine Zollschuld für Veredelungserzeugnisse nach der aktiven Veredelung entsteht. Diese besondere Regelung geht dem allgemeinen Grundsatz des Art. 85 Abs. 1 UZK vor.

Nach Art. 86 Abs. 3 UZK wird die Zollschuld für die Veredelungserzeugnisse anhand der Bemessungsgrundlagen bestimmt, die für die in die aktive Veredelung übergeführten Waren zum Zeitpunkt der Annahme der Zollanmeldung zur aktiven Veredelung maßgebend waren.

2. Fifo-Prinzip, Art. 264 Abs. 1 IA

Gegebenenfalls ist das sog. Fifo-Prinzip (First in – First out) gem. Art. 264 Abs. 1 IA anzuwenden. Demnach sind die Veredelungserzeugnisse, für die die aktive Veredelung erledigt worden ist, aus den Nicht-Unionswaren hergestellt, die mit der jeweils ältesten Zollanmeldung in die aktive Veredelung übergeführt wurden. Dem ersten/ältesten Zugang wird also der erste Abgang zugeordnet.

3. Berechnung der Zollschuld

Abschließend ist der Zollschuldbetrag zu berechnen, also Zollwert x Zollsatz.

Schema 45

Zollschuld gem. Art. 79 Abs. 1 c) UZK durch Nichterfüllung einer Voraussetzung für die Überführung in die aktive Veredelung

Zollschuld gem. Art. 79 Abs. 1 c) UZK wegen Nichterfüllung einer Voraussetzung für die Überführung von Nicht-Unionswaren in das Zollverfahren der aktiven Veredelung

I. Zollschuldentstehung, Art. 79 Abs. 1 c) UZK

1. Einfuhrabgabenpflichtige Nicht-Unionswaren

Die Veredelungserzeugnisse müssen einfuhrabgabenpflichtige Nicht-Unionswaren sein.

a) Waren

Waren sind alle beweglichen Güter einschließlich des elektrischen Stroms (vgl. Z 0601 Abs. 101).

b) Nicht-Unionswaren, Art. 5 Nr. 24 UZK

Bei den Waren muss es sich um Nicht-Unionswaren i.S.d. Art. 5 Nr. 24 UZK handeln. Demnach sind Nicht-Unionswaren andere Waren als die, die unter Art. 5 Nr. 23 UZK fallen. Nicht-Unionswaren sind also all die Waren, die die Begriffsbestimmung für Unionswaren nicht erfüllen. Damit ist grundsätzlich eine Negativabgrenzung zu Art. 5 Nr. 23 UZK vorzunehmen, indem dessen Voraussetzungen verneint werden.

§

Art. 5 Nr. 24 UZK – Begriffsbestimmungen ***(Definition „Nicht-Unionswaren")***

„Nicht-Unionswaren" sind andere als die unter Nummer 23 genannten Waren und Waren, die den zollrechtlichen Status als Unionswaren verloren haben.

Art. 5 Nr. 23 UZK – Begriffsbestimmungen ***(Definition „Unionswaren")***

„Unionswaren" sind Waren, die

a) im Zollgebiet der Union vollständig gewonnen oder hergestellt wurden und bei deren Herstellung keine aus Ländern oder Gebieten außerhalb des Zollgebiets der Union eingeführten Waren verwendet wurden,

b) aus Ländern oder Gebieten außerhalb des Zollgebiets der Union in dieses Gebiet verbracht und zum zollrechtlich freien Verkehr überlassen wurden,

c) im Zollgebiet der Union entweder ausschließlich aus Waren nach Buchstabe b oder aus Waren nach den Buchstaben a und b gewonnen oder hergestellt wurden.

Daneben gilt die Statusvermutung des Art. 153 Abs. 1 UZK, dass es sich bei allen im Zollgebiet der Union befindlichen Waren um Unionswaren handelt, nach Art. 119 Abs. 1 c) DA nicht für die Veredelungserzeugnisse.

Formulierungsbeispiel in unproblematischen Fällen

„Es handelt sich bei dem – Produkt nennen – um einen beweglichen Gegenstand, also um eine Ware. Die Voraussetzungen des Art. 5 Nr. 23 UZK liegen nicht vor, sodass es sich um eine Nicht-Unionsware nach Art. 5 Nr. 24 UZK handelt. Ferner wird für diese Ware der Status einer Unionsware gem. Art. 153 Abs. 1 UZK i.V.m. Art. 119 Abs. 1 c) DA nicht vermutet."

c) Einfuhrabgabenpflicht

Eine Ware ist einfuhrabgabenpflichtig, wenn nach dem Zolltarif ein Zoll vorgesehen ist und im Einzelfall keine außertariflichen Abgabenbefreiungen vorliegen (vgl. auch Z 0901 Abs. 108). Außertarifliche Abgabenbefreiungen ergeben sich hauptsächlich aus der Regelung über Rückwaren gem. Art. 203 UZK und aus Zollbefreiungen gem. Art. 5 Nr. 2 c) UZK, Art. 41 ZollbefrVO i.V.m. §§ 1 ff. EF-VO.

Formulierungsbeispiel in unproblematischen Fällen

„Für den – Produkt nennen – ist nach dem Zolltarif ein Zollsatz vorgesehen. Außertarifliche Befreiungen sind nicht ersichtlich. Damit ist diese Ware auch einfuhrabgabenpflichtig."

2. Nichterfüllung einer Voraussetzung für die Überführung in das Zollverfahren der aktiven Veredelung

Nach Art. 79 Abs. 1 c) UZK entsteht die Zollschuld, wenn eine Voraussetzung für die Überführung von Nicht-Unionswaren in ein Zollverfahren nicht erfüllt ist. Das Zollverfahren (Art. 5 Nr. 16 i.V.m. Art. 210 d) UZK) ist in diesem Fall die aktive Veredelung.

Voraussetzung für die Überführung in die aktive Veredelung ist das Vorhandensein einer entsprechenden Bewilligung gem. Art. 211 Abs. 1 a) UZK. Wird die Ware ohne Bewilligung zum Verfahren angemeldet und in die aktive Veredelung übergeführt, wird diese Voraussetzung nicht erfüllt und die Zollschuld entsteht nach Art. 79 Abs. 1 c) UZK. Dabei kann sich der Verfahrensinhaber nicht darauf berufen, dass die Zollstelle den Überführungsmangel hätte bemerken können.

Rückwirkende Bewilligung verhindert die Nichterfüllung

Gemäß Art. 211 Abs. 2 UZK i.V.m. Art. 172 DA kann die Bewilligung der aktiven Veredelung unter den dort genannten Voraussetzungen rückwirkend bewilligt werden. Aufgrund der Rückwirkung sind die Voraussetzungen für die Überführung der Waren in die aktive Veredelung erfüllt.

Davon zu unterscheiden ist, die Nichterfüllung einer in der Bewilligung festgelegten Verpflichtung (z.B. Art des Veredelungsvorgangs und des Veredelungserzeugnisses). In diesem Fall ist eine Zollschuldentstehung nach Art. 79 Abs. 1 a) UZK zu prüfen.

II. Zeitpunkt, Art. 79 Abs. 2 b) UZK

Die Zollschuld entsteht zum Zeitpunkt der Annahme der Zollanmeldung zur aktiven Veredelung, wenn sich nachträglich herausstellt, dass eine Voraussetzung für die Überlassung der Nicht-Unionswaren in das Zollverfahren (hier das Vorliegen einer Bewilligung der aktiven Veredelung) nicht erfüllt war.

III. Zollschuldner, Art. 79 Abs. 4 UZK

Der Begriff des Zollschuldners ist in Art. 5 Nr. 19 UZK definiert. Demnach ist der Zollschuldner „eine zur Erfüllung der Zollschuld verpflichtete Person". Wer im Fall der Zollschuldentstehung nach Art. 79 Abs. 1 c) UZK verpflichtet ist, ist in Art. 79 Abs. 4 UZK geregelt.

Gemäß Art. 79 Abs. 4 S. 1 UZK ist Zollschuldner die Person, die die Voraussetzung für die Überführung der Waren in das Zollverfahren zu erfüllen hat. Das ist im Fall einer fehlenden Bewilligung der Inhaber des Verfahrens.

Daneben kann es nach Art. 79 Abs. 4 S. 2 UZK für den Fall, dass falsche Angaben dazu führen, dass Einfuhrabgaben ganz oder teilweise nicht erhoben werden, einen weiteren Zollschuldner geben. Demzufolge wird auch die Person Zollschuldner, die die Angaben, die für die Zollanmeldung zur aktiven Veredlung erforderlich sind, geliefert hat und wusste oder vernünftigerweise hätte wissen müssen, dass die unrichtig waren (sog. Informationsgeber).

Kommen mehrere Zollschuldner in Betracht, so haften diese gesamtschuldnerisch gem. Art. 84 UZK.

IV. Erlöschen der Zollschuld, Art. 124 Abs. 1 h) UZK

Vor der Prüfung der Bemessung der Zollschuld ist auf das Erlöschen der Zollschuld gem. Art. 124 Abs. 1 UZK einzugehen. Dabei ist insbesondere an den Art. 124 Abs. 1 h) UZK zu denken.

Für ein Erlöschen der Zollschuld nach Art. 124 Abs. 1 h) UZK müssen sämtliche der folgenden Voraussetzungen geprüft und bejaht werden.

1. Zollschuldentstehung nach Art. 79 UZK

Die Zollschuld muss nach Art. 79 UZK entstanden sein. An dieser Stelle kann auf die bereits geprüfte Zollschuldentstehung verwiesen werden.

2. Keine erheblichen Auswirkungen auf die ordnungsgemäße Abwicklung des Zollverfahrens, Art. 124 Abs. 1 h) i) UZK

a) Fälle ohne Auswirkungen nach Art. 103 DA

Artikel 124 Abs. 1 h) i) UZK setzt für ein Erlöschen der Zollschuld voraus, dass die Verstöße keine erheblichen Auswirkungen auf die ordnungsgemäße Abwicklung des Zollverfahrens haben. Das Zollverfahren (Art. 5 Nr. 16 i.V.m. Art. 210 d) UZK) ist in diesem Fall die aktive Veredelung.

In Art. 103 DA hat die EU-Kommission von ihrer Ermächtigung nach Art. 126 UZK Gebrauch gemacht und die Fälle festgelegt, die keine erheblichen Auswirkungen auf die ordnungsgemäße Abwicklung eines Zollverfahrens haben.

b) Fall nach Art. 124 Abs. 1 h) i) UZK i.V.m. Art. 103 b) DA

Ein Verstoß gilt als nicht wesentlich, wenn die Ware, nachdem die Zollschuld gem. Art. 79 Abs. 1 c) UZK entstanden ist, in den zollrechtlich freien Verkehr überlassen worden ist.

Beispiel: Die fünfjährige Geltungsdauer der Bewilligung der aktiven Veredelung (Art. 173 Abs. 1 DA) ist abgelaufen. Weder dem Wirtschaftsbeteiligten noch der Zollstelle ist dies aufgefallen, sodass weiterhin Waren in die aktive Veredelung übergeführt werden. Die daraus hergestellten Veredelungserzeugnisse werden anschließend in den zollrechtlich freien Verkehr überlassen.

ⓘ **Beachte:** Ist in einem solchen Fall die Erteilung einer rückwirkenden Bewilligung gem. Art. 211 Abs. 2 UZK i.V.m. Art. 172 DA möglich, so liegt schon keine Zollschuldentstehung nach Art. 79 Abs. 1 c) UZK vor. Ein Erlöschen der Zollschuld nach Art. 124 Abs. 1 h) i) UZK i.V.m. Art. 103 b) DA ist dann nicht mehr zu prüfen.

3. Kein Täuschungsversuch, Art. 124 Abs. 1 h) i) UZK

Die Zollschuld muss aufgrund einer Täuschung entstanden sein. Dabei reicht der Versuch einer Täuschung bereits aus, um das Erlöschen der Zollschuld zu verhindern. Dies gilt bei einer vollendeten Täuschung erst Recht.

Ein Täuschungsversuch liegt vor, wenn der Beteiligte das Ziel verfolgt, durch Verletzung von zollrechtlichen Vorschriften, Maßnahmen der Zollbehörden zu behindern oder zu vereiteln. Eine Abgabenverkürzung muss dabei nicht beabsichtigt sein (vgl. Z 0901 Abs. 106).

4. Erfüllung der Förmlichkeiten zur Bereinigung der Situation, Art. 124 Abs. 1 h) ii) UZK

Nachträglich muss die Person, die die Voraussetzung nicht erfüllt hat, die Förmlichkeiten erfüllen, die zur Bereinigung der Situation der Waren erforderlich sind. Das kann im Fall einer fehlenden Bewilligung der Antrag auf Erteilung einer (neuen) Bewilligung der aktiven Veredelung sein.

V. Bemessung

1. Bemessungszeitpunkt

a) Grundsatz, Art. 85 Abs. 1 UZK

Nach Art. 85 Abs. 1 UZK wird die Zollschuld grundsätzlich zum Zeitpunkt der Zollschuldentstehung bemessen. Dieser ergibt sich hier aus Art. 79 Abs. 2 b) UZK; also ist auf den Zeitpunkt der Annahme der Zollanmeldung zur aktiven Veredelung abzustellen. Dieser Grundsatz gilt aber nur, soweit keine besondere Regelung greift.

b) Besondere Vorschrift, Art. 86 Abs. 3 UZK

Der Art. 86 Abs. 3 UZK beinhaltet eine besondere Regelung für den Fall, dass eine Zollschuld für Veredelungserzeugnisse nach der aktiven Veredelung entsteht. Diese besondere Regelung geht dem allgemeinen Grundsatz des Art. 85 Abs. 1 UZK vor.

Nach Art. 86 Abs. 3 UZK wird die Zollschuld für die Veredelungserzeugnisse anhand der Bemessungsgrundlagen bestimmt, die für die in die aktive Veredelung übergeführten Waren zum Zeitpunkt der Annahme der Zollanmeldung zur aktiven Veredelung maßgebend waren.

2. Fifo-Prinzip, Art. 264 Abs. 1 IA

Gegebenenfalls ist das sog. Fifo-Prinzip (First in – First out) gem. Art. 264 Abs. 1 IA anzuwenden. Demnach sind die Veredelungserzeugnisse, für die die aktive Veredelung erledigt worden ist, aus den Nicht-Unionswaren hergestellt, die mit der jeweils ältesten Zollanmeldung in die aktive Veredelung übergeführt wurden. Dem ersten/ältesten Zugang wird also der erste Abgang zugeordnet.

3. Berechnung der Zollschuld

Abschließend ist der Zollschuldbetrag zu berechnen, also Zollwert x Zollsatz.

Kapitel 6

Prüfungsschemata passive Veredelung

Schema 46
Bewilligung einer passiven Veredelung

I. Verfahren

Es muss sich um das Verfahren der passiven Veredelung i.S.d. Art. 259 Abs. 1 UZK handeln. Dazu muss der Geltungsbereich dieser Norm eröffnet sein, d.h., die Voraussetzungen des Art. 259 Abs. 1 UZK müssen hier vorliegen.

Anwendungsbereich gem. Art. 259 Abs. 1 UZK

1. Voraussetzungen

- Unionswaren, Art. 5 Nr. 23 UZK.

  Beachte: Für die in Art. 259 Abs. 2 UZK genannten Unionswaren ist eine passive Veredelung nicht zulässig.

- vorübergehende Ausfuhr aus dem Zollgebiet der Union.

  Beachte: Gemäß Art. 269 Abs. 2 a) UZK sind die Unionswaren, die nach der Überführung in die passive Veredelung vorübergehend aus dem Zollgebiet der Union ausgeführt werden, nicht zusätzlich in die Ausfuhr zu überführen. Aber: Für diese Waren sind die Ausfuhrformalitäten gem. Art. 269 Abs. 3 UZK zu erfüllen.

- Durchführung von Veredelungsvorgängen gem. Art. 5 Nr. 37 UZK
- Herstellung von Veredelungserzeugnissen gem. Art. 5 Nr. 30 UZK
- anschließende Überführung in die Überlassung zum zollrechtlich freien Verkehr im Zollgebiet der Union

2. Rechtsfolge

Bei einer passiven Veredelung kommt eine vollständige oder teilweise Befreiung von den Einfuhrabgaben bei der Überführung in den zollrechtlich freien Verkehr in Betracht. Voraussetzung: Antrag des Bewilligungsinhabers oder einer anderen Person, die die Zustimmung des Bewilligungsinhabers eingeholt hat sowie bei Einhaltung der Bewilligungsvoraussetzungen.

II. Erforderlichkeit der Bewilligung

Gemäß Art. 211 Abs. 1 a) UZK ist für die Inanspruchnahme einer passiven Veredelung stets eine Bewilligung erforderlich.

§

Art. 211 Abs. 1 UZK – Bewilligung

Eine Bewilligung der Zollbehörden ist erforderlich für

a) die Inanspruchnahme der aktiven oder passiven Veredelung […]

Die Voraussetzungen für die Inanspruchnahme eines oder mehrerer der in Unterabsatz 1 genannten Verfahren […] werden in der Bewilligung festgelegt. […]

III. Formelle Bewilligungsvoraussetzungen (Normalverfahren bei Vorabbewilligung)

Die formellen Bewilligungsvoraussetzungen umfassen die Fragen, wer Antragsteller sein kann, ob bzw. wie ein Antrag zu stellen ist und ob die Voraussetzungen für die Annahme des Antrags erfüllt sind.

Im Normalverfahren wird eine förmliche Bewilligung vorab, d.h. vor Überführung der Waren in die passive Veredelung, erteilt. Andererseits besteht unter den Voraussetzungen des Art. 163 Abs. 1 und Abs. 2 DA auch die Möglichkeit eines vereinfachten Bewilligungsverfahrens, in dem die Zollanmeldung zur Überführung in die passive Veredelung oder zur Überführung in den zollrechtlich freien Verkehr nach passiver Veredelung als Antrag auf Bewilligung gilt.

1. Antragsteller

Art. 22 Abs. 1 UZK verlangt von der Person, die eine Entscheidung, d.h. hier die Bewilligung einer passiven Veredelung, beantragt, dass sie alle erforderlichen Informationen, die die zuständige Zollstelle benötigt, dieser übermittelt. Antragsteller ist damit die Person, die die Bewilligung der passiven Veredelung beantragt und die dazugehörigen Informationen vorlegt. Dementsprechend ist der Antragsteller auch der künftige Inhaber der Bewilligung.

§ **Art. 5 Nr. 4 UZK – Begriffsbestimmungen** ***(Definition „Person")***

Eine „Person" ist eine natürliche Person, eine juristische Person oder eine Personenvereinigung, die keine juristische Person ist, die jedoch nach Unionsrecht oder nach einzelstaatlichem Recht die Möglichkeit hat, im Rechtsverkehr wirksam aufzutreten.

2. Erforderlichkeit eines Antrags

Gemäß Art. 22 Abs. 1 UZK und Art. 6 Abs. 1 UZK ist ein elektronischer Antrag notwendig. Dabei sind die gemeinsamen Datenanforderungen nach Art. 6 Abs. 2 UZK i.V.m. Art. 2 Abs. 1 DA, Anhang A zu beachten.

Derzeit ist in Deutschland kein elektronisches System zur Antragstellung betriebsbereit. Daher ist vorerst gem. Art. 278 Abs. 1 UZK und Art. 22 TDA ein schriftlicher Antrag nach dem Vordruck in Anhang 12 TDA bei der zuständigen Zollstelle zu stellen.

ⓘ **EU-Trader-Portal**

Für mitgliedstaatenübergreifende Bewilligungen, d.h. Bewilligungen, bei denen mehr als ein Mitgliedstaat betroffen ist, wird der Antrag elektronisch über das EU-Trader-Portal gestellt.

3. Annahme des Antrags, Art. 22 Abs. 2 UZK, Art. 11 DA

Vor der Genehmigung des Antrags erfolgt dessen Annahme. Nach Art. 22 Abs. 2 UZK prüft die zuständige Zollstelle innerhalb von 30 Tagen nach Eingang des Antrags, ob die Bedingungen für die Annahme vorliegen.

Die Bedingungen für die Annahme des Antrags sind in Art. 11 DA, insbesondere im Art. 11 Abs. 1 a) bis d) DA, geregelt:

- **Buchstabe a):** Registrierung des Antragstellers nach Art. 9 UZK mittels EORI-Nummer (Art. 1 Nr. 18 DA)
- **Buchstabe b):** Ansässigkeit des Antragstellers im Zollgebiet der Union (Art. 5 Nr. 31 UZK), die auch nach Art. 211 Abs. 3 a) UZK für die Bewilligung des Verfahrens erforderlich ist
- **Buchstabe c):** Antragsstellung bei der zuständigen Zollbehörde nach Art. 22 Abs. 1 UAbs. 3 UZK. Demnach ist die Zollstelle an dem Ort, an dem die Hauptbuchhaltung des Antragstellers geführt wird, zuständig. Kann die zuständige Zollstelle nicht nach Art. 22 Abs. 1 UAbs. 3 UZK festgestellt werden, ist Art. 12 DA heranzuziehen.
- **Buchstabe d):** Keine Rücknahme und kein Widerruf einer früheren Bewilligung über die passive Veredelung wegen Nichterfüllung der Pflichten innerhalb eines Jahres vor Antragstellung. Der Zeitraum kann unter den Voraussetzungen des Art. 11 Abs. 2 DA auf drei Jahre ausgedehnt werden.

Hinweis

Eine Annahme des Antrags ist gem. Art. 12 IA erst möglich, wenn alle benötigten Informationen der zuständigen Zollstelle vorliegen. Ab der Annahme des Antrags beginnen die Bearbeitungsfristen gem. Art. 22 Abs. 3 UZK. Grundsätzlich ist dem Antragsteller innerhalb von 120 Tagen nach der Annahme die Entscheidung mitzuteilen, sofern nichts anderes bestimmt ist. Hier stellt der Art. 171 Abs. 1 DA eine solche anderweitige Bestimmung dar, wonach sich die Frist auf 30 Tage verkürzt, wenn nur ein Mitgliedstaat an der Bewilligungserteilung beteiligt ist.

Exkurs: Vereinfachtes Verfahren

Unter den Voraussetzungen des Art. 163 Abs. 1 und 2 DA kann der Antrag auf Bewilligung einer passiven Veredelung auch durch eine elektronische Zollanmeldung erfolgen. Das Antragsverfahren wird also vereinfacht, indem vorab kein eigenständiger Antrag auf Bewilligung bei der zuständigen Zollstelle zu stellen ist. Vielmehr gilt unter bestimmten Voraussetzungen die Zollanmeldung zur Überführung in die passive Veredelung oder auch die Zollanmeldung zur Überlassung zum zollrechtlich freien Verkehr nach passiver Veredelung als Antrag auf eine Bewilligung.

Nach Art. 163 Abs. 1 d) DA ist eine Antragstellung mittels Zollanmeldung zur Überführung in die passive Veredelung grundsätzlich nur möglich, wenn andere als in Anhang 71-02 genannte Waren in die passive Veredelung übergeführt werden sollen und der Zollanmeldung zusätzliche Datenelemente gem. Anhang A DA beigefügt werden.

Des Weiteren kann gem. Art. 163 Abs. 1 e) DA mit einer Zollanmeldung zur Überlassung zum zollrechtlich freien Verkehr nach passiver Veredelung das Standardaustauschverfahren (Art. 261 UZK) beantragt werden, wenn dieses in der zuvor bereits erteilten Bewilligung der passiven Veredelung nicht vorgesehen ist. Auch in diesem Fall sind der Zollanmeldung zusätzliche Datenelemente gem. Anhang A DA beizufügen.

Ferner kann gem. Art. 163 Abs. 1 f) DA der Antrag auf Bewilligung bei Veredelungsvorgängen, die Waren zu nicht kommerziellen Zwecken betreffen, mit entsprechender Zollanmeldung zur Überlassung zum zollrechtlich freien Verkehr nach passiver Veredelung gestellt werden, wenn diese wiederum mit zusätzlichen Datenelementen gem. Anhang A DA gespickt wird.

Beachte: Eine vereinfachte Antragstellung mittels Zollanmeldung ist jedoch nach Art. 163 Abs. 2 DA in folgenden Fällen nicht möglich:

- bei vereinfachter Zollanmeldung oder Zollanmeldung mittels Anschreibung in der Buchführung,
- bei zentraler Zollabwicklung,
- bei einem Antrag auf Erteilung einer Bewilligung, an der mehrere Mitgliedstaaten beteiligt sind (sog. einzige Bewilligung),
- bei einem Antrag auf Verwendung von Ersatzwaren gem. Art. 223 UZK,
- bei Unterrichtung des Anmelders durch die zuständige Zollstelle, dass eine Prüfung der wirtschaftlichen Voraussetzungen gem. Art. 211 Abs. 6 UZK erforderlich ist,
- bei Anwendung des Art. 167 Abs. 1 f) DA (= Waren des Anhangs 71-02 in einer der dort genannten Situationen),
- bei einem Antrag auf rückwirkende Bewilligung (jedoch möglich im Fall des Art. 163 Abs. 1 e) oder f) DA).

IV. Materielle Bewilligungsvoraussetzungen

Die materiellen Bewilligungsvoraussetzungen umfassen die persönlichen Voraussetzungen, die der Antragsteller gem. Art. 211 Abs. 3 UZK zu erfüllen hat, die sachlichen Voraussetzungen gem. Art. 211 Abs. 4 UZK sowie die sog. zolltechnischen Voraussetzungen.

1. Persönliche Voraussetzungen, Art. 211 Abs. 3 UZK

a) Ansässigkeit, Art. 211 Abs. 3 a) UZK

Die Ansässigkeit des Antragstellers stellt gem. Art. 211 Abs. 3 a) UZK auch eine materielle Bewilligungsvoraussetzung dar. Da sie jedoch schon im Rahmen des Art. 11 DA als Bedingung für die Annahme geprüft worden ist, kann an dieser Stelle nach oben verwiesen werden.

b) Erforderliche Gewähr, Art. 211 Abs. 3 b) UZK

Der Antragsteller muss für die ordnungsgemäße Durchführung der passiven Veredelung die erforderliche Gewähr bieten. Bei einem AEO C bzw. AEO F wird davon ausgegangen, dass er diese Voraussetzung erfüllt (vgl. den Wortlaut der Norm).

c) Sicherheitsleistung, Art. 211 Abs. 3 c) UZK

Der Antragsteller muss nur dann eine Sicherheit nach Art. 89 UZK leisten, wenn für die in das besondere Zollverfahren übergeführten Waren eine Zollschuld entstehen kann. Da es sich aber bei den in die passive Veredelung übergeführten Waren um Unionswaren handelt, ist in diesem Fall grundsätzlich keine Sicherheit zu leisten.

Ausnahme

Bei der vorzeitigen Einfuhr von Ersatzerzeugnissen (Standardaustausch) ist gem. Art. 262 Abs. 1 UAbs. 2 UZK eine Sicherheit zu leisten.

Hinweis

Die Notwendigkeit einer Sicherheitsleistung kann auch – statt in den persönlichen Voraussetzungen – im Rahmen der zolltechnischen Voraussetzungen oder als separate Bewilligungsvoraussetzung geprüft werden.

d) Antragsteller ist der „Herr des Verfahrens“, Art. 211 Abs. 3 d) UZK

Artikel 211 Abs. 3 d) UZK ist lediglich bei der aktiven Veredelung und bei der vorübergehenden Verwendung zu beachten. Bei der passiven Veredelung bedarf es keiner Prüfung dieses Buchstabens.

2. Sachliche Voraussetzungen, Art. 211 Abs. 4 UZK

a) Verhältnismäßiger Verwaltungsaufwand, Art. 211 Abs. 4 a) UZK

Es ist zu prüfen, ob der Verwaltungsaufwand für die zollamtliche Überwachung der passiven Veredelung nicht außer Verhältnis zum wirtschaftlichen Bedürfnis des Antragstellers steht. Ergeben sich aus einem Klausursachverhalt keine anderweitigen Hinweise, ist zu unterstellen, dass der Verwaltungsaufwand nicht unverhältnismäßig hoch ist.

Keine Bewilligung beim Regelzollsatz „frei“

Kann das Veredelungserzeugnis zum Regelzollsatz „frei“ in den zollrechtlich freien Verkehr übergeführt werden, ist das wirtschaftliche Bedürfnis des Antragstellers, nämlich keine Einfuhrabgaben zahlen zu müssen, auch ohne Bewilligung einer passiven Veredelung möglich.

Der Verwaltungsaufwand bei Bewilligung einer passiven Veredelung wäre in diesem Fall im Verhältnis zum wirtschaftlichen Vorteil unzweckmäßig und damit auch unverhältnismäßig. Die Bewilligung einer passiven Veredelung wäre infolgedessen zu versagen. Anders ist dies, wenn eine präferenzrechtliche Regelung einen Zollsatz „frei“ vorsieht.

b) Wirtschaftliche Voraussetzungen, Art. 211 Abs. 4 b) UZK

Die wirtschaftlichen Voraussetzungen ergeben sich aus Art. 211 Abs. 4 b) UZK sowie Art. 166 Abs. 2 DA. Grundsätzlich darf nach Art. 211 Abs. 4 b) UZK die Bewilligung einer Veredelung keine wesentlichen Interessen von Herstellern in der Union beeinträchtigen. Diese Voraussetzung gilt jedoch gem. Art. 166 Abs. 2 UZK nicht für Bewilligungen der passiven Veredelung, es sei denn, es liegen gegenteilige Hinweise hinsichtlich wesentlicher Interessen von Unionsherstellern von Waren des Anhangs 71-02 vor.

§ **Art. 166 Abs. 2 DA – Prüfung der wirtschaftlichen Voraussetzungen (Artikel 211 Absatz 3 und 4 des Zollkodex)**

Die Voraussetzung gemäß Artikel 211 Absatz 4 Buchstabe b des Zollkodex gilt nicht für Bewilligungen der passiven Veredelung, es sei denn, es liegen Nachweise vor, dass die wesentlichen Interessen von Herstellern in der Union, die Waren des Anhangs 71-02 herstellen, möglicherweise beeinträchtigt werden und dass die Waren nicht ausgebessert werden sollen.

3. Zolltechnische Voraussetzungen

a) Geeignete Aufzeichnungen, Art. 214 UZK

Der Bewilligungsinhaber muss nach Art. 214 Abs. 1 UZK geeignete Aufzeichnungen in der von den Zollbehörden genehmigten Form führen. Der Inhalt dieser Aufzeichnungen ist Art. 178 DA zu entnehmen. Bei einem AEO C bzw. AEO F wird gem. Art. 214 Abs. 2 UZK davon ausgegangen, dass er diese Voraussetzung erfüllt, sofern seine Aufzeichnungen auch für die Zwecke einer passiven Veredelung geeignet sind.

b) Sicherung der Nämlichkeit, Art. 192 Abs. 1 UZK, Art. 240 Abs. 1 a) DA

Es ist Aufgabe der Zollbehörden zu überwachen, dass die Veredelungserzeugnisse aus den in die passive Veredelung übergeführten Waren hergestellt wurden. Daher treffen sie die notwendigen Maßnahmen zur Nämlichkeitssicherung, vgl. Art. 192 Abs. 1 UZK. Diese sind gem. Art. 240 Abs. 1 a) DA in der Bewilligung anzugeben.

In Fällen der Verwendung von Ersatzwaren (Art. 223 UZK) oder des Standardaustauschs (Art. 261, 262 UZK) ist jedoch unter Beachtung des Äquivalenzprinzips ein Austausch von Waren möglich.

§ **Art. 223 UZK – Ersatzwaren**

(1) [...] In der passiven Veredelung sind Ersatzwaren Nicht-Unionswaren, die anstelle der in die passive Veredelung übergeführten Unionswaren veredelt werden.

Sofern nichts anderes bestimmt ist, müssen die Ersatzwaren demselben achtstelligen KN-Code zugewiesen sein und dieselbe Handelsqualität sowie dieselben technischen Merkmale aufweisen wie die Waren, die sie ersetzen.

(2) Unter der Voraussetzung, dass der ordnungsgemäße Ablauf des besonderen Verfahrens – insbesondere in Bezug auf die zollamtliche Überwachung – gewährleistet ist, bewilligen die Zollbehörden auf Antrag

a) die Verwendung von Ersatzwaren im Rahmen eines Zolllagers, einer Freizone, einer Endverwendung und einer Veredelung *(bei passiver Veredelung EX/IM, Art. 1 Nr. 28 DA)* [...]

d) im Falle der passiven Veredelung die Einfuhr der aus den Ersatzwaren hergestellten Veredelungserzeugnisse vor der Ausfuhr der Waren, die sie ersetzen *(bei passiver Veredelung IM/EX, Art. 1 Nr. 27 DA)*.

Art. 261 UZK – Standardaustausch

(1) Im Standardaustausch kann ein eingeführtes Erzeugnis („Ersatzerzeugnis") nach den Absätzen 2 bis 5 an die Stelle eines Veredelungserzeugnisses treten.

(2) Die Zollbehörden bewilligen den Standardaustausch auf Antrag, wenn der Veredelungsvorgang in der Ausbesserung schadhafter Unionswaren besteht, die nicht unter Maßnahmen der Gemeinsamen Agrarpolitik oder die besonderen Regelungen für bestimmte landwirtschaftliche Verarbeitungserzeugnisse fallen.

(3) Die Ersatzerzeugnisse müssen denselben achtstelligen KN-Code, dieselbe Handelsqualität und dieselben technischen Merkmale aufweisen wie die schadhaften Waren, wenn diese ausgebessert worden wären.

(4) Wurden die schadhaften Waren vor der Ausfuhr gebraucht, so müssen auch die Ersatzerzeugnisse gebraucht sein.

Die Zollbehörden sehen von den Anforderungen des Unterabsatzes 1 ab, wenn das Ersatzerzeugnis aufgrund einer vertraglichen oder gesetzlichen Gewährleistungspflicht oder wegen eines Material- oder Fabrikationsfehlers kostenlos geliefert wurde.

(5) Die für die Veredelungserzeugnisse geltenden Vorschriften finden auf die Ersatzerzeugnisse Anwendung.

c) Festlegung der Ausbeute, Art. 255 UZK

Soweit die Ausbeute nicht bereits gesetzlich geregelt ist, legen die Zollbehörden in der Bewilligung die Ausbeute und ggf. die Methode zur Berechnung der Ausbeute gem. Art. 255 UZK fest.

§ **Art. 5 Nr. 38 UZK – Begriffsbestimmungen *(Definition „Ausbeute")***

„Ausbeute" ist die Menge oder der Prozentsatz der Veredelungserzeugnisse, die beziehungsweise der bei der Veredelung einer bestimmten Menge von in ein Veredelungsverfahren übergeführten Waren gewonnen wird.

V. Bewilligungserteilung (Normalverfahren bei Vorabbewilligung)

In der Bewilligung werden gem. Art. 211 Abs. 1 a), UAbs. 2 UZK, Art. 240 Abs. 1 DA die Voraussetzungen für die Inanspruchnahme der passiven Veredelung geregelt.

- **Form der Bewilligung:** Die Bewilligung im Normalverfahren soll gem. Art. 6 Abs. 1 UZK elektronisch erteilt werden. Derzeit ist jedoch in Deutschland kein entsprechendes elektronisches System betriebsbereit, sodass vorerst gem. Art. 278 Abs. 1 UZK und Art. 22 TDA eine schriftliche Bewilligung nach dem Vordruck in Anhang 12 TDA erteilt wird.

ⓘ **Rückwirkende Bewilligung**

Unter den Voraussetzungen des Art. 211 Abs. 2 UZK und des Art. 172 DA kann die Bewilligung der passiven Veredelung auch rückwirkend erteilt werden (vgl. Schema 40).

Exkurs: Vereinfachtes Verfahren

Wird die Bewilligung der passiven Veredelung im vereinfachten Verfahren gem. Art. 163 Abs. 1 DA beantragt, so erfolgt die Bewilligungserteilung durch Überlassung in die passive Veredelung bzw. durch Überlassung zum zollrechtlich freien Verkehr nach passiver Veredelung gem. Art. 262 IA.

- **Entscheidungsfrist:** Die Bewilligung ist eine Entscheidung nach Art. 5 Nr. 39 UZK. Sie ist daher spätestens 120 Tage nach Annahme des Antrags gem. Art. 22 Abs. 3 UAbs. 1 UZK zu erteilen, sofern nichts anderes bestimmt ist. In diesem Fall stellt der Art. 171 Abs. 1 UAbs. 1 DA eine anderweitige Bestimmung dar, wonach sich die Frist auf 30 Tage reduziert, wenn nur ein Mitgliedstaat an der Bewilligungserteilung beteiligt ist.
- **Wirksamkeit:** Die Bewilligung wird grundsätzlich mit Zustellung wirksam (Art. 22 Abs. 4 UZK). Eine anderweitige Regelung zum Tag des Wirksamwerdens befindet sich in Art. 14 DA.
- **Gültigkeit:** Abweichend von Art. 22 Abs. 5 UZK ist die Bewilligung nach Art. 173 DA maximal fünf Jahre gültig (Gültigkeit auf drei Jahre begrenzt bei Waren des Anhangs 71-02).
- **Frist für die Erledigung bzw. Frist für die Inanspruchnahme der Vergünstigung nach passiver Veredelung:** In der Bewilligung legen die Zollbehörden die Frist für die Erledigung der passiven Veredelung nach Art. 215 Abs. 1 und 4 UZK fest. Diese Frist ist im Fall der passiven Veredelung gleichzeitig auch die Frist für die Inanspruchnahme der Vergünstigung i.S.d. Art. 259 Abs. 3 UZK. Die Gewährung der vollständigen oder teilweisen Einfuhrabgabenbefreiung bei Überlassung der Veredlungserzeugnisse in den zollrechtlich freien Verkehr hängt somit von der Einhaltung dieser Frist ab.

§ **Art. 1 Nr. 23 DA – Begriffsbestimmungen *(Definition „Frist für die Erledigung")***

[…] Im Fall der passiven Veredelung ist die Frist für die Erledigung die Frist, in der vorübergehend ausgeführte Waren als Veredelungserzeugnisse wieder in das Zollgebiet der Union eingeführt und zum zollrechtlich freien Verkehr überlassen werden dürfen, damit eine vollständige oder teilweise Befreiung von den Einfuhrabgaben gewährt werden kann;

Beachte: Die Frist dient allein der Inanspruchnahme der vollständigen oder teilweisen Befreiung von den Einfuhrabgaben. Wird sie nicht eingehalten, hat dies nur den Verlust dieser Vergünstigung zur Folge!

Die Frist kann gem. Art. 259 Abs. 3 UZK auf begründeten Antrag des Bewilligungsinhabers verlängert werden. Diese Verlängerung kann gem. Art. 174 Abs. 1 DA auch nachträglich, also nach Fristablauf, erfolgen.

Schema 47
Zollschuld gem. Art. 77 UZK nach passiver Veredelung

Zollschuld gem. Art. 77 UZK durch Überführung in die Überlassung zum zollrechtlich freien Verkehr nach passiver Veredelung

I. Entstehungstatbestand, Art. 77 Abs. 1 a) UZK

1. Einfuhrabgabenpflichtige Nicht-Unionswaren

Die Veredelungserzeugnisse, die nach durchgeführter passiver Veredelung im Zollgebiet der Union in den zollrechtlich freien Verkehr übergeführt werden, müssen einfuhrabgabenpflichtige Nicht-Unionswaren sein.

Hinweis

Anstelle der Veredlungserzeugnisse können im Fall des Standardaustauschs nach Art. 261, 262 UZK auch Ersatzerzeugnisse in den zollrechtlich freien Verkehr nach passiver Veredelung übergeführt werden. In diesem Fall stellen die Ersatzerzeugnisse die einfuhrabgabenpflichtige Nicht-Unionsware dar.

a) Waren

Waren sind alle beweglichen Güter einschließlich des elektrischen Stroms (vgl. auch Z 0601 Abs. 101)

b) Nicht-Unionswaren, Art. 5 Nr. 24 UZK

Bei den Veredelungserzeugnissen muss es sich um Nicht-Unionswaren i.S.d. Art. 5 Nr. 24 UZK handeln. Demnach sind Nicht-Unionswaren andere Waren als die, die unter Art. 5 Nr. 23 UZK fallen. Nicht-Unionswaren sind also all die Waren, die die Begriffsbestimmung für Unionswaren nicht erfüllen. Damit ist grundsätzlich eine Negativabgrenzung zu Art. 5 Nr. 23 UZK vorzunehmen, indem dessen Voraussetzungen verneint werden.

§

Art. 5 Nr. 24 UZK – Begriffsbestimmungen ***(Definition „Nicht-Unionswaren“)***

„Nicht-Unionswaren“ sind andere als die unter Nummer 23 genannten Waren und Waren, die den zollrechtlichen Status als Unionswaren verloren haben.

Art. 5 Nr. 23 UZK – Begriffsbestimmungen ***(Definition „Unionswaren“)***

„Unionswaren“ sind Waren, die

a) im Zollgebiet der Union vollständig gewonnen oder hergestellt wurden und bei deren Herstellung keine aus Ländern oder Gebieten außerhalb des Zollgebiets der Union eingeführten Waren verwendet wurden,

b) aus Ländern oder Gebieten außerhalb des Zollgebiets der Union in dieses Gebiet verbracht und zum zollrechtlich freien Verkehr überlassen wurden,

c) im Zollgebiet der Union entweder ausschließlich aus Waren nach Buchstabe b oder aus Waren nach den Buchstaben a und b gewonnen oder hergestellt wurden.

Zudem haben die in die passive Veredelung übergeführten Vormaterialien keinen Einfluss auf den zollrechtlichen Status der Veredelungserzeugnisse. Zwar sind die ausgeführten Vormaterialien Unionswaren gewesen, mit ihrem Verbringen aus dem Zollgebiet ist jedoch ein Statuswechsel gem. Art. 154 a) UZK eingetreten.

Daneben gilt die Statusvermutung des Art. 153 Abs. 1 UZK, dass es sich bei allen im Zollgebiet der Union befindlichen Waren um Unionswaren handelt, nach Art. 119 Abs. 1 a) DA nicht für die Veredelungserzeugnisse.

Formulierungsbeispiel

„Es handelt sich bei dem – Produkt nennen – um einen beweglichen Gegenstand, also um eine Ware. Die Ware stammt aus – Drittland nennen – und wurde in das Zollgebiet der Union verbracht und erst hier zur Überlassung zum zollrechtlich freien Verkehr angemeldet; damit liegen die Voraussetzungen des Art. 5 Nr. 23 UZK nicht vor und es handelt sich um eine Nicht-Unionsware nach Art. 5 Nr. 24 UZK. Daran ändert auch nichts, dass die Vormaterialien ursprünglich Unionswaren gewesen sind. Denn für diese Waren ist es zu einem Statuswechsel nach Art. 154 a) UZK gekommen, als sie aus dem Zollgebiet verbracht wurden. Ferner wird für die Veredelungserzeugnisse der Status einer Unionsware gem. Art. 153 Abs. 1 UZK i.V.m. Art. 119 Abs. 1 a) DA nicht vermutet."

c) Einfuhrabgabenpflicht

Eine Ware ist einfuhrabgabenpflichtig, wenn nach dem Zolltarif ein Zoll vorgesehen ist und im Einzelfall keine außertariflichen Abgabenbefreiungen vorliegen (vgl. auch Z 0901 Abs. 108).

Außertarifliche Abgabenbefreiungen ergeben sich hauptsächlich aus der Regelung über Rückwaren gem. Art. 203 UZK und aus Zollbefreiungen gem. Art. 5 Nr. 2 c) UZK, Art. 41 ZollbefrVO i.V.m. §§ 1 ff. EF-VO.

Formulierungsbeispiel in unproblematischen Fällen

„Für den – Produkt nennen – ist nach dem Zolltarif ein Zollsatz vorgesehen. Außertarifliche Befreiungen sind nicht ersichtlich. Damit ist diese Ware auch einfuhrabgabenpflichtig."

2. Überführung in das Zollverfahren „Überlassung zum zollrechtlich freien Verkehr“

Nach Art. 77 Abs. 1 a) UZK entsteht durch die Überführung in das Zollverfahren „Überlassung zum zollrechtlich freien Verkehr“ die Einfuhrzollschuld. Kurz kann die Überschrift auch „Überlassung zum zollrechtlich freien Verkehr“ lauten; in einer Klausur ist diese Formulierung ausreichend.

Die Überführung in dieses Zollverfahren liegt nach Auffassung des EuGH vor, wenn eine Zollanmeldung zur Überführung in die Überlassung zum zollrechtlich freien Verkehr angenommen wurde und die Überlassung der Ware erfolgt ist.

Allerdings werden hierzu noch zwei weitere Ansichten vertreten. Einerseits soll nur die Annahme der Zollanmeldung entscheidend sein, andererseits werden die Annahme der Zollanmeldung und die Überlassungsreife gefordert. In einer Prüfungsklausur sind alle drei Ansichten kurz darzustellen.

> **Formulierungsbeispiel in unproblematischen Fällen (Annahme und Überlassung liegen laut Sachverhalt vor)**
>
> „Die Annahme der Zollanmeldung ist erfolgt, ebenso die Überlassung der Waren. Daher liegt nach der Auffassung des EuGH, der neben der Annahme der Zollanmeldung zudem die Überlassung der Ware fordert, ein Überführung in das Zollverfahren „Überlassung zum zollrechtlich freien Verkehr“ vor. Gleiches gilt für die Ansicht, die ausschließlich auf die Annahme der Zollanmeldung abstellt sowie für die Auffassung, die die Überlassungsreife fordert. Denn die Überlassung der Waren setzt die Annahme einer Zollanmeldung und auch eine Überlassungsreife voraus.“

II. Zeitpunkt, Art. 77 Abs. 2 UZK

Die Zollschuld entsteht im Zeitpunkt der Annahme der Zollanmeldung zur Überlassung zum zollrechtlich freien Verkehr, Art. 172 Abs. 2 UZK. Das Datum der Annahme ist hier zu nennen.

III. Zollschuldner, Art. 77 Abs. 3 UZK

Der Begriff des Zollschuldners ist in Art. 5 Nr. 19 UZK definiert. Demnach ist der Zollschuldner „eine zur Erfüllung der Zollschuld verpflichtete Person“. Wer im Fall der Zollschuldentstehung durch Überführung in das Zollverfahren „Überlassung in den zollrechtlich freien Verkehr“ verpflichtet ist, ist in Art. 77 Abs. 3 UZK geregelt.

Zollschuldner nach Art. 77 Abs. 3 S. 1 UZK ist der Anmelder i.S.d. Art. 5 Nr. 15 UZK.

§ **Art. 5 Nr. 15 UZK – Begriffsbestimmungen** *(Definition „Anmelder")*

„Anmelder" ist die Person, die in eigenem Namen eine Zollanmeldung, eine Anmeldung zur vorübergehenden Verwahrung, eine summarische Eingangsanmeldung, eine summarische Ausgangsanmeldung, eine Wiederausfuhranmeldung oder eine Wiederausfuhrmitteilung abgibt oder die Person, in deren Namen diese Anmeldung oder Mitteilung abgegeben wird.

Daneben kommen nach Art. 77 Abs. 3 S. 2 UZK auch der indirekt Vertretene und nach Art. 77 Abs. 3 UAbs. 2 UZK der sog. Informationsgeber als Zollschuldner in Betracht. In diesen Fällen liegt eine Gesamtschuldnerschaft nach Art. 84 UZK vor.

ⓘ **Hinweis**

Bei der indirekten Vertretung gibt der Vertreter gem. Art. 18 Abs. 1 UAbs. 2 UZK die Zollanmeldung im eigenen Namen und für fremde Rechnung ab. Dadurch wird er gem. Art. 5 Nr. 15 UZK zum Zollanmelder und Zollschuldner nach Art. 77 Abs. 3 S. 1 UZK. Daneben verpflichtet Art. 77 Abs. 3 S. 2 UZK den indirekt Vertretenen. Damit sind indirekter Vertreter und Vertretener Gesamtschuldner nach Art. 84 UZK.

IV. Bemessung

1. Bemessungszeitpunkt, Art. 85 Abs. 1 UZK

Nach Art. 85 Abs. 1 UZK wird die Zollschuld grundsätzlich zum Zeitpunkt der Zollschuldentstehung bemessen. Dieser ergibt sich hier aus Art. 77 Abs. 2 UZK; also ist auf den Zeitpunkt der Annahme der Zollanmeldung zur Überlassung zum zollrechtlich freien Verkehr abzustellen.

Zu diesem Zeitpunkt sind die Bemessungsgrundlagen Menge, Beschaffenheit, Ursprung, Zollsatz und Zollwert der Veredelungserzeugnisse zu bestimmen.

2. Bemessungsregelung, Art. 86 Abs. 5 UZK

Entsteht eine Zollschuld nach passiver Veredelung, ist hinsichtlich des Zollwerts und der Abgabenberechnung die Sonderregelung des Art. 86 Abs. 5 UZK zu berücksichtigen.

Nach Art. 86 Abs. 5 UZK wird die Zollschuld für die Veredelungserzeugnisse auf der Grundlage der Kosten für den außerhalb des Zollgebiets der Union vorgenommenen Veredelungsvorgang bemessen (= sog. Veredelungskosten).

§ **Art. 86 Abs. 5 UZK – Besondere Vorschriften für die Bemessung des Einfuhrabgabenbetrags**

Entsteht eine Zollschuld für im Verfahren der passiven Veredelung entstandene Veredelungserzeugnisse oder Ersatzerzeugnisse gemäß Artikel 261 Absatz 1, so wird der Einfuhrabgabenbetrag auf der Grundlage der Kosten für den außerhalb des Zollgebiets der Union vorgenommenen Veredlungsvorgang bemessen.

Folgende Punkte sind daher zu prüfen:

- Zollschuldentstehung,
- für im Verfahren der passiven Veredelung hergestellte Veredelungserzeugnisse,
- Berechnung des Einfuhrabgabenbetrags auf Grundlage der Kosten für den außerhalb des Zollgebiets der Union vorgenommenen Veredelungsvorgangs (sog. Veredelungskosten).

a) Zollschuldentstehung durch Überlassung zum zollrechtlich freien Verkehr

Zwar fordert Art. 86 Abs. 5 UZK nur das Entstehen einer Zollschuld. Allerdings sieht der Art. 259 Abs. 1 S. 2 UZK lediglich bei Überführung in den zollrechtlich freien Verkehr eine vollständige oder teilweise Befreiung von den Einfuhrabgaben vor. Demnach berechtigt grundsätzlich nur diese Zollschuldentstehung zu einer Abgabenbegünstigung, wie sie in Art. 86 Abs. 5 geregelt ist.

Beachte: Zollschuldentstehung gem. Art. 79 UZK nach passiver Veredelung

Entsteht für die Veredelungserzeugnisse eine Zollschuld nach Art. 79 UZK, so ist der Art. 86 Abs. 6 UZK zu beachten. Demnach kann eine Abgabenbegünstigung, die grundsätzlich in den zollrechtlichen Vorschriften (hier in Art. 259 UZK) vorgesehen ist, trotz Zollschuldentstehung nach Art. 79 UZK angewandt werden, sofern der zollschuldrelevante Verstoß kein Täuschungsversuch war.

In diesem Fall bewirkt der Art. 86 Abs. 6 UZK, dass die Abgabenbegünstigung, also die Regelung in Art. 86 Abs. 5 UZK, auch bei einer Zollschuldentstehung, die nicht auf der Überführung in den zollrechtlich freien Verkehr, sondern auf einen Verstoß beruht, angewandt werden kann.

b) Für im Verfahren der passiven Veredelung hergestellte Veredelungserzeugnisse

Die Abgabenbegünstigung wird nur gewährt für im Verfahren der passiven Veredelung hergestellte Veredelungserzeugnisse. Das setzt voraus, dass das Verfahren der passiven Veredelung ordnungsgemäß durchgeführt worden ist.

Folglich ist hier zu prüfen, ob die Voraussetzungen für die Inanspruchnahme der Vergünstigung nach passiver Veredelung eingehalten wurden. In Abhängigkeit der jeweiligen Problemstellung im Sachverhalt sind die folgenden Punkte mehr oder weniger ausführlich zu erörtern:

aa) Gültige Bewilligung bei Überführung in die passive Veredelung

Bei Überführung der Waren in das Verfahren der passiven Veredelung muss gem. Art. 211 Abs. 1 a) UZK eine gültige Bewilligung vorliegen. Im Fall einer rückwirkenden Bewilligung nach Art. 211 Abs. 2 UZK i.V.m. Art. 172 DA ist zu beachten, dass die Bewilligung, wenn auch rückwirkend, erteilt ist.

bb) Ordnungsgemäße Überführung in die passive Veredelung

Die Waren müssen vom Bewilligungsinhaber zur passiven Veredelung angemeldet und von der zuständigen Zollstelle zu diesem Verfahren überlassen worden sein.

cc) Zugelassene Veredelung

Die Waren müssen im Drittland entsprechend der Bewilligung nach Art. 211 Abs. 1 UAbs. 2 UZK in zugelassener Weise veredelt worden sein. Sollte beispielsweise eine Veredelung von Stoff zu Hosen bewilligt worden sein, die Veredelung des Stoffs allerdings zu T-Shirts erfolgt sein, sind die „Spielregeln" zwar nicht eingehalten, allerdings könnte eine rückwirkende Bewilligung nach Art. 211 Abs. 2 UZK diesen Verfahrensmangel „heilen".

> ⓘ **Hinweis**
>
> Die vorstehenden drei Punkte können in einer Klausur, wenn sie unproblematisch sind, zusammen unter einem Punkt geprüft werden. Eine getrennte Prüfung ist nur in problematischen Fallgestaltungen erforderlich.

dd) Beachtung der Nämlichkeitssicherung

Die zuständige Zollstelle der Überführung in den zollrechtlich freien Verkehr nach passiver Veredelung muss die Nämlichkeit gem. Art. 192 Abs. 1 UZK i.V.m. Art. 240 Abs. 1 a) DA feststellen (z.B. durch Beschau). Sie muss also überprüfen, ob die Veredelungserzeugnisse aus den in die passive Veredelung übergeführten Waren hergestellt wurden (Ausnahme: bei Standardaustausch gem. Art. 261, 262 UZK oder der Verwendung von Ersatzwaren gem. Art. 223 UZK).

ee) Antrag auf Überführung in den zollrechtlich freien Verkehr nach passiver Veredelung

Der Antrag auf Überführung in den zollrechtlich freien Verkehr nach passiver Veredelung gem. Art. 259 Abs. 1 S. 2 UZK wird mit der entsprechenden Zollanmeldung bei der zuständigen Zollstelle gestellt. Dabei ist der Verfahrenscode „6121" in der Zollanmeldung einzutragen, um der Zollstelle zu zeigen, dass die Begünstigungen einer passiven Veredelung, also die Mehrwertverzollung begehrt wird. Antragsteller können nur der Bewilligungsinhaber oder eine andere im Zollgebiet ansässige Person mit Zustimmung des Bewilligungsinhabers und unter Einhaltung der Bewilligungsvoraussetzungen sein.

ff) Einhaltung der Frist für die Inanspruchnahme der Vergünstigung

Die Gewährung der vollständigen oder teilweisen Einfuhrabgabenbefreiung setzt gem. Art. 259 Abs. 3 UZK voraus, dass die Frist, innerhalb der die Veredelungserzeugnisse zum zollrechtlich freien Verkehr überlassen werden müssen, eingehalten worden ist. Eine Überführung der Veredelungserzeugnisse beispielsweise in das externe Versandverfahren reicht für die Einhaltung der Frist nicht aus.

ⓘ **Fristverlängerung**

Nach Art. 259 Abs. 3 S. 2 UZK kann die Frist auf begründeten Antrag des Bewilligungsinhabers um einen angemessenen Zeitraum verlängert werden.

Diese Frist kann nach Art. 174 Abs. 1 DA auch rückwirkend verlängert werden. In diesem Fall ist die Frist für die Erledigung des Verfahrens bei Überführung in den zollrechtlich freien Verkehr nach passiver Veredelung eingehalten und die Abgabenbegünstigung kann gewährt werden.

c) Berechnung der Einfuhrabgabe Zoll auf Basis der Veredelungskosten

Grundlage für die Berechnung der Einfuhrabgaben bilden die Kosten für den außerhalb des Zollgebiets der Union vorgenommenen Veredelungsvorgangs (sog. Veredelungskosten).

Diese Veredelungskosten sind wiederum auf der Basis der zollwertrechtlichen Regelungen nach Art. 70 ff. UZK zu ermitteln.

ⓘ **Hinweis**

Eine allgemeine Darstellung der Prüfung der Transaktionswertmethode findet sich in den Schemata 22 ff. Im Folgenden werden daher vorwiegend die Besonderheiten aufgrund der passiven Veredelung dargestellt.

3. Zollwert gem. Art. 70 UZK

Nach Art. 70 Abs. 1 UZK ist die vorrangige Methode zur Bestimmung des Zollwerts die Transaktionswertmethode.

a) Eingeführte Waren

Es muss sich unter Berücksichtigung des Art. 70 Abs. 2 UZK bei den Veredelungserzeugnissen um *eingeführte Waren* handeln.

Das Tatbestandsmerkmal „Ware“ wurde bereits im Rahmen des Zollschuldentstehungstatbestands geprüft. Darauf kann an dieser Stelle verwiesen werden.

Die Waren sind eingeführt, wenn sie in das Zollgebiet der Union verbracht worden sind.

b) Verkauf zur Ausfuhr in das Zollgebiet der Union

aa) Verkauf

Die eingeführten Waren müssen zur Ausfuhr in das Zollgebiet der Union verkauft worden sein (vgl. Z 5101 Abs. 5, 7 und 8). Zunächst ist es erforderlich, dass ein Verkauf i.S.d. Vorschrift vorliegt.

Der passiven Veredelung liegt typischerweise kein Kaufvertrag, sondern ein Werklieferungsvertrag bzw. ein Werkvertrag zugrunde. Unter dem Merkmal „Verkauf“ ist aber nicht nur ein Kaufvertrag, sondern auch ein Werkvertrag bzw. Werklieferungsvertrag zu verstehen (vgl. VSF Z 5101 Abs. 6).

Kennzeichen eines Werkvertrags/Werklieferungsvertrags

- **Werkvertrag:** Die Regelung des Werkvertrags ergibt sich aus § 631 BGB. Ein Werkvertrag verpflichtet den Unternehmer zur Herstellung des vereinbarten Werks; der Besteller ist zur Entrichtung der vereinbarten Vergütung verpflichtet. Gegenstand des Werkvertrags kann sowohl die Herstellung oder Veränderung einer Sache als auch ein anderer durch Arbeit oder Dienstleistung herbeizuführender Erfolg sein.
- **Werklieferungsvertrag:** Die Regelung zum Werklieferungsvertrag ergibt sich aus § 651 BGB. Nach dieser Vorschrift liegt ein Werklieferungsvertrag bei Lieferung herzustellender oder zu erzeugender beweglicher Sachen vor. Ein Werklieferungsvertrag bezieht sich demnach nur auf bewegliche Sachen.

Fazit: Ein Werklieferungsvertrag betrifft bewegliche Sachen (= Waren), die hergestellt oder erzeugt werden, was bei einer passiven Veredelung der Regelfall ist. Ein Werkvertrag dagegen betrifft die Herstellung unbeweglicher Sachen (Immobilien) und die Ausbesserung beweglicher Sachen. Da eine Immobilie kein Gegenstand des Zollrechts sein kann, kommt eine passive Veredelung mit zugrunde liegendem Werkvertrag nur im Fall einer Ausbesserung bereits hergestellter Waren in Betracht.

bb) Zum Zwecke der Ausfuhr

Dieser Werklieferungsvertrag bzw. der Werkvertrag muss den Zweck verfolgen, dass die Veredelungserzeugnisse in das Zollgebiet der Union ausgeführt werden. Zur Begründung kann Art. 128 Abs. 1 IA herangezogen werden, da der der Veredelung zugrunde liegende Vertrag der Vertrag ist, der dem Verbringen der Veredelungserzeugnisse vorausgeht. Zudem kann darauf verwiesen werden, dass die Waren im Anschluss an deren Herstellung in das Zollgebiet der Union verbracht werden und eine Anmeldung zur Überlassung zum zollrechtlich freien Verkehr abgegeben wird, was darauf hindeutet, dass die Ausfuhr in das Zollgebiet mit dem Vertrag auch angestrebt war.

c) Negativvoraussetzungen des Art. 70 Abs. 3 UZK

Daneben müssen die Negativvoraussetzungen des Art. 70 Abs. 3 a) bis d) UZK vorliegen.

d) Tatsächlich gezahltes oder zu zahlendes Veredelungsentgelts, Art. 70 Abs. 2 UZK

Da der passiven Veredelung kein Kaufgeschäft zugrunde liegt, spricht man hier nicht vom tatsächlich gezahlten oder zu zahlenden Preis, sondern vom tatsächlich gezahlten oder zu zahlenden Veredelungsentgelt. Die Definition für den tatsächlichen Preis in Art. 70 Abs. 2 UZK kann aber entsprechend für das Veredelungsentgelt herangezogen werden. Demzufolge wird als tatsächlich gezahltes oder zu zahlendes Veredelungsentgelt die vollständige Zahlung vom Auftraggeber an den Veredeler für die eingeführten Veredelungserzeugnisse bezeichnet.

Ausgangspunkt ist somit der vom Veredeler in Rechnung gestellte Endbetrag.

Zudem sind insbesondere Preisnachlässe gem. Art. 130 Abs. 1 und 2 IA sowie Preisanpassungen für schadhafte Waren gem. Art. 132 IA zu berücksichtigen.

Abschließend ist der Betrag gem. Art. 53 Abs. 1 UZK i.V.m. Art. 146 IA in Euro umzurechnen, falls er in fremder Währung ausgewiesen ist.

e) Hinzurechnungen, Art. 71 UZK

Die in Art. 71 UZK aufgeführten Kosten sind nur hinzuzurechnen, wenn sie nicht bereits im tatsächlichen Veredelungsentgelt enthalten sind.

aa) Beistellungen, Art. 71 Abs. 1 b) UZK

Eine Besonderheit besteht hinsichtlich der Beistellungen nach Art. 71 Abs. 1 b) i) UZK. Beistellungen sind in diesem Fall für die Veredelung erforderliche Teile oder Vormaterialien, die vom Auftraggeber oder einem Dritten an den Veredeler geliefert werden. Es sind aber nur die an den Veredeler gelieferten drittländischen Vormaterialien nach Art. 71 Abs. 1 b) i) UZK hinzuzurechnen. Unionswaren, die in die passive Veredelung übergeführt und im Drittland veredelt werden, dürfen hingegen nicht hinzugerechnet werden. Der Wert dieser Waren stellt keinen Bestandteil der Veredelungskosten i.S.d. Art. 86 Abs. 5 UZK dar und bleibt somit unberücksichtigt. Zu den „Kosten für den außerhalb des Zollgebiets der Union vorgenommenen Veredelungsvorgang" zählen nur diejenigen Kosten, die sich bei der Veredelung im Drittland als zusätzliche Wertsteigerung (Mehrwert) bezeichnen lassen. Also niemals die Waren der vorübergehenden Ausfuhr, die in die passive Veredelung übergeführt wurden. Dieser Wert ist bereits bei der Ausfuhr dieser Waren vorhanden. Einzelheiten zu den Beistellungen finden sich zudem in Schema 28.

Beispiel: 10.000 Hosen werden aus Stoff (Unionsware) im Drittland hergestellt. Der Veredeler stellt dem Auftraggeber ein Veredelungsentgelt in Rechnung, das aus einem Veredelungslohn für die Herstellung der Hosen in Höhe von 3.000,– € und den Kosten für Zutaten (Garn und Knöpfe) in Höhe von 500,– € besteht. Es beträgt somit insgesamt 3.500,– €. Die für die Herstellung der Hosen benötigten Reißverschlüsse werden auf Veranlassung des Auftraggebers von einem Dritten aus einem Drittland unentgeltlich dem Veredeler zur Verfügung gestellt. Diese sog. mittelbare Beistellung ist für den Veredeler kostenlos und deshalb nicht Gegenstand des Veredelungsentgelts. Gleichwohl steigern die Reißverschlüsse den Wert der Hosen (sind also ein Mehrwert). Aus diesem Grund werden die Reißverschlüsse als Beistellung gem. Art. 71 Abs. 1 b) i) UZK hinzugerechnet. Die Stoffe, die zu den Hosen veredelt wurden, werden hingegen nicht hinzugerechnet, da sie als ursprüngliche Unionswaren nicht zu den Veredelungskosten gehören.

Der Wert, der für die hinzuzurechnenden Beistellungen anzusetzen ist, bestimmt sich nach Art. 135 IA. Gemäß Art. 135 Abs. 1 IA ist dies im Regelfall der Beschaffungspreis, d.h. der Kaufpreis für die Waren, oder deren Herstellungskosten.

Hinweis

Hinzuzurechnen ist der Wert der Beistellung. Fraglich ist in diesem Zusammenhang, ob die Kosten für die Beförderung bzw. Versicherungskosten, die für die mittelbare (drittländische) Beistellung bis zum Ort der Veredelung angefallen sind, zum Wert der Beistellung gehören. Weil nach Art. 135 IA ausschließlich der Kaufpreis bzw. die Herstellungskosten zu berücksichtigen sind, also die Beförderungs- und Versicherungskosten nicht als Wertfaktor angesprochen werden, sind die Kosten bei der Bestimmung des Werts der Beistellung nicht zu berücksichtigen.

bb) Beförderungs- und Versicherungskosten, Art. 71 Abs. 1 e) UZK

Ein weiterer typischer Hinzurechnungsfaktor sind die Beförderungskosten der Veredelungserzeugnisse. Diese sind gem. Art. 71 Abs. 1 e) i) UZK bis zum OdV (Art. 137 IA) hinzuzurechnen, soweit sie nicht schon im tatsächlichen Veredelungsentgelt enthalten sind (abhängig von der Lieferbedingung).

Zu den Beförderungskosten gehören beispielsweise die Frachtkosten, Speditionskosten, Miete für Beförderungsmittel und Behälter und Umladekosten.

Weist ein Beförderungsvertrag die Kosten bis zum inländischen Bestimmungsort aus, kann eine Kostenaufteilung bis zum OdV nach Art. 138 IA erfolgen.

Neben den Beförderungskosten erfasst Art. 71 Abs.1 e) i) UZK auch die Versicherungskosten, die im Zusammenhang mit der Lieferung und Beförderung der Waren bis zum OdV entstanden sind (sog. Transportversicherung). Hier ist zu beachten, dass die Versicherungskosten üblicherweise nicht nach der Beförderungsstrecke, sondern nach dem Warenwert berechnet werden. Dies hat zur Folge, dass für die Versicherungskosten – anders als für die Beförderungskosten – keine Kostenaufteilung bis zum OdV erfolgt, auch wenn die Transportversicherung die Kosten bis zum inländischen Bestimmungsort erfasst.

4. Abgabenermittlung

Die auf diese Weise ermittelten Veredelungskosten werden mit dem Zollsatz für die Veredelungserzeugnisse multipliziert. Dadurch wird nur der durch die Veredelung entstandene Mehrwert verzollt (sog. Mehrwertverzollung).

Schema 48
Einfuhrumsatzsteuer bei passiver Veredelung

Das folgende Prüfungsschema behandelt die Prüfung der Einfuhrumsatzsteuer, wobei die Überlassung zum zollrechtlich freien Verkehr nach passiver Veredelung die zollrechtliche Ausgangssituation ist.

Prüfungsschema für die Prüfung der EUSt bei Überlassung zum zollrechtlich freien Verkehr nach passiver Veredelung im Überblick

I. Steuerbarer Umsatz, § 1 Abs. 1 Nr. 4 UStG (Steuergegenstand)

1. Gegenstände
2. Einfuhr im Inland

II. Entstehung der EUSt, §§ 13 Abs. 2, 21 Abs. 2 UStG i.V.m. Art. 77 UZK sinngemäß

1. Entstehungstatbestand, §§ 13 Abs. 2, 21 Abs. 2 UStG i.V.m. Art. 77 Abs. 1 a) UZK sinngemäß
   a) Steuerpflichtige Gegenstände
   b) Überlassung zum steuerrechtlich freien Verkehr
2. Entstehungszeitpunkt, §§ 13 Abs. 2, 21 Abs. 2 UStG i.V.m. Art. 77 Abs. 2 UZK sinngemäß
3. EUSt-Schuldner, §§ 13a Abs. 2, 21 Abs. 2 UStG i.V.m. Art. 77 Abs. 3 UZK sinngemäß
4. Bemessungszeitpunkt, §§ 13 Abs. 2, 21 Abs. 2 UStG i.V.m. Art. 85 Abs. 1 UZK sinngemäß

III. Bemessung der EUSt, §§ 11 Abs. 2 und 3, 12 UStG

1. EUSt-Wert, § 11 Abs. 2 und 3 UStG
   a) Veredelungsentgelt bzw. Wertsteigerung, § 11 Abs. 2 UStG
   b) Hinzurechnungen, § 11 Abs. 3 UStG
2. EUSt-Satz, § 12 UStG

Einzelheiten zur Prüfung der Einfuhrumsatzsteuer bei Überlassung zum zollrechtlich freien Verkehr befinden sich in Schema 34. Im Folgenden sollen vor allem die Besonderheiten bei der passiven Veredelung erläutert werden.

I. Steuerbarer Umsatz, § 1 Abs. 1 Nr. 4 UStG (Steuergegenstand)

Steuergegenstand ist der steuerbare Umsatz gem. § 1 Abs. 1 Nr. 4 UStG, also „die Einfuhr von Gegenständen im Inland".

1. Gegenstände

Gegenstände sind entsprechend dem zollrechtlichen Warenbegriff bewegliche körperliche Güter, einschließlich elektrischem Strom (vgl. Z 8101 Abs. 5).

2. Einfuhr im Inland

Eine Einfuhr im Inland liegt vor, wenn die Gegenstände aus einem Drittland in das Inland nach § 1 Abs. 2 UStG verbracht und anschließend in den Wirtschaftskreislauf der EU integriert worden sind (Auslegung des Merkmals „im" Inland im Anschluss an eine Entscheidung des EuGH). Einzelheiten zu diesem Merkmal vgl. unter Schema 34.

II. Entstehung der EUSt, §§ 13 Abs. 2, 21 Abs. 2 UStG i.V.m. Art. 77 UZK sinngemäß

Die EUSt entsteht gem. §§ 13 Abs. 2, 21 Abs. 2 UStG in sinngemäßer Anwendung des Art. 77 UZK.

Zwar sind gem. § 21 Abs. 2, 2. Halbsatz UStG die Regelungen zur passiven Veredelung von einer sinngemäßen Anwendung ausgeschlossen, allerdings sind damit nicht die Zollschuldnormen gemeint. Vielmehr sind die speziellen Vorschriften zur passiven Veredelung, wie z.B. die Bemessungsregelung in Art. 86 Abs. 5 UStG, von einer sinngemäßen Anwendung ausgenommen.

1. Entstehungstatbestand, §§ 13 Abs. 2, 21 Abs. 2 UStG i.V.m. Art. 77 Abs. 1 a) UZK sinngemäß

a) Steuerpflichtige Gegenstände

Die im Inland eingeführten Gegenstände müssen steuerpflichtig sein. Dies ist der Fall, wenn keine Steuerbefreiung gegeben ist. Steuerbefreiungen sind insbesondere geregelt in § 5 Abs. 1 Nr. 3 UStG (bei Verfahren 4200) und in § 5 Abs. 2 UStG i.V.m. einer Rechtsverordnung, die EUSt-Befreiungen vorsieht.

b) Überlassung zum steuerrechtlich freien Verkehr

Eine Überlassung zum steuerrechtlich freien Verkehr nach passiver Veredelung wird vom Anmelder mit dem Verfahrenscode 6121 beantragt, der nicht nur die Überlassung zum zollrechtlich freien Verkehr sondern auch zum steuerrechtlich freien Verkehr vorsieht (61 = Wiedereinfuhr mit gleichzeitiger Überlassung in den zoll- und steuerrechtlich freien Verkehr ohne steuerbefreiende Lieferung; 21 = vorübergehende Ausfuhr zur passiven Veredelung).

2. Entstehungszeitpunkt, §§ 13 Abs. 2, 21 Abs. 2 UStG i.V.m. Art. 77 Abs. 2 UZK sinngemäß

Die EUSt-Schuld entsteht in sinngemäßer Anwendung des Art. 77 Abs. 2 UZK im Zeitpunkt der Annahme der Zollanmeldung zur Überlassung zum zollrechtlich freien Verkehr nach passiver Veredelung.

3. EUSt-Schuldner, §§ 13a Abs. 2, 21 Abs. 2 UStG i.V.m. Art. 77 Abs. 3 UZK sinngemäß

EUSt-Schuldner ist die Person, die nach Art. 77 Abs. 3 UZK auch Zollschuldner geworden ist.

4. Bemessungszeitpunkt, §§ 13 Abs. 2, 21 Abs. 2 UStG i.V.m. Art. 85 Abs. 1 UZK sinngemäß

Nach § 21 Abs. 2 UStG ist Art. 85 Abs. 1 UZK sinngemäß anzuwenden. Maßgebend für die Bemessung der EUSt sind also die EUSt-rechtlichen Bemessungsgrundlagen zum Zeitpunkt der Zollschuldentstehung, also in diesem Fall zum Zeitpunkt der Annahme der Zollanmeldung.

III. Bemessung der EUSt, §§ 11 Abs. 2 und 3, 12 UStG

Die Grundlagen für die Bemessung der EUSt bilden der EUSt-Wert gem. § 11 Abs. 2 und 3 UStG und der EUSt-Satz nach § 12 UStG.

1. EUSt-Wert, § 11 Abs. 2 und 3 UStG

Zu Einzelheiten bei der Bestimmung des EUSt-Werts bei passiver Veredelung, vgl. auch das Schema „Erläuterungen zur Bestimmung des EUSt-Werts".

a) Veredelungsentgelt bzw. Wertsteigerung, § 11 Abs. 2 UStG

- **Veredelungsentgelt:** Ausgangspunkt für die Bestimmung des EUSt-Werts ist bei einer passiven Veredelung nicht der Zollwert gem. § 11 Abs. 1 UStG sondern das Veredelungsentgelt entsprechend der Rechnung des Veredelers. An dieser Stelle kann das in der Zollwertprüfung ermittelte tatsächlich gezahlte oder zu zahlende Veredlungsentgelt als Wert übernommen werden.
- **Wertsteigerung:** Falls kein Veredelungsentgelt gezahlt wurde, ist die durch die Veredelung erzielte Wertsteigerung heranzuziehen.

  Eine Wertsteigerung kann aber auch zusätzlich zum Veredelungsentgelt zu berücksichtigen sein. Das ist immer dann der Fall, wenn sog. mittelbare Beistellungen bei der Veredelung eine Rolle spielen. Mittelbare Beistellungen sind Vormaterialien, die aus einem Drittland dem Veredeler unmittelbar und kostenlos für die Veredelung zur Verfügung gestellt werden.

Beispiel: 10.000 Hosen werden aus Stoff (Unionsware) im Drittland hergestellt. Der Veredeler stellt dem Käufer eine Veredelungsentgelt in Rechnung, das aus einem Veredelungslohn für die Herstellung der Hosen in Höhe von 3.000,– € und den Kosten für Zutaten (Garn und Knöpfe) in Höhe von 500,– € besteht. Es beträgt somit insgesamt 3.500,– €. Die für die Herstellung der Hosen benötigten Reißverschlüsse werden auf Veranlassung des Auftraggebers von einem Dritten aus einem Drittland unmittelbar und unentgeltlich dem Veredeler zur Verfügung gestellt. Diese sog. mittelbare Beistellung ist für den Veredeler kostenlos und deshalb nicht Gegenstand des Veredelungsentgelts. Gleichwohl steigern die Reißverschlüsse den Wert der Hosen. Aus diesem Grund werden die Reißverschlüsse als weitere, nicht im Veredelungsentgelt enthaltene Wertsteigerung gem. § 11 Abs. 2 UStG ebenfalls bei der Bestimmung des EUSt-Werts berücksichtigt.

b) Hinzurechnungen, § 11 Abs. 3 UStG

Hinzuzurechnen sind die in § 11 Abs. 3 UStG genannten Beträge/Kosten, sofern sie nicht bereits in dem Veredelungsentgelt/der Wertsteigerung nach § 11 Abs. 2 UStG enthalten sind.

aa) Drittländische Abgaben, § 11 Abs. 3 Nr. 1 UStG

Die im Drittland für die eingeführten Gegenstände geschuldeten Einfuhrabgaben, Steuern oder sonstige Abgaben sind hinzuzurechnen.

bb) In der EU zu entrichtender Zoll, § 11 Abs. 3 Nr. 2 UStG

Ferner sind der in der Zollschuldprüfung bereits berechnete Zollbetrag und ggf. die aufgrund der Einfuhr entstandenen Verbrauchsteuern hinzuzurechnen.

cc) Beförderungskosten bis zum ersten Bestimmungsort, § 11 Abs. 3 Nr. 3 UStG

Nach § 11 Abs. 3 Nr. 3 UStG sind die Beförderungskosten bis zum ersten Bestimmungsort im Unionsgebiet hinzuzurechnen, sofern sie nicht bereits im Veredelungsentgelt enthalten sind.

Unter dem Begriff „Beförderungskosten" sind sämtliche durch die Beförderung verursachten Kosten zu verstehen. Folglich werden hier auch die Versicherungskosten erfasst, da diese durch die Beförderung veranlasst werden.

Der erste Bestimmungsort im Unionsgebiet ist der Ort, an dem die grenzüberschreitende Beförderung endet. Er ergibt sich im Regelfall aus den Frachtunterlagen (vgl. Z 8101 Abs. 37).

ⓘ **Beachte:** Anders als im Zollwert nach § 11 Abs. 1 UStG sind im Veredelungsentgelt nach § 11 Abs. 2 UStG bei der Lieferbedingung EXW gar keine Beförderungskosten und bei den Lieferbedingungen FOB und FCA nur ein geringer Anteil der Beförderungskosten enthalten. Daher sind bei diesen Lieferbedingungen die nicht im Veredelungsentgelt enthaltenen Beförderungskosten bis zum ersten Bestimmungsort stets hinzuzurechnen.

dd) Beförderungskosten bis zum weiteren Bestimmungsort im Unionsgebiet, § 11 Abs. 3 Nr. 4 UStG

Gemäß § 11 Abs. 3 Nr. 4 UStG werden die Beförderungskosten bis zu einem weiteren Bestimmungsort im Unionsgebiet hinzugerechnet, wenn die Kosten und dieser Ort im Zeitpunkt der Entstehung der EUSt bereits feststehen.

2. EUSt-Satz, § 12 UStG

Der EUSt-Satz beträgt gem. § 12 Abs. 1 UStG regulär 19% und gem. § 12 Abs. 2 UStG im Fall einer Ermäßigung 7%.

Schema 49
Erläuterungen zur Bestimmung des EUSt-Werts

Bei der Bestimmung des EUSt-Werts ist zwischen der Bestimmung des EUSt-Werts bei „normaler“ Überlassung zum zollrechtlich freien Verkehr und bei Überlassung nach passiver Veredelung zu unterscheiden. Hintergrund ist, dass im Fall der „normalen“ Überführung § 11 Abs. 1 UStG als Grundlage herzuziehen ist, während die EUSt-Wert-Bestimmung bei passiver Veredelung in § 11 Abs. 2 UStG geregelt ist.

1. „Normale“ Überlassung zum zollrechtlich freien Verkehr

EUSt-Wert = Zollwert (§ 11 Abs. 1 UStG) + Hinzurechnungen (§ 11 Abs. 3 UStG)

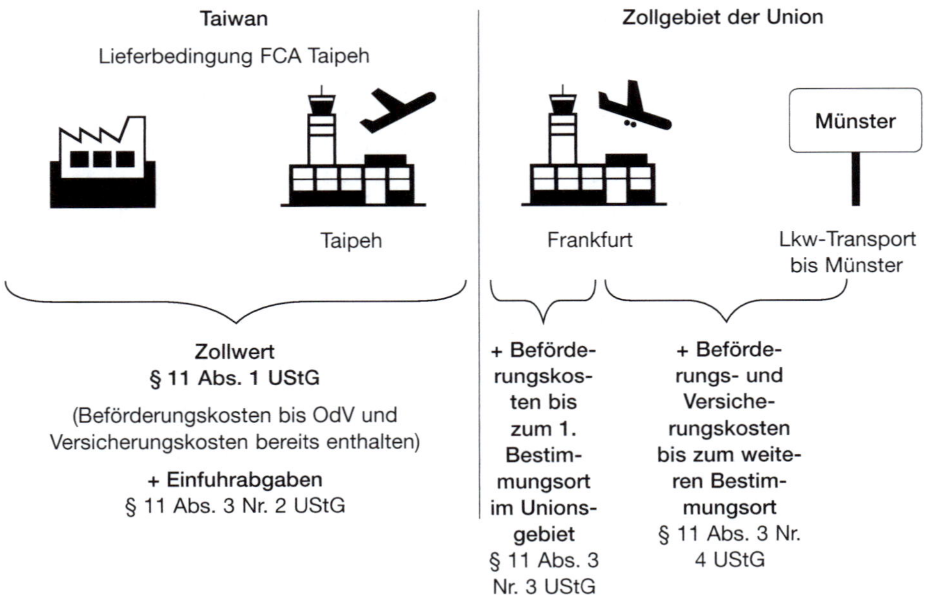

2. Überlassung zum zollrechtlich freien Verkehr nach passiver Veredelung

EUSt-Wert = Veredelungsentgelt zzgl. Wertsteigerung (§ 11 Abs. 2 UStG) + Hinzurechnungen (§ 11 Abs. 3 UStG)

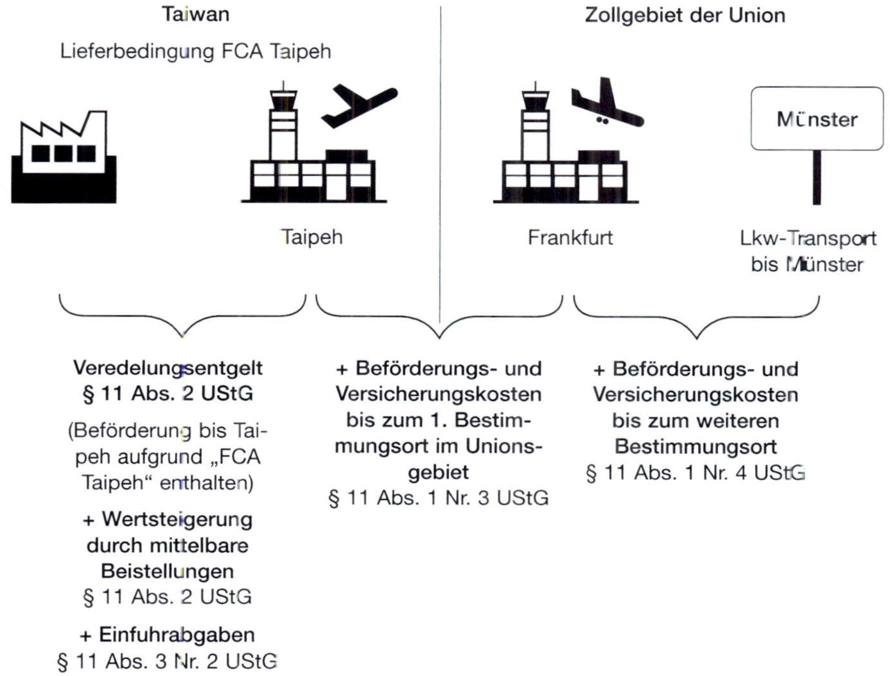

Kapitel 7

Prüfungsschemata vorübergehende Verwendung

Schema 50
Bewilligung der vorübergehenden Verwendung

I. Verfahren

Zunächst muss geprüft werden, ob für die beantragte Bewilligung das Verfahren der vorübergehenden Verwendung i.S.d. Art. 250 Abs. 1 UZK in Betracht kommt. Dazu muss der Geltungsbereich dieser Norm eröffnet sein, d.h., die Tatbestandsvoraussetzungen des Art. 250 Abs. 1 UZK müssen erfüllt sein.

§

Art. 250 Abs. 1 UZK – Geltungsbereich

In der vorübergehenden Verwendung können für die Wiederausfuhr bestimmte Nicht-Unionswaren im Zollgebiet der Union Gegenstand einer besonderen Verwendung unter vollständiger oder teilweiser Befreiung von den Einfuhrabgaben sein, ohne dass sie Folgendem unterliegen:

a) sonstigen Abgaben nach anderen geltenden Vorschriften oder

b) handelspolitischen Maßnahmen, soweit diese nicht das Verbringen oder den Ausgang von Waren in das oder aus dem Zollgebiet der Union untersagen.

ⓘ

Anwendungsbereich gem. Art. 250 Abs. 1 UZK

1. Voraussetzungen

- **Nicht-Unionswaren, Art. 5 Nr. 24 UZK**

  Beachte die Besonderheit bei von einem in der vorübergehenden Verwendung übergeführten Tier geborenen Tieren: Gemäß Art. 153 Abs. 3 UZK i.V.m. 182 DA sind diese ebenfalls Nicht-Unionswaren, wenn ihr Warenwert 100,– € übersteigt.

- **Bestimmung zur Wiederausfuhr**

  Die Waren müssen zur Wiederausfuhr bestimmt sein. Das heißt, die Absicht zur Wiederausfuhr gem. Art. 270 Abs. 1 UZK muss als Motiv bei der Überführung in das Verfahren vorgelegen haben. Ein Motivwechsel während des Verfahrens ist allerdings unerheblich und eine Erledigung des Verfahrens ist gem. Art. 215 Abs. 1 UZK auch durch Überführung in ein Anschlussverfahren möglich. Zu Ausnahmefällen, in denen keine Wiederausfuhrabsicht als Grundmotiv gefordert wird, vgl. Art. 234 Abs. 1 DA i.V.m. Art. 323 IA sowie Art. 234 Abs. 2 und 3 DA.

  Hinweis

  Die Wiederausfuhr nach zweckgerechtem Gebrauch erfolgt mittels einer Wiederausfuhranmeldung, Art. 5 Nr. 13, Art. 270 Abs. 1 UZK.

- **Verwendung im Zollgebiet**

  Verwenden bedeutet gebrauchen; ein Verbrauch oder eine Veredelung sind unzulässig. Verzehr- und verbrauchbare Waren sind von der vorübergehenden Verwendung grundsätzlich ausgeschlossen, für die teilweise Befreiung von den Einfuhrabgaben ergibt sich dies ausdrücklich aus Art. 206 Abs. 2 DA.

  Beachte: Im Ausnahmefall des Art. 323 IA ist hingegen ein Verbrauch zulässig: Die vorübergehende Verwendung gilt bei Verzehr von Ausstellungsgut i.S.d. Art. 234 Abs. 1 DA unter bestimmten Voraussetzungen als erledigt.

2. **Rechtsfolge**

- Vollständige Befreiung von den Einfuhrabgaben, Art. 250 Abs. 2 d) UZK i.V.m. DA bzw.
- Teilweise Befreiung von den Einfuhrabgaben, Art. 250 Abs. 2 d), Art. 252 UZK i.V.m. Art. 206 DA
- Keine Anwendung von handelspolitischen Maßnahmen gem. Art. 5 Nr. 36 UZK, sofern diese nicht das Verbringen versagen

Hinweis

Die weiteren in Art. 250 Abs. 2 UZK geregelten Voraussetzungen werden erst im Rahmen der materiellen Bewilligungsvoraussetzungen geprüft (siehe unter IV). Es handelt sich um Voraussetzungen, die von den Zollbehörden erst nach Annahme des Bewilligungsantrags inhaltlich geprüft werden und nicht um Regelungen zum Geltungsbereich des Verfahrens.

II. Erforderlichkeit der Bewilligung

Die Erforderlichkeit einer Bewilligung für die Inanspruchnahme der vorübergehenden Verwendung ergibt sich aus Art. 211 Abs. 1 a) UZK.

§

Art. 211 UZK Abs. 1 – Bewilligung

Eine Bewilligung der Zollbehörden ist erforderlich für

a) die Inanspruchnahme der […] vorübergehenden Verwendung […]

Die Voraussetzungen für die Inanspruchnahme eines oder mehrerer der in Unterabsatz 1 genannten Verfahren […] werden in der Bewilligung festgelegt.

III. Formelle Bewilligungsvoraussetzungen

Die formellen Bewilligungsvoraussetzungen betreffen die Fragen, wer Antragsteller sein kann und wie die vorübergehende Verwendung zu beantragen ist. Zudem ist zu prüfen, ob die Voraussetzungen für die Annahme des Antrags durch die zuständige Zollstelle gem. Art. 22 Abs. 2 UZK erfüllt sind.

- **Normalverfahren (in der vorübergehenden Verwendung Ausnahmefall)**

Im Normalverfahren wird im Grundsatz vor der ersten Anmeldung von eingeführten Waren zur vorübergehenden Verwendung ein Antrag auf Bewilligung bei der zuständigen Zollbehörde gestellt. Im Fall der vorübergehenden Verwendung, die oftmals nur einmalig beantragt wird, ist dies wegen der Möglichkeit des vereinfachten Bewilligungsverfahren gem. Art. 163 DA die Ausnahme. Vorgeschrieben ist das Normalverfahren bei Kombination mit der vereinfachten Zollanmeldung sowie dem Anschreibeverfahren, Art. 163 Abs. 2 a), c) DA. Eine rückwirkende Bewilligung gem. Art. 211 Abs. 2 UZK ist ebenfalls nur im Normalverfahren möglich, Art. 163 Abs. 2 h) DA.

1. Antragsteller

Aus Art. 22 Abs. 1 UZK ergibt sich, dass die Person, die eine zollrechtliche Entscheidung beantragt (die Bewilligung der vorübergehenden Verwendung ist eine zollrechtliche Entscheidung nach Art. 5 Nr. 39 UZK), der zuständigen Zollbehörde alle Informationen vorzulegen hat, die benötigt werden. Antragsteller ist damit die Person, die eine Bewilligung der vorübergehenden Verwendung beantragt. Dementsprechend ist der Antragsteller auch der künftige Inhaber der Bewilligung.

§ **Art. 5 Nr. 4 UZK – Begriffsbestimmungen** *(Definition „Person")*

Eine „Person" ist eine natürliche Person, eine juristische Person oder eine Personenvereinigung, die keine juristische Person ist, die jedoch nach Unionsrecht oder nach einzelstaatlichem Recht die Möglichkeit hat, im Rechtsverkehr wirksam aufzutreten.

2. Antrag

Nach Art. 22 Abs. 1 UZK und Art. 6 Abs. 1 UZK ist der Antrag elektronisch zu stellen. Dabei sind die gemeinsamen Datenanforderungen gem. Art. 6 Abs. 2 UZK i.V.m. Art. 2 Abs. 1 DA, Anhang A zu beachten.

Für Bewilligungen, an denen neben Deutschland kein weiterer Mitgliedstaat beteiligt ist, ist derzeit übergangsweise weiterhin ein schriftlicher Antrag auf vorgeschriebenem Vordruck erforderlich, Art. 278 Abs. 1 UZK, Art. 22 TDA i.V.m. Anhang 12 TDA, da ein elektronisches System gem. Art. 6 Abs. 1 UZK noch nicht einsatzbereit ist.

EU-Trader-Portal

Für mitgliedstaatenübergreifende Bewilligungen, d.h. Bewilligungen, bei denen mehr als ein Mitgliedstaat betroffen ist, wird der Antrag elektronisch über das EU-Trader-Portal gestellt.

3. Annahme des Antrags, Art. 22 Abs. 2 UZK, Art. 11 DA

Gemäß Art. 22 Abs. 2 UZK ist im Normalverfahren die Annahme des Antrags durch die zuständige Zollbehörde erforderlich. Ab der Annahme des Antrags beginnen die Bearbeitungsfristen gem. Art. 22 Abs. 3 UZK zu laufen.

§ **Art. 22 Abs. 2 UZK – Entscheidungen auf Antrag** *(Annahme des Antrags auf Bewilligung)*

Die Zollbehörden überprüfen unverzüglich und spätestens innerhalb von 30 Tagen ab dem Eingang des Antrags auf eine Entscheidung, ob die Bedingungen für die Annahme des Antrags erfüllt sind.

Stellen die Zollbehörden fest, dass der Antrag alle Informationen enthält, die sie für diese Entscheidung benötigen, so teilen sie dem Antragsteller innerhalb der in Unterabsatz 1 genannten Frist mit, dass sie den Antrag annehmen.

Die Bedingungen für die Annahme des Antrags sind in Art. 11 DA geregelt:

- **Buchstabe a):** Registrierung des Antragsstellers nach Art. 9 UZK („EORI"-Nummer, Economic Operators Registration and Identification Number, vgl. Art. 1 Nr. 18 DA). Nach Art. 9 UZK ist diese Registrierung nur für Wirtschaftsbeteiligte (zum Begriff vgl. Art. 5 Nr. 5 UZK) notwendig, die im Zollgebiet ansässig sind. Bei der vorübergehenden Verwendung ist der Wirtschaftsbeteiligte i.d.R. aber nicht im Zollgebiet ansässig.
- **Buchstabe b):** Ansässigkeit des Antragstellers im Zollgebiet der Union, sofern dies gem. Art. 211 Abs. 3 a) UZK für das beantragte Verfahren erforderlich ist. Die Unionsansässigkeit ist im Fall der vorübergehenden Verwendung im Grundsatz gerade nicht vorgesehen, vgl. Art. 250 Abs. 2 c) UZK, sodass Unionsansässigkeit für die Annahme des Antrags nicht erforderlich ist.

  Ob für den Fall der beantragten Verwendung nach DA ausnahmsweise doch eine Unionsansässigkeit zulässig oder gar erforderlich ist, kann an dieser Stelle noch offen gelassen werden und sollte bei den persönlichen Voraussetzungen gem. Art. 211 Abs. 3 a) UZK thematisiert werden.
- **Buchstabe c):** Antrag bei der zuständigen Zollstelle eingereicht. Die örtlich zuständige Zollbehörde ergibt sich abweichend von Art. 22 Abs. 1 UAbs. 3 UZK aus Art. 205 Abs. 1 DA. Danach ist der Antrag für die Bewilligung im Normalverfahren bei der zuständigen Zollbehörde an dem Ort einzureichen, an dem die Waren zum ersten Mal verwendet werden sollen. Gemäß Art. 5 Nr. 1 UZK, Art. 17 Abs. 3 ZollVG, § 24 Abs. 6 ZollV sind die Hauptzollämter zuständig.
- **Buchstabe d):** Keine Rücknahme und kein Widerruf einer früheren, gleichen Entscheidung innerhalb des letzten Jahres. Das heißt, es darf keine frühere Bewilligung einer vorübergehenden Verwendung innerhalb des letzten Jahres zurückgenommen oder widerrufen worden sein. Unter den Voraussetzungen von Art. 11 Abs. 2 DA kann der Zeitraum drei Jahre betragen.

Hinweis

Eine Annahme des Antrags ist gem. Art. 12 IA erst möglich, wenn alle benötigten Informationen der zuständigen Zollstelle vorliegen. Ab der Annahme des Antrags beginnen die Bearbeitungsfristen gem. Art. 22 Abs. 3 UZK. Grundsätzlich ist dem Antragsteller die Entscheidung innerhalb von 120 Tagen nach der Annahme mitzuteilen, sofern nichts anderes bestimmt ist. Hier stellt der Art. 171 Abs. 1 DA eine solche anderweitige Bestimmung dar, wonach sich die Frist auf 30 Tage verkürzt, wenn nur ein Mitgliedstaat an der Bewilligungserteilung beteiligt ist.

- **Vereinfachte Verfahren (in der vorübergehenden Verwendung der Regelfall)**

Unter den Voraussetzungen des Art. 163 Abs. 1 a) und Abs. 2 DA kann der Antrag auf Bewilligung einer vorübergehenden Verwendung auch durch eine Zollanmeldung erfolgen. Das Antragsverfahren wird also vereinfacht, indem vorab kein eigenständiger Antrag auf Bewilligung bei der zuständigen Zollstelle zu stellen ist. Vielmehr gilt unter bestimmten Voraussetzungen die Zollanmeldung zur Überführung in vorübergehende Verwendung als Antrag auf eine Bewilligung. Das vereinfachte Verfahren ist nicht möglich, wenn die Zollbehörden in den Fällen des Art. 236 b) DA einen förmlichen Bewilligungsantrag fordern.

Die Zollanmeldung kann erfolgen:

- **mittels elektronischer Standardzollanmeldung, Art. 162 UZK**

  Gemäß Art. 163 Abs. 1 a) DA gilt die Zollanmeldung (zugleich) als Bewilligungsantrag. In diesen Fall sind zusätzliche Angaben gem. Anhang A DA zu machen. Das Verfahren ist nach Art. 163 Abs. 2 DA im Fall von vereinfachten Zollanmeldungen und in weiteren Konstellationen jedoch nicht möglich.

- **mittels mündlicher Zollanmeldung, Art. 136 DA**

  Gemäß Art. 163 Abs. 1, 4 b) DA gilt eine mündliche Zollanmeldung bei Waren nach Art. 136 DA (zugleich) als Antrag auf Bewilligung. Im Fall einer mündlichen Zollanmeldung ist eine schriftliche Unterlage gem. Art. 165 DA, Anhang 71-01 DA abzugeben.

- **mittels als Zollanmeldung geltender Handlung, Art. 139 DA**

  Gemäß Art. 163 Abs. 1, 4 c) DA gilt eine Zollanmeldung nach Art. 141 DA bei Waren gem. Art. 139 Abs. 1 DA zugleich als Antrag auf Bewilligung

Zuständige Behörde im vereinfachten Antragsverfahren ist gem. Art. 205 Abs. 2 DA die Zollbehörde an dem Ort, an dem die Waren gestellt und zur vorübergehenden Verwendung angemeldet werden.

Ein **Carnet ATA** gilt unter bestimmten Voraussetzungen ebenfalls als Bewilligungsantrag, Art. 163 Abs. 5 DA.

Ausschluss einer vereinfachten Antragstellung

Eine vereinfachte Antragstellung mittels Zollanmeldung ist jedoch bei der vorübergehenden Verwendung nach Art. 163 Abs. 2 DA in folgenden Fällen nicht möglich:

- bei vereinfachter Zollanmeldung oder Zollanmeldung mittels Anschreibung in der Buchführung
- bei zentraler Zollabwicklung
- bei einem Antrag auf Verwendung von Ersatzwaren gem. Art. 223 UZK
- bei einem Antrag auf rückwirkende Bewilligung.

IV. Materielle Bewilligungsvoraussetzungen

Die materiellen Bewilligungsvoraussetzungen umfassen die persönlichen Voraussetzungen, die der Antragsteller gem. Art. 211 Abs. 3 UZK zu erfüllen hat, die sachlichen Voraussetzungen gem. Art. 211 Abs. 4 UZK sowie die sog. zolltechnischen Voraussetzungen. Weitere, speziell für die vorübergehende Verwendung geregelte Voraussetzungen ergeben sich zudem aus Art. 250 Abs. 2 UZK.

1. Persönliche Voraussetzungen nach Art. 211 Abs. 3 UZK

§

Art. 211 Abs. 3 UZK – Bewilligung ***(Persönliche Bewilligungsvoraussetzungen)***

Sofern nichts anderes bestimmt ist, wird die Bewilligung nach Absatz 1 ausschließlich Personen erteilt, die alle folgenden Voraussetzungen erfüllen:

a) sie sind im Zollgebiet der Union ansässig,

b) sie bieten die für die ordnungsgemäße Durchführung der Vorgänge erforderliche Gewähr; es wird davon ausgegangen, dass ein zugelassener Wirtschaftsbeteiligter für zollrechtliche Vereinfachungen diese Voraussetzung erfüllt, sofern der Tätigkeit, die das besondere Verfahren betrifft, bei der Zulassung nach Artikel 38 Absatz 2 Buchstabe a Rechnung getragen wird,

c) sie leisten eine Sicherheit nach Artikel 89, wenn für in ein besonderes Verfahren übergeführte Waren eine Zollschuld oder andere Abgaben entstehen können,

d) im Falle der vorübergehenden Verwendung oder der aktiven Veredelung verwenden beziehungsweise veredeln sie die Waren oder veranlassen ihre Verwendung oder Veredelung.

a) Ansässigkeit, Art. 211 Abs. 3 a) UZK

Abweichend von Art. 211 Abs. 3 a) UZK ist Unionsansässigkeit grundsätzlich nicht erforderlich. Denn Art. 250 Abs. 2 c) UZK fordert im Gegenteil, dass der Inhaber des Verfahrens und damit auch der Bewilligungsinhaber außerhalb des Zollgebiets der Union ansässig ist, es sei denn, etwas anderes ist vorgesehen.

Ausdrücklich gefordert wird die Ansässigkeit außerhalb des Zollgebiets in einigen der im DA geregelten Fälle der vorübergehenden Verwendung, z.B. in Art. 212 Abs. 3, 226, 229 und 230 DA. Ausnahmen von der Ansässigkeit außerhalb des Zollgebiets ergeben sich ausdrücklich in den Fällen der Art. 207, 221, 222 und Art. 226 Abs. 2 DA. Keine Ansässigkeit außerhalb des Zollgebiets erforderlich ist zudem in den Fällen des Art. 236 DA und 206 Abs. 1 DA, die beide u.a. dann Anwendung finden, wenn nicht alle Voraussetzungen speziellerer Fälle vorliegen, also auch dann, wenn die geforderte Nicht-Unionsansässigkeit nicht gegeben ist.

b) Erforderliche Gewähr, Art. 211 Abs. 3 b) UZK

Der Antragsteller muss für die ordnungsgemäße Durchführung der vorübergehenden Verwendung die erforderliche Gewähr bieten. Bei einem AEO C bzw. AEO F wird davon ausgegangen, dass er diese Voraussetzung erfüllt (vgl. den Wortlaut der Norm).

c) Sicherheitsleistung, Art. 211 Abs. 3 c) UZK

Der Antragsteller muss gem. Art. 211 Abs. 3 c) UZK eine Sicherheit nach Art. 89 ff. UZK leisten. Diese Sicherheitsleistung kann für mehrere Zollverfahren gemeinsam erfolgen, Art. 89 Abs. 5 i.V.m. Art. 95 Abs. 1 UZK. In diesem Fall spricht man von einer Gesamtsicherheit.

Die Leistung einer Sicherheit ist gem. Art. 89 Abs. 8 c) UZK i.V.m. Art. 81 DA in vielen Fällen der vorübergehenden Verwendung nicht erforderlich, insbesondere wenn der Bewilligungsantrag vereinfacht durch eine mündliche oder konkludente Zollanmeldung erfolgt.

> **Hinweis**
>
> Die Notwendigkeit einer Sicherheitsleistung kann auch – statt in den persönlichen Voraussetzungen – im Rahmen der zolltechnischen Voraussetzungen oder als separate Bewilligungsvoraussetzung geprüft werden.

d) Antragsteller ist „Herr des Verfahrens“, Art. 211 Abs. 3 d) UZK

Der Antragsteller und spätere Bewilligungsinhaber muss die Ware selbst verwenden oder ihre Verwendung veranlassen.

2. Sachliche Voraussetzungen, Art. 211 Abs. 4 UZK

a) Verhältnismäßiger Verwaltungsaufwand, Art. 211 Abs. 4 a) UZK

Zu prüfen ist der sog. Verwaltungsaufwand. Dieser darf nicht außer Verhältnis zum wirtschaftlichen Bedürfnis für den Wirtschaftsbeteiligten stehen.

> § **Art. 211 Abs. 4 a) UZK – Bewilligung *(Verwaltungsaufwand)***
>
> Sofern nichts anderes bestimmt ist, wird die Bewilligung nach Absatz 1 in Ergänzung zu Absatz 3 ausschließlich erteilt, wenn alle folgenden Voraussetzungen erfüllt sind:
>
> a) die Zollbehörden sind in der Lage, die zollamtliche Überwachung mit einem Verwaltungsaufwand auszuüben, der zum wirtschaftlichen Bedürfnis nicht außer Verhältnis steht,

Grundsätzlich ist davon auszugehen, dass der Verwaltungsaufwand nicht außer Verhältnis zum wirtschaftlichen Bedürfnis steht. Nur wenn besondere Hinweise für das Gegenteil vorliegen, ist hierauf im Detail einzugehen.

Der Verwaltungsaufwand stünde beispielsweise außer Verhältnis zum Bedürfnis, wenn Nicht-Unionswaren gem. ZollbefrVO einfuhrabgabenfrei in den zollrechtlich freien Verkehr überlassen werden könnten, beispielsweise bei Mustern (Art. 86 ZollbefrVO) oder Ausstellungsgut (Art. 90 ff. ZollbefrVO). Dann ist die Bewilligung der vorübergehenden Verwendung mit Verwaltungsaufwand verbunden, ohne dass ein wirtschaftlicher Erfolg (keine Einfuhrabgaben während der Verwendung zahlen zu müssen) erkennbar ist.

b) Wirtschaftliche Voraussetzungen, Art. 211 Abs. 4 b) UZK

Für die vorübergehende Verwendung ist die Prüfung von wirtschaftlichen Voraussetzungen nicht vorgesehen. Nach Art. 211 Abs. 4 b) UZK sind wirtschaftliche Voraussetzungen ausschließlich bei Bewilligung von Veredelungen zu prüfen. Daher entfällt die Prüfung dieses Punktes.

3. Zolltechnische Voraussetzungen

a) Geeignete Aufzeichnungen, Art. 214 UZK

Abweichend von Art. 214 UZK muss der Bewilligungsinhaber im Fall der vorübergehenden Verwendung geeignete Aufzeichnungen nur führen, wenn die Zollbehörden dies verlangen, Art. 178 Abs. 4 DA.

b) Sicherung der Nämlichkeit, Art. 192 Abs. 1, Art. 250 Abs. 2 b) UZK

Die Zollbehörden treffen nach Art. 192 Abs. 1 UZK die geeigneten Maßnahmen zur Sicherung der Nämlichkeit, wenn diese erforderlich ist. Die grundsätzliche Erforderlichkeit bei der vorübergehenden Verwendung ergibt sich aus Art. 250 Abs. 2 b) UZK.

§ **Art. 250 Abs. 2 b) UZK – Geltungsbereich *(Nämlichkeit)***

[...]

die Nämlichkeit der in das Verfahren übergeführten Waren gewährleistet ist, außer wenn angesichts der Beschaffenheit der Waren oder der beabsichtigten Verwendung bei einem Verzicht auf Maßnahmen zur Nämlichkeitssicherung nicht mit einem Missbrauch des Verfahrens zu rechnen ist, oder im Falle des Art. 223, wenn nachgeprüft werden kann, ob die für Ersatzwaren vorgesehenen Voraussetzungen erfüllt sind,

In diesem Zusammenhang ist insbesondere die Ersatzwarenregelung gem. Art. 223 UZK zu beachten. In der vorübergehenden Verwendung kann der Einsatz von Ersatzwaren nur in den Fällen vollständiger Befreiung von den Einfuhrabgaben gem. den Art. 208 bis 211 DA bewilligt werden, Art. 169 Abs. 8 DA.

§

Art. 223 UZK – Ersatzwaren

(1) Ersatzwaren sind Unionswaren, die anstelle der in ein besonderes Verfahren übergeführten Waren gelagert, verwendet oder veredelt werden.

[...]

Sofern nichts anderes bestimmt ist, müssen die Ersatzwaren demselben achtstelligen KN-Code zugewiesen sein und dieselbe Handelsqualität sowie dieselben technischen Merkmale aufweisen wie die Waren, die sie ersetzen.

(2) Unter der Voraussetzung, dass der ordnungsgemäße Ablauf des besonderen Verfahrens – insbesondere in Bezug auf die zollamtliche Überwachung – gewährleistet ist, bewilligen die Zollbehörden auf Antrag [..]

b) in bestimmten Fällen die Verwendung von Ersatzwaren im Rahmen der vorübergehenden Verwendung, [...]

Zu beachten ist die Statusregelung in Art. 269 IA:

§

Art. 269 Abs. 1 IA – Status von Ersatzwaren (Artikel 223 des Zollkodex)

Im Fall des Zolllagerverfahrens und der vorübergehenden Verwendung werden die Ersatzwaren zu Nicht-Unionswaren und die Waren, die sie ersetzen, zu Unionswaren in dem Zeitpunkt, in dem sie in das anschließende Zollverfahren, mit dem das Verfahren erledigt wird, übergeführt werden oder die Ersatzwaren das Zollgebiet der Union verlassen haben.

Beispiel für Ersatzwaren in der vorübergehenden Verwendung: Chinesische Paletten (Nicht-Unionswaren) werden in die vorübergehende Verwendung überführt. Sie werden durch in Deutschland gefertigte Paletten (Unionswaren) ersetzt (Art. 223 UZK). Die deutschen Paletten verlassen anschließend das Zollgebiet der Union. Der Status wechselt in dem Zeitpunkt, in dem die deutschen Paletten das Zollgebiet der Union verlassen, Art. 269 Abs. 1 IA. Zu diesem Zeitpunkt werden die chinesischen Paletten zu Unionswaren.

4. Besondere Voraussetzungen gem. Art. 250 Abs. 2 UZK

ⓘ

Bedeutung des Art. 250 Abs. 2 UZK

Aus Art. 250 Abs. 2 UZK ergeben sich weitere materielle Bewilligungsvoraussetzungen, die – soweit noch nicht zuvor geprüft – an dieser Stelle anzusprechen sind. Bei den Voraussetzungen des Abs. 2 handelt es sich also nicht um eine Regelung des Geltungsbereichs des Verfahrens der vorübergehenden Verwendung, die im Prüfungsschema unter „I. Verfahren“ zu thematisieren wären.

a) Keine Veränderung der Ware, Art. 250 Abs. 2 a) UZK

Nach Art. 250 Abs. 2 a) UZK darf keine Veränderung der Ware mit Ausnahme von Wertminderungen durch Gebrauch beabsichtigt sein, d.h., die Ware muss im gleichen Zustand wiederausgeführt werden, vgl. Art. 204 UAbs. 1 DA. Unzulässig sind wesentliche Umgestaltungen der Ware. Reparatur und Wartung sind für Waren, die sich bereits in der vorübergehenden Verwahrung befinden, hingegen zulässig, Art. 204 UAbs. 2 DA.

Zulässig sind jedoch Reparaturen und Wartungen einschließlich Instandsetzungen und Einstellarbeiten sowie Maßnahmen zum Erhalt der Waren oder solche, die die Übereinstimmung mit den technischen Anforderungen für die vorübergehende Verwendung der Waren sicherstellen sollen.

b) Sicherung der Nämlichkeit, Art. 192 Abs. 1, Art. 250 Abs. 2 b) UZK

Das Erfordernis der Nämlichkeitssicherung wurde bereits bei den zolltechnischen Voraussetzungen oben geprüft.

c) Nicht-Ansässigkeit im Zollgebiet der Union, Art. 250 Abs. 2 c) UZK

Dieses Kriterium wurde bereits bei den persönlichen Bewilligungsvoraussetzungen geprüft.

d) Vollständige oder teilweise Befreiung, Art. 250 Abs. 2 d) UZK

Die in den zollrechtlichen Vorschriften festgelegten Anforderungen für die vollständige oder teilweise Befreiung von den Einfuhrabgaben müssen erfüllt sein. Daher sind an dieser Stelle die zutreffenden Fallgruppen des DA zu prüfen.

Für die vollständige Befreiung enthält Schema 2 einen Überblick über die Fallgruppen. Für den klausurrelevanten Fall der Berufsausrüstung gem. Art. 226 DA vgl. auch im Detail die Prüfung im Schema 4, für die Voraussetzungen der teilweisen Befreiung von den Einfuhrabgaben gem. Art. 206 DA vgl. Schema 52.

V. Bewilligungserteilung

Die Voraussetzungen für die Inanspruchnahme der vorübergehenden Verwendung werden in der Bewilligung festgelegt (Art. 211 Abs. 1 UAbs. 2 UZK).

- **Form der Bewilligung:** Die Bewilligung im Normalverfahren wird elektronisch erteilt, Art. 6 Abs. 1 UZK. Die technischen Voraussetzungen hierzu fehlen bei nur Deutschland betreffende Bewilligungen derzeit noch. Es gelten gem. Art. 278 UZK Übergangsregelungen bis spätestens zum 31.12.2020. Bis auf Weiteres wird die Bewilligung gem. Art. 12 TDA i.V.m. Anhang 12 TDA schriftlich erteilt.

Wird die Bewilligung im vereinfachten Verfahren gem. Art. 163 DA beantragt, wird die Bewilligung durch Überlassung der Waren in die vorübergehende Verwendung erteilt, Art. 262 IA.

- **Entscheidungsfrist:** Die Bewilligung ist eine Entscheidung nach Art. 5 Nr. 39 UZK. Eine Entscheidung im Normalverfahren ist nach Art. 22 Abs. 3 UZK spätestens 120 Tage nach Annahme des Antrags zu erlassen, sofern nichts anderes bestimmt ist. In diesem Fall ergibt sich eine Abweichung aus Art. 171 Abs. 1 UAbs. 1 DA, wonach die Frist nur 30 Tage beträgt, sofern nur ein Mitgliedstaat an der Bewilligungserteilung beteiligt ist.
- **Wirksamkeit:** Die Bewilligung wird mit der Zustellung wirksam (Art. 22 Abs. 4 UZK); eine abweichende Regelungen zum Tag des Wirksamwerdens ergibt sich aus Art. 14 DA.
- **Gültigkeit:** Die Gültigkeit der Bewilligung beträgt abweichend von Art. 22 Abs. 5 UZK maximal fünf Jahre, Art. 173 Abs. 1 DA.
- **Frist für die Erledigung:** Hier ist die Frist zur Erledigung der vorübergehenden Verwendung gem. Art. 215 Abs. 4, Art. 251 Abs. 1 UZK anzusprechen. Der Zeitraum, in dem die Waren in der vorübergehenden Verwendung verbleiben können, beträgt regelmäßig maximal 24 Monate. Diese Maximaldauer greift selbst dann, wenn das Verfahren zwischenzeitlich durch ein Anschlussverfahren, z.B. Lagerung, erledigt sein sollte, die Ware im Anschluss aber erneut in die vorübergehende Verwendung überführt wird, Art. 252 Abs. 2 UZK. Kürzere Verwendungsfristen ergeben sich aus den Regelungen der Art. 217, 218 und 237 DA.

Schema 51

Schaubild zu Fällen der vollständigen Befreiung von den Einfuhrabgaben bei vorübergehender Verwendung

Beförderungsmittel, Paletten, Container einschließlich Zubehör und Ausrüstung (Art. 207-218 DA)	
Allgemeine Vorschriften	Art. 207 DA
Paletten	Art. 208 DA
Ersatzteile, Zubehör und Ausrüstung für Paletten	Art. 209 DA
Container	Art. 210 DA
Ersatzteile, Zubehör und Ausrüstung für Container	Art. 211 DA
Beförderungsmittel	Art. 212-218 DA
Andere Waren als Beförderungsmittel, Paletten und Container (Art. 219-236 DA)	
Persönliche Gebrauchsgegenstände und zu Sportzwecken verwendete Waren von Reisenden	Art. 219 DA
Betreuungsgut für Seeleute	Art. 220 DA
Material für Katastropheneinsätze	Art. 221 DA
Medizinisch-chirurgische und labortechnische Ausrüstung	Art. 222 DA
Tiere	Art. 223 DA
In Grenzzonen verwendete Waren	Art. 224 DA
Ton-, Bild- oder Datenträger und Werbematerial	Art. 225 DA
Berufsausrüstung	Art 226 DA
Pädagogisches Material und wissenschaftliches Gerät	Art. 227 DA
Umschließungen	Art. 228 DA
Formen, Matrizen, Klischees, Zeichnungen, Modelle, Geräte zum Messen, Überprüfen oder Überwachen und ähnliche Gegenstände	Art. 229 DA
Spezialwerkzeuge und -instrumente	Art. 230 DA
Waren zur Durchführung von Tests und Testwaren	Art. 231 DA
Muster	Art. 232 DA
Austauschproduktionsmittel	Art. 233 DA
Waren für Veranstaltungen oder für den Verkauf in bestimmten Situationen	Art. 234 DA
Ersatzteile, Zubehör und Ausrüstung	Art. 235 DA
Andere Waren	Art. 236 DA

Schema 52

Zollschuld gem. Art. 77 Abs. 1 b) UZK durch Überführung in die vorübergehende Verwendung unter teilweiser Befreiung von den Einfuhrabgaben

I. Entstehungstatbestand, Art. 77 Abs. 1 b) UZK

1. Einfuhrabgabenpflichtige Nicht-Unionswaren

a) Waren

Definition: Waren sind körperliche, bewegliche Gegenstände, einschließlich des elektrischen Stroms (Z 0601 Abs. 101).

b) Nicht-Unionswaren, Art. 5 Nr. 24 UZK

Es muss sich um Nicht-Unionswaren handeln. Das ist der Fall, wenn die Voraussetzungen gem. Art. 5 Nr. 24 UZK vorliegen. Nicht-Unionswaren sind danach Waren, die nicht unter Art. 5 Nr. 23 UZK fallen. Dem Grunde nach erfordert diese Negativabgrenzung eine Prüfung der Voraussetzungen von Art. 5 Nr. 23 UZK. Im Übrigen gilt die Statusvermutung, dass es sich bei allen im Zollgebiet befindlichen Waren um Unionswaren handelt, gem. Art. 153 Abs. 1 i.V.m. Art. 119 Abs. 1 a) DA nicht für Waren, die in das Zollgebiet verbracht wurden und sich unter zollamtlicher Überwachung befinden.

c) Einfuhrabgabenpflicht

Eine Ware ist einfuhrabgabenpflichtig, wenn nach dem Zolltarif ein Zoll vorgesehen ist und im Einzelfall keine außertariflichen Abgabenbefreiungen vorliegen. Außertarifliche Befreiungen ergeben sich hauptsächlich aus der Regelung über Rückwaren gem. Art. 203 UZK und aus Zollbefreiungen, die über Art. 5 Nr. 2 c) UZK i.V.m. der ZollbefrVO geregelt sind (Z 0901 Abs. 108).

ⓘ **Formulierung in unproblematischen Fällen**

„Es handelt sich bei dem – Produkt nennen – um einen beweglichen Gegenstand und damit um eine Ware (vgl. Z 0601 Abs. 101). Die Ware stammt aus – Drittland nennen – und wurde in das Zollgebiet verbracht und erst hier zur Überlassung zum zollrechtlich freien Verkehr angemeldet; damit liegt eine Nicht-Unionsware gem. Art. 5 Nr. 24 i.V.m. Art. 5 Nr. 23 b) UZK vor. Zudem wird der Status einer Unionsware gem. Art. 153 UZK Abs. 1 i.V.m. Art. 119 Abs. 1 a) DA nicht vermutet.

Für die Ware ist nach dem Zolltarif ein Zollsatz vorgesehen. Außertarifliche Befreiungen sind nicht ersichtlich. Damit liegt eine Nicht-Unionsware vor, die einfuhrabgabenpflichtig ist."

2. Überführung in das Zollverfahren der vorübergehenden Verwendung unter teilweiser Befreiung von den Einfuhrabgaben

Nach Art. 77 Abs. 1 b) UZK entsteht durch die Überführung in das Zollverfahren „vorübergehende Verwendung unter teilweiser Befreiung von den Einfuhrabgaben" die Einfuhrzollschuld.

Dies ist der Fall, wenn es sich um das Verfahren der vorübergehenden Verwendung handelt und die Ware gem. Art. 250 Abs. 1, Abs. 2 d) UZK, 206 DA nur teilweise von den Einfuhrabgaben befreit ist.

a) Vorübergehende Verwendung

Die folgenden Voraussetzungen des Art. 250 Abs. 1 UZK müssen erfüllt sein (vgl. dazu ausführlich Schema 50 Bewilligung vorübergehende Verwendung):

Voraussetzungen des Art. 250 Abs. 1 UZK

- Nicht-Unionswaren, Art. 5 Nr. 24 UZK
- Bestimmung zur Wiederausfuhr
- Gegenstand einer Verwendung im Zollgebiet

Hinweis

Sofern aufgrund der Aufgabenstellung in der Klausur eine Prüfung der Voraussetzungen der vorübergehenden Verwendung bereits vorab vorgenommen wurde, kann auf diese Prüfung verwiesen werden.

b) Teilweise Befreiung

Die Zollschuldentstehung setzt voraus, dass die Ware nach Art. 250 Abs. 2 d) UZK nur teilweise von den Einfuhrabgaben befreit ist. Das ist gem. Art. 206 DA der Fall, wenn die Ware nicht von einer Fallgruppe der vollständigen Befreiung erfasst ist oder, sollte sie in einer Fallgruppe des DA erfasst sein, nicht die in der jeweiligen Norm genannten Voraussetzungen für eine vollständige Befreiung erfüllt sind.

§ **Art. 206 Abs. 1 DA – Vorübergehende Verwendung unter teilweiser Befreiung von den Einfuhrabgaben (Artikel 211 Absatz 1 und Artikel 250 Absatz 2 Buchstabe d des Zollkodex)**

Die Bewilligung für die Inanspruchnahme der vorübergehenden Verwendung unter teilweiser Befreiung von den Einfuhrabgaben wird für Waren erteilt, die nicht alle Anforderungen für die vollständige Befreiung von den Einfuhrabgaben gemäß den Artikeln 209 bis 216 und den Artikeln 219 bis 236 erfüllen.

Somit sind an dieser Stelle in Betracht kommende Fallgruppen der vollständigen Befreiung als Abgrenzung zu prüfen (vgl. Überblick in Schema 51). Im Folgenden wird der klausurrelevante Fall der Berufsausrüstung dargestellt.

c) Berufsausrüstung gem. Art. 226 DA

Für Berufsausrüstung ist gem. Art. 226 DA eine vollständige Befreiung von den Einfuhrabgaben vorgesehen. Jedoch kommt eine vollständige Befreiung nur in Betracht, wenn hierfür alle Voraussetzungen erfüllt werden.

aa) Definition

Als Berufsausrüstung gilt jede Ware, die zur Durchführung eines Berufs benötigt wird. Zur Bestätigung des Ergebnisses kann auch auf die erläuternde Liste in den Leitlinien zu Art. 569 ZK-DVO in Z 0230 zurückgegriffen werden. Gerätschaften, die in der Liste nicht aufgeführt sind, können dennoch Berufsausrüstung sein, da die Aufzählung nicht abschließend ist.

bb) Voraussetzungen von Art. 226 Abs. 1 a) bis c) DA

- Die Berufsausrüstung gehört nach Buchstabe a) einer außerhalb des Zollgebiets ansässigen Person,
- wird nach Buchstabe b) von einer außerhalb des Zollgebiets ansässigen Person eingeführt oder von einer im Zollgebiet ansässigen Person eingeführt, die Angestellte des (drittländischen) Eigentümers ist,
- vom Einführer oder unter seiner Aufsicht verwendet, Buchstabe c).

cc) Ausnahme gem. Art. 226 Abs. 3 DA

Jedoch könnte die vollständige Befreiung gem. Art. 226 Abs. 3 DA ausgeschlossen sein. Die vollständige Befreiung ist ausgeschlossen, wenn die Berufsausrüstung zum gewerblichen Herstellen oder Abpacken von Waren verwendet werden soll oder wenn die Ware, soweit sie kein Handwerkszeug ist (sog. Rückausnahme in Abs. 3 S. 2), zur Ausbeutung von Bodenschätzen, für die Errichtung, Instandsetzung oder Instandhaltung von Gebäuden, zu Erdarbeiten oder ähnlichen Zwecken verwendet werden soll.

Ist die Ausnahme von Art. 226 Abs. 3 DA nicht gegeben, wird die Berufsausrüstung vollständig von den Einfuhrabgaben befreit. Liegt hingegen eine Ausnahme vor, z.B. wenn ein Bagger zu Erdarbeiten eingesetzt werden soll, ist er als Berufsausrüstung gem. Art. 250 Abs. 1 UZK, 206 Abs. 1 DA nur teilweise von den Einfuhrabgaben befreit.

Es wird an dieser Stelle angenommen, dass es sich bei der Ware um einen Bagger handelt, der tatsächlich zu Erdarbeiten eingesetzt werden soll. Eine vollständige Befreiung gem. Art. 226 DA liegt deshalb nicht vor.

Im Anschluss ist festzustellen, dass weitere Befreiungstatbestände, insbesondere Art. 236 DA, ebenfalls nicht in Betracht kommen.

Warenkreise nach Art. 236 DA

Gemäß Art. 236 DA sind Waren, wenn sie nicht von den Fallgruppen der vollständigen Befreiung erfasst oder nicht alle dort genannten Voraussetzungen erfüllen, von den Einfuhrabgaben befreit, wenn sie gelegentlich und für eine Dauer von nicht mehr als drei Monaten eingeführt werden oder es sich um einen besonderen Fall ohne wirtschaftliche Auswirkungen in der Union handelt (zu letzterer Alternative vgl. Z 1901 Abs. 70).

d) Überführung in die vorübergehende Verwendung

Die teilweise befreite Ware muss ordnungsgemäß in die vorrübergehende übergeführt worden sein. Zu beachten ist der Sachverhalt, insbesondere das Vorliegen einer Bewilligung des Verfahrens. Für die Bewilligung der vorübergehenden Verwendung unter teilweiser Befreiung ist insbesondere erforderlich, dass es sich nicht um ein Verbrauchsgut handelt, Art. 206 Abs. 2 DA.

Eine Überführung in das Verfahren liegt vor, wenn die Zollanmeldung zur Überführung in die vorübergehende Verwendung angenommen wurde (Art. 172 UZK) und die Überlassung der Ware (Art. 194 UZK) erfolgt ist.

Ergebnis: Eine Zollschuld ist gem. Art. 77 Abs. 1 b) UZK entstanden.

II. Zeitpunkt, Art. 77 Abs. 2 UZK

Die Zollschuld entsteht im Zeitpunkt der Annahme der Zollanmeldung zur vorübergehenden Verwendung – das entsprechende Datum ist zu nennen.

III. Zollschuldner, Art. 77 Abs. 3 UZK

Zollschuldner ist nach Art. 77 Abs. 3 S. 1 UZK der Anmelder. Gemäß Art. 5 Nr. 15 UZK ist Anmelder die Person (Art. 5 Nr. 4 UZK), die die Zollanmeldung in eigenem Namen abgibt (Fall ohne Stellvertretung oder bei indirekter Stellvertretung) oder die Person, in deren Namen die Zollanmeldung abgegeben wird (Fall der direkten Stellvertretung durch Abgabe in fremdem Namen).

Im Fall der indirekten Vertretung ist auch der Vertretene Zollschuldner, Art. 77 Abs. 3 S. 2 UZK. Die Haftung mehrerer Zollschuldner ergibt sich aus den Regeln der Gesamtschuld gem. Art. 84 UZK.

Bezüglich der grundsätzlich erforderlichen Ansässigkeit des Anmelders in der Union gem. Art. 170 Abs. 2 UZK kann die Ausnahme gem. Art. 170 Abs. 3 a), 2. Alt. UZK angewendet werden.

IV. Bemessung der Zollschuld

1. Bemessungszeitpunkt, Art. 85 Abs. 1 UZK

Nach Art. 85 Abs. 1 UZK ist der Zeitpunkt des Entstehens der Zollschuld zugleich der Zeitpunkt für die Bemessung. Der Zeitpunkt des Entstehens ergibt sich aus Art. 77 Abs. 2 UZK; also ist auf den Zeitpunkt der Annahme der Zollanmeldung abzustellen. Dieser Zeitpunkt sollte hier angegeben werden.

2. Bemessungsgrundlagen

Die Bemessungsgrundlagen sind: der Zollwert, die Menge, die Beschaffenheit und der Ursprung der Waren (vgl. auch Art. 86 Abs. 1 UAbs. 2 UZK). Zudem ist der Zollsatz eine weitere Bemessungsgrundlage. Denn nach Art. 56 Abs. 1 UZK ist der gemeinsame Zolltarif für die Ermittlung der Abgaben maßgeblich. Die Bemessung ist sodann vorzunehmen.

Zollwert bei der vorübergehenden Verwendung

Regelmäßig wird der Zollwert der Waren in einem Klausursachverhalt vorgegeben sein, da mangels eines Verkaufs zur Ausfuhr die Transaktionswertmethode gem. Art. 70 UZK keine Anwendung findet. Der Zollwert ist vielmehr nach den Folgemethoden des Art. 74 UZK zu bestimmen (vgl. Schema 32 und 33)

3. Berechnung der Zollschuldhöhe

a) Teilverzollung gem. Art. 252 Abs. 1 UZK

Die Höhe der Zollschuld wird nach Art. 252 Abs. 1 UZK berechnet. Dabei wird folgendermaßen vorgegangen: Wäre die Ware in die Überlassung zum zollrechtlich freien Verkehr übergeführt worden, wäre die Zollschuld entstanden und zwar in einer Höhe von X €. Bei der vorübergehenden Verwendung sind 3% dieses Abgabenbetrags je Monat oder angefangenen Monat (nicht Kalendermonat) als Zollschuldbetrag festzusetzen. Die Berechnung der bei der Verzollung zu berücksichtigenden Monate erfolgt gem. Art. 55 Abs. 2 UZK nach der Fristenverordnung (Z 0208).

b) Kappungsgrenze, Art. 252 Abs. 2 UZK

Die zu erhebenden Einfuhrabgaben dürfen jedoch nicht höher sein als der Betrag, der bei Überführung in den zollrechtlich freien Verkehr zu zahlen wäre (sog. Kappungsgrenze). Die Verweildauer der Ware in der vorübergehenden Verwendung ist nach Art. 251 Abs. 2 UZK grundsätzlich auf 24 Monate beschränkt. Folglich können maximal 72% der Einfuhrabgaben verglichen mit der Überführung in den zollrechtlich freien Verkehr anfallen. Sollte allerdings die Verwendungsfrist gem. Art. 251 Abs. 3 UZK verlängert werden, kann es zur Anwendung der Kappungsregelung des Art. 252 Abs. 2 UZK kommen (ab 33 Monate Verwendungsfrist).

Mitteilung des Zollschuldbetrags

Bei Überführung in die vorübergehende Verwendung steht häufig die tatsächliche Verwendungsdauer noch nicht endgültig fest. Die Verwendungsfrist (Art. 251 Abs. 1 ZUK) hilft hier nicht weiter, da diese Frist ausschließlich den maximalen Zeitraum einer Verwendung bestimmt.

Diesem Umstand trägt die in Art. 206 Abs. 3 DA enthaltene Regelung Rechnung, nach der der Abgabenbetrag erst nach Erledigung gezahlt wird. Gemäß Art. 102 Abs. 3 UZK teilt die Zollbehörde dem Zollschuldner die Zollschuld mit, wenn sie in der Lage ist, den zu entrichtenden Einfuhr- oder Ausfuhrabgabenbetrag festzusetzen und eine Entscheidung darüber zu treffen. Dies ist erst nach Erledigung der vorübergehenden Verwendung der Fall, da erst dann die endgültige Verwendungsdauer feststeht.

Zur Absicherung der Zollschuld ist eine Sicherheitsleistung zu fordern nach Art. 89 UZK.

Schema 53

Zollschuld durch Überführung in den zollrechtlich freien Verkehr nach vorübergehender Verwendung

Im Anschluss an eine Überführung der Ware in die vorübergehende Verwendung, kann die Ware zur Erledigung der vorübergehenden Verwendung auch in den zollrechtlich freien Verkehr übergeführt werden. Das ist z.B. der Fall, wenn die Ware nicht wiederausgeführt werden soll. Durch die Überführung der Ware in den zollrechtlich freien Verkehr nach vorübergehender Verwendung kann in diesem Fall die Zollschuld nach Art. 77 Abs. 1 a) UZK entstehen.

I. Entstehungstatbestand, Art. 77 Abs. 1 a) UZK

1. Einfuhrabgabenpflichtige Nicht-Unionswaren

a) Waren

Definition: Waren sind körperliche, bewegliche Gegenstände, einschließlich des elektrischen Stroms (Z 0601 Abs. 101).

b) Nicht-Unionswaren, Art. 5 Nr. 24 UZK

Es muss sich um Nicht-Unionswaren handeln. Das ist der Fall, wenn die Voraussetzungen gem. Art. 5 Nr. 24 UZK vorliegen. Nicht-Unionswaren sind danach Waren, die nicht unter Art. 5 Nr. 23 UZK fallen. Dem Grunde nach erfordert diese Negativabgrenzung eine Prüfung der Voraussetzungen von Art. 5 Nr. 23 UZK. Im Übrigen gilt die Statusvermutung, dass es sich bei allen im Zollgebiet befindlichen Waren um Unionswaren handelt, gem. Art. 153 Abs. 1 i.V.m. Art. 119 Abs. 1 c) DA nicht für Waren, die sich im besonderen Zollverfahren der vorübergehenden Verwendung befinden.

c) Einfuhrabgabenpflicht

Einfuhrabgaben sind gem. Art. 5 Nr. 20 UZK „die für die Einfuhr von Waren zu entrichtenden Abgaben“. Dabei handelt es sich um die Einfuhrabgabe Zoll.

Eine Ware ist einfuhrabgabenpflichtig, wenn nach dem Zolltarif ein Zoll vorgesehen ist und im Einzelfall keine außertariflichen Abgabenbefreiungen vorliegen. Außertarifliche Befreiungen ergeben sich hauptsächlich aus der Regelung über Rückwaren gem. Art. 203 UZK und aus Zollbefreiungen, die über Art. 5 Nr. 20 c) UZK i.V.m. der ZollbefrVO geregelt sind (Z 0901 Abs. 108).

Formulierung in unproblematischen Fällen

„Es handelt sich bei dem – Produkt nennen – um einen beweglichen Gegenstand und damit um eine Ware (vgl. Z 0601 Abs. 101). Die Ware stammt aus – Drittland nennen – und wurde in das Zollgebiet verbracht und erst hier im Anschluss an eine vorübergehende Verwendung zur Überlassung zum zollrechtlich freien Verkehr angemeldet; damit liegt eine Nicht-Unionsware gem. Art. 5 Nr. 24 UZK vor. Zudem wird der Status einer Unionsware gem. Art. 153 UZK Abs. 1 i.V.m. Art. 119 Abs. 1 c) DA nicht vermutet.

Für die Ware ist nach dem Zolltarif ein Zollsatz vorgesehen. Außertarifliche Befreiungen sind nicht ersichtlich. Damit liegt eine Nicht-Unionsware vor, die einfuhrabgabenpflichtig ist.“

2. Überführung zur Überlassung in den zollrechtlich freien Verkehr

In unproblematischen Fällen kann im Urteilsstil formuliert werden:

Formulierungsbeispiel

„Die Überführung zur Überlassung in den zollrechtlich freien Verkehr ist ebenfalls gegeben, da die Zollanmeldung gem. Art. 172 UZK angenommen wurde und die Überlassung der Ware erfolgt ist.“

II. Zeitpunkt, Art. 77 Abs. 2 UZK

Zeitpunkt der Zollschuldentstehung ist die Annahme der Zollanmeldung – hier ist das entsprechende Datum zu nennen.

III. Zollschuldner, Art. 77 Abs. 3 UZK

Zollschuldner wird nach Art. 77 Abs. 3 ZK der Anmelder (Art. 5 Nr. 15 UZK).

Argumentation bei Nichtansässigkeit des Anmelders

Wenn der Anmelder eine im Drittland ansässige Person ist, die die Waren ursprünglich zur Überführung in die vorübergehende Verwendung angemeldet hat, kann wie folgt argumentiert werden:

„Zwar ist der Anmelder nicht in der Union ansässig, aber dies ist nach Art. 170 Abs. 3 b) UZK nicht erforderlich, wenn der Anmelder nur gelegentlich Waren anmeldet und die Zollbehörden dies für gerechtfertigt halten. Mangels gegenteiliger Hinweise kann hiervon im Zweifel ausgegangen werden."

IV. Bemessung

1. Bemessungszeitpunkt, Art. 85 Abs. 1 UZK

Die Bemessung der Zollschuld erfolgt grundsätzlich nach Art. 85 Abs. 1 UZK zum Zeitpunkt der Entstehung der Zollschuld, hier also zum Zeitpunkt der Annahme der Zollanmeldung. Eine Gegenteilige Bestimmung gem. Art. 86 UZK besteht nicht.

2. Bemessungsgrundlagen

Die Bemessungsgrundlagen sind: der Zollwert, die Menge, die Beschaffenheit und der Ursprung der Waren (vgl. auch Art. 86 Abs. 1 UAbs. 2 UZK). Zudem ist der Zollsatz eine weitere Bemessungsgrundlage. Denn nach Art. 56 Abs. 1 UZK ist der gemeinsame Zolltarif für die Ermittlung der Abgaben maßgeblich.

Die Bemessung ist sodann vorzunehmen.

3. Bestimmung des Zollwerts

Regelmäßig wird der Zollwert der Waren in einem Klausursachverhalt nicht vorgegeben sein. In diesem Fall ist der Zollwert der Waren zu bestimmen. Dabei sind die Art. 70 ff. UZK maßgebend. Im Regelfall wird sich der Zollwert nach der Transaktionswertmethode bestimmen lassen. Vergleiche zur Transaktionswertmethode „Schema 22 – Prüfungsschema Zollwertrecht – Transaktionswertmethode gem. Art. 70 Abs. 1 UZK“.

ⓘ **Verkauf zur Ausfuhr**

Als Verkauf zur Ausfuhr ist dann regelmäßig gem. Art. 128 Abs. 2 IA der Kaufvertrag anzusehen, der abgeschlossen wurde, während sich die Ware in dem besonderen Zollverfahren der vorübergehenden Verwendung befunden hat.

§ **Art. 128 Abs. 2 IA – Transaktionswert (Artikel 70 Absatz 1 des Zollkodex)**

Wurden die Waren zur Ausfuhr in das Zollgebiet der Union verkauft, und zwar nicht bevor sie in das Zollgebiet verbracht werden, sondern während sie sich in vorübergehender Verwahrung oder in einem anderen besonderen Verfahren als dem internen Versand, der Endverwendung oder der passiven Veredelung befinden, so wird der Transaktionswert aufgrund dieses Verkaufs bestimmt.

4. Berechnung der Einfuhrabgaben

Die Höhe der Zollschuld ist zu berechnen.

V. Verrechnung mit einem bereits entrichteten Einfuhrabgabenbetrag, Art. 80 Abs. 2 UZK

Im Fall einer (ursprünglichen) Überführung der Ware in die vorübergehende Verwendung unter teilweiser Befreiung der Einfuhrabgaben ist der gem. Art. 77 Abs. 1 b) UZK entstandene Abgabenbetrag in analoger Anwendung des Art. 80 Abs. 2 UZK in Abzug zu bringen.

§ **Art. 80 Abs. 2 UZK – Verrechnung mit einem bereits entrichteten Einfuhrabgabenbetrag**

Entsteht nach Artikel 79 Absatz 1 eine Zollschuld für Waren, die unter teilweiser Befreiung von den Einfuhrabgaben in die vorübergehende Verwendung übergeführt worden sind, so wird der im Rahmen der teilweisen Befreiung entrichtete Einfuhrabgabenbetrag von dem der Zollschuld entsprechenden Einfuhrabgabenbetrag abgezogen.

Zwar bezieht sich Art. 80 Abs. 2 UZK direkt nur auf eine Zollschuldentstehung nach Art. 79 UZK, jedoch ist die Interessenlage bei einer Zollschuldentstehung gem. Art. 77 Abs. 1 a) UZK vergleichbar, sodass die Regelung analog angewendet werden kann.

Schema 54

Zollschuld gem. Art. 79 Abs. 1 a) UZK durch Nichterfüllung einer der in den zollrechtlichen Vorschriften festgelegten Verpflichtungen bei vorübergehender Verwendung

I. Entstehungstatbestand, Art. 79 Abs. 1 a) UZK

1. Einfuhrabgabenpflichtige Nicht-Unionswaren

a) Waren

Definition: Waren sind körperliche, bewegliche Gegenstände, einschließlich des elektrischen Stroms (Z 0601 Abs. 101).

b) Nicht-Unionswaren, Art. 5 Nr. 24 UZK

Es muss sich um Nicht-Unionswaren handeln. Das ist der Fall, wenn die Voraussetzungen gem. Art. 5 Nr. 24 UZK vorliegen. Nicht-Unionswaren sind danach Waren, die nicht unter Art. 5 Nr. 23 UZK fallen. Dem Grunde nach erfordert diese Negativabgrenzung eine Prüfung der Voraussetzungen von Art. 5 Nr. 23 UZK. Im Übrigen gilt die Statusvermutung, dass es sich bei allen Waren, die sich im Zollgebiet befinden, um Unionswaren handelt, gem. Art. 153 Abs. 1 i.V.m. Art. 119 Abs. 1 c) DA nicht für Waren, die sich im Verfahren der vorübergehenden Verwendung befinden.

c) Einfuhrabgabenpflicht

Eine Ware ist einfuhrabgabenpflichtig, wenn nach dem Zolltarif ein Zoll vorgesehen ist und im Einzelfall keine außertariflichen Abgabenbefreiungen vorliegen (Z 0901 Abs. 108).

Formulierung in unproblematischen Fällen

In der Regel ist das Merkmal „einfuhrabgabenpflichtige Nicht-Unionsware“ unproblematisch. In diesem Fall kann – im Urteilsstil – beispielsweise folgende Formulierung gebraucht werden:

„Es handelt sich bei dem – Produkt nennen – um einen beweglichen Gegenstand, also um eine Ware. Die Ware stammt aus – Drittland nennen – und wurde in das Zollgebiet verbracht und nicht zum zollrechtlich freien Verkehr überlassen; damit liegt eine Nicht-Unionsware gem. Art. 5 Nr. 24 UZK i.V.m. Art. 5 Nr. 23 b) vor. Zudem wird der Status einer Unionsware gem. Art. 153 UZK Abs. 1 i.V.m. Art. 119 Abs. 1 c) DA bei Waren im besonderen Zollverfahren der vorübergehenden Verwendung nicht vermutet. Die Ware unterliegt einem Zollsatz nach dem Zolltarif. Außertarifliche Befreiungen sind nicht ersichtlich. Die Nicht-Unionsware ist demzufolge einfuhrabgabenpflichtig.“

2. Verletzung von in den zollrechtlichen Vorschriften festgelegten Verpflichtungen

a) Pflichten in Bezug auf das Entziehen von Waren aus der zollamtlichen Überwachung

aa) Pflicht aus Art. 134 Abs. 1 UAbs. 2 UZK

Gemäß Art. 134 Abs. 1 UAbs. 2 UZK dürfen Waren nicht ohne Zustimmung der Zollbehörden aus der zollamtlichen Überwachung entfernt werden. Damit besteht eine allgemeine Pflicht, Waren nicht aus der zollamtlichen Überwachung zu entziehen, die auch für das besondere Zollverfahren der vorübergehenden Verwendung greift (vgl. auch Z 0901 Abs. 317, 320).

bb) Entziehen aus der zollamtlichen Überwachung

- **Definition zollamtliche Überwachung:** Die zollamtliche Überwachung ist in Art. 5 Nr. 27 UZK legal definiert. Sie besteht aus allgemeinen Maßnahmen der Zollbehörden mit dem Ziel, die Einhaltung der zollrechtlichen Vorschriften und ggf. der sonstigen Vorschriften zu gewährleisten, die für Waren gelten, die solchen Maßnahmen unterliegen.

  Nach Art. 134 Abs. 1 UAbs. 1 UZK unterliegen Waren, die in das Zollgebiet der Union verbracht werden, ab dem Zeitpunkt ihres Eingangs der zollamtlichen Überwachung. Eine Beendigung der Überwachung gem. Art. 134 Abs. 1 UAbs. 4 UZK tritt durch die Überführung der Waren in die vorübergehende Verwendung mangels Statuswechsel nicht ein.

- **Definition Entziehen:** Eine Handlung oder Unterlassung, die dazu führt, dass Zollkontrollen (Art. 5 Nr. 3 UZK) an der Ware, wenn auch nur vorübergehend, nicht mehr vorgenommen werden können (Z 0901 Abs. 317). Dabei ist nicht erforderlich, dass ein subjektives Element vorliegt (Wissenselement). Abzustellen ist allein auf objektive Faktoren, also darauf, dass die Waren objektiv nicht mehr von den Zollbehörden kontrolliert werden können.

Beispiele für ein Entziehen von Waren aus der zollamtlichen Überwachung in der vorübergehenden Verwendung:

- Diebstahl der Ware
- Verkauf der in der vorübergehenden Verwendung befindlichen Ware mit Übergabe der Ware an den Erwerber
- Unzulässige Gebrauchsüberlassung der in der vorübergehenden Verwendung befindlichen Ware an eine unionsansässige Person
- Zerstörung der in der vorübergehenden Verwendung befindlichen Ware ohne Mitwirkung des Zolls
- Verarbeitung der in der vorübergehenden Verwahrung befindlichen Ware

Abgabe von Ausstellungsgut

Eine Abgabe von Ausstellungsgut i.S.d. Art. 234 Abs. 1 DA führt nicht zwangsläufig zu einem Entziehen, obwohl dieses begrifflich vorliegt. Denn Art. 323 IA regelt diesen Fall in spezieller Weise. Danach kann Ausstellungsgut unentgeltlich an das Publikum einer Veranstaltung verteilt, zerstört oder verbraucht werden. Dies stellt eine Erledigung der vorübergehenden Verwendung dar. In diesen Fällen ist daher kein Entziehen möglich. Ausgenommen sind die in Art. 1 Abs. 1 der Richtlinie 2008/118/EG genannten Waren (alkoholische Getränke, Tabak und Treibstoffe).

b) Pflichten in Bezug auf die vorübergehende Verwendung

Wichtige Fallvarianten für Pflichtverletzungen in Bezug auf die vorübergehende Verwendung:

- **Überschreiten der Verwendungsfrist:** Als nicht erfüllte Pflicht kommt die Überschreitung der Verwendungsfrist des Art. 251 Abs. 2 UZK in Betracht, ohne dass eine Fristverlängerung gem. Art. 252 Abs. 3 beantragt und bewilligt wurde.
- **Unzulässige Verwendung:** In Betracht kommt beispielweise ein Verstoß gegen besondere Bedingungen der Verwendung, beispielsweise die Verwendung von Berufsausrüstung zur industriellen Herstellung von Waren entgegen Art. 226 Abs. 3 a) DA.

II. Zeitpunkt, Art. 79 Abs. 2 a) UZK

Die Zollschuld entsteht in dem Zeitpunkt, in dem die Verpflichtung, deren Nichterfüllung die Zollschuld entstehen lässt, nicht oder nicht mehr erfüllt ist. Abzustellen ist insoweit auf den Zeitpunkt des Entziehens der Waren; dementsprechend ist hier das Datum der Entziehungshandlung zu nennen.

III. Zollschuldner, Art. 79 Abs. 3 UZK

Die möglichen Zollschuldner sind in Art. 79 Abs. 3 a) bis c) UZK abschließend aufgeführt.

- **Buchstabe a):** Die Person, die die Verpflichtung zu erfüllen hatte (Pflichteninhaber). Dies ist gem. Art. 15 Abs. 2 c) UZK der Beteiligte, der die Zollanmeldung zur vorübergehenden Verwendung abgegeben hat, also der Inhaber des Verfahrens (Art. 5 Nr. 35 UZK).
- **Buchstabe b):** Die Person, die
  - wusste oder vernünftigerweise hätte wissen müssen, dass eine zollrechtliche Verpflichtung nicht erfüllt war und für Rechnung der Person nach Buchstabe a) gehandelt hat oder

— an der Handlung nach Buchstabe a) beteiligt war.

- **Buchstabe c):** Die Person, die die Waren erworben oder in Besitz genommen hat und zu diesem Zeitpunkt wusste oder vernünftigerweise hätte wissen müssen, dass eine zollrechtliche Verpflichtung nicht erfüllt war.

Zu den Zollschuldnern gem. Art. 79 Abs. 3 b) und c) vgl. Schema 15.

IV. Erlöschen der Zollschuld, Art. 124 Abs. 1 UZK

Ein Erlöschen gem. Art. 124 Abs. 1 UZK kommt bei einem Entziehen aus der zollamtlichen Überwachung während der vorübergehenden Verwendung bzw. bei einer Nichterfüllung von Pflichten in Bezug auf die vorübergehende Verwendung insbesondere aus folgenden Gründen in Betracht:

- **Art. 124 Abs. 1 g) UZK:** Verschwinden der Ware ist auf höhere Gewalt/ein unvorhersehbares Ereignis zurückzuführen.
- **Art. 124 Abs. 1 h) UZK:** Keine erhebliche Auswirkung auf die Abwicklung des Zollverfahrens (vgl. hierzu Schema 14). In Betracht kommen hier insbesondere die Katalogfälle des Art. 103 a) und e) DA (Überschreiten der Verwendungsfrist, wenn auf Antrag eine Fristverlängerung gewährt worden wäre bzw. proaktives Verhalten). Des Weiteren ist erforderlich, dass kein Täuschungsversuch gegeben ist und die Situation der Ware bereinigt wird, sie also wieder unter zollamtliche Überwachung gestellt wird, indem sie z.B. gestellt und bei Fristüberschreitung innerhalb der denkbaren Fristverlängerung wiederausgeführt bzw. bei einem Entziehen wieder in den Besitz des Inhabers des Verfahrens und damit unter zollamtliche Überwachung gelangt.
- **Art. 124 Abs. 1 k) UZK:** Nachweisliches Verbringen aus dem Zollgebiet. Bei der vorübergehenden Verwendung kommt der weiteren Voraussetzung, dass die Ware nicht verwendet oder verbraucht wurde, besondere Bedeutung zu. Abzustellen ist auf den Zeitraum nach der Entziehungshandlung, sodass eine vorherige bestimmungsgemäße Verwendung im Rahmen der vorübergehenden Verwendung unschädlich ist (vgl. Z 0901 Abs. 419). Jedoch ist die Ware nach dem Pflichtverstoß – ohne weiter verwendet zu werden – unverzüglich und unverändert wieder aus dem Zollgebiet auszuführen, wobei bei Beförderungsmitteln die bloße Verwendung zum Transport zur Außengrenze unschädlich ist.

V. Bemessung

1. Bemessungszeitpunkt, Art. 85 Abs. 1 UZK

Die Bemessung der Zollschuld erfolgt grundsätzlich nach Art. 85 Abs. 1 UZK zum Zeitpunkt der Entstehung der Zollschuld, hier also zum Zeitpunkt, zu dem die Pflicht nicht oder nicht mehr erfüllt wird. Eine gegenteilige Bestimmung gem. Art. 86 UZK besteht nicht.

2. Bemessungsgrundlagen

Die Bemessungsgrundlagen sind: der Zollwert, die Menge, die Beschaffenheit und der Ursprung der Waren (vgl. auch Art. 86 Abs. 1 UAbs. 2 UZK). Zudem ist der Zollsatz eine weitere Bemessungsgrundlage. Denn nach Art. 56 Abs. 1 UZK ist der gemeinsame Zolltarif für die Ermittlung der Abgaben maßgeblich.

Die Bemessung ist sodann vorzunehmen.

ⓘ **Bestimmung des Zollwerts**

Regelmäßig wird der Zollwert der Waren in einem Klausursachverhalt zur vorübergehenden Verwendung vorgegeben sein, da mangels eines Verkaufs zur Ausfuhr die Transaktionswertmethode gem. Art. 70 UZK keine Anwendung findet. Der Zollwert ist vielmehr nach den Folgemethoden des Art. 74 UZK zu bestimmen (vgl. Schema 32, 33)

3. Berechnung der Einfuhrabgaben

Die Höhe der Zollschuld ist zu berechnen.

VI. Verrechnung mit einem bereits entrichteten Einfuhrabgabenbetrag, Art. 80 Abs. 2 UZK

Im Fall einer vorangehenden vorübergehenden Verwendung unter teilweiser Befreiung der Einfuhrabgaben ist der gem. Art. 77 Abs. 1 b) UZK entstandene Abgabenbetrag nach der Regelung des Art. 80 Abs. 2 UZK in Abzug zu bringen.

§ **Art. 80 Abs. 2 UZK – Verrechnung mit einem bereits entrichteten Einfuhrabgabenbetrag**

Entsteht nach Artikel 79 Absatz 1 eine Zollschuld für Waren, die unter teilweiser Befreiung von den Einfuhrabgaben in die vorübergehende Verwendung übergeführt worden sind, so wird der im Rahmen der teilweisen Befreiung entrichtete Einfuhrabgabenbetrag von dem der Zollschuld entsprechenden Einfuhrabgabenbetrag abgezogen.

Schema 55

Einfuhrumsatzsteuer bei Überführung in die vorübergehende Verwendung

Die EUSt ist eine Einfuhrabgabe nach § 1 Abs. 1 S. 3 ZollVG.

I. Steuerbarer Umsatz, § 1 Abs. 1 Nr. 4 UStG (Steuergegenstand)

Nach § 1 Abs. 1 Nr. 4 UStG unterliegt die Einfuhr von Gegenständen im Inland (oder in den österreichischen Gebieten Jungholz und Mittelberg – bleiben fortan außer Betracht) der Einfuhrumsatzsteuer.

1. Gegenstände

Das Tatbestandsmerkmal „Gegenstände" in § 1 Abs. 1 Nr. 4 UStG entspricht dem zollrechtlichen Begriff der Ware (vgl. Z 8101 Abs. 5).

2. Einfuhr im Inland

a) Einfuhr in das Inland aus einem Drittland

Die Gegenstände sind in das Inland nach § 1 Abs. 2 UStG verbracht, wenn sie körperlich in das Inland gelangt sind. Das ist wiederum der Fall, sobald sich die Gegenstände tatsächlich im Inland befinden.

§

§ 1 Abs. 2 UStG – Steuerbare Umsätze *(Definition „Inland")*

Inland im Sinne dieses Gesetzes ist das Gebiet der Bundesrepublik Deutschland mit Ausnahme des Gebiets von Büsingen, der Insel Helgoland, der Freizonen des Kontrolltyps I nach § 1 Abs. 1 Satz 1 des Zollverwaltungsgesetzes (Freihäfen), der Gewässer und Watten zwischen der Hoheitsgrenze und der jeweiligen Strandlinie sowie der deutschen Schiffe und der deutschen Luftfahrzeuge in Gebieten, die zu keinem Zollgebiet gehören. Ausland im Sinne dieses Gesetzes ist das Gebiet, das danach nicht Inland ist. Wird ein Umsatz im Inland ausgeführt, so kommt es für die Besteuerung nicht darauf an, ob der Unternehmer deutscher Staatsangehöriger ist, seinen Wohnsitz oder Sitz im Inland hat, im Inland eine Betriebsstätte unterhält, die Rechnung erteilt oder die Zahlung empfängt.

Die in das Inland verbrachten Gegenstände müssen aus einem Drittland stammen (zur Definition des Drittlands vgl. § 1 Abs. 2a S. 3 UStG). Wurden die Gegenstände nicht aus einem Drittland, sondern aus einem anderen Mitgliedstaat der Europäischen Union verbracht, ist dieser Erwerb nicht gem. § 1 Abs. 1 Nr. 4 UStG im Rahmen der Einfuhrumsatzsteuer steuerbar, sondern als sog. innergemeinschaftlicher Erwerb gem. § 1 Abs. 1 Nr. 5 UStG zu besteuern.

b) Einfuhr „im“ Inland

Über die Einfuhr in das Inland hinaus, muss eine Einfuhr „im“ Inland erfolgt sein. Der Gesetzgeber hat mit der Formulierung zum Ausdruck bringen wollen, dass eine Einfuhr aus einem Drittland in das Inland zwar Grundvoraussetzung für eine Einfuhr ist („körperliche Einfuhr/körperliches Verbringen“), allein aber nicht ausreicht. Um eine Einfuhr „im“ Inland bejahen zu können, ist neben der Einfuhr in das Inland ein weitere Voraussetzung erforderlich. Hinzukommen muss eine Integration der Waren in den Wirtschaftskreislauf im Inland. Diese Auslegung des Merkmals Einfuhr „im“ Inland geht auf ein Urteil des EuGH im Rahmen eines Vorabentscheidungsverfahrens zurück, das gegenständlich die Auslegung von Regelungen insbesondere aus der sog. Mehrwertsteuer-Systemrichtlinie betraf (vgl. EuGH vom 2.6.2016 – verbundene Rechtssachen C-226/14 und C-228/14, EU:C:2016:405). Zur genauen Herleitung vgl. die Ausführungen in Schema 34.

§

Art. 71 Abs. 1 MwStSystRL

Unterliegen Gegenstände vom Zeitpunkt ihrer Verbringung in die Gemeinschaft einem Verfahren oder einer sonstigen Regelung im Sinne der Artikel 156, 276 und 277, der Regelung der vorübergehenden Verwendung bei vollständiger Befreiung von Einfuhrabgaben oder dem externen Versandverfahren, treten Steuertatbestand und Steueranspruch erst zu dem Zeitpunkt ein, zu dem die Gegenstände diesem Verfahren oder dieser sonstigen Regelung nicht mehr unterliegen. [...]

Bei vorübergehender Verwendung unter vollständiger Befreiung von den Einfuhrabgaben liegt gem. Art. 71 Abs. 1 MwStSystRL keine Integration in den Wirtschaftskreislauf und damit kein steuerbarer Umsatz vor.

Bei vorübergehender Verwendung bei teilweiser Befreiung ist die Rechtslage dagegen anders. Denn in diesem Fall ist Art. 71 MwStSystRL nicht anwendbar. Daher ist eine Integration in den Wirtschaftskreislauf zu bejahen.

II. Entstehung der EUSt, §§ 13 Abs. 2, 21 Abs. 2 UStG i.V.m. Art. 77 UZK sinngemäß

Bei der Entstehung der EUSt sind gem. §§ 13 Abs. 2, 21 Abs. 2 UStG die Zollvorschriften – in diesem Fall also die Zollschuldvorschriften – sinngemäß anwendbar.

1. Entstehungstatbestand, §§ 13 Abs. 2, 21 Abs. 2 UStG i.V.m. Art. 77 Abs. 1 b) UZK sinngemäß

a) Steuerpflichtige Gegenstände

Die im Inland eingeführten Gegenstände müssen steuerpflichtig sein. Da Sie bereits in Punkt I. 1. geprüft haben, ob Gegenstände im umsatzsteuerrechtlichen Sinne vorhanden sind, ist eine erneute Prüfung an dieser Stelle unnötig. Deshalb werden die Gegenstände an dieser Stelle schlicht genannt, verbunden mit der Frage, ob diese Gegenstände steuerpflichtig sind. Die Gegenstände sind immer dann steuerpflichtig, wenn im Einzelfall keine Steuerbefreiung gegeben ist. Steuerbefreiungen sind in § 5 Abs. 1 und Abs. 2 UStG zu finden.

Fraglich ist daher, ob eine Befreiung von der Einfuhrumsatzbesteuerung vorliegen könnte. Als Befreiungsnorm könnte § 5 Abs. 2 Nr. 5 UStG i.V.m. § 1 Abs. 2 EUSt-Befreiungsverordnung (EUStBV) vorliegen.

Einfuhrumsatzsteuerfrei ist gem. § 1 Abs. 2 EUStBV (vorbehaltlich § 11 EUStBV) die vorübergehende Einfuhr von Gegenständen, die nach Art. 137 bis 144 ZK (= vorübergehende Verwendung) frei von Einfuhrabgaben i.S.d. Art. 4 Nr. 10 ZK eingeführt werden können; hiervon ausgenommen sind die Vorschriften über die vorübergehende Verwendung bei teilweiser Befreiung von Einfuhrabgaben.

Für den Fall der vollständigen Befreiung stellt § 1 Abs. 2 EUStBV deklaratorisch klar, dass vollständig befreite Waren nicht der Einfuhrumsatzsteuer unterliegen. Dies ergibt sich bereits aus der oben dargestellten Prüfung, dass mangels Integration in den Wirtschaftskreislauf in diesem Fall keine Einfuhr im Inland gegeben ist.

Gemäß § 1 Abs. 2 letzter Satz EUStBV sind die Vorschriften über die vorübergehende Verwendung bei teilweiser Befreiung von Einfuhrabgaben von der EUSt-Befreiung ausgenommen. Nur teilweise befreite Waren sind demnach nicht einfuhrumsatzsteuerfrei, auch nicht zum Teil. Also sind diese Waren voll steuerpflichtig. Es gibt demzufolge keine „Teil-Vereustung“. Die EUSt entsteht bei teilweise befreiten Waren immer in voller Höhe.

Merke zur Entstehung der EUSt

Teilweise befreite Waren: Bei teilweise befreiten Waren entsteht die EUSt in voller Höhe, § 1 Abs. 2 letzter Satz EUStBV.

b) Sinngemäße Überführung in die vorübergehende Verwendung unter teilweiser Befreiung

Die Überlassung in die vorübergehende Verwendung unter teilweiser Befreiung ist anschließend zu prüfen. Die sinngemäße Anwendung diese Merkmals führt bei der umsatzsteuerrechtlichen Betrachtung unter Berücksichtigung von § 1 Abs. 2 EUSt-BV dazu, dass eine Überlassung der Waren unter teilweiser Befreiung – mangels der Möglichkeit einer Teil-Vereustung – letztlich einer Überführung in steuerrechtlich freien Verkehr gleichkommt.

Sinngemäße Anwendung des Art. 77 Abs. 1 a) UZK ebenfalls vertretbar

Bei der vorübergehenden Verwendung unter teilweiser Befreiung von der Einfuhrabgabe Zol kommt mangels einer EUSt-Befreiung nach § 1 Abs. 2 letzter Satz EUStBV im Ergebnis nur eine Überlassung in den steuerrechtlich freien Verkehr in Betracht. Eine solche kann argumentativ auch auf eine sinngemäße Anwendung des Art. 77 Abs. 1 a) gestützt werden.

2. Entstehungszeitpunkt, §§ 13 Abs. 2, 21 Abs. 2 UStG i.V.m. Art. 77 Abs. 2 UZK sinngemäß

Der Tag, an dem die Zollanmeldung zur Überführung in die vorübergehende Verwendung angenommen worden ist, ist nach §§ 13 Abs. 2, 21 Abs. 2 UStG i.V.m. Art. 77 Abs. 2 UZK sinngemäß ebenfalls maßgeblich für den Zeitpunkt der EUSt-Entstehung.

3. EUSt-Schuldner, §§ 13a Abs. 2, 21 Abs. 2 UStG i.V.m. Art. 77 Abs. 3 UZK sinngemäß

Der EUSt-Schuldner ergibt sich aus §§ 13a Abs. 2, 21 Abs. 2 UStG ebenfalls in sinngemäßer Anwendung der Zollvorschriften. Bezüglich des EUSt-Schuldners ist aber nicht § 13 Abs. 2 UStG, sondern § 13a Abs. 2 UStG der Ausgangspunkt der Prüfung. Also ist Art. 77 Abs. 3 UZK sinngemäß anzuwenden. Das heißt, dass der (Zoll-)Anmelder, der gem. Art. 77 Abs. 3 UZK Zollschuldner geworden ist, auch EUSt-Schuldner ist.

4. Bemessungszeitpunkt, §§ 13 Abs. 2, 21 Abs. 2 UStG i.V.m. Art. 85 Abs. 1 UZK sinngemäß

Der Bemessungszeitpunkt der EUSt bestimmt sich gem. § 21 Abs. 2 UStG in sinngemäßer Anwendung des Art. 85 Abs. 1 UZK. Also ist die Bemessung zum Zeitpunkt des Entstehens der Einfuhrumsatzsteuer (vgl. den vorstehenden Punkt II. 2.) durchzuführen.

Bei der anschließenden Bemessung der EUSt ist eine sinngemäße Anwendung von Zollvorschriften über § 21 Abs. 2 UStG nicht möglich. Denn § 11 UStG (Bestimmung des EUSt-Werts) und § 12 UStG (EUSt-Satz) enthalten selbstständige Regelungen zur EUSt-Bemessung, die einen Rückgriff auf sinngemäß anwendbare Zollvorschriften ausschließen.

III. Bemessung der EUSt

Die Bestimmung des EUSt-Werts richtet sich nach § 11 Abs. 1, 3 UStG. Grundlage ist der Zollwert gemäß § 11 Abs. 1 UStG. Die Hinzurechnungen, die ggf. in Betracht zu ziehen sind, ergeben sich aus § 11 Abs. 3 UStG. Der jeweilige EUSt-Satz ist in § 12 Abs. 1, 2 UStG geregelt (Hinweise zum EUSt-Satz in der Klausur beachten). Einzelheiten zur Bemessung der EUSt können auch Schema 34 entnommen werden.

Schema 56

Weitere Einfuhrumsatzsteuer bei Überführung zur Überlassung zum zollrechtlich freien Verkehr nach vorübergehender Verwendung

Eine weitere EUSt-Schuld könnte sich bei Überführung in den zollrechtlich freien Verkehr nach vorübergehender Verwendung aus § 21 Abs. 4 UStG ergeben. Danach entsteht eine weitere EUSt-Schuld, wenn für den eingeführten Gegenstand nach dem Zeitpunkt des Entstehens der Einfuhrumsatzsteuer bei Überführung der Ware in die vorübergehende Verwendung eine weitere Zollschuld entsteht.

Beispiel: Eine teilweise befreite Ware wurde in die vorübergehende Verwendung übergeführt. Dadurch entstand auch die Einfuhrumsatzsteuer. Die Ware wird jedoch nicht wieder ausgeführt, sondern in den zollrechtlich freien Verkehr übergeführt. In diesem Fall entsteht gemäß § 21 Abs. 4 UStG eine weitere EUSt-Schuld.

Bemessungsgrundlage ist die entstandene Zollschuld. Steuerschuldner ist, wer den Zoll zu entrichten hat. Die Sätze 1 bis 4 gelten nicht, wenn derjenige, der den Zoll zu entrichten hat, hinsichtlich des eingeführten Gegenstands nach § 15 Abs. 1 S. 1 Nr. 2 UStG zum Vorsteuerabzug berechtigt ist. Dies dürfte bei einem im Drittland ansässigen Anmelder eher die Ausnahme sein. Also wird es regelmäßig zu einer weiteren EUSt-Schuldentstehung kommen, bei der die zu zahlende Zollschuld bei Überführung der Ware in die Überlassung zum zollrechtlich freien Verkehr Bemessungsgrundlage ist.

ⓘ **Voraussetzungen von § 21 Abs. 4 UStG**

- EUSt ist bei Überführung in die vorübergehende Verwendung entstanden
- Anschließend entsteht eine (weitere) Zollschuld für die eingeführte Ware
- Rechtsfolge: Entstehen einer weiteren EUSt-Schuld
- Bemessungsgrundlage: die entstandene Zollschuld (Abgabenbetrag)
- Ausnahme: bei berechtigtem Vorsteuerabzug nach § 15 Abs. 1 Nr. 2 UStG

Kapitel 8

Endverwendung

Schema 57	Bewilligung der Endverwendung
Schema 58	Schaubild zur tariflichen und außertariflichen Endverwendung
Schema 59	Zollschuld gem. Art. 77 Abs. 1 a) UZK durch Überführung in die Endverwendung
Schema 60	Geschäftsvorfall: Fristgerechte Verwendung
Schema 61	Geschäftsvorfall: Nicht fristgerechte Zuführung zum besonderen Verwendungszweck
Schema 62	Geschäftsvorfall: Verbringen der Waren aus dem Zollgebiet nach Überführung in die Endverwendung
Schema 63	Geschäftsvorfall: Anderweitige Verwendung
Schema 64	Geschäftsvorfall: Zerstörung der in die Endverwendung übergeführten Waren
Schema 65	Einfuhrumsatzsteuer bei Überführung in die Endverwendung
Schema 66	Weitere Einfuhrumsatzsteuer bei der Endverwendung von Waren

Schema 57
Bewilligung der Endverwendung

I. Verfahren

Es muss sich um das Verfahren der Endverwendung i.S.d. Art. 254 Abs. 1 UZK handeln. Dazu muss der Geltungsbereich dieser Norm eröffnet sein, d.h., die Voraussetzungen des Art. 254 Abs. 1 UZK müssen hier vorliegen.

§ **Art. 254 Abs. 1 UZK – Endverwendung**

In der Endverwendung können Waren aufgrund ihres besonderen Zwecks abgabenfrei oder zu einem ermäßigten Abgabensatz zum zollrechtlich freien Verkehr überlassen werden.

ⓘ **1. Voraussetzungen**

- **Nicht-Unionswaren, Art. 5 Nr. 24 UZK**

  Auch wenn Art. 254 Abs. 1 UZK allgemein von Waren spricht, muss es sich um Nicht-Unionswaren handeln, denn nur für solche kommt eine Überlassung zum zollrechtlich freien Verkehr in Betracht.

- **Überlassung in den zollrechtlich freien Verkehr im Rahmen der Endverwendung**

  Die Endverendung ist zwar systematisch als besonderes Zollverfahren geregelt, jedoch mit dem Verfahren Überlassung zum zollrechtlich freien Verkehr gem. Art. 201 UZK gekoppelt. Eine Überlassung zum zollrechtlich freien Verkehr im Rahmen der Endverwendung muss also beabsichtigt sein.

- **Einfuhrabgabenbegünstigung aufgrund eines besonderen Verwendungszweck vorgesehen**

  Diese Einfuhrabgabenbegünstigung kann sich aufgrund tariflicher, d.h. im Zolltarif geregelter, Abgabenbegünstigungen, und aufgrund außertariflich geregelter Abgabenfreiheit ergeben, vgl. dazu das Schaubild im Schema 58. Die Voraussetzungen für die Abgabenbegünstigung aus dem Zolltarif bzw. der ZollbefrVO sind zu prüfen.

2. Rechtsfolgen

- **Statuswechsel** durch die Überführung in die Überlassung zum zollrechtlich freien Verkehr im Rahmen der Endverwendung gem. Art. 201 Abs. 3 UZK
- **Fortdauer der zollamtlichen Überwachung.** Abweichend von Art. 134 Abs. 1 UAbs. 4 UZK endet die zollamtliche Überwachung von in die Endverwendung übergeführten Waren nicht durch den Statuswechsel, sondern erst in den in Art. 254 Abs. 4 geregelten Fällen.

§ **Art. 254 Abs. 4 UZK – Endverwendung**

Die zollamtliche Überwachung in der Endverwendung endet in allen folgenden Fällen:

a) wenn die Waren zu den Zwecken verwendet wurden, die maßgeblich für die Anwendung der Abgabenfreiheit oder des ermäßigten Einfuhrabgabensatzes waren,

b) wenn die Waren aus dem Zollgebiet der Union verbracht, zerstört oder zugunsten der Staatskasse aufgegeben werden,

c) wenn die Waren zu anderen Zwecken als denen, die maßgeblich für die Anwendung der Abgabenfreiheit oder des ermäßigten Einfuhrabgabensatzes waren, verwendet und die anwendbaren Einfuhrabgaben entrichtet wurden.

II. Erforderlichkeit der Bewilligung

Die Erforderlichkeit einer Bewilligung für die Inanspruchnahme der vorübergehenden Verwendung ergibt sich aus Art. 211 Abs. 1 a) UZK.

§

Art. 211 Abs. 1 UZK – Bewilligung

Eine Bewilligung der Zollbehörden ist erforderlich für

a) die Inanspruchnahme [...] der Endverwendung,

[...]

Die Voraussetzungen für die Inanspruchnahme eines oder mehrerer der in Unterabsatz 1 genannten Verfahren [...] werden in der Bewilligung festgelegt.

Beachte: Auch für die außertarifliche Endverwendung bedarf es gem. Art. 211 Abs. 1 a) UZK einer Bewilligung, diese wird aber regelmäßig im vereinfachten Verfahren gem. Art. 163 Abs. 1 b) DA gleichzeitig mit der Zollanmeldung beantragt und durch Überlassung der Waren gem. Art. 262 IA bewilligt.

III. Formelle Bewilligungsvoraussetzungen (Normalverfahren bei Vorabbewilligung)

Die formellen Bewilligungsvoraussetzungen betreffen die Fragen, wer Antragsteller sein kann und wie die vorübergehende Verwendung zu beantragen ist. Zudem ist zu prüfen, ob die Voraussetzungen für die Annahme des Antrags gem. Art. 22 UZK erfüllt sind.

Im Normalverfahren wird eine förmliche Bewilligung vorab, d.h. vor Überführung der Waren in die Endverwendung, erteilt. Andererseits besteht unter den Voraussetzungen des Art. 163 Abs. 1 b) und Abs. 2 DA auch die Möglichkeit eines vereinfachten Bewilligungsverfahrens, in dem die Zollanmeldung zur Überführung in die Endverwendung als Antrag auf Bewilligung gilt.

Eine rückwirkende Bewilligung gem. Art. 211 Abs. 2 UZK ist grundsätzlich nur im Normalverfahren möglich, Art. 163 Abs. 2 h) DA.

1. Antragsteller

Aus Art. 22 Abs. 1 UZK ergibt sich, dass die Person, die eine zollrechtliche Entscheidung beantragt (die Bewilligung eines besonderen Zollverfahrens ist eine zollrechtliche Entscheidung nach Art. 5 Nr. 39 UZK), der zuständigen Zollbehörde alle Informationen vorzulegen hat, die benötigt werden. Antragsteller ist damit die Person, die eine Bewilligung der vorübergehenden Verwendung beantragt. Dementsprechend ist der Antragsteller auch der künftige Inhaber der Bewilligung.

§ **Art. 5 Nr. 4 UZK – Begriffsbestimmungen** ***(Definition „Person")***

Eine „Person" ist eine natürliche Person, eine juristische Person oder eine Personenvereinigung, die keine juristische Person ist, die jedoch nach Unionsrecht oder nach einzelstaatlichem Recht die Möglichkeit hat, im Rechtsverkehr wirksam aufzutreten.

2. Antrag

Nach Art. 22 Abs. 1 UZK und Art. 6 Abs. 1 UZK ist der Antrag elektronisch zu stellen. Dabei sind die gemeinsamen Datenanforderungen gem. Art. 6 Abs. 2 UZK i.V.m. Art. 2 Abs. 1 DA, Anhang A zu beachten.

Für Bewilligungen, an denen neben Deutschland kein weiterer Mitgliedstaat beteiligt ist, ist derzeit übergangsweise weiterhin ein schriftlicher Antrag auf vorgeschriebenem Vordruck erforderlich, Art. 278 Abs. 1 UZK, Art. 22 TDA i.V.m. Anhang 12 TDA, da ein elektronisches System gem. Art. 6 Abs. 1 UZK noch nicht einsatzbereit ist.

ⓘ **EU-Trader-Portal**

Für mitgliedstaatenübergreifende Bewilligungen, d.h. Bewilligungen, bei denen mehr als ein Mitgliedstaat betroffen ist, wird der Antrag elektronisch über das EU-Trader-Portal gestellt.

3. Annahme des Antrags, Art. 22 Abs. 2 UZK, Art. 11 DA

Gemäß Art. 22 Abs. 2 UZK ist im Normalverfahren die Annahme des Antrags durch die zuständige Zollbehörde erforderlich. Ab der Annahme des Antrags beginnen die Bearbeitungsfristen gem. Art. 22 Abs. 3 UZK zu laufen.

§ **Art. 22 Abs. 2 UZK – Entscheidungen auf Antrag** ***(Annahme des Antrags auf Bewilligung)***

Die Zollbehörden überprüfen unverzüglich und spätestens innerhalb von 30 Tagen ab dem Eingang des Antrags auf eine Entscheidung, ob die Bedingungen für die Annahme des Antrags erfüllt sind.

Stellen die Zollbehörden fest, dass der Antrag alle Informationen enthält, die sie für diese Entscheidung benötigen, so teilen sie dem Antragsteller innerhalb der in Unterabsatz 1 genannten Frist mit, dass sie den Antrag annehmen.

Die Bedingungen für die Annahme des Antrags sind in Art. 11 DA geregelt:

- **Buchstabe a):** Registrierung des Antragsstellers nach Art. 9 UZK („EORI"-Nummer, vgl. Art. 1 Nr. 18 DA).
- **Buchstabe b):** Ansässigkeit des Antragstellers im Zollgebiet der Union (Art. 5 Nr. 31 UZK), die gem. Art. 211 Abs. 3 a) UZK für die Bewilligung der Endverwendung grundsätzlich erforderlich ist. Gemäß Art. 161 DA können die Zollbehörden in einzelnen Fällen, Personen, die nicht im Zollgebiet der Union ansässig sind, eine Bewilligung der Endverwendung erteilen, sofern sie dies für gerechtfertigt halten.
- **Buchstabe c):** Antragsstellung bei der zuständigen Zollbehörde nach Art. 22 Abs. 1 UAbs. 3 UZK. Demnach ist die Zollstelle an dem Ort, an dem die Hauptbuchhaltung des Antragstellers geführt wird, zuständig. Kann die zuständige Zollstelle nicht nach Art. 22 Abs. 1 UAbs. 3 UZK festgestellt werden, ist Art. 12 DA heranzuziehen.
- **Buchstabe d):** Keine Rücknahme bzw. kein Widerruf einer früheren, gleichen Entscheidung innerhalb des letzten Jahres. Das heißt, es darf keine frühere Bewilligung einer Endverwendung innerhalb des letzten Jahres zurückgenommen oder widerrufen worden sein. Unter den Voraussetzungen von Art. 11 Abs. 2 DA kann der Zeitraum drei Jahre betragen.

Hinweis

Eine Annahme des Antrags ist gem. Art. 12 IA erst möglich, wenn alle benötigten Informationen der zuständigen Zollstelle vorliegen. Ab der Annahme des Antrags beginnen die Bearbeitungsfristen gem. Art. 22 Abs. 3 UZK. Grundsätzlich ist dem Antragsteller die Entscheidung innerhalb von 120 Tagen nach der Annahme mitzuteilen, sofern nichts anderes bestimmt ist. Hier stellt der Art. 171 Abs. 1 DA eine solche anderweitige Bestimmung dar, wonach sich die Frist auf 30 Tage verkürzt, wenn nur ein Mitgliedstaat an der Bewilligungserteilung beteiligt ist.

Exkurs: Vereinfachtes Verfahren

Unter den Voraussetzungen des Art. 163 Abs. 1 b) und Abs. 2 DA kann der Antrag auf Bewilligung einer Endverwendung auch durch eine Zollanmeldung erfolgen. Das Antragsverfahren wird also vereinfacht, indem vorab kein eigenständiger Antrag auf Bewilligung bei der zuständigen Zollstelle zu stellen ist. Vielmehr gilt unter bestimmten Voraussetzungen die Zollanmeldung zur Überführung in die Endverwendung als Antrag auf eine Bewilligung. Dies ist vor allem für die Fälle der außertariflichen Abgabenbefreiung nach der ZollbefrVO von praktischer Relevanz.

Nach Art. 163 Abs. 1 b) DA ist eine Antragstellung mittels Zollanmeldung zur Überführung in die Endverwendung nur möglich, wenn der Antragsteller beabsichtigt, sämtliche Waren in die Endverwendung zu überführen und zusätzliche Datenelemente gem. Anhang A DA beigefügt werden.

Beachte: Eine vereinfachte Antragstellung mittels Zollanmeldung ist jedoch bei der Endverwendung nach Art. 163 Abs. 2 DA in folgenden Fällen nicht möglich:

- bei vereinfachter Zollanmeldung oder Zollanmeldung mittels Anschreibung in der Buchführung
- bei zentraler Zollabwicklung
- bei einem Antrag auf Erteilung einer Bewilligung, an der mehrere Mitgliedstaaten beteiligt sind (sog. einzige Bewilligung)
- bei einem Antrag auf Verwendung von Ersatzwaren gem. Art. 223 UZK
- bei einem Antrag auf rückwirkende Bewilligung.

IV. Materielle Bewilligungsvoraussetzungen

Die materiellen Bewilligungsvoraussetzungen umfassen die persönlichen Voraussetzungen, die der Antragsteller gem. Art. 211 Abs. 3 UZK zu erfüllen hat, die sachlichen Voraussetzungen gem. Art. 211 Abs. 4 UZK sowie die sog. zolltechnischen Voraussetzungen.

1. Persönliche Voraussetzungen, Art. 211 Abs. 3 UZK

§

Art. 211 Abs. 3 UZK – Bewilligung *(Persönliche Bewilligungsvoraussetzungen)*

Sofern nichts anderes bestimmt ist, wird die Bewilligung nach Absatz 1 ausschließlich Personen erteilt, die alle folgenden Voraussetzungen erfüllen:

a) sie sind im Zollgebiet der Union ansässig,

b) sie bieten die für die ordnungsgemäße Durchführung der Vorgänge erforderliche Gewähr; es wird davon ausgegangen, dass ein zugelassener Wirtschaftsbeteiligter für zollrechtliche Vereinfachungen diese Voraussetzung erfüllt, sofern der Tätigkeit, die das besondere Verfahren betrifft, bei der Zulassung nach Artikel 38 Absatz 2 Buchstabe a Rechnung getragen wird,

c) sie leisten eine Sicherheit nach Artikel 89, wenn für in ein besonderes Verfahren übergeführte Waren eine Zollschuld oder andere Abgaben entstehen können,

d) im Falle der vorübergehenden Verwendung oder der aktiven Veredelung verwenden beziehungsweise veredeln sie die Waren oder veranlassen ihre Verwendung oder Veredelung.

a) Ansässigkeit, Art. 211 Abs. 3 a) UZK

Die Ansässigkeit des Antragstellers stellt gem. Art. 211 Abs. 3 a) UZK auch eine materielle Bewilligungsvoraussetzung dar. Da sie jedoch schon im Rahmen des Art. 11 DA als Bedingung für die Annahme geprüft worden ist, kann an dieser Stelle auf die bereits erfolgte Prüfung verwiesen werden.

b) Erforderliche Gewähr, Art. 211 Abs. 3 b) UZK

Der Antragsteller muss für die ordnungsgemäße Durchführung der Endverwendung die erforderliche Gewähr bieten. Bei einem AEO C bzw. AEO F wird davon ausgegangen, dass er diese Voraussetzung erfüllt (vgl. den Wortlaut der Norm).

c) Sicherheitsleistung, Art. 211 Abs. 3 c) UZK

Der Antragsteller muss gem. Art. 211 Abs. 3 c) UZK eine Sicherheit nach Art. 89 ff. UZK leisten. Diese Sicherheitsleistung kann für mehrere Zollverfahren gemeinsam erfolgen, Art. 89 Abs. 5 i.V.m. Art. 95 Abs. 1 UZK. In diesem Fall spricht man von einer Gesamtsicherheit.

> ⓘ **Hinweis**
>
> Die Notwendigkeit einer Sicherheitsleistung kann auch – statt in den persönlichen Voraussetzungen – im Rahmen der zolltechnischen Voraussetzungen oder als separate Bewilligungsvoraussetzung geprüft werden.

In den Fällen der außertariflichen Endverwendung ist grundsätzlich keine Sicherheitsleistung erforderlich. Dies ergibt sich daraus, dass in der ZollbefrVO abschließend geregelt ist, für welche Fälle von Einfuhrabgabenfreiheit aufgrund besonderer Verwendungszwecke eine Sicherheitsleistung erforderlich ist. Im Umkehrschluss ist in allen anderen Fällen demnach keine Sicherheitsleistung erforderlich.

d) Antragsteller ist „Herr des Verfahrens", Art. 211 Abs. 3 d) UZK

Der Antragsteller und spätere Bewilligungsinhaber muss die Ware selbst verwenden oder ihre Verwendung veranlassen.

2. Sachliche Voraussetzungen, Art. 211 Abs. 4 UZK

a) Verhältnismäßiger Verwaltungsaufwand, Art. 211 Abs. 4 a) UZK

Zu prüfen ist der sog. Verwaltungsaufwand. Dieser darf nicht außer Verhältnis zum wirtschaftlichen Bedürfnis für den Wirtschaftsbeteiligten stehen.

> § **Art. 211 Abs. 4 a) UZK – Bewilligung *(Verwaltungsaufwand)***
>
> Sofern nichts anderes bestimmt ist, wird die Bewilligung nach Absatz 1 in Ergänzung zu Absatz 3 ausschließlich erteilt, wenn alle folgenden Voraussetzungen erfüllt sind:
>
> a) die Zollbehörden sind in der Lage, die zollamtliche Überwachung mit einem Verwaltungsaufwand auszuüben, der zum wirtschaftlichen Bedürfnis nicht außer Verhältnis steht,

Grundsätzlich ist davon auszugehen, dass der Verwaltungsaufwand nicht außer Verhältnis zum wirtschaftlichen Bedürfnis steht. Nur wenn besondere Hinweise für das Gegenteil vorliegen, ist hierauf im Detail einzugehen.

b) Wirtschaftliche Voraussetzungen, Art. 211 Abs. 4 UZK

Für die Endverwendung ist die Prüfung von wirtschaftlichen Voraussetzungen nicht vorgesehen. Nach Art. 211 Abs. 4 b) UZK sind wirtschaftliche Voraussetzungen ausschließlich bei Bewilligung von Veredelungen zu prüfen. Daher entfällt die Prüfung dieses Punktes.

3. Zolltechnische Voraussetzungen

a) Geeignete Aufzeichnungen, Art. 214 UZK

Der Bewilligungsinhaber muss nach Art. 214 Abs. 1 UZK geeignete Aufzeichnungen in der von den Zollbehörden genehmigten Form führen. Der Inhalt dieser Aufzeichnungen ist Art. 178 DA zu entnehmen. Bei einem AEO C bzw. AEO F wird gem. Art. 214 Abs. 2 UZK davon ausgegangen, dass er diese Voraussetzung erfüllt, sofern seine Aufzeichnungen auch für die Zwecke der Endverwendung geeignet sind.

b) Sicherung der Nämlichkeit, Art. 192 Abs. 1 UZK

Die Zollbehörden treffen – soweit erforderlich – nach Art. 192 Abs. 1 UZK die geeigneten Maßnahmen zur Sicherung der Nämlichkeit. In diesem Zusammenhang ist die Ersatzwarenregelung gem. Art. 223 UZK zu beachten.

§

Art. 223 UZK – Ersatzwaren

(1) Ersatzwaren sind Unionswaren, die anstelle der in ein besonderes Verfahren übergeführten Waren gelagert, verwendet oder veredelt werden.

[...]

Sofern nichts anderes bestimmt ist, müssen die Ersatzwaren demselben achtstelligen KN-Code zugewiesen sein und dieselbe Handelsqualität sowie dieselben technischen Merkmale aufweisen wie die Waren, die sie ersetzen.

(2) Unter der Voraussetzung, dass der ordnungsgemäße Ablauf des besonderen Verfahrens – insbesondere in Bezug auf die zollamtliche Überwachung – gewährleistet ist, bewilligen die Zollbehörden auf Antrag

a) die Verwendung von Ersatzwaren im Rahmen eines Zolllagers, einer Freizone, einer Endverwendung und einer Veredelung,

[...]

Beim Einsatz von Ersatzwaren in der Endverwendung sind die Regelungen zum Ende der zollamtlichen Überwachung für die in die Endverwendung übergeführten Waren zu beachten:

§ **Art. 268 Abs. 3 IA – Förmlichkeiten bei der Verwendung von Ersatzwaren (Artikel 223 des Zollkodex)**

Im Fall der Endverwendung unterliegen die Waren, die durch Ersatzwaren ersetzt werden, in den folgenden Fällen nicht mehr der zollamtlichen Überwachung:

a) die Ersatzwaren wurden zu den Zwecken verwendet, die maßgeblich für die Anwendung der Abgabenfreiheit oder des ermäßigten Einfuhrabgabensatzes waren;

b) die Ersatzwaren wurden ausgeführt, zerstört oder zugunsten der Staatskasse aufgegeben;

c) die Waren wurden zu anderen Zwecken als denen, die maßgeblich für die Anwendung der Abgabenfreiheit oder des ermäßigten Einfuhrabgabensatzes waren, verwendet und die anwendbaren Einfuhrabgaben wurden entrichtet.

V. Bewilligungserteilung

Die Voraussetzungen für die Inanspruchnahme der vorübergehenden Verwendung werden in der Bewilligung festgelegt, Art. 211 Abs. 1 UAbs. 2 UZK.

- **Form der Bewilligung:** Die Bewilligung im Normalverfahren wird elektronisch erteilt, Art. 6 Abs. 1 UZK. Die technischen Voraussetzungen hierzu fehlen für Bewilligungen, die keine anderen Mitgliedstaaten betreffen, derzeit noch. Es gelten gem. Art. 278 UZK Übergangsregelungen bis spätestens zum 31.12.2020. Bis auf Weiteres wird die Bewilligung gem. Art. 12 TDA i.V.m. Anhang 12 TDA schriftlich erteilt.

  Wird die Bewilligung im vereinfachten Verfahren gem. Art. 163 DA beantragt, wird die Bewilligung durch Überlassung der Waren in die vorübergehende Verwendung erteilt, Art. 262 IA.

- **Entscheidungsfrist:** Die Bewilligung ist eine Entscheidung nach Art. 5 Nr. 39 UZK. Eine Entscheidung im Normalverfahren ist nach Art. 22 Abs. 3 UZK spätestens 120 Tage nach Annahme des Antrags zu erlassen, sofern nichts anderes bestimmt ist. In diesem Fall ergibt sich eine Abweichung aus Art. 171 Abs. 1 UAbs. 1 DA, wonach die Frist nur 30 Tage beträgt, sofern nur ein Mitgliedstaat an der Bewilligungserteilung beteiligt ist.

- **Wirksamkeit:** Die Bewilligung wird mit der Zustellung wirksam (Art. 22 Abs. 4 UZK); abweichende Regelungen zum Tag des Wirksamwerdens ergeben sich aus Art. 14 DA.

- **Gültigkeit:** Die Gültigkeit der Bewilligung beträgt abweichend von Art. 22 Abs. 5 UZK maximal 5 Jahre, Art. 173 Abs. 1 DA.

- **Frist für die Erledigung:** Hier ist die Frist zur Erledigung der Endverwendung gem. Art. 215 Abs. 4 anzusprechen. Erledigungsfrist ist gem. Art. 1 Nr. 23 DA dabei die Frist, in die Endverwendung übergeführten Waren ihrer vorgeschriebenen besonderen Verwendung zugeführt werden müssen. Diese Zuführungsfrist wird regelmäßig auf ein Jahr ab Annahme der Zollanmeldung festgesetzt (vgl. Z 1010 Abs. 24).

Schema 58

Schaubild zur tariflichen und außertariflichen Endverwendung

Tarifliche Endverwendung

- Vorschriften des Zolltarifs regeln Verwendungsbegünstigung.
- Im Maßnahmenteil des EZT wird dies mit dem Maßnahmenschlüssel „105 – Nichtpräferentieller Zollsatz bei Endverwendung“ gekennzeichnet.

Außertarifliche Endverwendung nach der ZollbefrVO			
Titel II Befreiung von den Einfuhrabgaben		Artikel	Zweckbindung in
Kapitel I	Übersiedlungsgut von natürlichen Personen, die ihren gewöhnlichen Wohnsitz aus einem Drittland in die Gemeinschaft verlegen	3 bis 11	Art. 8
Kapitel II	Heiratsgut	12 bis 16	Art. 16
Kapitel VII	Investitionsgüter und andere Ausrüstungsgegenstände, die anlässlich einer Betriebsverlegung aus einem Drittland in die Gemeinschaft eingeführt werden	28 bis 34	Art. 33
Kapitel IX	Gegenstände erzieherischen, wissenschaftlichen oder kulturellen Charakters; wissenschaftliche Instrumente und Apparate	42 bis 50	Art. 48
Kapitel XIV	Instrumente und Apparate zur medizinischen Forschung, Diagnose oder Behandlung	57 und 58	Art. 58 i.V.m. Art. 48
Kapitel XVII	Für Organisationen der Wohlfahrtspflege bestimmte Waren; Waren für Blinde und andere behinderte Personen A. Für allgemeine Zwecke B. Zugunsten Behinderter C. Zugunsten von Katastrophenopfern	61 bis 80 61 bis 65 66 bis 73 74 bis 80	 Art. 64, 65 Art. 71 bis 73 Art. 78 bis 80
Kapitel XXII	Zu Prüfungs-, Analyse- oder Versuchszwecken eingeführte Waren	95 bis 101	Art. 100, 101
Kapitel XXVII	Treib- und Schmierstoffe in Straßenkraftfahrzeugen und Spezialcontainern	107 bis 111	Art. 110

Hinweis: Weitere Fälle in der ZollV

Aufgrund der Ermächtigung des Art. 128 ZollbefrVO i.V.m. §§ 29, 30 ZollVG sind weitere Fälle zweckgebundener Abgabenfreiheit in den §§ 14 bis 21 ZollV geregelt. Es handelt sich um Mund- und Schiffsvorrat (§ 14 ZollV), Speisewagenvorräte (§ 15 ZollV), Bordvorräte der Luftfahrzeuge (§ 16 ZollV), Diplomaten- und Konsulargut (§ 17 ZollV), Ausstattung drittländischer Dienststellen (§ 18 ZollV) sowie Betriebsstoffe für Schienenfahrzeuge (§19 ZollV), Schiffe (§ 20 ZollV) und Luftfahrzeuge (§ 21 ZollV). Gemäß § 11 Abs. 1 ZollV handelt es sich bei diesen außertariflichen Zollbefreiungen um Fälle der Endverwendung.

Schema 59

Zollschuld gem. Art. 77 Abs. 1 a) UZK durch Überführung in die Endverwendung

I. Entstehungstatbestand, Art. 77 Abs. 1 a) UZK

1. Einfuhrabgabenpflichtige Nicht-Unionswaren

a) Waren

Waren sind alle körperlichen, beweglichen Gegenstände einschließlich des elektrischen Stroms (vgl. auch Z 0601 Abs. 101).

b) Nicht-Unionswaren, Art. 5 Nr. 24 UZK

Es muss sich um Nicht-Unionswaren handeln. Das ist der Fall, wenn die Voraussetzungen gem. Art. 5 Nr. 24 UZK vorliegen. Nicht-Unionswaren sind danach Waren, die nicht unter Art. 5 Nr. 23 UZK fallen. Dem Grunde nach erfordert diese Negativabgrenzung eine Prüfung der Voraussetzungen von Art. 5 Nr. 23 UZK. Im Übrigen gilt die Statusvermutung, dass es sich bei allen im Zollgebiet befindlichen Waren um Unionswaren handelt, gem. Art. 153 Abs. 1 i.V.m. Art. 119 Abs. 1 a) DA nicht für Waren, die ins Zollgebiet verbracht wurden und sich unter zollamtlicher Überwachung befinden.

c) Einfuhrabgabenpflicht

Einfuhrabgaben sind gem. Art. 5 Nr. 20 UZK „die für die Einfuhr von Waren zu entrichtenden Abgaben“. Dabei handelt es sich um die Einfuhrabgabe Zoll.

Eine Ware ist einfuhrabgabenpflichtig, wenn nach dem Zolltarif ein Zoll vorgesehen ist und im Einzelfall keine außertariflichen Abgabenbefreiungen vorliegen.

aa) Zolltarifliche Einfuhrabgabenbegünstigung

Bei der zolltariflichen Endverwendung ist die Abgabenbegünstigung daran geknüpft, dass die Ware in einer besonderen Weise verwendet werden soll, die sich aus dem Wortlaut einer Codenummer des Gemeinsamen Zolltarifs ergibt und eine Anmeldung der Ware zu dieser Codenummer erfolgt und ein entsprechender Antrag gestellt wird, Art. 56 Abs. 2 g), Abs. 3 UZK.

Hinweis

Demgegenüber ist der Regelzollsatz anzuwenden, wenn der Beteiligte die Ware nicht in der besonderen Weise verwendet und nicht zur Endverwendung anmeldet. Daneben ist der Regelzollsatz auch maßgebend, wenn die Ware zwar in besonderer Weise verwendet werden soll, der Beteiligte aber auf die Anwendung der Abgabenbegünstigung verzichten will, indem er die Ware nicht zur tariflichen Endverwendung anmeldet. Wenn der Beteiligte beispielsweise die Fortdauer der zollamtlichen Überwachung nach Art. 254 Abs. 4 UZK abwenden möchte, kann er diesen Weg beschreiten.

Beispiel für einen Fall der tariflichen Endverwendung: Codenummer 0701.90.10.00.0, Kartoffeln, zum Herstellen von Stärke im Rahmen der Endverwendung unterliegen einem günstigeren Zollsatz als jene Kartoffeln, die nicht zum Herstellen von Stärke verwendet werden (z.B. zur Produktion von Kartoffelchips). Im Maßnahmenteil des EZT wird dies mit dem Maßnahmenschlüssel „105 – Nichtpräferentieller Zollsatz bei Endverwendung" gekennzeichnet.

Formulierungsbeispiel

„Für die Kartoffeln ist im Gemeinsamen Zolltarif ein Zollsatz von 5,8 % vorgesehen, da die Waren in die bewilligte tarifliche Endverwendung zum Herstellen von Stärke übergeführt werden (vgl. Art. 254 Abs. 1, 56 Abs. 2 g) UZK). Außertarifliche Befreiungen sind nicht ersichtlich. Damit liegen einfuhrabgabenpflichtige Nicht-Unionswaren vor."

In einigen Fällen ist der Zollsatz bei tariflicher Endverwendung „frei". In diesem Fall ist zu prüfen, ob die Waren in die bewilligte Endverwendung übergeführt und ein entsprechender Antrag nach Art. 56 Abs. 3 UZK gestellt wurde. In diesem Fall liegt aufgrund der tariflichen Einfuhrabgabenfreiheit keine einfuhrabgabenpflichtige Ware vor, sodass im Ergebnis keine Zollschuld gem. Art. 77 Abs. 1 a) UZK entsteht.

Beispiel: Codenummer 0302.3210.00.0, Gelbflossenthunfisch zur industriellen Herstellung von Waren der Position 1604, Zollsatz „frei".

bb) Außertarifliche Endverwendung

Die außertarifliche Endverwendung ist nicht im Gemeinsamen Zolltarif geregelt. Vielmehr ergibt sich die Abgabenbegünstigung bei besonderer zweckgebundener Verwendung insbesondere aus speziellen Regelungen der Zollbefreiungsverordnung. Zu den einzelnen Regelungen vgl. Schaubild Schema 58. In diesem Fall ist das Vorliegen der Voraussetzungen der Abgabenfreiheit zu prüfen, insbesondere auch die ordnungsgemäße Überführung in den zollrechtlich freien Verkehr im Rahmen der Endverwendung, die nach Art. 1 ZollbefrVO ausdrücklich für die Gewährung der Abgabenbefreiung erforderlich ist. Es liegt dann im Einzelfall keine einfuhrabgabenpflichtige Ware vor, sodass im Ergebnis keine Zollschuld gem. Art. 77 Abs. 1 a) UZK entsteht.

2. Überführung zur Überlassung zum zollrechtlich freien Verkehr im Rahmen der Endverwendung

Nach Art. 77 Abs. 1 a) UZK entsteht durch die Überführung in das Zollverfahren „Überlassung zum zollrechtlich freien Verkehr im Rahmen der Endverendung" die Einfuhrzollschuld. Diese Formulierung zeigt, dass die Endverwendung ein eigenständiges Zollverfahren ist. Im „Rahmen der Endverwendung“ muss die Ware sodann in den freien Verkehr überlassen worden sein. Die Überlassung zum zollrechtlich freien Verkehr ist demnach ein Element der Endverwendung.

Sofern im Sachverhalt angegeben ist, dass die Zollanmeldung angenommen und die Überlassung der Waren zum Verfahren erfolgt ist, kann wie folgt formuliert werden:

Formulierungsbeispiel

„Die Zollanmeldung zur Endverwendung wurde laut Sachverhalt angenommen (Art. 172 Abs. 1 UZK); die Überlassung (Art. 194 UZK) – die nach Ansicht des EuGH für eine Überführung in ein Verfahren Voraussetzung ist – liegt ebenfalls vor. Folglich ist eine Überführung in die Endverwendung erfolgt. Auch nach den übrigen Ansichten, die entweder nur eine Annahme bzw. eine Annahme und die Überlassungsreife fordern, liegt eine Überführung in die Überlassung zum zollrechtlich freien Verkehr im Rahmen der Endverwendung vor.“

II. Zeitpunkt, Art. 77 Abs. 2 UZK

Die Zollschuld entsteht im Zeitpunkt der Annahme der Zollanmeldung – das entsprechende Datum ist zu nennen.

III. Zollschuldner, Art. 77 Abs. 3 UZK

Zollschuldner ist nach Art. 77 Abs. 3 S. 1 UZK der Anmelder. Gemäß Art. 5 Nr. 15 UZK ist Anmelder die Person (Art. 5 Nr. 4 UZK), die die Zollanmeldung in eigenem Namen abgibt (Fall ohne Stellvertretung oder bei indirekter Stellvertretung) oder die Person, in deren Namen die Zollanmeldung abgegeben wird (Fall der direkten Stellvertretung durch Abgabe in fremdem Namen).

Im Fall der indirekten Vertretung ist auch der Vertretene Zollschuldner (Art. 77 Abs. 3 S. 2 UZK). Die Haftung mehrerer Zollschuldner ergibt sich aus den Regeln der Gesamtschuld gem. Art. 84 UZK.

Nach Art. 77 Abs. 2 UAbs. 2 UZK ist auch der sog. Informationsgeber weiterer Zollschuldner neben dem Anmelder (Gesamtschuldnerische Haftung gem. Art. 84 UZK).

IV. Bemessung

1. Bemessungszeitpunkt, Art. 85 Abs. 1 UZK

Nach Art. 85 Abs. 1 UZK ist der Zeitpunkt des Entstehens der Zollschuld zugleich der Zeitpunkt für die Bemessung. Der Zeitpunkt des Entstehens ergibt sich bei der Überlassung zur Endverwendung aus Art. 77 Abs. 2 UZK; also ist auf den Zeitpunkt der Annahme der Zollanmeldung abzustellen.

2. Bemessungsgrundlagen

Die Bemessungsgrundlagen sind: der Zollwert, die Menge, die Beschaffenheit und der Ursprung der Waren (vgl. auch Art. 86 Abs. 1 UAbs. 2 UZK). Zudem ist der Zollsatz eine weitere Bemessungsgrundlage. Denn nach Art. 56 Abs. 1 UZK ist der gemeinsame Zolltarif für die Ermittlung der Abgaben maßgeblich.

Beim Zollsatz ist an dieser Stelle der ermäßigte Zollsatz bei Endverwendung anzugeben. Dabei ist kurz darauf einzugehen, dass eine gültige Bewilligung für das Verfahren der Endverwendung vorliegt und – sofern im Sachverhalt erwähnt – ein entsprechender Antrag nach Art. 56 Abs. 3 UZK gestellt wurde (in ATLAS mittels der Codierung 140 im Datenfeld 36, vgl. Z 3455).

3. Zollwert, Art. 70 ff. UZK

Punkt 3 ist ausführlich nach dem Zollwertschema zu prüfen, wenn der Zollwert nicht nach dem Sachverhalt feststeht (vgl. „Schema 22 – Prüfungsschema Zollwertrecht – Transaktionswertmethode gem. Art. 70 Abs. 1 UZK“).

Schema 60
Geschäftsvorfall: Fristgerechte Verwendung

I. Entstehungstatbestand, Art. 79 Abs. 1 b) UZK

Bei einer nicht fristgerechten Verwendung könnte eine Zollschuld nach Art. 79 Abs. 1 b) UZK entstanden sein. Eine Entstehung nach Art. 79 Abs. 1 c), 2. Alt. UZK scheidet dagegen aus, da sich dieser Tatbestand nur auf die fehlerhafte Gewährung eines ermäßigten Einfuhrabgabensatzes bei der Überführung in die Endverwendung bezieht.

ⓘ **Beachte:** Auch wenn man im Ergebnis eine fristgerechte Verwendung bejahen wird, ist Art. 79 Abs. 1 a) UZK im Obersatz als zu prüfende Norm zu nennen. Denn ob eine fristgerechte Zuführung vorliegt, ergibt sich erst nach der Rechtsprüfung unter Punkt 2.

1. Einfuhrabgabenpflichtige Ware

a) Waren

Definition: Waren sind körperliche, bewegliche Gegenstände, einschließlich des elektrischen Stroms (Z 0601 Abs. 101).

Zu beachten ist, dass die Waren nach der Überlassung zum zollrechtlichen freien Verkehr im Rahmen der Endverwendung zu Unionswaren werden (Statuswechsel). Es entfällt folglich der Prüfungspunkt „Nicht-Unionswaren".

b) Einfuhrabgabenpflichtig

Eine Ware ist einfuhrabgabenpflichtig, wenn nach dem Zolltarif ein Zoll vorgesehen ist und im Einzelfall keine außertariflichen Abgabenbefreiungen vorliegen (Z 0901 Abs. 108).

Zu beachten ist hierbei, dass die Ware durch Überführung in die Endverwendung zur Unionsware geworden ist, die dem Grunde nach nicht mehr einfuhrabgabenpflichtig ist. Jedoch zeigt der Zollschuldentstehungstatbestand des Art. 79 Abs. 1 b) UZK, dass eine in die Endverwendung übergeführte Ware bei Vorliegen einer Nichterfüllung einer Pflicht in Bezug auf die Endverwendung weiterhin einfuhrabgabenpflichtig ist. Es ist jedoch zweckmäßig, das Fortbestehen der Einfuhrabgabenpflichtigkeit zunächst nur allgemein anzusprechen und die tatsächliche Nichterfüllung einer Pflicht erst im nächsten Punkt anzusprechen.

ⓘ **Formulierungsbeispiel**

„Die – Produkte benennen – unterliegen nach dem Zolltarif einem Zollsatz, außertarifliche Einfuhrabgabenbefreiungen liegen nicht vor. Die Waren sind trotz ihres Statuswechsels zur Unionsware (Art. 254 Abs. 1 UZK, Art. 201 Abs. 3 UZK) nach Überführung in die Endverwendung weiterhin als einfuhrabgabenpflichtig zu betrachten. Nach Art. 79 Abs. 1 b) UZK ist vorgesehen, dass für Waren eine Zollschuld entsteht, wenn eine der in den zollrechtlichen Vorschriften festgelegten Verpflichtungen in Bezug auf die Endverwendung von Waren nicht erfüllt wurde. Es kann also auch für Waren, die in die Endverwendung übergeführt wurden, eine Zollschuld entstehen. Dies zeigt wiederum, dass die Waren auch nach ihrer Überführung in die Endverwendung weiterhin einfuhrabgabenpflichtig sein müssen."

2. Nichterfüllung einer Pflicht in Bezug auf die Endverwendung

Der Inhaber der Bewilligung für die Endverwendung ist gem. Art. 239 Abs. 1 a) DA objektiv verpflichtet, die Waren dem Verwendungszweck zuzuführen, der für die Anwendung der Abgabenfreiheit oder des ermäßigten Abgabensatzes vorgeschrieben war (Zweckbestimmung). Für die Anwendung des ermäßigten Abgabensatzes ist auch die in der Bewilligung festgelegte Zuführungsfrist von regelmäßig einem Jahr nach Überführung in das Verfahren der Endverwendung einzuhalten (vgl. Art. 215 Abs. 4 UZK, Art. 1 Nr. 23 DA).

§ **Art. 239 DA – Verpflichtung des Inhabers der Bewilligung für die Endverwendung (Artikel 211 Absatz 1 Buchstabe a des Zollkodex)**

Eine Bewilligung für die Endverwendung wird unter der Voraussetzung erteilt, dass der Inhaber der Bewilligung zusagt, einer der folgenden Verpflichtungen nachzukommen:

a) die Waren zu den Zwecken zu verwenden, die für die Anwendung der Abgabenfreiheit oder des ermäßigten Abgabensatzes vorgeschrieben waren;

[...]

Es ist also festzustellen, dass die Ware dem bewilligten Zweck zugeführt wurde.

Diese Zuführung muss innerhalb der festgesetzten Frist (Sachverhalt beachten, i.d.R. ist dies eine Jahresfrist, siehe Z1010 Abs. 24). Der Berechnung der Jahresfrist ist nach Art. 55 Abs. 2 UZK gem. der FristenVO (Z 0208) vorzunehmen.

Der Fristbeginn ist gem. Art. 3 Abs. 1 FristenVO zu bestimmen. Der Ereignistag (Tag der Überführung in die Endverwendung) zählt also nicht mit.

Das Fristende ergibt sich aus Art. 3 Abs. 2 c) FristenVO. In einem unproblematischen Fall sollte in einem feststellenden Satz unter Hinweis auf Art. 3 Abs. 2 c) FristenVO das Ende der Frist genannt und die Fristeinhaltung bejaht werden.

II. Ergebnis

Anpassung der Gliederungspunkte

Da die Prüfung von Punkt „I. Entstehungstatbestand, Art. 79 Abs. 1 a) UZK" ergeben hat, dass keine Zollschuld entstanden ist, fällt der „reguläre" Punkt, der ansonsten im Anschluss zu prüfen ist, nämlich der Zeitpunkt der Entstehung, weg. Daher ist das Gliederungssystem anzupassen. Da ein Punkt II. zwingend ist, wenn ein Punkt I. existiert, könnte man diesen Punkt als „II. Ergebnis" bezeichnen.

Die ordnungsgemäße und fristgerechte Zuführung der Waren zu dem bewilligten Verwendungszweck stellt keine Nichterfüllung einer der in den zollrechtlichen Vorschriften festgelegten Verpflichtungen in Bezug auf die Endverwendung dar. Daher entsteht mangels Pflichtverletzung keine Zollschuld gem. Art. 79 Abs. 1 b) UZK. Vielmehr endet die zollamtliche Überwachung gem. Art. 254 Abs. 4 a) UZK.

Schema 61

Geschäftsvorfall: Nicht fristgerechte Zuführung zum besonderen Verwendungszweck

I. Entstehungstatbestand, Art. 79 Abs. 1 b) UZK

Es könnte eine Zollschuld nach Art. 79 Abs. 1 b) UZK entstanden sein. Eine Entstehung nach Art. 79 Abs. 1 c), 2. Alt. UZK scheidet dagegen aus, da sich dieser Tatbestand nur auf die fehlerhafte Gewährung eines ermäßigten Einfuhrabgabensatzes bei der Überführung in die Endverwendung bezieht. Wenn die Abgrenzung zu Art. 79 Abs. 1 c) UZK bereits bei einem vorangegangenen Geschäftsvorfall geprüft wurde, bedarf es keiner erneuten Darstellung der Abgrenzung beider Normen (siehe z.B. im vorstehenden Schema).

1. Einfuhrabgabenpflichtige Waren

a) Waren

Definition: Waren sind körperliche, bewegliche Gegenstände, einschließlich des elektrischen Stroms (Z 0601 Abs. 101).

b) Einfuhrabgabenpflichtig

Eine Ware ist einfuhrabgabenpflichtig, wenn nach dem Zolltarif ein Zoll vorgesehen ist und im Einzelfall keine außertariflichen Abgabenbefreiungen vorliegen (Z 0901 Abs. 108).

Zwar ist die Ware durch Überführung in die Endverwendung zur Unionsware geworden, die dem Grunde nach nicht mehr einfuhrabgabenpflichtig ist. Jedoch zeigt der Zollschuldentstehungstatbestand des Art. 79 Abs. 1 b) UZK, dass eine in die Endverwendung übergeführte Ware bei Vorliegen einer Nichterfüllung einer Pflicht in Bezug auf die Endverwendung weiterhin einfuhrabgabenpflichtig ist.

Formulierungsbeispiel

„Die – Produkte benennen – unterliegen nach dem Zolltarif einem Zollsatz, außertarifliche Einfuhrabgabenbefreiungen liegen nicht vor. Die Waren sind trotz ihres Statuswechsels zur Unionsware (Art. 254 Abs. 1 UZK, Art. 201 Abs. 3 UZK) nach Überführung in die Endverwendung weiterhin als einfuhrabgabenpflichtig zu betrachten. Nach Art. 79 Abs. 1 b) UZK ist vorgesehen, dass für Waren eine Zollschuld entsteht, wenn eine der in den zollrechtlichen Vorschriften festgelegten Verpflichtungen in Bezug auf die Endverwendung von Waren nicht erfüllt wurde. Es kann also auch für Waren, die in die Endverwendung übergeführt wurden, eine Zollschuld entstehen. Dies zeigt wiederum, dass die Waren auch nach ihrer Überführung in die Endverwendung weiterhin einfuhrabgabenpflichtig sein müssen."

2. Nichterfüllung einer Pflicht in Bezug auf die Endverwendung

Der Inhaber der Bewilligung für die Endverwendung ist gem. Art. 239 Abs. 1 a) DA verpflichtet, die Waren dem Verwendungszweck zuzuführen, der für die Anwendung der Abgabenfreiheit oder des ermäßigten Abgabensatzes vorgeschrieben war (Zweckbestimmung). Für die Anwendung des ermäßigten Abgabensatzes ist auch die in der Bewilligung festgelegte Zuführungsfrist von einem Jahr nach Überführung in das Verfahren der Endverwendung einzuhalten (vgl. Art. 215 Abs. 4 UZK, Art. 1 Nr. 23 DA).

§

Art. 239 DA – Verpflichtung des Inhabers der Bewilligung für die Endverwendung (Artikel 211 Absatz 1 Buchstabe a des Zollkodex)

Eine Bewilligung für die Endverwendung wird unter der Voraussetzung erteilt, dass der Inhaber der Bewilligung zusagt, einer der folgenden Verpflichtungen nachzukommen:

a) die Waren zu den Zwecken zu verwenden, die für die Anwendung der Abgabenfreiheit oder des ermäßigten Abgabensatzes vorgeschrieben waren;

[...]

Es ist also zunächst festzustellen, dass die Ware dem bewilligten Zweck zugeführt wurde.

Diese Zuführung muss innerhalb der festgesetzten Frist (Sachverhalt beachten, i.d.R. ist dies eine Jahresfrist, Z1010 Abs. 24) erfolgen. Die Berechnung der Jahresfrist ist nach Art. 55 Abs. 2 UZK gem. der FristenVO (Z 0208) vorzunehmen.

Der Fristbeginn ist gem. Art. 3 Abs. 1 FristenVO zu bestimmen. Der Ereignistag (Tag der Überführung in die Endverwendung) zählt also nicht mit.

Das Fristende ergibt sich aus Art. 3 Abs. 2 c) FristenVO. In einem unproblematischen Fall sollte in einem feststellenden Satz unter Hinweis auf Art. 3 Abs. 2 c) FristenVO das Ende der Frist genannt werden.

Darauf folgt die Feststellung der Überschreitung der Verwendungsfrist.

Wurde keine Fristverlängerung (vgl. Art. 174 DA) beantragt, folgt aus der Fristüberschreitung die Nichterfüllung der Pflicht. Diese ist im Ergebnissatz festzustellen.

Formulierungsbeispiel

„Da die – Produkte benennen – erst am – tatsächlichen Zeitpunkt der Zuführung benennen – dem Verwendungszweck zugeführt wurde, liegt die Nichterfüllung einer der in den zollrechtlichen Vorschriften festgelegten Verpflichtungen in Bezug auf die Endverwendung für die nicht fristgerecht verwendete Menge vor."

Beachte: Wurde nach Ablauf der Zuführungsfrist eine rückwirkende Fristverlängerung gem. Art. 174 DA beantragt und bewilligt, liegt im Ergebnis keine Nichterfüllung einer Pflicht vor.

II. Zeitpunkt, Art. 79 Abs. 2 a) UZK

Die Zollschuld entsteht im Zeitpunkt, zu dem die Verpflichtung, deren Nichterfüllung die Zollschuld entstehen lässt, nicht oder nicht mehr erfüllt ist. Hier entsteht also die Zollschuld zum Zeitpunkt des Fristablaufs (Art. 3 Abs. 2 c) Fristen-VO). Das Datum ist in der Klausur zu benennen.

III. Zollschuldner, Art. 79 Abs. 3 UZK

Die möglichen Zollschuldner sind in Art. 79 Abs. 3 a) bis c) UZK abschließend aufgeführt.

- **Buchstabe a):** Die Person, die die Verpflichtung zu erfüllen hatte (Pflichteninhaber). Dies ist gem. Art. 239 a) DA der Bewilligungsinhaber.
- **Buchstabe b):** Die Person, die
  - wusste oder vernünftigerweise hätte wissen müssen, dass eine zollrechtliche Verpflichtung nicht erfüllt war und für Rechnung der Person nach Buchstabe a) gehandelt hat oder
  - an der Handlung nach Buchstabe a) beteiligt war.
- **Buchstabe c):** Die Person, die die Waren erworben oder in Besitz genommen hat und zu diesem Zeitpunkt wusste oder vernünftigerweise hätte wissen müssen, dass eine zollrechtliche Verpflichtung nicht erfüllt war.

IV. Erlöschen der Zollschuld, Art. 124 Abs. 1 h) UZK

Bevor die Bemessung der Zollschuld geprüft wird, ist die Frage des Erlöschens der Zollschuld zu klären. Eine Prüfung des Art. 86 Abs. 6 UZK kommt hingegen nicht in Betracht, da die in dieser Norm genannte Abgabenbegünstigung des ermäßigten Zollsatzes bei der Überführung in die Endverwendung gem. Art. 56 Abs. 2 g) UZK bereits bei der Überführung der Waren in die Endverwendung gewährt wurde und bei einer Zollschuldentstehung gem. Art. 79 Abs. 1 b) UZK nicht in Betracht kommt.

Hinweis zur Anwendung von Art. 86 Abs. 6 UZK

Ist eine Zollschuld gem. Art. 79 Abs. 1 a) UZK für Nicht-Unionswaren entstanden, die eigentlich in die Endverwendung übergeführt werden sollten (z.B. wegen Nichterfüllung einer Pflicht in Bezug auf die vorübergehende Verwahrung, z.B. unzulässige Behandlung im Verwahrungs-

> lager), ist die Gewährung der Abgabenbegünstigung nach Art. 56 Abs. 2 g) UZK aufgrund der Endverwendung gem. Art. 86 Abs. 6 UZK zu prüfen.

Beim Erlöschen ist insbesondere auf Art. 124 Abs. 1 h) UZK einzugehen. Voraussetzungen sind:

1. Zollschuldentstehung nach Art. 79 UZK

2. Keine erheblichen Auswirkungen auf die ordnungsgemäße Abwicklung des Zollverfahrens, Art. 124 Abs. 1 h) i) UZK

Ein Erlöschen kommt nach Art. 124 Abs. 1 h) i) UZK nur in Betracht, wenn die Verstöße keine erheblichen Auswirkungen auf die ordnungsgemäße Abwicklung eines Zollverfahrens haben. Der Begriff „Zollverfahren" erfasst die Endverwendung als besonderes Zollverfahren gem. Art. 5 Nr. 16 b), Art. 210 c) UZK.

Gemäß Art. 126 UZK ist die EU-Kommission befugt, die Fälle festzulegen, die keine erheblichen Auswirkungen auf die ordnungsgemäße Abwicklung eines Zollverfahrens haben. In Art. 103 DA ist hiervon abschließend Gebrauch gemacht worden.

> **Fall nach Art. 124 Abs. 1 h) i) UZK i.V.m. Art. 103 a) DA**
>
> Bei Überschreitung der Zuführungsfrist kommt insbesondere der Fall nach Art. 103 a) DA in Betracht. Dieser setzt voraus, dass eine Frist überschritten wurde und eine zollrechtliche Vorschrift vorsieht, dass die überschrittene Frist verlängert werden kann. Die Zuführungsfrist nach Art. 215 Abs. 4 UZK ist in der Bewilligung festgelegt. Die vorgesehene Verwendungsfrist kann gem. Art. 174 DA auf Antrag verlängert werden.
>
> Artikel 103 a) DA fordert weiterhin, dass im Fall einer Beantragung eine Fristverlängerung gewährt worden wäre. Hierzu ist der Sachverhalt auszuwerten. Sofern dieser unterstellt, dass davon auszugehen ist, dass eine Fristverlängerung nicht gewährt worden wäre, ist festzustellen, dass die Voraussetzungen nach Art. 103 a) DA nicht vorliegen. Ein Erlöschen gem. Art. 124 Abs. 1 h) UZK käme dann nicht in Betracht.

3. Kein Täuschungsversuch, Art. 124 Abs. 1 h i) UZK

Die Zollschuld darf nicht durch einen Täuschungsversuch entstanden sein. Neben dem Versuch der Täuschung ist „Erst-Recht" im Fall der Täuschung keine Abgabenbefreiung möglich.

Eine Täuschung liegt dann vor, wenn der Beteiligte durch Verletzung von zollrechtlichen Vorschriften das Ziel verfolgt, Maßnahmen der Zollbehörden zu behindern oder zu vereiteln. Dabei kommt es nicht darauf an, dass der Beteiligte Einfuhrabgaben vorenthalten will, vgl. Z 0901 Abs. 106. Verfolgt der Beteiligte allerdings das Ziel, die Einfuhrabgaben nicht oder nicht in gesetzlicher Höhe entrichten zu wollen, ist immer von einem Täuschungsversuch bzw. einer Täuschung auszugehen.

4. Bereinigung der Situation, Art. 124 Abs. 1 h) ii) UZK

Erfüllung der Förmlichkeiten zur Bereinigung der Situation der Waren gem. Art. 124 Abs. 1 h) ii) UZK. Bei einer Fristüberschreitung wird die Situation der Waren durch Zuführung zum bewilligten Verwendungszweck innerhalb der hypothetisch verlängerten Frist bereinigt.

V. Bemessung der Zollschuld

1. Bemessungszeitpunkt, Art. 85 Abs. 1 UZK

Die Bemessung der Zollschuld erfolgt grundsätzlich nach Art. 85 Abs. 1 UZK zum Zeitpunkt der Entstehung der Zollschuld, hier also zum Zeitpunkt des Ablaufs der Zuführungsfrist, siehe unter Punkt II. Eine gegenteilige Bestimmung gem. Art. 86 UZK besteht für die Endverwendung nicht.

2. Bemessungsgrundlagen

Die Bemessungsgrundlagen sind: der Zollwert, die Menge, die Beschaffenheit und der Ursprung der Waren (vgl. auch Art. 86 Abs. 1 UAbs. 2 UZK). Zudem ist der Zollsatz eine weitere Bemessungsgrundlage. Denn nach Art. 56 Abs. 1 UZK ist der gemeinsame Zolltarif für die Ermittlung der Abgaben maßgeblich.

a) Zollsatz/Menge

Die Waren wurden nicht fristgerecht dem besonderen Verwendungszweck zugeführt. Aus diesem Grund ist der nicht ermäßigte Regelzollsatz zugrunde zu legen. Als Menge ist die nicht fristgerecht verwendete Menge zu bemessen.

b) Zollwert

Bei der Bestimmung des Zollwerts ist der bei der Überführung in die Endverwendung berechnete Zollwert für die gesamte Warenmenge zugrunde zu legen. Sofern diese Berechnung nicht bereits erfolgt ist, ist der Zollwert zu berechnen. Ausgehend vom Zollwert für die gesamte Menge ist der Zollwert für die nicht fristgerecht verwendete Menge zu bestimmen.

3. Berechnung der Abgaben

Die Höhe der Zollschuld ist zu berechnen.

VI. Verrechnung mit einem bereits entrichteten Einfuhrabgabenbetrag, Art. 80 Abs. 1 UZK

§

Art. 80 Abs. 1 UZK – Verrechnung mit einem bereits entrichteten Einfuhrabgabenbetrag

Entsteht nach Artikel 79 Absatz 1 eine Zollschuld für Waren, die aufgrund ihrer Endverwendung zu einem ermäßigten Einfuhrabgabensatz zum zollrechtlich freien Verkehr überlassen worden sind, so wird der bei der Überlassung zum zollrechtlich freien Verkehr entrichtete Einfuhrabgabenbetrag von dem der Zollschuld entsprechenden Einfuhrabgabenbetrag abgezogen.

[...]

Der für die vorangehende Überführung in die Endverwendung gem. Art. 77 Abs. 1 a) UZK entstandene Abgabenbetrag ist sodann gem. Art. 80 Abs. 1 UZK in Abzug zu bringen.

ⓘ

Bei der Anwendung des Art. 80 Abs. 1 UZK ist zu beachten:

Nicht der Abgabenbetrag der bei Überführung in die Endverwendung übergeführten (gesamten) Menge ist abzuziehen, sondern nur der Abgabenbetrag für die Menge, die derjenigen entspricht, für die die Zollschuld wegen der Nichterfüllung der Pflicht aus Art. 239 a) DA entstanden ist.

Schema 62

Geschäftsvorfall: Verbringen der Waren aus dem Zollgebiet nach Überführung in die Endverwendung

I. Entstehungstatbestand, Art. 79 Abs. 1 b) UZK

Es könnte eine Zollschuld nach Art. 79 Abs. 1 b) UZK entstanden sein. Eine Entstehung nach Art. 79 Abs. 1 c), 2. Alt. UZK scheidet dagegen aus, da sich dieser Tatbestand nur auf die fehlerhafte Gewährung eines ermäßigten Einfuhrabgabensatzes bei der Überführung in die Endverwendung bezieht. Wenn die Abgrenzung zu Art. 79 Abs. 1 c) UZK bereits bei einem vorangegangenen Geschäftsvorfall geprüft wurde, bedarf es keiner erneuten Darstellung der Abgrenzung beider Normen.

1. Einfuhrabgabenpflichtige Waren

a) Waren

Definition: Waren sind körperliche, bewegliche Gegenstände, einschließlich des elektrischen Stroms (Z 0601 Abs. 101).

b) Einfuhrabgabenpflichtig

Eine Ware ist einfuhrabgabenpflichtig, wenn nach dem Zolltarif ein Zoll vorgesehen ist und im Einzelfall keine außertariflichen Abgabenbefreiungen vorliegen (Z 0901 Abs. 108).

Zwar ist die Ware durch Überführung in die Endverwendung zur Unionsware geworden ist, die dem Grunde nach nicht mehr einfuhrabgabenpflichtig ist. Jedoch zeigt der Zollschuldentstehungstatbestand des Art. 79 Abs. 1 b) UZK, dass eine in die Endverwendung übergeführte Ware bei Vorliegen einer Nichterfüllung einer Pflicht in Bezug auf die Endverwendung weiterhin einfuhrabgabenpflichtig ist.

ⓘ **Formulierungsbeispiel**

„Die – Produkte benennen – unterliegen nach dem Zolltarif einem Zollsatz, außertarifliche Einfuhrabgabenbefreiungen liegen nicht vor. Die Waren sind trotz ihres Statuswechsels zur Unionsware (Art. 254 Abs. 1 UZK, Art. 201 Abs. 3 UZK) nach Überführung in die Endverwendung weiterhin als einfuhrabgabenpflichtig zu betrachten. Nach Art. 79 Abs. 1 b) UZK ist vorgesehen, dass für Waren eine Zollschuld entsteht, wenn eine der in den zollrechtlichen Vorschriften festgelegten Verpflichtungen in Bezug auf die Endverwendung von Waren nicht erfüllt wurde. Es kann also auch für Waren, die in die Endverwendung übergeführt wurden, eine Zollschuld entstehen. Dies zeigt wiederum, dass die Waren auch nach ihrer Überführung in die Endverwendung weiterhin einfuhrabgabenpflichtig sein müssen.“

2. Nichterfüllung einer Pflicht in Bezug auf die Endverwendung

Der Inhaber der Bewilligung für die Endverwendung ist gem. Art. 239 Abs. 1 a) DA objektiv verpflichtet, die Waren fristgerecht dem Verwendungszweck zuzuführen, der für die Anwendung der Abgabenfreiheit oder des ermäßigten Abgabensatzes vorgeschrieben war (Zweckbestimmung).

§

Art. 239 DA – Verpflichtung des Inhabers der Bewilligung für die Endverwendung (Artikel 211 Absatz 1 Buchstabe a des Zollkodex)

Eine Bewilligung für die Endverwendung wird unter der Voraussetzung erteilt, dass der Inhaber der Bewilligung zusagt, einer der folgenden Verpflichtungen nachzukommen:

a) die Waren zu den Zwecken zu verwenden, die für die Anwendung der Abgabenfreiheit oder des ermäßigten Abgabensatzes vorgeschrieben waren;

[...]

Wird eine bestimmte Warenmenge nicht dem besonderen Verwendungszweck zugeführt, sondern aus dem Zollgebiet der Union verbracht, ist diese Pflicht – objektiv – nicht erfüllt. Unerheblich ist dabei, ob dieses Verbringen ordnungsgemäß im Rahmen des Ausfuhrverfahrens gem. Art. 269 UZK und somit mit Zustimmung der Zollbehörde oder ohne Unterrichtung der Zollbehörden rein tatsächlich stattgefunden hat.

Beachte: Objektive Pflicht maßgebend

Zwar endet die zollamtliche Überwachung der Endverwendung gem. Art. 254 Abs. 4 b) UZK mit dem Verbringen der Waren aus dem Zollgebiet, was die Endverwendung zugleich erledigt. Die Nichterfüllung der Pflicht besteht hier jedoch darin, dass die ursprüngliche Pflicht, nämlich die Ware dem besonderen Verwendungszweck zuzuführen, nicht eingehalten wurde, selbst wenn die Ausfuhr der in die Endverwendung übergeführten Waren ordnungsgemäß im Rahmen des Ausfuhrverfahrens stattgefunden hat.

II. Zeitpunkt, Art. 79 Abs. 2 a) UZK

Die Zollschuld entsteht im Zeitpunkt, zu dem die Verpflichtung, deren Nichterfüllung die Zollschuld entstehen lässt, nicht oder nicht mehr erfüllt ist. Hier entsteht also die Zollschuld zum Zeitpunkt des Verbringens der Ware aus dem Zollgebiet, das zu diesem Zeitpunkt die Pflicht aus Art. 239 a) DA nicht mehr erfüllt wird. Das Datum ist in der Klausur zu benennen.

III. Zollschuldner, Art. 79 Abs. 3 UZK

Die möglichen Zollschuldner sind in Art. 79 Abs. 3 a) bis c) UZK abschließend aufgeführt.

- **Buchstabe a):** Die Person, die die Verpflichtung zu erfüllen hatte (Pflichteninhaber). Dies ist gem. Art. 239 a) DA der Bewilligungsinhaber.
- **Buchstabe b):** Die Person, die
  - wusste oder vernünftigerweise hätte wissen müssen, dass eine zollrechtliche Verpflichtung nicht erfüllt war und für Rechnung der Person nach Buchstabe a) gehandelt hat oder
  - an der Handlung nach Buchstabe a) beteiligt war.
- **Buchstabe c):** Die Person, die die Waren erworben oder in Besitz genommen hat und zu diesem Zeitpunkt wusste oder vernünftigerweise hätte wissen müssen, dass eine zollrechtliche Verpflichtung nicht erfüllt war.

IV. Erlöschen der Zollschuld, Art. 124 Abs. 1 UZK

Bevor die Bemessung der Zollschuld geprüft wird, ist die Frage des Erlöschens der Zollschuld zu klären. Eine Prüfung des Art. 86 Abs. 6 kommt hingegen nicht in Betracht, da die in dieser Norm genannte Abgabenbegünstigung des ermäßigten Zollsatzes bei der Überführung in die Endverwendung gem. Art. 56 Abs. 2 g) UZK bereits bei der Überführung der Waren in die Endverwendung gewährt wurde und bei einer Zollschuldentstehung gem. Art. 79 Abs. 1 b) UZK nicht in Betracht kommt.

Beim Erlöschen kommen abhängig davon, ob das Verbringen der in die Endverwendung übergeführten Waren aus dem Zollgebiet ordnungsgemäß (also im Rahmen des Ausfuhrverfahrens) oder ohne Unterrichtung der Zollbehörden stattgefunden hat, unterschiedliche Erlöschenstatbestände in Betracht.

1. Erlöschen gem. Art. 124 Abs. 1 i) UZK

Gemäß Art. 124 Abs. 1 i) UZK erlischt eine Zollschuld, wenn Waren, die aufgrund ihrer Endverwendung einfuhrabgabenfrei oder zu einem ermäßigten Einfuhrabgabensatz zum zollrechtlich freien Verkehr überlassen wurden, mit Zustimmung der Zollbehörden ausgeführt worden sind.

Sofern sich aus dem Sachverhalt eine ordnungsgemäße Überführung der Waren in das Ausfuhrverfahren ergibt, liegt mit der Überlassung der Waren zur Ausfuhr durch die Zollbehörde eine Zustimmung der Zollbehörden zur Ausfuhr gem. Art. 124 Abs. 1 i) UZK vor.

Die Zollschuld ist gem. Art. 124 Abs. 1 i) UZK somit für die ausgeführten Waren erloschen.

Hinweis

Obwohl die Norm des Art. 124 Abs. 1 i) UZK aufgrund des offenen Wortlauts durchaus auch für die gem. Art. 77 Abs. 1 b) entstandene Zollschuld durch die Überführung der Waren in die Endverwendung gelten könnte, wird dieser Erlöschenstatbestand nach Sinn und Zweck auf die Zollschuldentstehung gem. Art. 79 Abs. 1 b) UZK beschränkt. Mit der Überführung in die Endverwendung sind die Waren zu Unionswaren geworden und damit bereits in den Wirtschaftskreislauf integriert. Auch bei der („normalen") Überführung in die Überlassung zum zollrechtlichen Verkehr kann eine Ausfuhr nicht zum Erlöschen der Zollschuld führen.

2. Erlöschen gem. Art. 124 Abs. 1 k) UZK

Sofern keine ordnungsgemäße Ausfuhr mit Zustimmung der Zollbehörden stattgefunden hat, die Waren aber tatsächlich aus dem Zollgebiet der Union verbracht wurden, kommt ein Erlöschen gem. Art. 124 Abs. 1 k) UZK in Betracht. Voraussetzungen sind:

- Zollschuldentstehung gem. Art. 79 UZK
- Vorbehalt des Abs. 6: Die Zollschuld erlischt nur für die Zollschuldner, die keinen Täuschungsversuch begangen haben. Neben dem Versuch der Täuschung ist „Erst-Recht" im Fall der Täuschung keine Abgabenbefreiung möglich. Eine Täuschung liegt dann vor, wenn der Beteiligte durch Verletzung von zollrechtlichen Vorschriften das Ziel verfolgt, Maßnahmen der Zollbehörden zu behindern oder zu vereiteln. Dabei kommt es nicht darauf an, dass der Beteiligte Einfuhrabgaben vorenthalten will, vgl. Z 0901 Abs. 106. Verfolgt der Beteiligte allerdings das Ziel, die Einfuhrabgaben nicht oder nicht in gesetzlicher Höhe entrichten zu wollen, ist immer von einem Täuschungsversuch bzw. einer Täuschung auszugehen.
- Kein Verbrauch oder Verwendung der Ware
- Nachweisliches Verbringen der Waren aus dem Zollgebiet

Liegen diese Voraussetzungen vor, ist die Zollschuld gem. Art. 124 Abs. 1 k) UZK erloschen.

V. Bemessung der Zollschuld

Sofern im Einzelfall die Voraussetzung für ein Erlöschen insbesondere gem. Art. 124 Abs. 1 k) nicht vorliegen – beispielsweise weil die Waren vor dem Verbringen verwendet wurden, ist die Zollschuld zu bemessen.

1. Bemessungszeitpunkt, Art. 85 Abs. 1 UZK

Die Bemessung der Zollschuld erfolgt grundsätzlich nach Art. 85 Abs. 1 UZK zum Zeitpunkt der Entstehung der Zollschuld, hier also zum Zeitpunkt des Ablaufs der Zuführungsfrist, siehe unter Punkt II. Eine gegenteilige Bestimmung gem. Art. 86 UZK besteht für die Endverwendung nicht.

2. Bemessungsgrundlagen

Die Bemessungsgrundlagen sind: der Zollwert, die Menge, die Beschaffenheit und der Ursprung der Waren (vgl. auch Art. 86 Abs. 1 UAbs. 2 UZK). Zudem ist der Zollsatz eine weitere Bemessungsgrundlage. Denn nach Art. 56 Abs. 1 UZK ist der gemeinsame Zolltarif für die Ermittlung der Abgaben maßgeblich.

a) Zollsatz/Menge

Die Waren wurden nicht dem besonderen Verwendungszweck zugeführt, sondern aus dem Zollgebiet verbracht. Aus diesem Grund ist der nicht ermäßigte Regelzollsatz zugrunde zu legen. Als Menge ist die aus dem Zollgebiet verbrachte Warenmenge zu bemessen.

b) Zollwert

Bei der Bestimmung des Zollwerts ist der bei der Überführung in die Endverwendung berechnete Zollwert für die gesamte Warenmenge zugrunde zu legen. Sofern diese Berechnung nicht bereits erfolgt ist, ist der Zollwert zu berechnen. Ausgehend vom Zollwert für die gesamte Menge ist der Zollwert für die aus dem Zollgebiet verbrachte Warenmenge zu bestimmen.

3. Berechnung der Abgaben

Die Höhe der Zollschuld ist zu berechnen.

VI. Verrechnung mit einem bereits entrichteten Einfuhrabgabenbetrag, Art. 80 Abs. 1 UZK

§ **Art. 80 Abs. 1 UZK – Verrechnung mit einem bereits entrichteten Einfuhrabgabenbetrag**

Entsteht nach Artikel 79 Absatz 1 eine Zollschuld für Waren, die aufgrund ihrer Endverwendung zu einem ermäßigten Einfuhrabgabensatz zum zollrechtlich freien Verkehr überlassen worden sind, so wird der bei der Überlassung zum zollrechtlich freien Verkehr entrichtete Einfuhrabgabenbetrag von dem der Zollschuld entsprechenden Einfuhrabgabenbetrag abgezogen.

[...]

Der für die vorangehende Überführung in die Endverwendung gem. Art. 77 Abs. 1 a) UZK entstandene Abgabenbetrag ist sodann gem. Art. 80 Abs. 1 UZK in Abzug zu bringen.

Bei der Anwendung des Art. 80 Abs. 1 UZK ist zu beachten:

Nicht der Abgabenbetrag der bei Überführung in die Endverwendung übergeführten (gesamten) Menge ist abzuziehen, sondern nur der Abgabenbetrag für die Menge, die derjenigen entspricht, für die die Zollschuld wegen der Nichterfüllung der Pflicht aus Art. 239 a) DA entstanden ist.

Schema 63
Geschäftsvorfall: Anderweitige Verwendung

I. Entstehungstatbestand, Art. 79 Abs. 1 b) UZK

Durch eine anderweitige Verwendung der in die Endverwendung übergeführten Waren könnte eine Zollschuld nach Art. 79 Abs. 1 b) UZK entstanden sein. Eine Entstehung nach Art. 79 Abs. 1 c), 2. Alt. UZK scheidet dagegen aus, da sich dieser Tatbestand nur auf die fehlerhafte Gewährung eines ermäßigten Einfuhrabgabensatzes bei der Überführung in die Endverwendung bezieht. Wenn die Abgrenzung zu Art. 79 Abs. 1 c) UZK bereits bei einem vorangegangenen Geschäftsvorfall geprüft wurde, bedarf es keiner erneuten Darstellung der Abgrenzung beider Normen.

1. Einfuhrabgabenpflichtige Waren

a) Waren

Definition: Waren sind körperliche, bewegliche Gegenstände, einschließlich des elektrischen Stroms (Z 0601 Abs. 101).

b) Einfuhrabgabenpflichtig

Eine Ware ist einfuhrabgabenpflichtig, wenn nach dem Zolltarif ein Zoll vorgesehen ist und im Einzelfall keine außertariflichen Abgabenbefreiungen vorliegen (Z 0901 Abs. 108).

Zwar ist die Ware durch Überführung in die Endverwendung zur Unionsware geworden, die dem Grunde nach nicht mehr einfuhrabgabenpflichtig ist. Jedoch zeigt der Zollschuldentstehungstatbestand des Art. 79 Abs. 1 b) UZK, dass eine in die Endverwendung übergeführte Ware bei Vorliegen einer Nichterfüllung einer Pflicht in Bezug auf die Endverwendung weiterhin einfuhrabgabenpflichtig ist.

Formulierungsbeispiel

„Die – Produkte benennen – unterliegen nach dem Zolltarif einem Zollsatz, außertarifliche Einfuhrabgabenbefreiungen liegen nicht vor. Die Waren sind trotz ihres Statuswechsels zur Unionsware (Art. 254 Abs. 1 UZK, Art. 201 Abs. 3 UZK) nach Überführung in die Endverwendung weiterhin als einfuhrabgabenpflichtig zu betrachten. Nach Art. 79 Abs. 1 b) UZK ist vorgesehen, dass für Waren eine Zollschuld entsteht, wenn eine der in den zollrechtlichen Vorschriften festgelegten Verpflichtungen in Bezug auf die Endverwendung von Waren nicht erfüllt wurde. Es kann also auch für Waren, die in die Endverwendung übergeführt wurden, eine Zollschuld entstehen. Dies zeigt wiederum, dass die Waren auch nach ihrer Überführung in die Endverwendung weiterhin einfuhrabgabenpflichtig sein müssen."

2. Nichterfüllung einer Pflicht in Bezug auf die Endverwendung

Der Inhaber der Bewilligung für die Endverwendung ist gem. Art. 239 Abs. 1 a) DA objektiv verpflichtet, die Waren fristgerecht dem Verwendungszweck zuzuführen, der für die Anwendung der Abgabenfreiheit oder des ermäßigten Abgabensatzes vorgeschrieben war (Zweckbestimmung).

§

Art. 239 DA – Verpflichtung des Inhabers der Bewilligung für die Endverwendung (Artikel 211 Abs. 1 Buchstabe a des Zollkodex)

Eine Bewilligung für die Endverwendung wird unter der Voraussetzung erteilt, dass der Inhaber der Bewilligung zusagt, einer der folgenden Verpflichtungen nachzukommen:

a) die Waren zu den Zwecken zu verwenden, die für die Anwendung der Abgabenfreiheit oder des ermäßigten Abgabensatzes vorgeschrieben waren;

[…]

Wird eine bestimmte Warenmenge nicht dem besonderen Verwendungszweck zugeführt, sondern anderweitig verwendet, ist diese Pflicht nicht erfüllt.

ⓘ

Beachte: Objektive Pflicht maßgebend

Die Pflichtverletzung besteht darin, dass die ursprüngliche Pflicht, die Ware dem besonderen Verendungszweck zuzuführen, nicht objektiv eingehalten wird. Eine Nichterfüllung der Pflicht liegt also auch dann vor, wenn die anderweitige Verwendung mit Zustimmung der Zollbehörden erfolgt.

II. Zeitpunkt, Art. 79 Abs. 2 a) UZK

Die Zollschuld entsteht im Zeitpunkt, zu dem die Verpflichtung, deren Nichterfüllung die Zollschuld entstehen lässt, nicht oder nicht mehr erfüllt ist. Hier entsteht also die Zollschuld zum Zeitpunkt der anderweitigen Verwendung der Waren, da zu diesem Zeitpunkt die Pflicht aus Art. 239 a) DA nicht erfüllt wird. Das Datum ist in der Klausur zu benennen.

III. Zollschuldner, Art. 79 Abs. 3 UZK

Die möglichen Zollschuldner sind in Art. 79 Abs. 3 a) bis c) UZK abschließend aufgeführt.

- **Buchstabe a):** Die Person, die die Verpflichtung zu erfüllen hatte (Pflichteninhaber). Dies ist gem. Art. 239 a) DA der Bewilligungsinhaber.

- **Buchstabe b):** Die Person, die
  - wusste oder vernünftigerweise hätte wissen müssen, dass eine zollrechtliche Verpflichtung nicht erfüllt war und für Rechnung der Person nach Buchstabe a) gehandelt hat oder
  - an der Handlung nach Buchstabe a) beteiligt war.
- **Buchstabe c):** Die Person, die die Waren erworben oder in Besitz genommen hat und zu diesem Zeitpunkt wusste oder vernünftigerweise hätte wissen müssen, dass eine zollrechtliche Verpflichtung nicht erfüllt war.

IV. Erlöschen der Zollschuld, Art. 124 Abs. 1 UZK

Bevor die Bemessung der Zollschuld geprüft wird, ist die Frage des Erlöschens der Zollschuld zu klären. Eine Prüfung des Art. 86 Abs. 6 UZK kommt hingegen nicht in Betracht, da die in dieser Norm genannte Abgabenbegünstigung des ermäßigten Zollsatzes bei der Überführung in die Endverwendung gem. Art. 56 Abs. 2 g) UZK bereits bei der Überführung der Waren in die Endverwendung gewährt wurde und bei einer Zollschuldentstehung gem. Art. 79 Abs. 1 b) UZK nicht in Betracht kommt.

Sofern keiner der speziellen Erlöschenstatbestände des Art. 124 Abs. 1 g), i) oder k) in Betracht kommt, ist ein Erlöschen insbesondere gem. Art. 124 Abs. 1 h) UZK zu prüfen.

Voraussetzungen sind:

1. Zollschuldentstehung nach Art. 79 UZK

2. Keine erheblichen Auswirkungen auf die ordnungsgemäße Abwicklung des Zollverfahrens, Art. 124 Abs. 1 h) i) UZK

Ein Erlöschen kommt nach Art. 124 Abs. 1 h) i) UZK nur in Betracht, wenn die Verstöße keine erheblichen Auswirkungen auf die ordnungsgemäße Abwicklung eines Zollverfahrens haben. Der Begriff „Zollverfahren“ erfasst die Endverwendung als besonderes Zollverfahren gem. Art. 5 Nr. 16 b), Art. 210 c) UZK. Gemäß Art. 126 UZK ist die EU-Kommission befugt, die Fälle festzulegen, die keine erheblichen Auswirkungen auf die ordnungsgemäße Abwicklung eines Zollverfahrens haben. In Art. 103 DA ist hiervon abschließend Gebrauch gemacht worden.

ⓘ **Fall nach Art. 124 Abs. 1 h) i) UZK i.V.m. Art. 103 e) DA**

Artikel 103 e) DA fordert, dass der Zollschuldner die zuständigen Zollbehörden über den Verstoß unterrichtet, bevor die Zollschuld mitgeteilt wurde oder die Zollbehörden dieser Person eine Kontrolle angekündigt haben (sog. „proaktives Verhalten“).

3. Kein Täuschungsversuch, Art. 124 Abs. 1 h i) UZK

Die Zollschuld darf nicht durch einen Täuschungsversuch entstanden sein. Neben dem Versuch der Täuschung ist „Erst-Recht" im Fall der Täuschung keine Abgabenbefreiung möglich.

Eine Täuschung liegt dann vor, wenn der Beteiligte durch Verletzung von zollrechtlichen Vorschriften das Ziel verfolgt, Maßnahmen der Zollbehörden zu behindern oder zu vereiteln. Dabei kommt es nicht darauf an, dass der Beteiligte Einfuhrabgaben vorenthalten will, vgl. Z 0901 Abs. 106. Verfolgt der Beteiligte allerdings das Ziel, die Einfuhrabgaben nicht oder nicht in gesetzlicher Höhe entrichten zu wollen, ist immer von einem Täuschungsversuch bzw. einer Täuschung auszugehen.

4. Bereinigung der Situation, Art. 124 Abs. 1 h) ii) UZK

Eine Erfüllung von Förmlichkeiten zur Bereinigung der Situation der Waren gem. Art. 124 Abs. 1 h) ii) UZK wird bei einer anderweitigen Verwendung faktisch und rechtlich vielfach nicht möglich sein.

Faktisch ist eine Bereinigung der Situation der Ware ausgeschlossen, wenn diese nicht mehr dem bewilligten Verwendungszweck zugeführt werden kann.

Beispiel: Die für die Herstellung von Stärke in die Endverwendung übergeführten Kartoffeln wurden zu Kartoffelchips verarbeitet und können nicht mehr für die Herstellung von Stärke genutzt werden.

Rechtlich wäre eine Bereinigung der Situation der Ware durch Ungültigerklärung der ursprünglichen Zollanmeldung zur Überführung in die Endverwendung gem. Art. 174 Abs. 2 UZK i.V.m. Art. 148 DA und anschließender Abgabe einer Zollanmeldung zur nicht überwachten – „normalen" – Überlassung zum zollrechtlich freien Verkehr denkbar. Dies setzt aber einen der in Art. 148 DA geregelten Ungültigkeitsgründe, z.B. Irrtum gem. Art. 148 Abs. 1 DA voraus. Liegt kein Ungültigkeitsgrund vor, kommt eine Ungültigerklärung der Zollanmeldung zur Endverwendung nicht in Betracht und damit auch kein Erlöschen der gem. Art. 79 Abs. 1 b) UZK entstandenen Zollschuld gem. Art. 124 Abs. 1 h) UZK, da eine (rechtliche) Bereinigung der Situation nicht möglich ist.

Beachte: Erlöschen der bei Überführung in die Endverwendung entstandenen Zollschuld gem. Art. 124 Abs. 1 d) UZK

Eine Ungültigerklärung der Zollanmeldung zur Endverwendung führt auch zu einem Erlöschen der gem. Art. 77 Abs. 1 a) UZK bei Überführung in die Endverwendung entstandenen Zollschuld (vgl. Schema 3). Hierfür einschlägig ist der Erlöschenstatbestand des Art. 124 Abs. 1 d) UZK, der ein Erlöschen der Zollschuld bei Ungültigerklärung der Zollanmeldung vorsieht. Art. 124 Abs. 1 d) bezieht sich dabei auf die Zollschuld, die aufgrund der für ungültig erklärten Zollanmeldung entstanden ist, nicht aber auf die Zollschuld gem. Art. 79 Abs. 1 b) UZK.

Beispiel: Stoßstangen werden irrtümlich zur Endverwendung – für die industrielle Montage von Kraftfahrzeugen – unter der Codenummer 870810.10.90.0 angemeldet. Tatsächlich waren sie von Anfang an für die Weitergabe an Vertragswerkstätten als Ersatzteile bestimmt. Hier kann unter den Voraussetzungen des Art. 148 Abs. 1 DA die Anmeldung zur Endverwendung für ungültig erklärt werden und eine Zollanmeldung zur nicht überwachten Überlassung zum zollrechtlich freien Verkehr mit der Codenummer 8708.10.90.90.0 abgegeben werden. In der Folge erlischt die Zollschuld nach Art. 77 Abs. 1 a) UZK wegen Überführung in die Endverwendung gem. Art. 124 Abs. 1 d) UZK und die Zollschuld nach Art. 79 Abs. 1 b) UZK unter den Voraussetzungen des Art. 124 Abs. 1 h) UZK. Im Anschluss ist selbstverständlich noch die Zollschuldentstehung gem. Art. 77 Abs. 1 a) UZK wegen Überführung in die Überlassung zum zollrechtlich freien Verkehr aufgrund der neuen Zollanmeldung zu prüfen. Lag jedoch kein Irrtum, sondern nur ein nachträglicher Motivwechsel vor, ist eine Ungültigerklärung nicht möglich und die Zollschuld aus Art. 79 Abs. 1 b) erlischt nicht.

V. Bemessung der Zollschuld

1. Bemessungszeitpunkt, Art. 85 Abs. 1 UZK

Die Bemessung der Zollschuld erfolgt grundsätzlich nach Art. 85 Abs. 1 UZK zum Zeitpunkt der Entstehung der Zollschuld, hier also zum Zeitpunkt der Annahme der Zollanmeldung. Eine gegenteilige Bestimmung gem. Art. 86 UZK besteht nicht.

2. Bemessungsgrundlagen

Die Bemessungsgrundlagen sind: der Zollwert, die Menge, die Beschaffenheit und der Ursprung der Waren (vgl. auch Art. 86 Abs. 1 UAbs. 2 UZK). Zudem ist der Zollsatz eine weitere Bemessungsgrundlage. Denn nach Art. 56 Abs. 1 UZK ist der gemeinsame Zolltarif für die Ermittlung der Abgaben maßgeblich.

a) Zollsatz/Menge

Die Waren wurden nicht dem besonderen Verwendungszweck zugeführt, sondern anderweitig verwendet. Aus diesem Grund ist der nicht ermäßigte Regelzollsatz zugrunde zu legen. Als Menge ist die einem anderen Zweck zugeführte Warenmenge zu bemessen.

b) Zollwert

Bei der Bestimmung des Zollwerts ist der bei der Überführung in die Endverwendung berechnete Zollwert für die gesamte Warenmenge zugrunde zu legen. Sofern diese Berechnung nicht bereits erfolgt ist, ist der Zollwert zu berechnen. Ausgehend vom Zollwert für die gesamte Menge ist der Zollwert für die Warenmenge, die zu anderen Zwecken verwendet wurde, zu bestimmen.

3. Berechnung der Abgaben

Die Höhe der Zollschuld ist zu berechnen.

VI. Verrechnung mit einem bereits entrichteten Einfuhrabgabenbetrag, Art. 80 Abs. 1 UZK

§

Art. 80 Abs. 1 UZK – Verrechnung mit einem bereits entrichteten Einfuhrabgabenbetrag

Entsteht nach Artikel 79 Absatz 1 eine Zollschuld für Waren, die aufgrund ihrer Endverwendung zu einem ermäßigten Einfuhrabgabensatz zum zollrechtlich freien Verkehr überlassen worden sind, so wird der bei der Überlassung zum zollrechtlich freien Verkehr entrichtete Einfuhrabgabenbetrag von dem der Zollschuld entsprechenden Einfuhrabgabenbetrag abgezogen.

[...]

Der für die vorangehende Überführung in die Endverwendung gem. Art. 77 Abs. 1 a) UZK entstandene Abgabenbetrag ist sodann gem. Art. 80 Abs. 1 UZK in Abzug zu bringen.

ⓘ

Bei der Anwendung des Art. 80 Abs. 1 UZK ist zu beachten:

Nicht der Abgabenbetrag der bei Überführung in die Endverwendung übergeführten (gesamten) Menge ist abzuziehen, sondern nur der Abgabenbetrag für die Menge, die derjenigen entspricht, für die die Zollschuld wegen der Nichterfüllung der Pflicht aus Art. 239 a) DA entstanden ist.

Schema 64
Geschäftsvorfall:
Zerstörung der in die Endverwendung übergeführten Waren

I. Entstehungstatbestand, Art. 79 Abs. 1 b) UZK

Durch eine die Zerstörung der in die Endverwendung übergeführten Waren könnte eine Zollschuld nach Art. 79 Abs. 1 b) UZK entstanden sein.

1. Einfuhrabgabenpflichtige Waren

a) Waren

Definition: Waren sind körperliche, bewegliche Gegenstände, einschließlich des elektrischen Stroms (Z 0601 Abs. 101).

b) Einfuhrabgabenpflichtig

Eine Ware ist einfuhrabgabenpflichtig, wenn nach dem Zolltarif ein Zoll vorgesehen ist und im Einzelfall keine außertariflichen Abgabenbefreiungen vorliegen (Z 0901 Abs. 108).

Zwar ist die Ware durch Überführung in die Endverwendung zur Unionsware geworden, die dem Grunde nach nicht mehr einfuhrabgabenpflichtig ist. Jedoch zeigt der Zollschuldentstehungstatbestand des Art. 79 Abs. 1 b) UZK, dass eine in die Endverwendung übergeführte Ware bei Vorliegen einer Nichterfüllung einer Pflicht in Bezug auf die Endverwendung weiterhin einfuhrabgabenpflichtig ist.

Formulierungsbeispiel

„Die – Produkte benennen – unterliegen nach dem Zolltarif einem Zollsatz, außertarifliche Einfuhrabgabenbefreiungen liegen nicht vor. Die Waren sind trotz ihres Statuswechsels zur Unionsware (Art. 254 Abs. 1 UZK, Art. 201 Abs. 3 UZK) nach Überführung in die Endverwendung weiterhin als einfuhrabgabenpflichtig zu betrachten. Nach Art. 79 Abs. 1 b) UZK ist vorgesehen, dass für Waren eine Zollschuld entsteht, wenn eine der in den zollrechtlichen Vorschriften festgelegten Verpflichtungen in Bezug auf die Endverwendung von Waren nicht erfüllt wurde. Es kann also auch für Waren, die in die Endverwendung übergeführt wurden, eine Zollschuld entstehen. Dies zeigt wiederum, dass die Waren auch nach ihrer Überführung in die Endverwendung weiterhin einfuhrabgabenpflichtig sein müssen.“

2. Nichterfüllung einer Pflicht in Bezug auf die Endverwendung

Der Inhaber der Bewilligung für die Endverwendung ist gem. Art. 239 a) DA objektiv verpflichtet, die Waren fristgerecht dem Verwendungszweck zuzuführen, der für die Anwendung der Abgabenfreiheit oder des ermäßigten Abgabensatzes vorgeschrieben war (Zweckbestimmung).

§ **Art. 239 DA – Verpflichtung des Inhabers der Bewilligung für die Endverwendung (Artikel 211 Absatz 1 Buchstabe a des Zollkodex)**

Eine Bewilligung für die Endverwendung wird unter der Voraussetzung erteilt, dass der Inhaber der Bewilligung zusagt, einer der folgenden Verpflichtungen nachzukommen:

a) die Waren zu den Zwecken zu verwenden, die für die Anwendung der Abgabenfreiheit oder des ermäßigten Abgabensatzes vorgeschrieben waren;

[…]

Wird eine bestimmte Warenmenge nicht dem besonderen Verwendungszweck zugeführt, sondern zerstört, ist diese Pflicht nicht erfüllt. Unerheblich ist dabei, ob die Zerstörung von den Zollbehörden bewilligt oder ohne deren Zustimmung stattgefunden hat.

Definition Zerstörung

Zerstört ist eine Ware, wenn ihre Beschaffenheit derart geändert ist, dass sie nicht mehr nutzbar ist. Führt die Zerstörung dazu, dass die Ware nicht mehr existent oder die verbleibenden Reste nicht mehr wirtschaftlich sinnvoll nutzbar sind, liegt eine Zerstörung ohne Reste vor. Bleiben jedoch bei Zerstörung einer in die Endverwendung übergeführten Ware wirtschaftlich verwertbare Reste oder Abfälle übrig, so gelten diese als in Zolllagerverfahren übergeführt und haben den Status von Nicht-Unionswaren, Art. 254 Abs. 7 UZK, Art. 124 Abs. 3 UZK.

Beachte: Objektive Pflicht maßgebend

Zwar endet die zollamtliche Überwachung der Endverwendung gem. Art. 254 Abs. 4 b) UZK mit der vollständigen Zerstörung der Waren, was die Endverwendung zugleich erledigt. Die Nichterfüllung der Pflicht besteht jedoch darin, dass die ursprüngliche Pflicht, nämlich die Ware dem besonderen Verwendungszweck zuzuführen, nicht eingehalten wurde. Es liegt also objektiv eine Nichterfüllung der Pflicht aus Art. 239 a) DA vor, selbst wenn die Zerstörung der in die Endverwendung übergeführten Waren mit Zustimmung der Zollbehörden erfolgt.

II. Zeitpunkt, Art. 79 Abs. 2 a) UZK

Die Zollschuld entsteht im Zeitpunkt, zu dem die Verpflichtung, deren Nichterfüllung die Zollschuld entstehen lässt, nicht oder nicht mehr erfüllt ist. Hier entsteht also die Zollschuld zum Zeitpunkt der Zerstörung der Waren, da zu diesem Zeitpunkt die Pflicht aus Art. 239 a) DA nicht mehr erfüllt wird. Das Datum ist in der Klausur zu benennen.

III. Zollschuldner, Art. 79 Abs. 3 UZK

Die möglichen Zollschuldner sind in Art. 79 Abs. 3 a) bis c) UZK abschließend aufgeführt.

- **Buchstabe a):** Die Person, die die Verpflichtung zu erfüllen hatte (Pflichteninhaber). Dies ist gem. Art. 239 a) DA der Bewilligungsinhaber.

- **Buchstabe b):** Die Person, die
  - wusste oder vernünftigerweise hätte wissen müssen, dass eine zollrechtliche Verpflichtung nicht erfüllt war und für Rechnung der Person nach Buchstabe a) gehandelt hat oder
  - an der Handlung nach Buchstabe a) beteiligt war.
- **Buchstabe c):** Die Person, die die Waren erworben oder in Besitz genommen hat und zu diesem Zeitpunkt wusste oder vernünftigerweise hätte wissen müssen, dass eine zollrechtliche Verpflichtung nicht erfüllt war.

IV. Erlöschen der Zollschuld, Art. 124 Abs. 1 UZK

Bevor die Bemessung der Zollschuld geprüft wird, ist die Frage des Erlöschens der Zollschuld zu klären. Eine Prüfung des Art. 86 Abs. 6 kommt hingegen nicht in Betracht, da die in dieser Norm genannte Abgabenbegünstigung des ermäßigten Zollsatzes bei der Überführung in die Endverwendung gem. Art. 56 Abs. 2 g) UZK bereits bei der Überführung der Waren in die Endverwendung gewährt wurde und bei einer Zollschuldentstehung gem. Art. 79 Abs. 1 b) UZK nicht in Betracht kommt.

1. Erlöschen gem. Art. 124 Abs. 1 f) UZK

Gemäß Art. 124 Abs. 1 f) UZK erlischt eine Zollschuld, wenn einfuhrabgabenpflichtige Waren unter zollamtlicher Überwachung zerstört werden (siehe Art. 197 und 198 UZK). So können die Zollbehörden gem. Art. 198 Abs. 1 d) UZK erforderliche Maßnahmen, einschließlich der Zerstörung der Waren treffen, wenn sie nach Überlassung feststellen, dass die Voraussetzungen für die Überlassung nicht vorlagen, etwa weil die Waren VuB unterlagen.

2. Erlöschen gem. Art. 124 Abs. 1 g) UZK

Gemäß Art. 124 Abs. 1 g) erlischt eine Zollschuld, wenn die Nichterfüllung der zollrechtlichen Verpflichtungen darauf zurückzuführen ist, dass die betreffenden Waren aufgrund ihrer Beschaffenheit, infolge unvorhersehbarer Ereignisse oder höherer Gewalt oder auf Anweisung der Zollbehörden vollständig zerstört worden oder unwiederbringlich verloren gegangen sind. Dabei gilt eine Ware als unwiederbringlich verloren gegangen, wenn sie von niemandem mehr zu verwenden ist.

Für diesen Erlöschenstatbestand kommt es darauf an, dass die Zerstörung der Ware bzw. deren unwiederbringliches Verlorengehen seinen Grund in der Beschaffenheit der Ware, unvorhersehbarer Ereignisse oder höherer Gewalt hat.

Liegen diese Voraussetzungen vor, ist die Zollschuld gem. Art. 124 Abs. 1 g) erloschen.

Hinweis: Abfälle und Reste nach Zerstörung
Sofern bei der Zerstörung der in die Endverwendung übergeführten Waren Abfälle und Reste anfallen, so werden diese zu Nicht-Unionswaren (Art. 124 Abs. 3 UZK) und gelten als in das Zolllagerverfahren übergeführt (Art. 254 Abs. 7 UZK).

V. Bemessung der Zollschuld

1. Bemessungszeitpunkt, Art. 85 Abs. 1 UZK

Die Bemessung der Zollschuld erfolgt grundsätzlich nach Art. 85 Abs. 1 UZK zum Zeitpunkt der Entstehung der Zollschuld, hier also zum Zeitpunkt der Zerstörung, siehe unter Punkt II. Das Datum ist in der Klausur zu benennen. Eine gegenteilige Bestimmung gem. Art. 86 UZK besteht nicht.

2. Bemessungsgrundlagen

Die Bemessungsgrundlagen sind: der Zollwert, die Menge, die Beschaffenheit und der Ursprung der Waren (vgl. auch Art. 86 Abs. 1 UAbs. 2 UZK). Zudem ist der Zollsatz eine weitere Bemessungsgrundlage. Denn nach Art. 56 Abs. 1 UZK ist der gemeinsame Zolltarif für die Ermittlung der Abgaben maßgeblich.

a) Zollsatz/Menge

Die Waren wurden nicht dem besonderen Verwendungszweck zugeführt, sondern zerstört. Aus diesem Grund ist der nicht ermäßigte Regelzollsatz zugrunde zu legen. Als Menge ist die Menge der zerstörten Waren zu bemessen.

b) Zollwert

Bei der Bestimmung des Zollwerts ist der bei der Überführung in die Endverwendung berechnete Zollwert für die gesamte Warenmenge zugrunde zu legen. Sofern diese Berechnung nicht bereits erfolgt ist, ist der Zollwert zu berechnen. Ausgehend vom Zollwert für die gesamte Menge ist der Zollwert für die zerstörte Menge zu bestimmen.

3. Berechnung der Abgaben

Die Höhe der Zollschuld ist zu berechnen.

VI. Verrechnung mit einem bereits entrichteten Einfuhrabgabenbetrag, Art. 80 Abs. 1 UZK

§

Art. 80 Abs. 1 UZK – Verrechnung mit einem bereits entrichteten Einfuhrabgabenbetrag

Entsteht nach Artikel 79 Absatz 1 eine Zollschuld für Waren, die aufgrund ihrer Endverwendung zu einem ermäßigten Einfuhrabgabensatz zum zollrechtlich freien Verkehr überlassen worden sind, so wird der bei der Überlassung zum zollrechtlich freien Verkehr entrichtete Einfuhrabgabenbetrag von dem der Zollschuld entsprechenden Einfuhrabgabenbetrag abgezogen.

[...]

Der für die vorangehende Überführung in die Endverwendung gem. Art. 77 Abs. 1 a) UZK entstandene Abgabenbetrag ist sodann gem. Art. 80 Abs. 1 UZK in Abzug zu bringen.

ⓘ

Bei der Anwendung des Art. 80 Abs. 1 UZK ist zu beachten:

Nicht der Abgabenbetrag der bei Überführung in die Endverwendung übergeführten (gesamten) Menge ist abzuziehen, sondern nur der Abgabenbetrag für die Menge, die derjenigen entspricht, für die die Zollschuld wegen der Nichterfüllung der Pflicht aus Art. 239 a) DA entstanden ist.

Schema 65
Einfuhrumsatzsteuer bei Überführung in die Endverwendung

I. Steuerbarer Umsatz, § 1 Abs. 1 Nr. 4 UStG (Steuergegenstand)

Steuergegenstand ist der steuerbare Umsatz gem. § 1 Abs. 1 Nr. 4 UStG, also „die Einfuhr von Gegenständen im Inland" („oder in den österreichischen Gebieten Jungholz und Mittelberg" – diese Einfuhrsituation wird mangels Klausurrelevanz nicht behandelt).

1. Gegenstände

Das Tatbestandsmerkmal „Gegenstände" in § 1 Abs. 1 Nr. 4 UStG entspricht dem zollrechtlichen Begriff der Ware (vgl. Z 8101 Abs. 5). Damit ist ein Gegenstand jedes bewegliche (körperliche) Gut, einschließlich des elektrischen Stroms.

2. Einfuhr im Inland

a) Einfuhr in das Inland aus einem Drittland

Die Gegenstände sind in das Inland nach § 1 Abs. 2 UStG verbracht, wenn sie körperlich in das Inland gelangt sind. Das ist wiederum der Fall, sobald sich die Gegenstände tatsächlich im Inland befinden.

§

§ 1 Abs. 2 UStG – Steuerbare Umsätze ***(Definition „Inland")***

Inland im Sinne dieses Gesetzes ist das Gebiet der Bundesrepublik Deutschland mit Ausnahme des Gebiets von Büsingen, der Insel Helgoland, der Freizonen des Kontrolltyps I nach § 1 Abs. 1 Satz 1 des Zollverwaltungsgesetzes (Freihäfen), der Gewässer und Watten zwischen der Hoheitsgrenze und der jeweiligen Strandlinie sowie der deutschen Schiffe und der deutschen Luftfahrzeuge in Gebieten, die zu keinem Zollgebiet gehören. Ausland im Sinne dieses Gesetzes ist das Gebiet, das danach nicht Inland ist. Wird ein Umsatz im Inland ausgeführt, so kommt es für die Besteuerung nicht darauf an, ob der Unternehmer deutscher Staatsangehöriger ist, seinen Wohnsitz oder Sitz im Inland hat, im Inland eine Betriebsstätte unterhält, die Rechnung erteilt oder die Zahlung empfängt.

Die in das Inland verbrachten Gegenstände müssen aus einem Drittland stammen (zur Definition des Drittlands vgl. § 1 Abs. 2a S. 3 UStG). Wurden die Gegenstände nicht aus einem Drittland, sondern aus einem anderen Mitgliedstaat der Europäischen Union verbracht, ist dieser Erwerb nicht gem. § 1 Abs. 1 Nr. 4 UStG im Rahmen der Einfuhrumsatzsteuer steuerbar, sondern als sog. innergemeinschaftlicher Erwerb gem. § 1 Abs. 1 Nr. 5 UStG zu besteuern.

b) Einfuhr „im" Inland

Über die Einfuhr in das Inland hinaus, muss eine Einfuhr „im" Inland erfolgt sein. Der Gesetzgeber hat mit der Formulierung zum Ausdruck bringen wollen, dass eine Einfuhr aus einem Drittland in das Inland zwar Grundvoraussetzung für eine Einfuhr ist („körperliche Einfuhr/körperliches Verbringen"), allein aber nicht ausreicht. Um eine Einfuhr „im" Inland bejahen zu können, ist neben der Einfuhr in das Inland ein weitere Voraussetzung erforderlich. Hinzukommen muss eine Integration der Waren in den Wirtschaftskreislauf im Inland. Diese Auslegung des Merkmals Einfuhr „im" Inland geht auf ein Urteil des EuGH im Rahmen eines Vorabentscheidungsverfahren zurück, das gegenständlich die Auslegung von Regelungen insbesondere aus der sog. Mehrwertsteuersystemrichtlinie betraf (vgl. EuGH vom 2.6.2016 – verbundene Rechtssachen C-226/14 und C-228/14, EU:C:2016:405). Zur genauen Herleitung vgl. die Ausführungen in Schema 33.

Im Fall der Überlassung in das Zollverfahren der Endverwendung liegt eine Integration in den Wirtschaftskreislauf vor, auch wenn die Waren noch einer fortdauernden zollamtlichen Überwachung unterliegen. Denn mit der Überlassung in die Endverwendung erfolgt ein Statuswechsel, Art. 254 Abs. 1 UZK i.V.m. Art. 201 Abs. 3 UZK und die Waren befinden sich im freien Verkehr.

Zur detaillierten Herleitung des Merkmals „Einfuhr im Inland" vgl. Schema 33. In einer Prüfungsklausur ist die Herleitung des Merkmals „Einfuhr im Inland" nicht erforderlich. Entscheidend ist, zu erkennen, dass allein eine Einfuhr in das Inland wegen des Wortlauts der Norm gerade nicht ausreicht.

Formulierungsbeispiel zum Merkmal „Einfuhr im Inland"

„Es müsste eine Einfuhr im Inland vorliegen. Das ist dann der Fall, wenn ein Gegenstand, der aus einem Drittland (§ 1 Abs. 2a S. 3 UStG) in das Inland (§ 1 Abs. 2 S. 1 UStG) verbracht wurde, in den Wirtschaftskreislauf integriert wurde. Der Gegenstand – an dieser Stelle genau zu bezeichnen – wurde aus einem (hier zu nennenden) Drittland (vgl. § 1 Abs. 2a S. 3 UStG) nach Deutschland und damit in das Inland gem. § 1 Abs. 2 S. 1 UStG verbracht. Mit der Überlassung in die Endverwendung sind die Waren gem. Art. 254 Abs. 1, 201 UZK im freien Verkehr und damit in den Wirtschaftskreislauf integriert worden, sodass eine Einfuhr im Inland vorliegt."

II. Entstehung der EUSt, §§ 13 Abs. 2, 21 Abs. 2 UStG i.V.m. Art. 77 UZK sinngemäß

Bei der Entstehung der EUSt sind gem. §§ 13 Abs. 2, 21 Abs. 2 UStG die Zollvorschriften – in diesem Fall also die Zollschuldvorschriften – sinngemäß anwendbar.

1. Entstehungstatbestand, §§ 13 Abs. 2, 21 Abs. 2 UStG i.V.m. Art. 77 Abs. 1 a) UZK sinngemäß

Prüfung des Entstehungstatbestands

Nach § 21 Abs. 2 S. 1 UStG sollen die Zollvorschriften „sinngemäß" angewendet werden. Das bedeutet, dass die Zollschuldvorschriften des UZK bei einer sinngemäßen Prüfung des Entstehungstatbestands bezüglich der EUSt heranzuziehen sind.

- **Zollschuld entstanden:** Ist eine Zollschuld gem. Art. 77 UZK entstanden, ist dieser Entstehungstatbestand sinngemäß anzuwenden.
- **Zollschuld nicht entstanden:** Ist dagegen – mangels einfuhrabgabenpflichtiger Ware, z.B. bei Zollsatz „frei" im Rahmen der Endverwendung oder bei einer Zollbefreiung nach der ZollbefrVO bei der außertariflichen Endverwendung – keine Zollschuld entstanden, ist Art. 77 Abs. 1 a) UZK ebenfalls als Zollschuldentstehungstatbestand sinngemäß anzuwenden. Zwar liegt in diesem Fall keine Zollschuldentstehung gem. Art. 77 Abs. 1 a) UZK vor. Gleichwohl ist für die sinngemäße Anwendung bei der EUSt-Prüfung immer auf die Zollschuldnorm abzustellen, die im Fall einer Zollschuldentstehung anzuwenden wäre.
- **Sinngemäße Anwendung der Zollvorschriften bedeutet:**
  - Eine wörtliche Anwendung der Tatbestandsmerkmale der Zollschuldentstehungstatbestände ist nicht möglich.
  - Es sind die umsatzsteuerrechtlichen Merkmale anzuwenden, die dem Sinn der zollrechtlichen Merkmale entsprechen. Deshalb sind die zollschuldrechtlichen Tatbestandsmerkmale durch sinngemäße (sinnentsprechende) Merkmale des UStG zu ersetzen, nämlich durch:
    - „Steuerpflichtiger Gegenstand" (ersetzt das Merkmal „einfuhrabgabenpflichtige Ware")
    - „Überlassung zum steuerrechtlich freien Verkehr" (ersetzt das Merkmal „Überlassung zum zollrechtlich freien Verkehr im Rahmen der Endverwendung")

Formulierungsbeispiel

„Die Einfuhrumsatzsteuer könnte gem. §§ 13 Abs. 2, 21 Abs. 2 UStG i.V.m. Art. 77 Abs. 1 a) UZK sinngemäß entstanden sein. Die sinngemäße Anwendung der Zollvorschriften macht es erforderlich, die zollrechtlichen Tatbestandsmerkmale der Zollschuldnorm durch entsprechende umsatzsteuerrechtliche Begriffe zu ersetzen. Deshalb ist zu prüfen, ob steuerpflichtige Gegenstände vorliegen und eine Überlassung zum steuerrechtlich freien Verkehr erfolgt ist."

a) Steuerpflichtige Gegenstände

Die im Inland eingeführten Gegenstände müssen steuerpflichtig sein. Da bereits in Punkt I. 1. geprüft wurde, ob Gegenstände im umsatzsteuerrechtlichen Sinne vorhanden sind, ist eine erneute Prüfung an dieser Stelle unnötig. Deshalb werden die Gegenstände an dieser Stelle schlicht genannt, verbunden mit der Frage, ob diese Gegenstände steuerpflichtig sind. Die Gegenstände sind immer dann steuerpflichtig, wenn im Einzelfall keine Steuerbefreiung gegeben ist. Steuerbefreiungen sind in § 5 Abs. 1 und Abs. 2 UStG geregelt.

aa) Außertarifliche Endverwendung

Im Fall der außertariflichen Endverwendung ist insbesondere auf die Einfuhrumsatzsteuer-Befreiungsverordnung (EUStBV, Z 8051) einzugehen. Die dort geregelten Befreiungen basieren auf § 5 Abs. 2 UStG. In dieser Vorschrift sind Fälle genannt, in denen das Bundesministerium der Finanzen durch Rechtsverordnung Steuerbefreiungen oder Steuerermäßigungen anordnen kann.

Gemäß § 1 Abs. 1 EUStBV sind Gegenstände einfuhrumsatzsteuerfrei, die nach der Zollbefreiungsverordnung von 1983 in der Fassung von 2008 zollfrei eingeführt werden können. Ausgenommen sind aber Art. 29 bis 31, 45, 52 bis 59b, 63a und 63b Zollbefreiungsverordnung 1983. Zu beachten ist, dass die Zollbefreiungsverordnung im Jahr 2010 in einer neuen Fassung in Kraft getreten ist. Auf diese Verordnung wird in § 1 Abs. 1 EUStBV nicht verwiesen. In der Bezugnahme auf die Zollbefreiungsverordnung von 1983 in der Fassung von 2008 handelt es sich um eine sog. statische Verweisung (Gegensatz: Dynamische Verweisung, d.h. allgemeine Verweisung auf die jeweils gültige Fassung einer Rechtsnorm). Daher ist – jedenfalls bis die EUStBV auf die derzeit gültige Fassung der Zollbefreiungsverordnung aus 2010 verweist – eine Steuerbefreiung über die (alte) Zollbefreiungsverordnung aus 1983 in der Fassung von 2008 zu ermitteln.

Beachte: Von der EUSt-Befreiung ausgenommene Fälle der Endverwendung

Von den von der Steuerbefreiung ausgenommenen Fällen der Zollbefreiungsordnung von 1983 sind die in Art. 52 bis 59b geregelten wissenschaftlichen Instrumente und Apparate Anwendungsfälle der Endverwendung (nach der ZollbefrVO 2009 in Art. 44 bis 52 ZollbefrVO geregelt) und damit zwar von Zöllen, aber nicht von der EUSt befreit.

Gemäß § 1 Abs. 3 EUStBV ist einfuhrumsatzsteuerfrei ferner die Einfuhr der Gegenstände, die nach den §§ 12, 14 bis 22 der ZollV zollfrei eingeführt werden können.

Bei der außertariflichen Endverwendung liegt i.d.R. kein steuerpflichtiger Gegenstand vor, sodass im Ergebnis keine EUSt-Schuld entsteht.

bb) Tarifliche Endverwendung

Im Fall der tariflichen Endverwendung greifen keine Steuerbefreiungen nach § 5 Abs. 2 UStG i.V.m. der EUStBV. Anders als der Zolltarif sieht der Steuertarif des Umsatzsteuergesetztes auch keine Steuerermäßigung für besondere Verwendungszwecke vor. Damit liegt bei der tariflichen Endverwendung immer ein steuerbarer Gegenstand vor.

b) Überlassung zum steuerrechtlich freien Verkehr

Das Merkmal „Überlassung zum steuerrechtlich freien Verkehr“ ersetzt das zollrechtliche Merkmal „Überlassung zum zollrechtlich freien Verkehr im Rahmen der Endverwendung“ in Art. 77 Abs. 1 a) UZK. Mit der Überführung in der zollrechtlich freien Verkehr im Rahmen der tariflichen Endverwendung liegt eine Überlassung zum steuerrechtlich freien Verkehr vor.

2. Entstehungszeitpunkt, §§ 13 Abs. 2, 21 Abs. 2 UStG i.V.m. Art. 77 Abs. 2 UZK sinngemäß

Der Entstehungszeitpunkt einer EUSt-Schuld ist in sinngemäßer Anwendung aus dem Art. 77 Abs. 2 UZK zu entnehmen.

Beispiel: Bei Überlassung zur Endverwendung ist der Tag, an dem die Zollanmeldung angenommen worden ist, nach §§ 13 Abs. 2, 21 Abs. 2 UStG i.V.m. Art. 77 Abs. 2 UZK sinngemäß ebenfalls maßgeblich für den Zeitpunkt der EUSt-Entstehung.

3. EUSt-Schuldner, §§ 13a Abs. 2, 21 Abs. 2 UStG i.V.m. Art. 77 Abs. 3 UZK sinngemäß

Der EUSt-Schuldner ergibt sich aus §§ 13a Abs. 2, 21 Abs. 2 UStG ebenfalls in sinngemäßer Anwendung der Zollvorschriften. Bezüglich des EUSt-Schuldners ist also nicht § 13 Abs. 2 UStG, sondern § 13a Abs. 2 UStG der Ausgangspunkt der Prüfung. Also ist Art. 77 Abs. 3 UZK sinngemäß anzuwenden. Das heißt, dass der (Zoll-)Anmelder, der gem. Art. 77 Abs. 3 UZK Zollschuldner geworden ist, auch EUSt-Schuldner ist.

4. Bemessungszeitpunkt, §§ 13 Abs. 2, 21 Abs. 2 UStG i.V.m. Art. 85 Abs. 1 UZK sinngemäß

Der Bemessungszeitpunkt der EUSt bestimmt sich gem. § 21 Abs. 2 UStG in sinngemäßer Anwendung des Art. 85 Abs. 1 UZK. Also ist die Bemessung zum Zeitpunkt des Entstehens der Einfuhrumsatzsteuer (vgl. den vorstehenden Punkt II. 2.) durchzuführen.

Bei der anschließenden Bemessung der EUSt ist eine sinngemäße Anwendung von Zollvorschriften über § 21 Abs. 2 UStG nicht möglich. Denn die §§ 11 (Bestimmung des EUSt-Werts) und 12 UStG (EUSt-Satz) enthalten selbstständige Regelungen zur EUSt-Bemessung, die einen Rückgriff auf sinngemäß anwendbare Zollvorschriften ausschließen.

III. Bemessung der EUSt, §§ 11, 12 UStG

Abschließend ist die Bemessung der EUSt vorzunehmen. Dabei sind der EUSt-Wert gem. § 11 UStG und der EUSt-Satz gem. § 12 UStG zu prüfen.

1. EUSt-Wert, § 11 Abs. 1 und 3 UStG

Für die Ermittlung des EUSt-Werts vgl. detailliert die Darstellung im Schema 34.

2. EUSt-Satz, § 12 UStG

Der EUSt-Satz beträgt gem. § 12 Abs. 1 oder Abs. 2 UStG entweder 19% oder 7% (die diesbezüglichen Angaben im Sachverhalt einer Klausur sind zu beachten, ggf. ist der EUSt-Satz mithilfe des EZT zu ermitteln). Einen ermäßigten Steuersatz für besondere Verwendungszwecke sieht das Umsatzsteuerrecht nicht vor.

IV. Ergebnis

Abschließend ist das Endergebnis zu formulieren. Der an EUSt zu zahlende Betrag ergibt sich aus dem EUSt-Wert multipliziert mit dem EUSt-Satz. Dieser Betrag ist schließlich als Endergebnis der Prüfung der EUSt-Schuld anzugeben, beispielsweise: „Der Gesamtbetrag an EUSt beläuft sich auf x,– €."

Schema 66

Weitere Einfuhrumsatzsteuer bei der Endverwendung von Waren

Eine weitere EUSt-Schuld könnte sich aus § 21 Abs. 4 UStG ergeben. Danach entsteht eine weitere EUSt-Schuld, wenn für den eingeführten Gegenstand nach dem Zeitpunkt des Entstehens der Einfuhrumsatzsteuer bei Überführung in die tarifliche Endverwendung eine weitere Zollschuld entsteht.

Beispiel: Eine Ware wird in die bewilligte tarifliche Endverwendung übergeführt. Dadurch entstand auch die Einfuhrumsatzsteuer (vgl. Schema 65). Entsteht nun nochmals eine Zollschuld gem. Art. 79 Abs. 1 b), weil die Verpflichtung aus Art. 139 DA, die Ware dem bewilligten besonderen Verwendungszweck zuzuführen, nicht oder nicht fristgerecht erfüllt wurde, so entsteht gemäß § 21 Abs. 4 UStG eine weitere EUSt-Schuld.

Bemessungsgrundlage für die weitere EUSt-Schuld ist gem. § 21 Abs. 4 S. 3 UStG die entstandene Zollschuld. Steuerschuldner ist, wer den Zoll zu entrichten hat, § 21 Abs. 4 S. 4 UStG.

Jedoch gelten die Sätze 1 bis 4 gem. § 21 Abs. 4 S. 5 UStG nicht, wenn derjenige, der den Zoll zu entrichten hat, hinsichtlich des eingeführten Gegenstands nach § 15 Abs. 1 S. 1 Nr. 2 UStG zum Vorsteuerabzug berechtigt ist (Angaben im Sachverhalt beachten). Dann kommt es also nicht zu einer weiteren Entstehung der EUSt.

Voraussetzungen von § 21 Abs. 4 UStG

- EUSt ist bei Überführung in die Endverwendung entstanden
- Anschließend entsteht eine Zollschuld – bei der Endverwendung gem. Art. 79 Abs. 1 b) UZK
- Rechtsfolge: Entstehen einer weiteren EUSt-Schuld
- Bemessungsgrundlage: die entstandene Zollschuld (Abgabenbetrag)
- Ausnahme: bei berechtigtem Vorsteuerabzug nach § 15 Abs. 1 Nr. 2 UStG

Kapitel 9

Prüfungsschemata Erstattung und Erlass

Schema 67	Erstattung und Erlass gem. Art. 117 Abs. 1 1. Alt. UZK
Schema 68	Erstattung und Erlass gem. Art. 117 Abs. 1 1. Alt., Art. 117 Abs. 2 UZK
Schema 69	Erstattung und Erlass gem. Art. 118 UZK
Schema 70	Erstattung und Erlass gem. Art. 119 UZK
Schema 71	Erstattung und Erlass gem. Art. 120 UZK
Schema 72	Erstattung gem. Art. 116 Abs. 1 UAbs. 2 UZK

Schema 67
Erstattung und Erlass gem. Art. 117 Abs. 1 1. Alt. UZK

Die nachfolgenden Schemata zu Erstattung und Erlass werden jeweils in zwei Bereiche unterteilt geprüft. Zum einen wird der Aspekt Erstattung bzw. Erlass der Einfuhrabgabe Zoll geprüft. Diese Prüfung erfolgt unter dem Punkt „A. Erstattung der Abgabe Zoll“ bzw. „A. Erlass der Abgabe Zoll“. Anschließend sollte unter dem Punkt „B. Erstattung der Abgabe EUSt“ bzw. „B. Erlass der Abgabe EUSt“ geprüft werden.

A. Erstattung bzw. Erlass der Abgabe Zoll

I. Erstattung bzw. Erlass gem. Art. 117 Abs. 1 1. Alt. UZK

Eine Erstattung kommt in Betracht, wenn die Rückzahlung der bereits entrichteten Einfuhrabgaben begehrt wird (Art. 5 Nr. 28 UZK).

Ein Erlass kommt in Betracht, wenn die Befreiung von der Verpflichtung zur Entrichtung eines noch nicht gezahlten Abgabenbetrags begehrt wird (Art. 5 Nr. 29 UZK).

Mögliche Einstiegsformulierung: „Eine Erstattung/ein Erlass von Einfuhrabgaben (Art. 5 Nr. 20 UZK) könnte sich aus Art. 117 Abs. 1 1. Alt. UZK ergeben. Ein solcher Anspruch ist begründet, wenn die formellen und materiellen Voraussetzungen erfüllt sind. In materieller Hinsicht besteht ein Anspruch, wenn der ursprünglich mitgeteilte Abgabenbetrag den zu entrichtenden Abgabenbetrag übersteigt.“

Hinweis

Die EUSt ist keine Einfuhrabgabe i.S.v. Art. 5 Nr. 20 UZK. Unter Art. 5 Nr. 20 UZK fällt ausschließlich die Einfuhrabgabe „Zoll“. Gemäß § 21 Abs. 2 UStG, § 14 EUStBV sind die Regelungen des UZK für die EUSt jedoch sinngemäß anzuwenden. Die Darstellung einer Prüfung der Erstattung von EUSt erfolgt gesondert unter Punkt B.

II. Formelle Voraussetzungen

1. Antrag

Die Erstattung/der Erlass eines Abgabenbetrags erfolgt gem. Art. 121 Abs. 1 UZK, Art. 92 Abs. 1 DA, Art. 172 Abs. 1 IA auf Antrag oder gem. Art. 116 Abs. 4 UZK von Amts wegen (vgl. Z 1102 Abs. 107 a.E.).

Im Regelfall wird in einem Klausursachverhalt ein Hinweis auf einen ordnungsgemäß gestellten Antrag zu finden sein. Dann reicht folgender Hinweis: „Ein – formgerecht gestellter – Antrag liegt laut Sachverhalt vor."

Hinweis

1. Antrag

Der Antrag ist gem. Art. 6 Abs. 1 UZK in elektronischer Form abzugeben. Allerdings ist eine Abgabe in elektronischer Form derzeit nicht möglich, da die technischen Voraussetzungen hierfür fehlen. Es kann jedoch gem. Art. 92 Abs. 2 DA ein Antrag mit anderen Mitteln als der elektronischen Datenverarbeitung gestellt werden, wenn dies nach „den Bestimmungen des betreffenden Mitgliedstaats" vorgesehen ist. Rechtsnormen, also gesetzliche Regelungen oder Regelungen im Rahmen einer Rechtsverordnung, existieren insoweit nicht. Allerdings sind auch die Regelungen in der Dienstvorschrift Z 1102 als „Bestimmungen" i.S.v. Art. 92 Abs. 2 DA zu verstehen, sodass hierauf zurückgegriffen werden kann. Nach Z 1102 Abs. 111 ist ein schriftlicher Antrag nach entsprechendem Vordruck erforderlich („schriftlich" bedeutet Papierpost, elektronische Post, die nach den Signaturgesetz mit elektronischer Signatur – d.h. Unterschrift – versehen wurde oder per Fax. Eine einfache E-Mail reicht nicht aus, da in diesem Fall – mangels rechtsgültiger Unterzeichnung – keine Schriftform vorliegt).

2. Prüfungsumfang

Unabhängig vom Antrag des Antragstellers ist die Prüfung von Erstattung und Erlass gem. Art. 121 Abs. 2 UZK auf alle Tatbestände nach Art. 116 UZK zu richten.

2. Antragsteller

Antragsberechtigt ist gem. Art. 172 Abs. 1 IA die Person, die die Zollschuld tatsächlich entrichtet hat (bei Erstattung) oder entrichten muss (bei Erlass). Dies ist der Regelfall in Klausuren. Nach Art. 172 Abs. 1 letzter Halbsatz IA ist ebenfalls jede Person antragsberechtigt, „die in deren Rechte eintritt oder deren Verpflichtungen übernimmt" (in Klausuren ein Ausnahmefall, vgl. auch Z 1102 Abs. 110).

3. Bedingungen für die Annahme des Antrags, Art. 22 UZK, 11 DA

Die Bedingungen für die Annahme des Antrags gem. Art. 11 DA sind weitergehende formelle Voraussetzungen für die Entscheidung über den Antrag. Zu beachten sind insbesondere die Bedingungen gem. Art. 22 Abs. 2 UZK i.V.m. Art. 11 Abs. 1 a) bis d) DA.

Die Voraussetzungen von Art. 11 Abs. 1 DA sind:

- **Buchstabe a):** Registrierung des Antragsstellers nach Art. 9 UZK („EORI"), soweit erforderlich.
- **Buchstabe b):** Gemeinschaftsansässigkeit des Antragstellers, Art. 211 Abs. 3 a), 5 Nr. 35 UZK.

- **Buchstabe c):** Antrag bei der zuständigen Zollstelle eingereicht.
  - Grundsätzlich: Artikel 22 Abs. 1 UAbs. 3 UZK, Art. 12 DA.
  - Besonderheit: Ein Antrag auf Erstattung bzw. Erlass ist gem. Art. 92 Abs. 1 DA der zuständigen Zollstelle des Mitgliedstaats zu stellen, in dem die Zollschuld mitgeteilt wurde (abweichende Regelung zu Art. 22 Abs. 1 UAbs. 3 UZK). Wurden die Abgaben von einem HZA mitgeteilt, ist dieses HZA die zuständige Zollstelle für einen Erstattungs- bzw. Erlassantrag (vgl. Z 1102 Abs. 111).
- **Buchstabe d):** Ein Fall der sog. Sperrklausel („Sperrfrist") kommt bei Erstattung und Erlass tatbestandlich nicht in Betracht.

4. Antragsfrist

Der Antrag auf Erstattung bzw. Erlass ist innerhalb von drei Jahren nach Mitteilung der Zollschuld zu stellen (Art. 121 Abs. 1 a) UZK). Eine Fristberechnung ist nach Art. 3 FristenVO vorzunehmen.

ⓘ **Hinweise**

Nach Art. 55 UZK richtet sich die Berechnung der Fristen nach den Vorschriften der Verordnung (EWG/Euratom) Nr. 1182/71 des Rates zur Festlegung der Regeln für die Fristen, Daten und Termine (FristenVO).

Die Frist wird verlängert, wenn der Beteiligte nachweist, dass er infolge eines unvorhersehbaren Ereignisses oder höherer Gewalt gehindert war, den Antrag fristgerecht zu stellen Art. 121 Abs. 1 UAbs. 2 UZK.

Für die Erstattung bzw. den Erlass von Amts wegen gilt die vorgenannte Frist in gleicher Weise. Wird bei einer Zollprüfung festgestellt, dass von Amts wegen zu erstatten ist, ist für die Fristwahrung das Datum der Feststellung im Rahmen der Prüfung maßgebend (Z 1102 Abs. 24).

5. Gestellung, Art. 173 IA

Nach Art. 173 S. 1 IA ist die Erstattung oder der Erlass davon abhängig, dass die Waren gestellt werden können. Zur Ausnahme vgl. Art. 173 S. 2 IA.

III. Materielle Voraussetzungen von Art. 117 Abs. 1 1. Alt. UZK

Voraussetzung für eine Erstattung bzw. einen Erlass von Einfuhrabgaben nach Art. 117 Abs. 1 1. Alt. UZK ist, dass der mitgeteilte Abgabenbetrag den zu entrichtenden Abgabenbetrag übersteigt. Das ist dann der Fall, wenn die mitgeteilten Abgaben nicht den zu entrichtenden Abgaben entsprechen.

1. Zu entrichtender Abgabenbetrag

Wurde eine Ware zum zollrechtlich freien Verkehr überlassen, ist hier zu prüfen, ob sich die Zollschuld aus Art. 77 UZK ergeben könnte.

Hinweis

Ist in einem Klausursachverhalt angegeben, dass dem Beteiligten ein bestimmter Abgabenbetrag mittels Steuerbescheid mitgeteilt wurde, ist davon auszugehen, dass eine Zollschuld entstanden ist. In diesem Fall reicht die Feststellung, dass eine Zollschuld entstanden sein muss. Zudem ist die Höhe des zu entrichtenden Betrags anzugeben. In anderen Fällen ist nach dem folgenden Schema die Zollschuld zu erörtern. Im Folgenden wird die Prüfung von Art. 77 UZK zugrunde gelegt.

a) Zollschuldentstehung, Art. 77 Abs. 1 a) UZK

Beispielhafte Formulierung: „Im vorliegenden Fall wurde die eingeführte Ware laut Sachverhalt zum zollrechtlich freien Verkehr angemeldet und anschließend durch die Zollstelle überlassen. Hierdurch könnte eine Zollschuld nach Art. 77 Abs. 1 a) UZK entstanden sein."

aa) Einfuhrabgabenpflichtige Nicht-Unionsware

Formulierungsbeispiel in unproblematischen Fällen (Regelfall)

„Weil die – Ware nennen – ein beweglicher Gegenstand ist, handelt es sich um eine Ware i.S.d. Zollrechts (vgl. Z 0601 Abs. 101). Es handelt sich gem. Art. 5 Nr. 24 UZK um eine Nicht-Unionsware, da die Ware aus dem Drittland verbracht wurde. Die Statusvermutung gem. Art. 153 UZK greift wegen Art. 119 Abs. 1 DA nicht. Die Ware ist auch einfuhrabgabenpflichtig, denn für die Ware ist ein Zollsatz in Höhe von x% (Zollsatz nennen) vorgesehen und außertarifliche Abgabenbefreiungen kommen nicht in Betracht (vgl. Z 0901 Abs. 108)."

Eventuell ist in der Klausur ein gezahlter oder zu zahlender Abgabenbetrag angegeben. Dann kann folgendermaßen formuliert werden: „Die Ware ist einfuhrabgabenpflichtig, da (laut Sachverhalt) ein Abgabenbetrag Zoll in Höhe von 10.000,– € mitgeteilt wurde. Das ist nur möglich, wenn ein Zollsatz nach dem Zolltarif gegeben ist und keine außertariflichen Abgabenbefreiungen vorlagen."

bb) Überlassung zum zollrechtlich freien Verkehr

Ist in Klausuren angegeben, dass die Zollanmeldung angenommen wurde und dass die Waren überlassen wurden, kann folgendermaßen formuliert werden: „Die Zollschuld entsteht jedenfalls dann, wenn die Zollanmeldung angenommen wurde und die Überlassung der Ware in das Verfahren erfolgt ist (vgl. auch die Ansicht des EuGH). Da beide Elemente erfüllt sind, liegt eine Überlassung zum zollrechtlich freien Verkehr vor. Die übrigen Ansichten zu dieser Problematik, die entweder nur auf eine Annahme der Zollanmeldung bzw. auf die Annahme der

Zollanmeldung und die Überlassungsreife abstellen, kommen zu demselben Ergebnis, dass nach beiden Ansichten die bereits vorliegende Überlassung nicht erforderlich ist.“

b) Entstehungszeitpunkt, Art. 77 Abs. 2 UZK

Die Zollschuld entsteht im Zeitpunkt der Annahme der Zollanmeldung, hier am – Datum angeben – (in der Klausur immer das konkrete Datum nennen).

c) Zollschuldner, Art. 77 Abs. 3 UZK

Zollschuldner ist der Anmelder (Art. 4 Nr. 15, Nr. 4 UZK). An dieser Stelle sind (im Regelfall) kurze Feststellungen zum Zollschuldner erforderlich.

d) Bemessungsgrundlagen

Sofern nichts Gegenteiliges bestimmt ist, wird der Betrag der Zollschuld gem. Art. 85 Abs. 1 UZK anhand der Bemessungsgrundlagen bestimmt, die für die Ware zum Zeitpunkt des Entstehens der Zollschuld gelten.

An dieser Stelle ist ggf. die Zollschuld zu bemessen, es sei denn, im Sachverhalt ist die Höhe der zu entrichtenden Angaben explizit genannt.

Ist die Bemessung der Zollschuld erforderlich, ist ggf. eine vollständige Prüfung des Zollwerts nötig. Diesbezüglich wird auf das entsprechende Schema verwiesen.

2. Abweichung des mitgeteilten von dem zu entrichtenden Betrag

Nach Ermittlung des zu entrichtenden Betrags ist dieser mit dem mitgeteilten Abgabenbetrag zu vergleichen. Übersteigt der mitgeteilte Betrag den zu entrichtenden Betrag, ist die Differenz zu erstatten bzw. zu erlassen (vgl. Z 1102 Abs. 22).

3. Ausschlussgrund, Art. 116 Abs. 5 UZK

Eine Erstattung bzw. ein Erlass werden nicht gewährt, wenn die Mitteilung der Zollschuld auf einer Täuschung des Zollschuldners beruht.

Ist nach dem Sachverhalt keine Täuschung erkennbar, reicht eine feststellende Formulierung.

Hinweis zum Merkmal „Täuschung“

Eine Täuschung liegt bei einem betrügerischen Vorgehen vor. Ein betrügerisches Vorgehen setzt ein strafrechtlich relevantes, vorsätzliches Handeln des Beteiligten im Zusammenhang mit der Abgabenfestsetzung voraus (Z 1102 Abs. 108). Das Handeln muss nicht zwingend auf eine Verkürzung von Abgaben zielen. Es muss jedoch kausal für die unzutreffende Abgabenfestsetzung gewesen sein.

IV. Rechtsfolge: Erstattung bzw. Erlass der Einfuhrabgabe Zoll

Zu erstatten (Art. 5 Nr. 28 UZK) ist die Differenz zwischen dem (zu viel) gezahlten und dem zu entrichtenden Abgabenbetrag. Im Fall eines Erlasses (Art. 5 Nr. 29 UZK) sind zu hoch mitgeteilte Abgaben zu erlassen.

Dabei sollte abschließend kurz auf die Mindestbetragsregelung gem. Art. 116 Abs. 2 UZK eingegangen werden, wonach die zu erstattende oder zu erlassende Abgabe Zoll 10,– € überschreiten muss.

Ausnahme: Es wird ausdrücklich die Erstattung bzw. der Erlass eines niedrigeren Betrags beantragt.

B. Erstattung bzw. Erlass der Abgabe EUSt

Der Erstattungs- bzw. Erlassanspruch nach dem UZK kann nicht unmittelbar auf die EUSt übertragen werden, da es sich bei der EUSt um eine nationale Abgabe handelt. Jedoch sollen gemäß § 21 Abs. 2 UStG die Vorschriften für Zölle bei der Erstattung der EUSt sinngemäße Anwendung finden.

Rechtsgrundlage für eine Erstattung bzw. einen Erlass ist in diesem Fall § 21 Abs. 2 UStG i.V.m. Art. 117 Abs. 1 UZK sinngemäß. In § 14 Abs. 1 EUStBV wird dies bestätigt (= deklaratorische Vorschrift, keine eigenständige Rechtsgrundlage). Danach sind in Bezug auf die EUSt Art. 235 bis 242 ZK sinngemäß anzuwenden. Der Verweis auf die Regelungen im ZK ist als dynamische Verweisung auf die geltenden Regelungen, also auf Art. 116 ff. UZK, zu verstehen.

Formulierungsbeispiel bei Erstattung

„Hier könnte sich ein Erstattungsanspruch der zu viel gezahlten EUSt in Höhe von x,– € aus § 21 Abs. 2 UStG, § 14 Abs. 1 EUStBV i.V.m. Art. 117 UZK sinngemäß ergeben."

Zu beachten ist zudem die Regelung in § 14 Abs. 2 EUStBV. Ein Erstattungsanspruch für die Einfuhrumsatzsteuer ist gem. § 14 Abs. 2 EUStBV davon abhängig, dass die Firma nicht oder nicht in vollem Umfang nach § 15 Abs. 1 Nr. 2 UStG zum Vorsteuerabzug berechtigt ist.

Dann ist zu prüfen, ob eine Berechtigung zum Vorsteuerabzug vorliegt, beispielsweise: „Da die Einfuhrumsatzsteuer für Gegenstände entrichtet wurde, die für den Geschäftsbetrieb der – Firma nennen – als Unternehmen i.S.v. § 2 UStG eingeführt wurden, ist von einem vollständigen Vorsteuerabzug für den entrichteten Einfuhrumsatzsteuerbetrag auszugehen.

Die Einschränkung des § 14 Abs. 2 S. 1 EUStBV gilt jedoch nicht für Erstattungsfälle nach Art. 236 ZK (ist als Verweis auf Art. 117 Abs. 1 UZK zu verstehen). Somit besteht im vorliegenden Fall ein Erstattungsanspruch hinsichtlich der gezahlten Einfuhrumsatzsteuer in Höhe von x,– €."

Im Fall des Erlasses der EUSt ist in gleicher Weise zu argumentieren.

Hinweis

Wird dieser Betrag erstattet, so ist dem für den Antragssteller zuständigen Finanzamt eine Kontrollmitteilung nach Vordruck 0486 zu übersenden (vgl. Z 8101 Abs. 142).

Schema 68

Erstattung und Erlass gem. Art. 117 Abs. 1 1. Alt., Art. 117 Abs. 2 UZK

A. Erstattung der Abgabe Zoll

I. Erstattung bzw. Erlass gem. Art. 117 Abs. 1 1. Alt., Art. 117 Abs. 2 UZK

Eine Erstattung kommt in Betracht, wenn die Rückzahlung der bereits entrichteten Einfuhrabgaben begehrt wird (Art. 5 Nr. 28 UZK).

Ein Erlass kommt in Betracht, wenn die Befreiung von der Verpflichtung zur Entrichtung eines noch nicht gezahlten Abgabenbetrags begehrt wird (Art. 5 Nr. 29 UZK).

> **Beispielhafte Einstiegsformulierung**
>
> „Eine Erstattung/ein Erlass von Einfuhrabgaben (Art. 5 Nr. 20 UZK) könnte sich aus Art. 117 Abs. 1 1. Alt., Art. 117 Abs. 2 UZK ergeben. Ein solcher Anspruch ist begründet, wenn die formellen und materiellen Voraussetzungen der Norm vorliegen."

II. Formelle Voraussetzungen

1. Antrag

Die Erstattung/der Erlass eines nicht zu entrichtenden Abgabenbetrags erfolgt gem. Art. 121 Abs. 1 UZK, Art. 92 Abs. 1 DA auf Antrag. Nach Art. 116 Abs. 4 UZK ist eine Erstattung oder ein Erlass aber auch von Amts wegen möglich. Zu weiteren Einzelheiten im Zusammenhang mit dem Antrag, vgl. das Schema 67.

2. Antragsteller

Antragsberechtigt ist gem. Art. 172 Abs. 1 IA die Person, die die Zollschuld tatsächlich entrichtet hat (bei Erstattung) oder entrichten muss (bei Erlass). Dies ist der Regelfall. Nach Art. 172 Abs. 1 letzter Halbsatz IA ist ebenfalls jede Person antragsberechtigt, „die in deren Rechte eintritt oder deren Verpflichtungen übernimmt" (in Klausuren ein Ausnahmefall).

3. Bedingungen für die Annahme des Antrags, Art. 22 UZK, 11 DA

Die Bedingungen für die Annahme des Antrags gem. Art. 11 DA sind weitergehende formelle Voraussetzungen für die Entscheidung über den Antrag. Zu beachten sind insbesondere die Bedingungen gem. Art. 22 Abs. 2 UZK i.V.m. Art. 11 Abs. 1 a) bis d) DA.

Die Voraussetzungen von Art. 11 Abs. 1 DA sind:

- **Buchstabe a):** Registrierung des Antragsstellers nach Art. 9 UZK („EORI"), soweit erforderlich.
- **Buchstabe b):** Gemeinschaftsansässigkeit des Antragstellers, Art. 211 Abs. 3 a), 5 Nr. 35 UZK.
- **Buchstabe c):** Antrag bei der zuständigen Zollstelle eingereicht.
  - Grundsätzlich: Artikel 22 Abs. 1 UAbs. 3 UZK, Art. 12 DA.
  - Besonderheit: Ein Antrag auf Erstattung bzw. Erlass ist gem. Art. 92 Abs. 1 DA der zuständigen Zollstelle des Mitgliedstaats zu stellen, in dem die Zollschuld mitgeteilt wurde (abweichende Regelung zu Art. 22 Abs. 1 UAbs. 3 UZK). Wurden die Abgaben von einem HZA mitgeteilt, ist dieses HZA die zuständige Zollstelle für einen Erstattungs- bzw. Erlassantrag (vgl. Z 1102 Abs. 111).
- **Buchstabe d):** Ein Fall der sog. Sperrklausel („Sperrfrist") kommt bei Erstattung und Erlass tatbestandlich nicht in Betracht.

4. Antragsfrist

Der Antrag auf Erstattung bzw. Erlass ist innerhalb von drei Jahren nach Mitteilung der Zollschuld zu stellen (Art. 121 Abs. 1 a) UZK). Eine Fristberechnung ist nach Art. 3 FristenVO vorzunehmen.

5. Gestellung, Art. 173 IA

Nach Art. 173 S. 1 IA kann die Erstattung bzw. ein Erlass nur gewährt werden, wenn die Waren noch gestellt werden können. Zur Ausnahme vgl. Art. 173 S. 2 IA.

III. Materielle Voraussetzungen

Voraussetzung für eine Erstattung bzw. einen Erlass von Einfuhrabgaben nach Art. 117 Abs. 1 1. Alt. UZK ist, dass der mitgeteilte Betrag den zu entrichtenden Betrag übersteigt.

1. Zu entrichtender Abgabenbetrag

Der zu entrichtende Betrag ist anhand einer entstandenen Zollschuld zu bestimmen. Ausgangspunkt für den Fall gem. Art. 117 Abs. 2 UZK ist die Entstehung einer Zollschuld nach Art. 77 UZK, wobei dem Grunde nach ein Kontingent mit Abgabenbegünstigungen für die Waren im Zeitpunkt der Annahme der Zollanmeldung zur Überführung in den zollrechtlich freien Verkehr bestanden haben muss. Das Zollkontingent ist eine Abgabenbegünstigung (ermäßigter Einfuhrabgabensatz).

Diese wird allerdings nur gewährt, wenn ein Antrag auf Berücksichtigung der Begünstigung gestellt wird. Wurde ein entsprechender Antrag nicht bei der Annahme der Zollanmeldung gestellt, kann er gem. Art. 56 Abs. 3 UZK auch nachträglich gestellt werden. Der Antrag auf Erstattung/Erlass der Abgaben kann als (konkludenter) Antrag gesehen werden.

2. Voraussetzungen gem. Art. 117 Abs. 2 UZK

Eine Erstattung bzw. ein Erlass kommt allerdings nur in Betracht, wenn die Voraussetzungen des Art. 117 Abs. 2 UZK gegeben sind.

Nach Art. 117 Abs. 2 S. 1 UZK muss ein ermäßigter Zollsatz bei Annahme der Zollanmeldung zur Überführung in den freien Verkehr vorhanden gewesen sein.

Nach Art. 117 Abs. 2 a) UZK war die Höchstmenge des Kontingents noch nicht erschöpft, als der Antrag auf Berücksichtigung des Kontingents gestellt wurde.

3. Mitgeteilter Betrag übersteigt den zu entrichtenden Betrag

Nach Ermittlung des zu entrichtenden Betrags ist dieser mit dem mitgeteilten Abgabenbetrag zu vergleichen. Übersteigt der mitgeteilte Betrag den zu entrichtenden Betrag, ist die Differenz zu erstatten (vgl. Z 1102 Abs. 202).

4. Ausschlussgrund, Art. 116 Abs. 5 UZK

Eine Erstattung und auch ein Erlass werden nicht gewährt, wenn die Mitteilung der Zollschuld auf einer Täuschung des Zollschuldners beruht.

IV. Rechtsfolge: Erstattung bzw. Erlass der Einfuhrabgabe Zoll

Zu erstatten (Art. 5 Nr. 28 UZK) bzw. zu erlassen (Art. 5 Nr. 29 UZK) ist der entrichtete bzw. der zu entrichtende Betrag. Dabei sollte abschließend kurz auf die Mindestbetragsregelung gem. Art. 116 Abs. 2 UZK eingegangen werden, wonach die zu erstattende oder zu erlassende Zollschuld 10,– € überschreiten muss.

Ausnahme: Es wird ausdrücklich die Erstattung bzw. der Erlass eines niedrigeren Betrags beantragt.

B. Erstattung bzw. Erlass der Abgabe EUSt

Der Erstattungs- bzw. Erlassanspruch nach dem UZK kann nicht unmittelbar auf die EUSt übertragen werden, da es sich bei der EUSt um eine nationale Abgabe handelt. Jedoch sollen gemäß § 21 Abs. 2 UStG die Vorschriften für Zölle bei der Erstattung der EUSt sinngemäße Anwendung finden.

Rechtsgrundlage für die Erstattung bzw. einen Erlass ist in diesem Fall § 21 Abs. 2 UStG i.V.m. Art. 117 Abs. 1 UZK sinngemäß. In § 14 Abs. 1 EUStBV wird dies bestätigt (= deklaratorische Vorschrift, keine eigenständige Rechtsgrundlage). Danach sind in Bezug auf die EUSt Art. 235 bis 242 ZK sinngemäß anzuwenden. Der Verweis auf die Regelungen im ZK ist als dynamische Verweisung auf die geltenden Regelungen, also auf Art. 116 ff. UZK, zu verstehen. Das gilt jedenfalls bis die EUStBV im Hinblick auf den UZK angepasst worden ist.

Ein Erstattungs- bzw. Erlassanspruch der EUSt könnte sich daher aus § 21 Abs. 2 UStG, § 14 Abs. 1 EUStBV i.V.m. Art. 117 UZK sinngemäß ergeben.

Ein Erstattungsanspruch für die Einfuhrumsatzsteuer ist gemäß § 14 Abs. 2 EUStBV jedoch davon abhängig, dass die Firma (an dieser Stelle zu nennen) nicht oder nicht in vollem Umfang nach § 15 Abs. 1 Nr. 2 UStG zum Vorsteuerabzug berechtigt ist.

Die Einschränkung des § 14 Abs. 2 S. 1 EUStBV gilt jedoch nicht für Erstattungs- bzw. Erlassfälle nach Art. 236 ZK (ist als Verweis auf Art. 117 UZK zu verstehen). In diesen Fällen ist zu erstatten bzw. zu erlassen, obwohl eine Berechtigung zum Vorsteuerabzug vorliegt.

Schema 69
Erstattung und Erlass gem. Art. 118 UZK

A. Erstattung der Abgabe Zoll

I. Erstattung gem. Art. 118 Abs. 1 UZK

Eine Erstattung bzw. ein Erlass der gezahlten Einfuhrabgabe Zoll (Art. 5 Nr. 20 UZK) könnte sich aus Art. 118 Abs. 1 UZK ergeben.

Eine Erstattung kommt in Betracht, wenn die Rückzahlung der bereits entrichteten Einfuhrabgaben begehrt wird (Art. 5 Nr. 28 UZK).

Ein Erlass kommt in Betracht, wenn die Befreiung von der Verpflichtung zur Entrichtung eines noch nicht gezahlten Abgabenbetrags begehrt wird (Art. 5 Nr. 29 UZK).

Beispielhafte Einstiegsformulierung

„Eine Erstattung/ein Erlass von Einfuhrabgaben (Art. 5 Nr. 20 UZK) könnte sich aus Art. 118 Abs. 1 UZK ergeben. Ein solcher Anspruch ist begründet, wenn die formellen und materiellen Voraussetzungen der Norm vorliegen."

II. Formelle Voraussetzungen

1. Antrag

Die Erstattung/der Erlass eines nicht zu entrichtenden Abgabenbetrags erfolgt gem. Art. 121 Abs. 1 UZK, Art. 92 Abs. 1 DA auf Antrag. Nach Art. 116 Abs. 4 UZK ist eine Erstattung oder ein Erlass aber auch von Amts wegen möglich. Zu weiteren Einzelheiten im Zusammenhang mit dem Antrag, vgl. das Schema 67.

2. Antragsteller

Antragsberechtigt ist gem. Art. 172 Abs. 1 IA die Person, die die Zollschuld tatsächlich entrichtet hat (bei Erstattung) oder entrichten muss (bei Erlass). Dies ist der Regelfall. Nach Art. 172 Abs. 1 letzter Halbsatz IA ist ebenfalls jede Person antragsberechtigt, „die in deren Rechte eintritt oder deren Verpflichtungen übernimmt" (in Klausuren ein Ausnahmefall).

3. Bedingungen für die Annahme des Antrags, Art. 22 UZK, 11 DA

Die Bedingungen für die Annahme des Antrags gem. Art. 11 DA sind weitergehende formelle Voraussetzungen für die Entscheidung über den Antrag. Zu beachten sind insbesondere die Bedingungen gem. Art. 22 Abs. 2 UZK i.V.m. Art. 11 Abs. 1 a) bis d) DA.

Die Voraussetzungen von Art. 11 Abs. 1 DA sind:

- **Buchstabe a):** Registrierung des Antragsstellers nach Art. 9 UZK („EORI"), soweit erforderlich.
- **Buchstabe b):** Gemeinschaftsansässigkeit des Antragstellers, Art. 211 Abs. 3 a), 5 Nr. 35 UZK.
- **Buchstabe c):** Antrag bei der zuständigen Zollstelle eingereicht.
  - Grundsätzlich: Artikel 22 Abs. 1 UAbs. 3 UZK, Art. 12 DA.
  - Besonderheit: Ein Antrag auf Erstattung bzw. Erlass ist gem. Art. 92 Abs. 1 DA der zuständigen Zollstelle des Mitgliedstaats zu stellen, in dem die Zollschuld mitgeteilt wurde (abweichende Regelung zu Art. 22 Abs. 1 UAbs. 3 UZK). Wurden die Abgaben von einem HZA mitgeteilt, ist dieses HZA die zuständige Zollstelle für einen Erstattungs- bzw. Erlassantrag (vgl. Z 1102 Abs. 111).
- **Buchstabe d):** Ein Fall der sog. Sperrklausel („Sperrfrist") kommt bei Erstattung und Erlass tatbestandlich nicht in Betracht.

4. Antragsfrist

Der Antrag auf Erstattung bzw. Erlass ist innerhalb von einem Jahr nach Mitteilung der Zollschuld zu stellen (Art. 121 Abs. 1 b) UZK). Ist eine Fristberechnung erforderlich, ist die Fristeinhaltung über Art. 3 FristenVO zu prüfen.

5. Gestellung, Art. 173 IA

Nach Art. 173 S. 1 IA kann die Erstattung nur gewährt werden, wenn die Waren noch gestellt werden können. Zur Ausnahme vgl. Art. 173 S. 2 IA.

III. Materielle Voraussetzungen

1. Voraussetzungen von Art. 118 Abs. 1 UZK

a) Ware entsprach nicht Vertragsbedingungen

Es müsste sich um eine Ware handeln, die nicht den Vertragsbedingungen entsprach. Das ist dann der Fall, wenn eine oder mehrere Bedingungen fehlen, die Gegenstand des Einfuhrvertrags waren. Beispielsweise können Qualitätsbedingungen oder Eigenschaften fehlen. Die Schadhaftigkeit der Ware ist für das Vorliegen einer vertragswidrigen Ware nicht von Bedeutung.

Beispiel: Ist vertraglich vereinbart worden, dass rote T-Shirts geliefert werden sollen und werden stattdessen schwarze T-Shirts geliefert, liegt eine vertraglich vereinbarte Farbeigenschaft vor. In diesem Fall entspricht die „schwarze Ware" nicht den Vertragsbedingungen.

b) Schadhafte bzw. beschädigte Waren

Eine schadhafte Ware liegt vor, wenn die Ware nicht fehlerfrei hergestellt (produziert) wird. Es liegt also ein Sachmangel vor. Der schadhaften Ware ist gem. Art. 118 Abs. 1 UAbs. 2 UZK eine beschädigte Ware gleichgestellt. Eine Ware ist beschädigt, wenn während des Transports ein Schaden eingetreten ist. Die Ware wurde aber fehlerfrei hergestellt und ausgeliefert.

2. Zeitpunkt der Überlassung

Die vertragswidrige Eigenschaft der Ware muss gem. Art. 118 Abs. 1 UZK zum Zeitpunkt der Überlassung vorhanden sein. Das ist anhand des zu prüfenden Sachverhalts zu ermitteln, indem das jeweilige Überlassungsdatum und die zu diesem Zeitpunkt bestehende Eigenschaft der Ware ermittelt werden.

3. Zurückweisung der Waren

Der Einführer muss die Waren gem. Art. 118 Abs. 1 UZK auch zurückweisen.

4. Einschränkende Voraussetzungen gem. Art. 118 Abs. 2 UZK

Die Besonderheiten des Art. 118 Abs. 2 UZK (einschränkende Voraussetzungen) sind zu beachten.

§

Art. 118 Abs. 2 UZK – Schadhafte Waren oder Waren, die den Vertragsbedingungen nicht entsprechen

Die Erstattung oder der Erlass wird ungeachtet des Ansatzes 3 gewährt, sofern die Waren nicht verwendet oder gebraucht wurden – es sei denn, es konnte erst nach Beginn der Verwendung festgestellt werden, dass sie schadhaft sind oder nicht den Vertragsbedingungen entsprechen – und sofern sie aus dem Zollgebiet der Union verbracht werden.

Besonders hinzuweisen ist auf die Voraussetzung „sofern sie aus dem Zollgebiet der Union verbracht werden". Die Waren müssen grundsätzlich aus dem Zollgebiet verbracht, d.h. ausgeführt bzw. wiederausgeführt, werden. Eine Ausnahme davon sieht allerdings Art. 118 Abs. 4 UZK vor. Liegt keine Verbringung aus dem Zollgebiet vor, ist diese Norm zu prüfen.

§ **Art. 118 Abs. 4 UZK – Schadhafte Waren oder Waren, die den Vertragsbedingungen nicht entsprechen**

Anstelle der Verbringung aus dem Zollgebiet der Union bewilligen die Zollbehörden auf Antrag der betroffenen Person, dass die Waren in die aktive Veredelung – auch zur Zerstörung –, den externen Versand, das Zolllager oder die Freizone übergeführt werden.

5. Ausschlussgrund, Art. 118 Abs. 3 UZK

Außerdem darf kein Ausschlussgrund nach Art. 118 Abs. 3 UZK vorliegen.

§ **Art. 118 Abs. 3 UZK – Schadhafte Waren oder Waren, die den Vertragsbedingungen nicht entsprechen**

Die Erstattung oder der Erlass werden nicht gewährt, falls:

a) die Waren vor ihrer Überführung in den zollrechtlich freien Verkehr bereits in ein besonderes Verfahren zu Versuchszwecken übergeführt worden waren, es sei denn, dass nachweislich die Schadhaftigkeit dieser Waren oder ihre Nichtübereinstimmung mit den Vertragsbedingungen bei den Versuchen normalerweise nicht festgestellt werden konnte,

b) die Schadhaftigkeit der Waren bei der Festlegung der Bedingungen – insbesondere der preislichen Bedingungen – des Vertrages berücksichtigt worden war, bevor die Waren in das Zollverfahren übergeführt worden sind, aufgrund dessen die Zollschuld entstanden ist, oder

c) die Waren vom Antragsteller nach der Feststellung der Schadhaftigkeit oder der Nichtübereinstimmung mit den Vertragsbedingungen verkauft worden sind.

6. Kein Fall gem. Art. 116 Abs. 5 UZK

Die Mitteilung der Zollschuld darf nicht auf einer Täuschung des Zollschuldners beruhen, denn in diesem Fall wird gem. Art. 116 Abs. 5 UZK weder eine Erstattung noch ein Erlass gewährt.

IV. Rechtsfolge: Erstattung bzw. Erlass der Einfuhrabgabe Zoll

Zu erstatten (Art. 5 Nr. 28 UZK) bzw. zu erlassen (Art. 5 Nr. 29 UZK) ist der gezahlte bzw. der zu zahlende Abgabenbetrag. Dabei sollte abschließend kurz auf die Mindestbetragsregelung gem. Art. 116 Abs. 2 UZK eingegangen werden, wonach die zu erstattende oder zu erlassende Abgabe Zoll 10,– € überschreiten muss.

Ausnahme: Es wird ausdrücklich die Erstattung bzw. der Erlass eines niedrigeren Betrags beantragt.

B. Erstattung bzw. Erlass der Abgabe EUSt

Der Erstattungsanspruch bzw. ein Erlass nach dem UZK kann nicht unmittelbar auf die EUSt übertragen werden, da es sich bei der EUSt um eine nationale Abgabe handelt. Jedoch sollen gemäß § 21 Abs. 2 UStG die Vorschriften für Zölle bei der Erstattung der EUSt sinngemäße Anwendung finden.

Rechtsgrundlage für die Erstattung/den Erlass ist in diesem Fall § 21 Abs. 2 UStG i.V.m. Art. 118 Abs. 1 UZK sinngemäß. In § 14 Abs. 1 EUStBV wird dies bestätigt (= deklaratorische Vorschrift, keine eigenständige Rechtsgrundlage). Danach sind in Bezug auf die EUSt Art. 235 bis 242 ZK sinngemäß anzuwenden. Der Verweis auf die Regelungen im ZK ist als dynamische Verweisung auf die geltenden Regelungen, also auf Art. 116 ff. UZK, zu verstehen. Das gilt jedenfalls bis die EUStBV im Hinblick auf den UZK angepasst worden ist.

Ein Erstattungsanspruch/ein Erlassanspruch für die Einfuhrumsatzsteuer ist gem. § 14 Abs. 2 EUStBV jedoch davon abhängig, dass der Antragsteller nicht oder nicht in vollem Umfang nach § 15 Abs. 1 Nr. 2 UStG zum Vorsteuerabzug berechtigt ist. Diese Voraussetzung ergibt sich regelmäßig aus dem Klausursachverhalt.

Die Einschränkung des § 14 Abs. 2 S. 1 EUStBV gilt jedoch nicht für Erstattungsfälle/Erlassfälle nach Art. 236 ZK (ist als Verweis auf Art. 117 UZK zu verstehen). Da in diesem Fall eine Erstattung/ein Erlass gem. Art. 118 UZK geprüft wird, ist die Rückausnahme nicht anzuwenden.

Schema 70
Erstattung und Erlass gem. Art. 119 UZK

I. Erstattung bzw. Erlass gem. Art. 119 Abs. 1 UZK

Eine Erstattung bzw. ein Erlass der gezahlten Einfuhrabgabe Zoll (Art. 5 Nr. 20 UZK) könnte sich aus Art. 119 Abs. 1 UZK ergeben.

Eine Erstattung kommt in Betracht, wenn die Rückzahlung der bereits entrichteten Einfuhrabgaben begehrt wird (Art. 5 Nr. 28 UZK).

Ein Erlass kommt in Betracht, wenn die Befreiung von der Verpflichtung zur Entrichtung eines noch nicht gezahlten Abgabenbetrags begehrt wird (Art. 5 Nr. 29 UZK).

Beispielhafte Einstiegsformulierung

„Eine Erstattung/ein Erlass von Einfuhrabgaben (Art. 5 Nr. 20 UZK) könnte sich aus Art. 119 Abs. 1 UZK ergeben. Ein solcher Anspruch ist begründet, wenn die formellen und materiellen Voraussetzungen der Norm vorliegen."

II. Formelle Voraussetzungen

1. Antrag

Die Erstattung/der Erlass eines nicht zu entrichtenden Abgabenbetrags erfolgt gem. Art. 121 Abs. 1 UZK, Art. 92 Abs. 1 DA auf Antrag. Nach Art. 116 Abs. 4 UZK ist eine Erstattung oder ein Erlass aber auch von Amts wegen möglich. Zu weiteren Einzelheiten im Zusammenhang mit dem Antrag, vgl. das Schema 67.

2. Antragsteller

Antragsberechtigt ist gem. Art. 172 Abs. 1 IA die Person, die die Zollschuld tatsächlich entrichtet hat (bei Erstattung) oder entrichten muss (bei Erlass). Dies ist der Regelfall. Nach Art. 172 Abs. 1 letzter Halbsatz IA ist ebenfalls jede Person antragsberechtigt, „die in deren Rechte eintritt oder deren Verpflichtungen übernimmt" (in Klausuren ein Ausnahmefall).

3. Bedingungen für die Annahme des Antrags, Art. 22 UZK, 11 DA

Die Bedingungen für die Annahme des Antrags gem. Art. 11 DA sind weitergehende formelle Voraussetzungen für die Entscheidung über den Antrag. Zu beachten sind insbesondere die Bedingungen gem. Art. 22 Abs. 2 UZK i.V.m. Art. 11 Abs. 1 a) bis d) DA.

Die Voraussetzungen von Art. 11 Abs. 1 DA sind:

- **Buchstabe a):** Registrierung des Antragsstellers nach Art. 9 UZK („EORI"), soweit erforderlich.
- **Buchstabe b):** Gemeinschaftsansässigkeit des Antragstellers, Art. 211 Abs. 3 a), 5 Nr. 35 UZK.
- **Buchstabe c):** Antrag bei der zuständigen Zollstelle eingereicht.
  - Grundsätzlich: Artikel 22 Abs. 1 UAbs. 3 UZK, Art. 12 DA.
  - Besonderheit: Ein Antrag auf Erstattung bzw. Erlass ist gem. Art. 92 Abs. 1 DA der zuständigen Zollstelle des Mitgliedstaats zu stellen, in dem die Zollschuld mitgeteilt wurde (abweichende Regelung zu Art. 22 Abs. 1 UAbs. 3 UZK). Wurden die Abgaben von einem HZA mitgeteilt, ist dieses HZA die zuständige Zollstelle für einen Erstattungs- bzw. Erlassantrag (vgl. Z 1102 Abs. 111).
- **Buchstabe d):** Ein Fall der sog. Sperrklausel („Sperrfrist") kommt bei Erstattung und Erlass tatbestandlich nicht in Betracht.

4. Antragsfrist

Der Antrag auf Erstattung ist innerhalb von drei Jahren nach Mitteilung der Zollschuld zu stellen (Art. 121 Abs. 1 a) UZK). Eine Fristberechnung erfolgt nach Art. 3 FristenVO.

5. Gestellung, Art. 173 IA

Nach Art. 173 S. 1 IA kann die Erstattung nur gewährt werden, wenn die Waren gestellt werden. Zur Ausnahme vgl. Art. 173 S. 2 IA. Im Regelfall wird diese Voraussetzung aus dem Sachverhalt hervorgehen.

III. Materielle Voraussetzungen

1. Auffangtatbestand

Artikel 119 Abs. 3 UZK greift als Erlass- bzw. Erstattungstatbestand zunächst nur dann ein, wenn kein anderer Fall, der in Art. 116 Abs. 1 UAbs. 2 und in den Art. 117, 118 und 120 UZK genannt wird, vorliegt. Insoweit handelt es sich hier um einen Auffangtatbestand.

Artikel 116 Abs. 1 UAbs. 2 liegt nicht vor, wenn es sich nicht um die Ungültigerklärung einer Zollanmeldung handelt.

Artikel 117 Abs. 1 1. Alt. UZK greift nicht ein, wenn der mitgeteilte Betrag der Höhe der zu entrichtenden Abgaben entspricht.

Artikel 117 Abs. 1 2. Alt. UZK liegt nicht vor, wenn sich keine sog. Mitteilungsverbote ergeben.

Artikel 118 UZK greift nicht ein, wenn keine schadhafte oder nicht den Vertragsbedingungen entsprechende Ware vorliegt.

Artikel 120 Abs. 1 UZK liegt nicht vor, wenn sich der Zollbeteiligte nicht gegenüber anderen Geschäftsbeteiligten in einer besonderen Lage befindet. Dies wird nach der Definition in Art. 120 Abs. 2 UZK gefordert, da in der Norm „besondere Umstände" gefordert werden.

2. Voraussetzungen gem. Art. 119 Abs. 1 UZK

Artikel 119 Abs. 1 UZK setzt voraus, dass der ursprünglich mitgeteilte Zollschuldbetrag aufgrund eines Irrtums der zuständigen Behörden einem niedrigeren als dem zu entrichtenden Betrag entsprach, der Irrtum vom Zollschuldner vernünftigerweise nicht erkannt werden konnte (Art. 119 Abs. 1 a) UZK) und der Zollschuldner gutgläubig gehandelt hat (Art. 119 Abs. 1 b) UZK).

a) Ursprünglich mitgeteilter Betrag niedriger als zu entrichtender Betrag

Entsprach der ursprünglich mitgeteilte Betrag nicht dem zu entrichtenden Betrag und wurde beispielsweise durch die Zollbehörde ein niedrigerer Zollsatz zugrunde gelegt, wurde ein zu niedriger Betrag mitgeteilt. Anschließend wurde dieser Irrtum der Zollbehörden dadurch korrigiert, dass nunmehr der tatsächlich zu entrichtende Betrag mitgeteilt wurde (Steueränderungsbescheid).

b) Irrtum der Zollbehörden

Es muss ein Irrtum der Zollbehörden vorgelegen haben. Diese Voraussetzungen lassen sich am sinnvollsten nach den Vorgaben prüfen, die diesbezüglich in der Dienstvorschrift Z 1102 Abs. 502 zu finden sind.

Prüfung des Irrtums

Ist in einem Sachverhalt – außerhalb der Sonderreglung nach Art. 119 Abs. 3 UZK – ein Irrtum der Zollbehörde zu prüfen, können die Voraussetzungen hierfür Z 1102 Abs. 502 entnommen werden:

Text der Dienstvorschrift

(502) Ein Irrtum im Sinne des Artikels 119 UZK ist jeder Fehler, der ursächlich dazu geführt hat, dass der einer Zollschuld entsprechende Abgabenbetrag nicht oder nur mit einem geringeren als dem zu entrichtenden Abgabenbetrag festgesetzt, buchmäßig erfasst und mitgeteilt wurde. [...]

Der Fehler muss grundsätzlich in einem aktiven Verhalten der Zollbehörde bestehen. Ein relevanter Irrtum liegt daher regelmäßig nur vor, wenn ihn die Zollbehörde begeht, nicht, wenn sie ihm nur unterliegt. Fälle, in denen die Zollbehörde nur eine passive Rolle spielt, stellen daher grundsätzlich keinen Irrtum dar (zur Relevanz eines passiven Verhaltens siehe unten).

Ein aktives Verhalten liegt insbesondere dann vor, wenn und soweit die Angaben in der Zollanmeldung tatsächlich geprüft wurden und dieses Ergebnis der Abgabenfestsetzung zugrunde gelegt wurde. Das ist z.B. der Fall, wenn Angaben in der Zollanmeldung, die sich später als unrichtig erweisen, ausdrücklich als richtig bestätigt wurden, oder wenn ausdrücklich von anderen als den angemeldeten Bemessungsgrundlagen ausgegangen wurde. Ein lediglich passives Verhalten liegt dagegen z.B. vor, wenn Angaben in der Zollanmeldung lediglich hingenommen, d.h. unbeanstandet der Abgabenfestsetzung zugrunde gelegt wurden, z.B. ohne Überprüfung nach Artikel 188 UZK (vgl. EuGH, Urteile vom 27. Juni 1991, Rs. C-348/89, EU:C:1991:278 – Mecanarte und vom 1. April 1993, Rs. C-250/91, EU:C:1992:134 – Hewlett-Packard).

Allerdings können ausnahmsweise auch passive Verhaltensweisen einen Irrtum im Sinne dieser Vorschrift darstellen, so z.B. wenn die Zollbehörden bei einer großen Zahl von Einfuhren und über einen langen Zeitraum hinweg keine Einwände gegen die angemeldete Codenummer vorgebracht haben, obwohl ein Vergleich zwischen der angemeldeten Codenummer und der angemeldeten Bezeichnung der Ware es zugelassen hätte, die Unrichtigkeit der Einreihung zu erkennen (siehe Informationspapier der EU-Kommission in E-VSF Z 1120, Ziffer 1.1.1).

c) Erkennbarkeit des Irrtums

Für den Zollschuldner darf der Irrtum vernünftigerweise nicht erkennbar gewesen sein. Hier kommt es auf die Beurteilung des Einzelfalls an. Insoweit sind die Voraussetzungen, die in Z 1102 Abs. 507 ff. genannt sind, maßgebend. Entscheidend ist die Art des Irrtums, die Erfahrung des Zollschuldners und die von ihm aufgewendete Sorgfalt.

d) Gutgläubigkeit

Der Zollschuldner ist dann gutgläubig, wenn er den Irrtum nicht erkennen konnte (vgl. auch Z 1102 Abs. 511).

3. Ausschlussgrund, Art. 116 Abs. 5 UZK

Der Ausschlussgrund des Art. 116 Abs. 5 UZK ist zu prüfen. Die Mitteilung des Abgabenbetrags darf danach nicht durch eine Täuschung des Zollschuldners bedingt sein.

IV. Rechtsfolge: Erstattung bzw. Erlass der Einfuhrabgabe Zoll

Zu erstatten (Art. 5 Nr. 28 UZK) bzw. zu erlassen (Art. 5 Nr. 29 UZK) ist der gezahlte bzw. der zu zahlende Abgabenbetrag. Dabei sollte abschließend kurz auf die Mindestbetragsregelung gem. Art. 116 Abs. 2 UZK eingegangen werden, wonach die zu erstattende oder zu erlassende Abgabe Zoll 10,– € überschreiten muss.

Ausnahme: Es wird ausdrücklich die Erstattung bzw. der Erlass eines niedrigeren Betrags beantragt.

Zu beachten ist, dass gem. Art. 116 Abs. 3 UZK im Fall einer Erstattung gem. Art. 119 UZK die Akte an die EU-Kommission weiterzuleiten ist, sofern ein Fall nach den Buchstaben a) bis d) vorliegt. Diese Regelung steht im Zusammenhang mit Art. 98 bis 102 IA. In einer Klausur sollte hierauf kurz eingegangen werden. Eine Weiterleitung wird dabei regelmäßig nicht in Betracht kommen, ggf. ergibt sich aus einer Anmerkung in der Klausur, dass ein Fall nach Art. 116 Abs. 3 UZK nicht vorliegt.

Exkurs: Fall nach Art. 119 Abs. 3 UZK

Regelung in Art. 119 Abs. 3 UAbs. 1 UZK

Die Mitteilung des zu niedrigen Abgabenbetrags muss auch im Fall von Art. 119 Abs. 3 UZK auf einem Irrtum der Zollbehörden beruhen und vom Zollschuldner vernünftigerweise nicht erkennbar gewesen sein. Allerdings regelt Art. 119 Abs. 3 UZK den Fall eines Irrtums und deren Erkennbarkeit im Fall einer Präferenzbehandlung und sieht diesbezüglich besondere Voraussetzungen vor.

Wurde ein niedriger Abgabenbetrag mitgeteilt und beruhte dies darauf, dass ein unrichtiger Präferenznachweis und damit ein ermäßigter Zollsatz angewendet wurde, ist Art. 119 Abs. 3 UZK zu prüfen.

Wird nach Art. 119 Abs. 3 UZK die Präferenzbehandlung von Waren im Rahmen einer Verwaltungszusammenarbeit mit Behörden eines Landes oder Gebiets außerhalb des Zollgebiets der Union gewährt, so gilt eine von diesen Behörden ausgestellte Bescheinigung, die sich als unrichtig erweist, als Irrtum i.S.v. Art. 119 Abs. 1 a) UZK, der vernünftigerweise nicht erkannt werden konnte. Vergleiche dazu auch Z 1102 Abs. 512 ff.

Ausschluss eines Irrtums, Art. 119 Abs. 3 UAbs. 2 UZK

Allerdings gilt die Präferenzbescheinigung dann nicht als Irrtum i.S.d. Abs. 1, wenn die Bescheinigung auf einer unrichtigen Darstellung der Tatsachen durch den Ausführer beruht.

B. Erstattung bzw. Erlass der Abgabe EUSt

Der Erstattungsanspruch bzw. ein Erlass nach dem UZK kann nicht unmittelbar auf die EUSt übertragen werden, da es sich bei der EUSt um eine nationale Abgabe handelt. Jedoch sollen gemäß § 21 Abs. 2 UStG die Vorschriften für Zölle bei der Erstattung der EUSt sinngemäße Anwendung finden.

Rechtsgrundlage für die Erstattung/den Erlass ist in diesem Fall § 21 Abs. 2 UStG i.V.m. Art. 119 Abs. 1 UZK sinngemäß. In § 14 Abs. 1 EUStBV wird dies bestätigt (= deklaratorische Vorschrift, keine eigenständige Rechtsgrundlage). Danach sind in Bezug auf die EUSt Art. 235 bis 242 ZK sinngemäß anzuwenden. Der Verweis auf die Regelungen im ZK ist als dynamische Verweisung auf die geltenden Regelungen, also auf Art. 116 ff. UZK, zu verstehen. Das gilt jedenfalls bis die EUStBV im Hinblick auf den UZK angepasst worden ist.

Ein Erstattungsanspruch/ein Erlassanspruch für die Einfuhrumsatzsteuer ist gem. § 14 Abs. 2 EUStBV jedoch davon abhängig, dass der Antragsteller nicht oder nicht in vollem Umfang nach § 15 Abs. 1 Nr. 2 UStG zum Vorsteuerabzug berechtigt ist. Diese Voraussetzung ergibt sich regelmäßig aus dem Klausursachverhalt.

Die Einschränkung des § 14 Abs. 2 S. 1 EUStBV gilt jedoch nicht für Erstattungsfälle/Erlassfälle nach Art. 236 ZK (ist als Verweis auf Art. 117 UZK zu verstehen). Da in diesem Fall eine Erstattung/ein Erlass gem. Art. 119 UZK geprüft wird, ist die Rückausnahme nicht anzuwenden.

Schema 71
Erstattung und Erlass gem. Art. 120 UZK

I. Erstattung bzw. Erlass gem. Art. 120 Abs. 1 UZK

Eine Erstattung bzw. ein Erlass der gezahlten Einfuhrabgabe Zoll (Art. 5 Nr. 20 UZK) könnte sich aus Art. 120 Abs. 1 UZK ergeben.

Eine Erstattung kommt in Betracht, wenn die Rückzahlung der bereits entrichteten Einfuhrabgaben begehrt wird (Art. 5 Nr. 28 UZK).

Ein Erlass kommt in Betracht, wenn die Befreiung von der Verpflichtung zur Entrichtung eines noch nicht gezahlten Abgabenbetrags begehrt wird (Art. 5 Nr. 29 UZK).

Beispielhafte Einstiegsformulierung

„Eine Erstattung/ein Erlass von Einfuhrabgaben (Art. 5 Nr. 20 UZK) könnte sich aus Art. 120 Abs. 1 UZK ergeben. Ein solcher Anspruch ist begründet, wenn die formellen und materiellen Voraussetzungen der Norm vorliegen."

II. Formelle Voraussetzungen

1. Antrag

Die Erstattung/der Erlass eines nicht zu entrichtenden Abgabenbetrags erfolgt gem. Art. 121 Abs. 1 UZK, Art. 92 Abs. 1 DA auf Antrag. Nach Art. 116 Abs. 4 UZK ist eine Erstattung oder ein Erlass aber auch von Amts wegen möglich. Zu weiteren Einzelheiten im Zusammenhang mit dem Antrag, vgl. das Schema 67.

2. Antragsteller

Antragsberechtigt ist gem. Art. 172 Abs. 1 IA die Person, die die Zollschuld tatsächlich entrichtet hat (bei Erstattung) oder entrichten muss (bei Erlass). Dies ist der Regelfall. Nach Art. 172 Abs. 1 letzter Halbsatz IA ist ebenfalls jede Person antragsberechtigt, „die in deren Rechte eintritt oder deren Verpflichtungen übernimmt" (in Klausuren ein Ausnahmefall).

3. Bedingungen für die Annahme des Antrags, Art. 22 UZK, 11 DA

Die Bedingungen für die Annahme des Antrags gem. Art. 11 DA sind weitergehende formelle Voraussetzungen für die Entscheidung über den Antrag. Zu beachten sind insbesondere die Bedingungen gem. Art. 22 Abs. 2 UZK i.V.m. Art. 11 Abs. 1 a) bis d) DA.

Die Voraussetzungen von Art. 11 Abs. 1 DA sind:

- **Buchstabe a):** Registrierung des Antragsstellers nach Art. 9 UZK („EORI"), soweit erforderlich.
- **Buchstabe b):** Gemeinschaftsansässigkeit des Antragstellers, Art. 211 Abs. 3 a), 5 Nr. 35 UZK.
- **Buchstabe c):** Antrag bei der zuständigen Zollstelle eingereicht.
  - Grundsätzlich: Artikel 22 Abs. 1 UAbs. 3 UZK, Art. 12 DA.
  - Besonderheit: Ein Antrag auf Erstattung bzw. Erlass ist gem. Art. 92 Abs. 1 DA der zuständigen Zollstelle des Mitgliedstaats zu stellen, in dem die Zollschuld mitgeteilt wurde (abweichende Regelung zu Art. 22 Abs. 1 UAbs. 3 UZK). Wurden die Abgaben von einem HZA mitgeteilt, ist dieses HZA die zuständige Zollstelle für einen Erstattungs- bzw. Erlassantrag (vgl. Z 1102 Abs. 111).
- **Buchstabe d):** Ein Fall der sog. Sperrklausel („Sperrfrist") kommt bei Erstattung und Erlass tatbestandlich nicht in Betracht.

4. Antragsfrist

Der Antrag auf Erstattung ist innerhalb von drei Jahren nach Mitteilung der Zollschuld zu stellen (Art. 121 Abs. 1 a) UZK).

5. Gestellung, Art. 173 IA

Nach Art. 173 S. 1 IA kann die Erstattung nur gewährt werden, wenn die Waren gestellt werden. Zur Ausnahme vgl. Art. 173 S. 2 IA. Diese Voraussetzung ist regelmäßig aus dem Sachverhalt zur Klausur zu entnehmen.

III. Materielle Voraussetzungen

1. Auffangtatbestand

Artikel 120 Abs. 1 UZK greift als Erlass- bzw. Erstattungstatbestand zunächst nur dann ein, wenn kein anderer Fall, der in Art. 116 Abs. 1 UAbs. 2 und in den Art. 117 bis 119 UZK genannt wird, vorliegt. Insoweit handelt es sich hier um einen Auffangtatbestand.

Artikel 116 Abs. 1 UAbs. 2 liegt nicht vor, wenn es sich nicht um die Ungültigerklärung einer Zollanmeldung handelt.

Artikel 117 Abs. 1 1. Alt. UZK greift nicht ein, wenn der mitgeteilte Betrag der Höhe der zu entrichtenden Abgaben entspricht.

Artikel 117 Abs. 1 2. Alt. UZK liegt nicht vor, wenn sich keine sog. Mitteilungsverbote ergeben.

Artikel 118 UZK greift nicht ein, wenn keine schadhafte oder nicht der Vertragsbedingungen entsprechende Ware vorliegt.

Artikel 119 UZK liegt nicht vor, wenn kein Irrtum der Zollbehörde gegeben ist.

2. Besondere Umstände

Besondere Umstände nach der Legaldefinition in Art. 120 Abs. 2 UZK liegen vor, wenn die Umstände des Falles klar erkennen lassen, dass der Zollschuldner sich im Vergleich zu anderen Wirtschaftsbeteiligten im gleichen Geschäftsfeld in einer besonderen Lage befindet und dass ihm, wenn diese besonderen Umstände nicht vorliegen würden, keine Nachteile aus der Erhebung des Einfuhrabgabenbetrags entstanden wären.

Diese Voraussetzung ist eingehend zu erörtern.

3. Keine Täuschung oder offensichtliche Fahrlässigkeit, Art. 120 Abs. 1 UZK

Es darf keine Täuschung oder offensichtliche Fahrlässigkeit des Zollschuldners gegeben sein.

Eine Täuschung setzt ein bewusstes, zielgerechtes Handeln gegenüber den Zollbehörden voraus.

Bei der Beurteilung des Vorliegens einer offensichtlichen Fahrlässigkeit sind die Kriterien „Komplexität der Vorschriften", „Erfahrenheit des Beteiligten" und „Sorgfalt des Beteiligten" im Rahmen einer Einzelfallprüfung heranzuziehen (vgl. dazu im Einzelnen Z 1102 Abs. 604 ff.).

Keine offensichtliche Fahrlässigkeit liegt vor, wenn es sich bei der Verfehlung um einen sog. Arbeitsfehler handelt. Das ist der Fall, wenn der Fehler nach den Umständen des Einzelfalls und auch bei Anwendung der erforderlichen Sorgfalt letztlich nicht vermieden werden kann, vgl. dazu auch Z 1102 Abs. 605 UAbs. 1 („das kann passieren").

Offensichtliche Fahrlässigkeit liegt dagegen vor, wenn „der Beteiligte ausdrücklich über seine Pflichten belehrt worden ist oder aufgrund der Unterlagen (z.B. Bewilligungen, Merkblätter) über das betreffende Zollverfahren seine Pflichten hätte erkennen müssen" (Zitat aus Z 1102 Abs. 605 UAbs. 2).

4. Ausschlussgrund, Art. 116 Abs. 5 UZK

Der Ausschlussgrund des Art. 116 Abs. 5 UZK ist zu prüfen. Die Mitteilung des Abgabenbetrags darf danach nicht durch eine Täuschung des Zollschuldners bedingt sein.

IV. Rechtsfolge: Erstattung bzw. Erlass der Einfuhrabgabe Zoll

Zu erstatten (Art. 5 Nr. 28 UZK) bzw. zu erlassen (Art. 5 Nr. 29 UZK) ist der gezahlte bzw. der zu zahlende Abgabenbetrag. Dabei sollte abschließend kurz auf die Mindestbetragsregelung gem. Art. 116 Abs. 2 UZK eingegangen werden, wonach die zu erstattende oder zu erlassende Abgabe Zoll 10,– € überschreiten muss.

Ausnahme: Es wird ausdrücklich die Erstattung bzw. der Erlass eines niedrigeren Betrags beantragt.

Zu beachten ist, dass gem. Art.116 Abs. 3 UZK im Fall einer Erstattung gem. Art. 120 UZK die Akte an die EU-Kommission weiterzuleiten ist, sofern ein Fall nach den Buchstaben a) bis d) vorliegt. Diese Regelung steht im Zusammenhang mit Art. 98 bis 102 IA. In einer Klausur sollte hierauf kurz eingegangen werden. Eine Weiterleitung wird dabei regelmäßig nicht in Betracht kommen, ggf. ergibt sich aus einer Anmerkung in der Klausur, dass ein Fall nach Art. 116 Abs. 3 UZK nicht vorliegt.

B. Erstattung bzw. Erlass der Abgabe EUSt

Der Erstattungsanspruch bzw. ein Erlass nach dem UZK kann nicht unmittelbar auf die EUSt übertragen werden, da es sich bei der EUSt um eine nationale Abgabe handelt. Jedoch sollen gemäß § 21 Abs. 2 UStG die Vorschriften für Zölle bei der Erstattung der EUSt sinngemäße Anwendung finden.

Rechtsgrundlage für die Erstattung/den Erlass ist in diesem Fall § 21 Abs. 2 UStG i.V.m. Art. 120 Abs. 1 UZK sinngemäß. In § 14 Abs. 1 EUStBV wird dies bestätigt (= deklaratorische Vorschrift, keine eigenständige Rechtsgrundlage). Danach sind in Bezug auf die EUSt Art. 235 bis 242 ZK sinngemäß anzuwenden. Der Verweis auf die Regelungen im ZK ist als dynamische Verweisung auf die geltenden Regelungen, also auf Art. 116 ff. UZK, zu verstehen. Das gilt jedenfalls bis die EUStBV im Hinblick auf den UZK angepasst worden ist.

Ein Erstattungsanspruch/ein Erlassanspruch für die Einfuhrumsatzsteuer ist gem. § 14 Abs. 2 EUStBV jedoch davon abhängig, dass der Antragsteller nicht oder nicht in vollem Umfang nach § 15 Abs. 1 Nr. 2 UStG zum Vorsteuerabzug berechtigt ist. Diese Voraussetzung ergibt sich regelmäßig aus dem Klausursachverhalt.

Die Einschränkung des § 14 Abs. 2 S. 1 EUStBV gilt jedoch nicht für Erstattungsfälle/Erlassfälle nach Art. 236 ZK (ist als Verweis auf Art. 117 UZK zu verstehen). Da in diesem Fall eine Erstattung gem. Art. 120 UZK geprüft wird, ist die Rückausnahme nicht anzuwenden.

Schema 72
Erstattung gem. Art. 116 Abs. 1 UAbs. 2 UZK

I. Erstattung gem. Art. 116 Abs. 1 UAbs. 2 UZK

Nach Art. 116 Abs. 1 UAbs. 2 UZK kommt ausschließlich eine Erstattung der Abgaben in Betracht. Die Erstattung ist die Rückzahlung eines entrichteten Einfuhrabgabenbetrags (Art. 5 Nr. 28 UZK).

Hinweis

Der Erlass von Einfuhrabgaben ist in Art. 116 Abs. 1 UAbs. 2 UZK nicht vorgesehen. Vor Entrichtung der Abgaben erlischt die Zollschuld gem. Art. 124 Abs. 1 d) UZK im Fall der Ungültigerklärung der Zollanmeldung. Durch das Erlöschen besteht keine Zollschuld und damit auch keine Verpflichtung zur Entrichtung von Abgaben. Folglich kann es in diesem Fall aus Rechtsgründen auch keinen Erlass der Abgaben geben.

II. Formelle Voraussetzungen

1. Antrag

Die Erstattung eines nicht zu entrichtenden Abgabenbetrags erfolgt gem. Art. 121 Abs. 1 UZK, Art. 92 Abs. 1 DA auf Antrag oder gem. Art. 116 Abs. 4 UZK von Amts wegen. Zu weiteren Einzelheiten im Zusammenhang mit dem Antrag, vgl. das Schema 67.

2. Antragsteller

Antragsberechtigt und damit Antragsteller ist gem. Art. 172 Abs. 1 IA die Person, die die Zollschuld tatsächlich entrichtet hat. Dies ist der Regelfall. Nach Art. 172 Abs. 1 letzter Halbsatz IA ist ebenfalls jede Person antragsberechtigt, „die in deren Rechte eintritt oder deren Verpflichtungen übernimmt" (in Klausuren ein Ausnahmefall).

3. Bedingungen für die Annahme des Antrags, Art. 22 UZK, 11 DA

Die Bedingungen für die Annahme des Antrags gem. Art. 11 DA sind weitergehende formelle Voraussetzungen für die Entscheidung über den Antrag. Zu beachten sind insbesondere die Bedingungen gem. Art. 22 Abs. 2 UZK i.V.m. Art. 11 Abs. 1 a) bis d) DA.

Die Voraussetzungen von Art. 11 Abs. 1 DA sind:

- **Buchstabe a):** Registrierung des Antragsstellers nach Art. 9 UZK („EORI"), soweit erforderlich.

- **Buchstabe b):** Gemeinschaftsansässigkeit des Antragstellers, Art. 211 Abs. 3 a), 5 Nr. 35 UZK.
- **Buchstabe c):** Antrag bei der zuständigen Zollstelle eingereicht.
  - Grundsätzlich: Artikel 22 Abs. 1 UAbs. 3 UZK, Art. 12 DA.
  - Besonderheit: Ein Antrag auf Erstattung bzw. Erlass ist gem. Art. 92 Abs. 1 DA der zuständigen Zollstelle des Mitgliedstaats zu stellen, in dem die Zollschuld mitgeteilt wurde (abweichende Regelung zu Art. 22 Abs. 1 UAbs. 3 UZK). Wurden die Abgaben von einem HZA mitgeteilt, ist dieses HZA die zuständige Zollstelle für einen Erstattungs- bzw. Erlassantrag (vgl. Z 1102 Abs. 111).
- **Buchstabe d):** Ein Fall der sog. Sperrklausel („Sperrfrist“) kommt bei Erstattung und Erlass tatbestandlich nicht in Betracht.

4. Antragsfrist

Der Antrag auf Erstattung ist nach Art. 121 Abs. 1 c) UZK im Fall der Ungültigerklärung der Zollanmeldung innerhalb der in den geltenden Vorschriften für die Ungültigerklärung vorgesehenen Fristen zu stellen. Hier wird die Zollanmeldung nach der Überlassung für ungültig erklärt, sodass insoweit auf Art. 174 Abs. 2 UZK, Art. 148 DA zurückzugreifen ist.

Nach Art. 148 Abs. 1 DA muss der Antrag auf Ungültigerklärung der Zollanmeldung 90 Tage nach dem Tag der Annahme der Zollanmeldung gestellt werden. Diese Frist gilt nach Art. 121 Abs. 1 c) UZK auch für die Antragstellung einer Erstattung der Abgaben. Eine Fristberechnung ist erforderlichenfalls nach Art. 3 FristenVO vorzunehmen.

5. Gestellung, Art. 173 IA

Nach Art. 173 S. 1 IA kann die Erstattung nur gewährt werden, wenn die Waren gestellt werden. Zur Ausnahme vgl. Art. 173 S. 2 IA.

III. Materielle Voraussetzungen

Voraussetzung für eine Erstattung von Einfuhrabgaben nach Art. 116 Abs. 1 UAbs. 2 UZK ist, dass die Abgaben bereits entrichtet worden sind und die Zollanmeldung für ungültig erklärt wird.

1. Entrichtung der Abgaben

Ob die Entrichtung der Abgaben stattgefunden hat, ergibt sich aus dem Sachverhalt, beispielsweise durch den Hinweis, dass der Zollschuldner den Einfuhrabgabenbetrag bezahlt hat.

2. Ungültigerklärung der Zollanmeldung

Die Zollanmeldung zur Überlassung zum zollrechtlich freien Verkehr müsste gem. Art. 174 UZK für ungültig erklärt worden sein.

a) Voraussetzungen gem. Art. 174 UZK

Artikel 174 Abs. 1 UZK gilt nur für die Ungültigerklärung bis zum Zeitpunkt der Überlassung der Ware.

Wurden die Waren bereits überlassen, bestimmt sich die Ungültigerklärung der Zollanmeldung zur Überlassung zum freien Verkehr nach Art. 174 Abs. 2 UZK. Danach darf eine Zollanmeldung nicht mehr für ungültig erklärt werden, sofern nichts anderes bestimmt ist. Eine andere Bestimmung könnte hier Art. 148 Abs. 1 DA darstellen.

b) Voraussetzungen gem. Art. 148 Abs. 1 DA

Die Voraussetzungen ergeben sich aus Art. 148 Abs. 1 DA. Nach dieser Vorschrift ist vorgesetzt, dass die Waren irrtümlich zu einem Verfahren mit der Verpflichtung zur Entrichtung von Einfuhrabgaben angemeldet wurden. Wurden die Waren beispielsweise irrtümlich zur Überlassung in den zollrechtlich freien Verkehr angemeldet anstatt zum Zolllagerverfahren, liegt diese Voraussetzung vor. Im Weiteren sind anschließend die Voraussetzungen der Buchstaben a) bis d) zu prüfen.

§

Art. 148 Abs. 1 DA – Ungültigerklärung der Zollanmeldung nach Überlassung der Waren (Artikel 174 Absatz 2 des Zollkodex)

Wird nachgewiesen, dass Waren irrtümlich zu einem Zollverfahren, das zum Entstehen einer Zollschuld bei der Einfuhr führt, statt zu einem anderen Zollverfahren angemeldet wurden, so wird die Zollanmeldung nach Überlassung der Waren auf begründeten Antrag des Anmelders für ungültig erklärt, wenn folgende Bedingungen erfüllt sind:

a) der Antrag erfolgt innerhalb von 90 Tagen nach dem Datum der Annahme der Anmeldung;

b) die Waren wurden nicht in einer Weise verwendet, die mit dem Zollverfahren, zu dem die Waren angemeldet worden wären, wenn der Irrtum nicht unterlaufen wäre, unvereinbar ist;

c) zum Zeitpunkt der irrtümlichen Anmeldung waren die Voraussetzungen für die Überführung der Waren in das Zollverfahren, zu dem sie angemeldet worden wären, wenn der Irrtum nicht unterlaufen wäre, erfüllt;

d) es wurde eine Zollanmeldung für das Zollverfahren abgegeben, zu dem die Waren angemeldet worden wären, wenn der Irrtum nicht unterlaufen wäre.

3. Ausschlussgrund, Art. 116 Abs. 5 UZK

Der zu hoch mitgeteilte Betrag darf nicht durch eine Täuschung des Zollschuldners bewirkt worden sein (Art. 116 Abs. 5 UZK).

IV. Rechtsfolge: Erstattung der Einfuhrabgabe Zoll

Zu erstatten (Art. 5 Nr. 28 UZK) ist der gezahlte Abgabenbetrag. Dabei sollte abschließend kurz auf die Mindestbetragsregelung gem. Art. 116 Abs. 2 UZK eingegangen werden, wonach die zu erstattende Abgabe Zoll 10,– € überschreiten muss.

Ausnahme: Es wird ausdrücklich die Erstattung eines niedrigeren Betrags beantragt.

B. Erstattung der Abgabe EUSt

Der Erstattungsanspruch nach dem UZK kann nicht unmittelbar auf die EUSt übertragen werden, da es sich bei der EUSt um eine nationale Abgabe handelt. Jedoch sollen gemäß § 21 Abs. 2 UStG die Vorschriften für Zölle bei der Erstattung der EUSt sinngemäße Anwendung finden.

Rechtsgrundlage für die Erstattung ist in diesem Fall § 21 Abs. 2 UStG i.V.m. Art. 116 Abs. 1 UAbs. 2 UZK sinngemäß. In § 14 Abs. 1 EUStBV wird dies bestätigt (= deklaratorische Vorschrift, keine eigenständige Rechtsgrundlage). Danach sind in Bezug auf die EUSt Art. 235 bis 242 ZK sinngemäß anzuwenden. Der Verweis auf die Regelungen im ZK ist als dynamische Verweisung auf die geltenden Regelungen, also auf Art. 116 ff. UZK, zu verstehen. Das gilt jedenfalls bis die EUStBV im Hinblick auf den UZK angepasst worden ist.

Ein Erstattungsanspruch für die Einfuhrumsatzsteuer ist gem. § 14 Abs. 2 EUStBV jedoch davon abhängig, dass der Antragsteller nicht oder nicht in vollem Umfang nach § 15 Abs. 1 Nr. 2 UStG zum Vorsteuerabzug berechtigt ist. Diese Voraussetzung ergibt sich regelmäßig aus dem Klausursachverhalt.

Die Einschränkung des § 14 Abs. 2 S. 1 EUStBV gilt jedoch nicht für Erstattungsfälle nach Art. 236 ZK (ist als Verweis auf Art. 117 UZK zu verstehen). Da in diesem Fall eine Erstattung gem. Art. 116 UZK geprüft wird, ist die Rückausnahme nicht anzuwenden.

Kapitel 10

Prüfungsschemata Reiseverkehr

Schema 73

Überführung in die Überlassung zum zollrechtlich freien Verkehr durch eine als Zollanmeldung geltende Handlung im Reiseverkehr

Ist nach der Fallfrage zu prüfen, ob Waren im Rahmen des Reiseverkehrs ordnungsgemäß in ein Zollverfahren (oder spezieller, ob es durch eine bestimmte Handlung zur Überführung in die Überlassung zum zollrechtlich freien Verkehr gekommen ist), sind zunächst – unter dem Punkt „Verfahren" die Tatbestandsvoraussetzungen des Art. 201 UZK für die Überlassung zum zollrechtlich freien Verkehr darzulegen und zu prüfen. Anschließend ist zu prüfen, ob die Überführung in das Verfahren ordnungsgemäß erfolgt ist.

Zur Klarstellung vorab: Begriff des Reiseverkehrs

Der Begriff des Reiseverkehrs ist nicht legal definiert. Reiseverkehr ist der Verkehr von Reisenden mit Waren. Der Reisende ist in Art. 1 Nr. 40 DA definiert, wobei sich Buchst. a) und b) auf die Einreise in das Zollgebiet, Buchst. c) und d) auf das Verlassen des Zollgebiets beziehen. Reisender gem. Art. 1 Nr. 40 b) DA ist eine natürliche Person, die nach einem vorübergehenden Aufenthalt außerhalb des Zollgebiets der Union in das Zollgebiet zurückkehrt, wo sie ihren gewöhnlichen Aufenthalt hat.

Der Reisende ist – immer – eine natürliche Person. Beim Reiseverkehr steht somit gerade die Personenbewegung im Rahmen der Reise im Vordergrund. Steht dagegen die Warenbewegung im Vordergrund, liegt kein Reiseverkehr vor.

Der Reiseverkehr kann nicht lediglich mit den Fällen der als Zollanmeldung geltender Handlungen in Art. 141 DA gleichgesetzt werden. Im Reiseverkehr sind auch andere Formen der Abgabe einer Zollanmeldung denkbar, so die mündliche Zollanmeldung gem. Art. 135 Abs. 1 a) DA für Waren zu nicht kommerziellen Zwecken oder die papiergestützte Zollanmeldung gem. Art. 143 DA.

I. Verfahren

Als Verfahren könnte die Überlassung zum zollrechtlich freien Verkehr gem. Art. 201 UZK in Betracht kommen. Diese ist ein Zollverfahren gem. Art. 5 Nr. 16 a) UZK.

Zunächst ist zu prüfen, ob der Geltungsbereich der Überlassung zum zollrechtlich freien Verkehr nach Art. 201 Abs. 1 UZK gegeben ist. Diese Tatbestandsvoraussetzungen sind an dieser Stelle zu prüfen.

§ **Art. 201 Abs. 1 UZK – Geltungsbereich und Wirkung**

Nicht-Unionswaren, die auf den Unionsmarkt gebracht oder der privaten Nutzung oder dem privaten Verbrauch innerhalb des Zollgebiets der Union zugeführt werden sollen, sind in den zollrechtlich freien Verkehr zu überführen.

1. Nicht-Unionswaren, Art. 5 Nr. 24 UZK

Nicht-Unionswaren sind Waren, die nicht unter Art. 5 Nr. 23 UZK fallen, insbesondere solche, die aus einem Drittland stammen und noch nicht zum zollrechtlich freien Verkehr überlassen wurden, Art. 5 Nr. 23 b) UZK. Bei Rückwaren ist auf den Statusverlust gem. Art. 5 Nr. 24 UZK i.V.m. Art. 154 a) UZK einzugehen, der eingetreten ist, wenn die nämlichen Waren zuvor aus dem Zollgebiet verbracht worden sind.

2. Bestimmung zum privaten Ge- oder Verbrauch im Zollgebiet der Union

Die erste Variante des Art. 201 Abs. 1 UZK – Bestimmung für den Unionsmarkt – kommt im Reiseverkehr bei Zollanmeldungen gem. Art. 141 DA nicht in Betracht.

3. Rechtsfolge

Durch die Überlassung zum zollrechtlich freien Verkehr erhält die Nicht-Unionsware den Status einer Unionsware, Art. 201 Abs. 3 UZK, Art. 5 Nr. 23 b) UZK. Eine Unionsware kann uneingeschränkt im Wirtschaftskreislauf der Union verwendet werden (vgl. auch Art. 29 AEUV).

II. Überführung in die Überlassung zum zollrechtlich freien Verkehr

1. Anforderungen an die Überführung in das Zollverfahren

Die Waren müssen ordnungsgemäß in das Zollverfahren „Überlassung zum zollrechtlich freien Verkehr“ übergeführt worden sein. Dies ist der Fall, wenn die Waren zum Zollverfahren angemeldet wurden, die Annahme der Zollanmeldung vorliegt und die Überlassung der Ware erfolgt ist.

Stationen einer Überführung

- Als Zollverfahren (Art. 5 Nr. 16 a) UZK) setzt die Überführung in die Überlassung zum zollrechtlich freien Verkehr gem. Art. 158 Abs. 1 UZK eine Zollanmeldung voraus.
- Zollanmeldungen werden unter den Voraussetzungen des Art. 172 UZK angenommen.
- Die Rechtsfolge der Überlassung zum zollrechtlich freien Verkehr, also der Statuswechsel gem. Art. 201 Abs. 3 UZK, kann nur erreicht werden, wenn die Waren gem. Art. 194 UZK überlassen wurden, also von den Zollbehörden für das Zollverfahren zur Verfügung gestellt wurden (Art. 5 Nr. 26 UZK).

2. Überführungsfiktion, Art. 218 IA

Gemäß Art. 141 Abs. 1 DA ist es möglich, dass eine Handlung als Zollanmeldung für Waren, die in den zollrechtlich freien Verkehr übergeführt werden sollen, gilt, z.B. indem der sog. grüne Ausgang benutzt wird. Für diesen Fall bestimmen sich die Rechtsfolgen nach Art. 218 IA. Danach gelten die betreffenden Waren als gestellt, die Zollanmeldung als abgegeben, angenommen und die Waren als überlassen gem. Art. 194 UZK (sog. Fiktion).

§

Art. 218 IA – Zollförmlichkeiten, die durch eine Willensäußerung im Sinne des Artikels 141 Absatz 1 der Delegierten Verordnung (EU) 2015/2446 als erfüllt gelten (Artikel 6 Absatz 3 Buchstabe a und Artikel 158 Absatz 2 des Zollkodex)

Für die Zwecke der Art. 138 […] gelten die folgenden Zollförmlichkeiten als durch eine Willensäußerung im Sinne des Artikels 141 Absatz 1 dieser Delegierten Verordnung erfüllt:

a) die Beförderung der Waren gemäß Artikel 135 des Zollkodex und die Gestellung der Waren gemäß Artikel 139 des Zollkodex;

[…]

c) die Annahme der Zollanmeldung durch die Zollbehörden gemäß Artikels 172 des Zollkodex;

d) die Überlassung der Waren durch die Zollbehörden gemäß Artikel 194 des Zollkodex.

Eine als Zollanmeldung geltende Handlung gem. Art. 141 Abs. 1 DA kann aber nur rechtmäßig erfolgen, wenn einer der Fälle des Art. 138 a) bis c) DA erfüllt ist. Zudem darf die Regelung des Art. 142 DA nicht entgegenstehen.

ⓘ

Aus Vorstehendem ergeben sich folgende Prüfungspunkte

a) Als Zollanmeldung geltende Handlung gem. Art. 141 Abs. 1 a) bis d) DA

b) Voraussetzungen des Art. 138 a) bis c) DA (sog. Warenkreis, der für eine Zollanmeldung gem. Art. 141 in Betracht kommt)

c) Keine Einschränkung nach Art. 142 DA

a) Als Zollanmeldung geltende Handlung gem. Art. 141 Abs. 1 a) bis d) DA

§

Art. 141 Abs. 1 DA – Als Zollanmeldung geltende Handlungen (Artikel 158 Absatz 2 des Zollkodex)

(1) Für die in Artikel 138 Buchstaben a bis d […] genannten Waren gilt jede der folgenden Handlungen als Zollanmeldung:

a) Benutzen des grünen Ausgangs „Anmeldefreie Waren“, sofern bei der betreffenden Zollstelle getrennte Kontrollausgänge vorhanden sind;

b) Passieren einer Zollstelle ohne getrennte Kontrollausgänge;

[…]

d) das einfache Überschreiten der Grenze des Zollgebiets der Union in einer der folgenden Situationen:

i) wenn ein Verzicht auf die Verpflichtung des Beförderns zum zugelassenen Ort gemäß den besonderen Vorschriften in Artikel 135 Absatz 5 des Zollkodex gilt;

[...]

b) Warenkreis gem. Art. 138 a) bis d) DA

Der Warenkreis, für den eine als Zollanmeldung geltende Handlung zur Überführung in den zollrechtlich freien Verkehr gem. Art. 141 Abs. 1 DA abgegeben werden kann, ergibt sich aus Art. 138 a) bis d) DA.

§

Art. 138 DA – Waren, die gemäß Artikel 141 als zur Überlassung zum zollrechtlich freien Verkehr angemeldet gelten (Artikel 158 Absatz 2 des Zollkodex)

Die folgenden Waren gelten, sofern sie nicht mit anderen Mitteln angemeldet werden, als zur Überlassung zum zollrechtlich freien Verkehr gemäß Artikel 141 angemeldet:

a) Waren zu nichtkommerziellen Zwecken im persönlichen Gepäck von Reisenden, die gemäß Artikel 41 der Verordnung (EG) Nr. 1186/2009 oder als Rückwaren von den Einfuhrabgaben befreit sind;

b) Waren gemäß Artikel 135 Absatz 1 Buchstaben c und d;

c) Beförderungsmittel, die als Rückwaren gemäß Artikel 203 des Zollkodex von den Einfuhrabgaben befreit sind;

d) tragbare Musikinstrumente, die von Reisenden wiedereingeführt werden und als Rückwaren gemäß Artikel 203 des Zollkodex von den Einfuhrabgaben befreit sind;

[...]

ⓘ

Ergänzender Hinweis

Artikel 138 e) und f) betreffen Briefsendungen und Postverkehr, für die Art. 141 Abs. 2 bis 5 DA eigene Regelungen enthält. Durch Handlungen gem. Art. 141 Abs. 1 DA können auch bestimmte Warenkreise zur vorübergehenden Verwendung (siehe Art. 139 DA) und zur Ausfuhr (siehe Art. 140 DA) angemeldet werden.

Im Reiseverkehr ist insbesondere der Fall des Art. 138 a) DA von Relevanz, dessen Voraussetzungen im Folgenden genauer dargestellt werden:

ⓘ

Voraussetzungen gem. Art. 138 a) DA

- **Waren** – siehe Z 0601 Abs. 101
- **zu nicht kommerziellen Zwecken** – die Legaldefinition ergibt sich aus Art. 1 Nr. 21 DA
- **im persönlichen Gepäck** – die Legaldefinition für Gepäck ergibt sich aus Art. 1 Nr. 5 DA; der Begriff persönliches Gepäck ist in § 1 Abs. 2 Nr. 5 EF-VO (siehe unten) definiert
- **von Reisenden** – die Legaldefinition ergibt sich aus Art. 1 Nr. 40 DA
- **Abgabenfreiheit** der Ware gem. **Art. 41 ZollbefrVO** (Z 0210) oder als **Rückware**

aa) Zur Abgabenfreiheit gem. Art. 41 ZollbefrVO

§

Art. 41 ZollbefrVO

Waren im persönlichen Gepäck aus Drittländern kommender Reisender sind von den Einfuhrabgaben befreit, wenn die eingeführten Waren gemäß den im Einklang mit der Richtlinie 2007/74/EG des Rates vom 20. Dezember 2007 über die Befreiung der von aus Drittländern kommenden Reisenden eingeführten Waren von der Mehrwertsteuer und den Verbrauchsteuern [...] verabschiedeten nationalen Rechtsvorschriften von der Mehrwertsteuer (MwSt.) befreit sind.

[...]

Die Umsetzung der in Art. 41 angesprochenen Richtlinien ist in Deutschland durch die Einreise-Freimengen-Verordnung (EF-VO) erfolgt (Z 0181).

§

§ 1 EF-VO – Gegenstand, Begriffsbestimmungen

(1) Waren im persönlichen Gepäck von Reisenden, die aus einem Drittland oder aus einem Drittlandsgebiet eingeführt werden, sind nach Maßgabe dieser Verordnung von Einfuhrabgaben im Sinne des § 1 Abs. 1 Satz 3 des Zollverwaltungsgesetzes befreit.

(2) Im Sinne dieser Verordnung ist oder sind: [...] *(Hinweis: Es folgen wichtige Legaldefinitionen)*

Die Waren müssen sich im persönlichen (Reise-)Gepäck befinden, das aus einem Drittland (Definition § 1 Abs. 2 Nr. 1 EF-VO) eingeführt wird. Der Begriff des persönlichen Gepäcks ergibt sich aus § 1 Abs. 2 Nr. 5 EF-VO; der des Reisenden aus Art. 1 Nr. 40 DA.

Eine Befreiung kommt nur in Betracht, wenn entweder die Mengengrenzen und/oder die Wertgrenzen für die in § 2 Abs. 1 Nr. 1 bis 5 EF-VO genannten Reisemitbringsel (Legaldefinition in §1 Abs. 2 Nr. 6 EF-VO) beachtet wurde.

ⓘ

Die Mengengrenzen ergeben sich aus § 2 Abs. 1 Nr. 1 bis 4 EF-VO. Abgabenfrei sind z.B.:

- 200 Zigaretten, § 2 Abs. 1 Nr. 1 a)
- 100 Zigarillos, § 2 Abs. 1 Nr. 1 b)
- 50 Zigarren, § 2 Abs. 1 Nr. 1 c)
- oder 250 Gramm Rauchtabak, § 2 Abs. 1 Nr. 1 d)

Wertgrenzen bestehen für sog. andere Waren (d.h. andere Waren als in den Nr. 1 bis 4 genannt) gem. § 1 Abs. 1 Nr. 5 EF-VO. Nach § 1 Abs. 1 Nr. 5 a) EF-VO ist bis zu einem Warenwert von 300,– € eine Abgabenbefreiung vorgesehen; hiervon ausgenommen sind Flug- bzw. Seereisende, für die eine höhere Wertgrenze von 430,– € gilt. Für Reisende unter 15 Jahren ist ebenfalls eine gesonderte, niedrigere Wertgrenze vorgesehen, nämlich 175,– €.

bb) Zur Abgabenfreiheit als Rückware

Art. 138 a) DA erfasst auch die Waren im persönlichen Gepäck von Reisenden, die als Rückwaren einfuhrabgabenfrei sind. Die Voraussetzung für eine Zollbefreiung als Rückware ergeben sich aus Art. 203 UZK.

Voraussetzungen für eine einfuhrabgabenfreie Rückware gem. Art. 203 UZK

- Ausfuhr einer Unionsware (Art. 5 Nr. 23 UZK)
- Wiedereinfuhr innerhalb von drei Jahren
- Anmeldung zur Überlassung zum zollrechtlich freien Verkehr, hier gem. Art. 141 Abs. 1 a) DA
- Unveränderter Zustand der Ware bei Wiedereinfuhr, Art. 203 Abs. 5 UZK (zu Einzelheiten siehe Art. 158 DA).

  Nachweis der Rückwareneigenschaft mit Informationen, Art. 203 Abs. 6 UZK. Im Fall als Zollanmeldung geltender Handlungen gibt es keine besonderen Anforderungen an diesen Nachweis, siehe Art. 253 Abs. 4 IA.

c) Kein Fall des Art. 142 DA

Besteht eine Verbots- oder Beschränkungsmaßnahme nach Art. 142 c) DA, sind die Art. 135 bis 140 DA nicht anwendbar, also mündliche Zollanmeldungen und als Zollanmeldungen geltende Handlungen gem. Art. 141 Abs. 1 DA nicht möglich. Das ist stets der Fall, wenn eine VuB-Norm verlangt, dass der Zollanmelder bestimmte legalisierende Dokumente mitzuführen hat und zusätzlich besondere Förmlichkeiten oder Voraussetzungen durch den Anmelder bei und/oder durch die Zollstelle bei der Einfuhr der Ware zu erfüllen sind (z.B. Vorlage von Dokumenten, Meldungen der Zollstelle an andere Überwachungsbehörden).

Hinweis

Unterliegt die eingeführte Ware einer Verbots- oder Beschränkungsmaßnahme i.S.v. Art. 142 c) DA, z.B. weil die Pflicht zur Vorlage von artenschutzrechtlichen Dokumenten nach Art. 4 ArtenschutzVO besteht, kann die Ware nicht gem. Art. 141 Abs. 1 DA angemeldet werden. Wird vom Einführer gleichwohl eine derartige Handlung vorgenommen, fehlt es an einer ordnungsgemäßen Zollanmeldung als Voraussetzung für eine Überführung zur Überlassung zum zollrechtlich freien Verkehr, siehe Art. 219 IA. Darüber hinaus greifen die Fiktionen gem. Art. 218 IA nicht, insbesondere auch die Gestellungsfiktion gem. Art. 218 a) IA. In diesem Fall kommt eine Zollschuldentstehung gem. Art. 79 Abs. 1 a) UZK wegen Nichterfüllung einer Verpflichtung in Bezug auf das Verbringen von NUW in das Zollgebiet, hier die Gestellungspflicht aus Art. 139 UZK in Betracht.

3. Rechtsfolge des Art. 218 IA

Wenn die Voraussetzungen des Art. 138 a) DA vorliegen, kann eine als Zollanmeldung geltende Handlung gem. Art. 141 DA vorgenommen werden. Für diesen Fall greift die oben dargestellte Fiktion des Art. 218 IA. Die betreffenden Waren gelten als gestellt, die Zollanmeldung als abgegeben und angenommen und die Waren als zur Überlassung zum zollrechtlich freien Verkehr überlassen, sobald beispielsweise der grüne Ausgang passiert wurde.

Ergebnis: Daraus lässt sich schlussfolgern, dass die Waren ordnungsgemäß in die Überlassung zum zollrechtlich freien Verkehr überführt wurden.

Hinweis

Liegen die Voraussetzungen des Art. 138 a) DA für bestimmte Waren nicht vor, etwa weil die Freimenge gem. § 2 EF-VO überschritten wurde, kann die Zollanmeldung nicht durch Benutzen des grünen Ausgangs fingiert werden, siehe Art. 219 IA. Für diese Waren greifen die Fiktionen des Art. 218 IA, insbesondere auch die Gestellungsfiktion gem. Art. 218 a) IA nicht. In diesem Fall kommt eine Zollschuldentstehung gem. Art. 79 Abs. 1 a) UZK wegen Nichterfüllung einer Verpflichtung in Bezug auf das Verbringen von NUW in das Zollgebiet, hier die Gestellungspflicht aus Art. 139 UZK in Betracht (siehe Schema 75).

Schema 74

Zollschuld gem. Art. 77 Abs. 1 a) UZK – durch Überlassung zum zollrechtlich freien Verkehr durch eine als Zollanmeldung geltende Handlung im Reiseverkehr

Unterschiedliche Aufbauvarianten möglich

Bei der Beantwortung der Frage, ob die Zollschuld durch Überführung in die Überlassung zum zollrechtlich freien Verkehr bei einer als Zollanmeldung geltenden Handlung entstanden ist, sind zwei unterschiedliche Aufbauvarianten möglich. Zum einen kann mit der Prüfung einer Zollschuld nach Art. 77 Abs. 1 a) UZK begonnen werden, zum anderen kann Art. 79 Abs. 1 a) UZK der Prüfung vorangestellt werden. Beide Aufbauvarianten sind möglich. Die erste Möglichkeit sollte gewählt werden, wenn man bei den Vorüberlegungen zu dem Ergebnis kommt, dass eine ordnungsgemäße Überführung in die Überlassung zum zollrechtlich freien Verkehr für alle Waren vorliegt. Nach der zweiten Variante geht man vor, wenn dies nicht der Fall ist, wenn im Ergebnis also die Nichterfüllung einer Verpflichtung in Bezug auf das Verbringen von Nicht-Unionswaren zu bejahen ist (vgl. dazu Schema 75).

Beachte: Wenn man Art. 77 Abs. 1 a) UZK prüft, wird bei ordnungsgemäßer Überführung in die Überlassung zum zollrechtlich freien Verkehr durch eine als Zollanmeldung geltende Handlung gem. Art. 218 IA i.V.m. Art. 138 a), 141 Abs. 1 DA in keinem Fall eine Zollschuld entstehen. Denn die ordnungsgemäße Überführung in die Überlassung zum zollrechtlich freien Verkehr setzt immer eine abgabenbefreite Ware voraus. Das heißt, die Zollschuld gem. Art. 77 Abs. 1 a) UZK wird im Ergebnis immer zu verneinen sein, weil die Einfuhrabgabenpflichtigkeit der Ware fehlt.

Die Zollschuldentstehung gem. Art. 77 Abs. 1 a) UZK setzt zunächst eine einfuhrabgabenpflichtige Nicht-Unionsware voraus.

I. Nicht-Unionswaren

a) Waren

Definition: Eine Ware ist jeder körperliche, bewegliche Gegenstand einschließlich des elektrischen Stroms (vgl. Z 0601 Abs. 101).

b) Nicht-Unionswaren, Art. 5 Nr. 24 UZK

Es muss sich um Nicht-Unionswaren handeln. Das ist der Fall, wenn die Voraussetzungen gem. Art. 5 Nr. 24 UZK vorliegen. Nicht-Unionswaren sind danach Waren, die nicht unter Art. 5 Nr. 23 UZK fallen. Dem Grunde nach erfordert diese Negativabgrenzung eine Prüfung der Voraussetzungen von Art. 5 Nr. 23 UZK.

Im Übrigen gilt die Statusvermutung, dass im Zollgebiet befindliche Waren Unionswaren sind, gem. Art. 153 Abs. 1 i.V.m. Art. 119 Abs. 1 a) DA nicht für Waren, die aus einem Drittland in das Zollgebiet verbracht wurden und der zollamtlichen Überwachung (gem. Art. 134 Abs. 1 UZK) unterliegen.

Formulierungsbeispiel

„Es handelt sich bei – Produkt benennen – um einen beweglichen Gegenstand, also um eine Ware (vgl. Z 0601 Abs. 101). Die Ware stammt aus – Drittland nennen – und wurde in das Zollgebiet verbracht, noch nicht zum zollrechtlich freien Verkehr überlassen; damit liegt eine Nicht-Unionsware gem. Art. 5 Nr. 24 UZK i.V.m. Art. 5 Nr. 23 b) UZK vor. Die Statusvermutung des Art. 153 Abs. 1 UZK greift gem. Art. 119 Abs. 1 a) DA nicht."

II. Einfuhrabgabenpflicht

Definition: Eine Ware ist einfuhrabgabenpflichtig, wenn nach dem Zolltarif ein Zoll vorgesehen ist und im Einzelfall keine außertariflichen Abgabenbefreiungen vorliegen (siehe auch Z 0901 Abs. 108).

Im Reiseverkehr kommt insbesondere die Einfuhrabgabenfreiheit für Waren im persönlichen Gepäck des Reisenden gem. Art. 41 ZollbefrVO in Betracht. Hierbei handelt es sich um eine außertarifliche Befreiungsregelung.

1. Voraussetzungen der Einfuhrabgabenfreiheit, Art. 41 ZollbefrVO i.V.m. §§ 1 ff. EF-VO

Die Voraussetzungen für die Einfuhrabgabenfreiheit gem. Art. 41 ZollbefrVO ergeben sich dabei aus den Vorgaben der Richtlinie Nr. 2007/74/EG, deren Umsetzung in Deutschland durch die Einreise-Freimengen-Verordnung (EF-VO) (VSF Z 0181) erfolgt ist. Daher kann für die Darstellung der Rechtsgrundlage die Schreibweise „Art. 41 ZollbefrVO i.V.m. §§ 1 ff. EF-VO" verwendet werden. Es sind also die Voraussetzungen gem. Art. 41 ZollbefrVO i.V.m. §§ 1 ff. EF-VO zu prüfen.

Voraussetzungen von Art. 41 ZollbefrVO i.V.m. §§ 1 ff. EF-VO

- Eingeführte Waren
- Im persönlichen Gepäck von Reisenden
- Einhaltung der Mengen- und Wertgrenzen von § 2 Abs. 1 Nr. 1 bis 5 EF-VO

Eine detaillierte Darstellung dieser Voraussetzungen kann dem vorangegangen Schema 73 entnommen werden.

2. Überführung in die Überlassung zum zollrechtlich freien Verkehr, Art. 1 ZollbefrVO

Der sachliche Anwendungsbereich der ZollbefrVO und damit die Abgabenfreiheit setzt gem. Art. 1 ZollbefrVO voraus, dass die Waren ordnungsgemäß in die Überlassung zum zollrechtlich freien Verkehr übergeführt werden. Dies ist somit an dieser Stelle zu erörtern.

Die Überführung in die Überlassung zum zollrechtlich freien Verkehr liegt nach Auffassung des EuGH vor, wenn die Ware gestellt, die Zollanmeldung zur Überlassung zum zollrechtlich freien Verkehr gem. Art. 172 UZK angenommen wurde und die Überlassung gem. Art. 194 UZK erfolgt ist. Bei einer als Zollanmeldung geltenden Handlung gem. Art. 141 Abs. 1 DA ist das Vorliegen der vorgenannten Voraussetzungen unter Anwendung der Fiktion des Art. 218 IA zu prüfen.

a) Annahme der Zollanmeldung

Nach Art. 218 a) IA gilt die Ware als gestellt und gem. Art. 218 c) die Zollanmeldung als angenommen, wenn die Voraussetzungen für eine als Zollanmeldung geltende Handlung gem. Art. 141 Abs. 1 DA vorliegen. Dementsprechend ist die konkrete Form der als Zollanmeldung geltenden Handlung zu benennen, im Reiseverkehr am Flughafen beispielsweise Art. 141 Abs. 1 a) DA, das Passieren des grünen Ausgangs. Sodann ist mit Hinweis auf die vorangegangene Prüfung des Art. 41 ZollbefrVO i.V.m. §§ 1 EF-VO festzustellen, dass eine Ware gem. Art. 138 a) DA vorliegt. Als Rechtsfolge greift demnach die Annahmefiktion von Art. 218 c) IA.

b) Überlassung

Die Überlassung der Ware wird ebenfalls gem. Art. 218 d) IA fingiert. Damit liegt die Voraussetzung des Art. 1 ZollbefrVO – ordnungsgemäße Überführung in den zollrechtlich freien Verkehr – vor. Dies führt wiederum dazu, dass die Ware der außertariflichen Abgabenfreiheit des Art. 41 ZollbefrVO unterliegt.

III. Ergebnis

Aufgrund der außertariflichen Abgabenbefreiung ist die Ware insgesamt nicht einfuhrabgabenpflichtig.

Mithin ist eine Zollschuld nach Art. 77 Abs. 1 a) UZK nicht entstanden.

Schema 75

Zollschuld gem. Art. 79 Abs. 1 a) UZK – durch Verletzung von Pflichten in Bezug auf das Verbringen im Reiseverkehr

I. Entstehungstatbestand, Art. 79 Abs. 1 a) UZK

1. Einfuhrabgabenpflichtige Nicht-Unionswaren

a) Waren

Definition: Waren sind körperliche, bewegliche Gegenstände, einschließlich des elektrischen Stroms (Z 0601 Abs. 101).

b) Nicht-Unionswaren, Art. 5 Nr. 24 UZK

Es muss sich um Nicht-Unionswaren handeln. Das ist der Fall, wenn die Voraussetzungen gem. Art. 5 Nr. 24 UZK vorliegen. Nicht-Unionswaren sind danach Waren, die nicht unter Art. 5 Nr. 23 UZK fallen. Dem Grunde nach erfordert diese Negativabgrenzung eine Prüfung der Voraussetzungen von Art. 5 Nr. 23 UZK.

Wurden Waren aus einem Drittland in das Zollgebiet verbracht, liegen (regelmäßig) unproblematisch Nicht-Unionswaren vor.

Im Übrigen gilt die Statusvermutung, dass es sich bei Waren, die sich im Zollgebiet befinden, um Unionswaren handelt, gem. Art. 153 Abs. 1 i.V.m. Art. 119 Abs. 1 a) DA nicht für Waren, die aus einem Drittland in das Zollgebiet verbracht wurden und der zollamtlichen Überwachung (gem. Art. 134 Abs. 1 UZK) unterliegen.

Formulierungsbeispiel

„Es handelt sich bei – Produkt benennen – um einen beweglichen Gegenstand also um eine Ware (vgl. Z 0601 Abs. 101). Die Ware stammt aus – Drittland nennen – und wurde in das Zollgebiet verbracht, noch nicht zum zollrechtlich freien Verkehr überlassen; damit liegt eine Nicht-Unionsware gem. Art. 5 Nr. 24 UZK i.V.m. Art. 5 Nr. 23 b) UZK vor. Die Statusvermutung des Art. 153 Abs. 1 UZK greift gem. Art. 119 Abs. 1 a) DA nicht."

c) Einfuhrabgabenpflicht

Definition: Eine Ware ist einfuhrabgabenpflichtig, wenn nach dem Zolltarif ein Zoll vorgesehen ist und im Einzelfall keine außertariflichen Abgabenbefreiungen vorliegen (siehe auch Z 0901 Abs. 108).

Im Reiseverkehr wird in Klausursachverhalten regelmäßig für einen Teil der verbrachten Waren eine außertarifliche Einfuhrabgabenfreiheit als Rückware

(Art. 203 UZK) oder als Reisemitbringsel (Art. 41 ZollbefrVO) in Betracht kommen. Sofern die Fragestellung der Klausur nicht bereits vorab eine Prüfung dieser Normen verlangt (vgl. im Detail „Schema 73 – Überführung in die Überlassung zum zollrechtlich freien Verkehr durch eine als Zollanmeldung geltende Handlung") muss die Prüfung der Abgabenfreiheit an dieser Stelle erfolgen.

ⓘ **Voraussetzungen für eine einfuhrabgabenfreie Rückware gem. Art. 203 UZK**

- Ausfuhr einer Unionsware (Art. 5 Nr. 23 UZK)
- Wiedereinfuhr innerhalb von drei Jahren
- Anmeldung zur Überlassung zum zollrechtlich freien Verkehr, hier gem. Art. 141 Abs. 1 a) DA i.V.m. Art. 138 a) DA
- Unveränderter Zustand der Ware bei Wiedereinfuhr, Art. 203 Abs. 5 UZK (zu Einzelheiten siehe Art. 158 DA).
- Nachweis der Rückwareneigenschaft, Art. 203 Abs. 6 UZK mit Informationen. Im Fall als Zollanmeldung geltender Handlungen gibt es keine besonderen Anforderungen an diesen Nachweis, siehe Art. 253 Abs. 4 IA.

Voraussetzungen von Art. 41 ZollbefrVO i.V.m. §§ 1 ff. EF-VO

- Eingeführte Waren
- Im persönlichen Gepäck von Reisenden
- Einhaltung der Mengen- und Wertgrenzen von § 2 Abs. 1 Nr. 1 bis 5 EF-VO
- Ordnungsgemäße Überführung in den zollrechtlich freien Verkehr gem. Art. 1 ZollbefrVO, hier gem. Art. 218 IA i.V.m. Art. 141 Abs. 1 a) und Art. 138 a) DA

Sollten die Voraussetzungen von Art. 41 ZollbefrVO i.V.m. §§ 1 ff. EF-VO oder die ordnungsgemäße Überführung in den zollrechtlich freien Verkehr (Art. 1 ZollbefrVO) nicht vorliegen, ist gezielt das Merkmal anzusprechen, das dazu führt, dass die außertarifliche Befreiung der Ware zu verneinen ist.

ⓘ **Formulierungsbeispiel bei entgegenstehenden VuB**

„Zwar liegt der Warenwert unterhalb der Wertgrenze nach Art. 41 ZollbefrVO i.V.m. § 2 Abs. 1 Nr. 5 EF-VO. Allerdings ist die ZollbefrVO gem. Art. 1 nur anwendbar, wenn die Ware ordnungsgemäß in den zollrechtlich freien Verkehr überführt wurde. Letzteres ist nicht erfolgt, da die Ware gem. Art. 142 c) DA wegen entgegenstehender Verbots- oder Beschränkungsmaßnahmen nicht durch eine als Zollanmeldung geltende Handlung ordnungsgemäß in den zollrechtlich freien Verkehr übergeführt werden konnte. Denn [...]" (Ausführungen zur konkreten Verbots- und Beschränkungsmaßnahme – Sachverhaltsanmerkung beachten!).

Im Ergebnis ist dann festzuhalten, ob die Ware – bei mehreren verbrachten Waren welche von diesen – einfuhrabgabenpflichtig oder einfuhrabgabenfrei sind.

2. Nichterfüllung von festgelegten Verpflichtungen in Bezug auf das Verbringen

Nach Art. 79 Abs. 1 a) UZK entsteht eine Einfuhrzollschuld, wenn eine in zollrechtlichen Vorschriften festgelegte Verpflichtung in Bezug auf das Verbringen von Waren in das Zollgebiet nicht erfüllt wird.

Das Verbringen von Waren ist im UZK in Titel IV geregelt und umfasst insbesondere

- die Beförderungspflicht (Art. 135 UZK)
- die Pflicht zur Gestellung (Art. 139 UZK)

Wurde die Ware ordnungsgemäß gem. Art. 135 UZK bis zur Zollstelle befördert – was regelmäßig in der Klausur der Fall ist – genügt eine kurze Feststellung im Urteilsstil.

Anschließend ist die Pflicht zur Gestellung der Waren gem. Art. 139 UZK zu diskutieren. Die Gestellung ist nach Art. 5 Nr. 33 UZK erfolgt, wenn der Beteiligte mitgeteilt hat, dass Waren am Amtsplatz eingetroffen sind.

Eine Gestellung durch Abgabe einer Anmeldung zur vorübergehenden Verwahrung gem. Art. 145 Abs. 1 UZK erfolgt im Reiseverkehr i.d.R. nicht.

Das Erscheinen mit Reisegepäck am Amtsplatz einer Zollstelle mit speziell eingerichteter Reisendenabfertigung (insbesondere am Flughafen mit einem roten und grünen Ausgang) könnte als konkludente Mitteilung des Eintreffens von Waren verstanden werden. Jedoch gelten gem. der Fiktion des Art. 218 a) IA Waren in diesen Fällen dann als gestellt, wenn die Voraussetzungen für die Abgabe einer gem. Art. 141 Abs. 1 DA als Zollanmeldung geltenden Handlung, also insbesondere der Art. 138 a) DA vorliegen. Im Umkehrschluss sind Waren, für die nicht die Voraussetzungen zur Benutzung des grünen Ausgangs vorliegen, nicht gestellt worden. Für solche Waren gilt gem. Art. 219 IA auch eine Zollanmeldung, die ggf. als konkludente Gestellungsmitteilung angesehen werden könnte, als nicht abgegeben.

> **Formulierungsbeispiel**
>
> „Der Reisende müsste die Waren gem. Art. 139 Abs. 1 UZK bei der Zollstelle gestellt haben. Gestellung bedeutet gem. Art. 5 Nr. 33 UZK die Mitteilung, dass Waren eingetroffen sind und für Kontrollen bereitstehen. Eine solche liegt hier nicht durch Abgabe einer Anmeldung zur vorübergehenden Verwahrung, Art. 145 UZK, vor. Auch anderweitig ist keine Mitteilung, dass Waren zur Kontrolle am Amtsplatzt zur Verfügung stehen, erfolgt. Insbesondere greift auch die Fiktion der Gestellung gem. Art. 218 a) IA nicht, da die Voraussetzungen für eine Zollanmeldung gem. Art. 141 Abs. 1 DA – wie bereits geprüft – nicht vorlagen. Gemäß Art. 219 IA gilt in diesem Fall auch eine Zollanmeldung, die evtl. als konkludente Gestellungsmitteilung gewertet werden könnte, als nicht abgeben."

II. Zeitpunkt, Art. 79 Abs. 2 a) UZK

Maßgebend ist der Zeitpunkt, zu dem die Verpflichtung nicht erfüllt ist. Das ist der Zeitpunkt zu dem die Gestellungs- oder Beförderungspflicht nicht erfüllt ist. Insoweit ist in der Klausur das entsprechende Datum zu nennen.

III. Zollschuldner, Art. 79 Abs. 3 UZK

Die möglichen Zollschuldner sind in Art. 79 Abs. 3 a) bis c) UZK abschließend aufgeführt.

- **Buchstabe a):** Die Person, die die Verpflichtung zu erfüllen hatte (Pflichteninhaber).
- **Buchstabe b):** Die Person, die
  - wusste oder vernünftigerweise hätte wissen müssen, dass eine zollrechtliche Verpflichtung nicht erfüllt war und für Rechnung der Person nach Buchstabe a) gehandelt hat oder
  - an der Handlung nach Buchstabe a) beteiligt war.
- **Buchstabe c):** Die Person, die die Waren erworben oder in Besitz genommen hat und zu diesem Zeitpunkt wusste oder vernünftigerweise hätte wissen müssen, dass eine zollrechtliche Verpflichtung nicht erfüllt war.

ⓘ

Pflichtiger gem. Buchstabe a)

Die zur Gestellung verpflichtete Person ist gem. Art. 139 Abs. 1 a) UZK der Verbringer. Im Reiseverkehr ist dies der Reisende jeweils für das Gepäck, über das er die Sachherrschaft ausübt.

Beteiligter gem. Buchstabe b)

Weitere Mitreisende, die keine Sachherrschaft ausüben, kommen unter Umständen als Anstifter oder (psychische) Beihilfe Leistende und somit als Beteiligte in Betracht.

Erwerber und Besitzer nach Buchstabe c)

Erwerber ist die Person, die über die Ware ein Verpflichtungsgeschäft geschlossen hat (z.B. einen Kaufvertrag). Das sog. Verfügungsgeschäft (also die Eigentumsübertragung) ist keine Voraussetzung für das Merkmal „Erwerb".

Der Besitzer wird Zollschuldner, sofern er bei Inbesitznahme (die tatsächliche Sachherrschaft ist entscheidend) wusste oder hätte wissen müssen, dass eine zollrechtliche Verpflichtung nicht erfüllt wurde.

Gesamtschuldnerische Haftung

Mehrere Zollschuldner haften gem. Art. 84 UZK als Gesamtschuldner. Da Art. 84 UZK den Begriff der Gesamtschuld nicht beschreibt, ist auf § 44 AO und ggf. auch auf § 421 BGB als Orientierungsmaßstab zurückzugreifen.

IV. Abgabenbegünstigung, Art. 86 Abs. 6 UZK

Bei einer Zollschuldentstehung gem. Art. 79 UZK greifen bestimmte Abgabenbegünstigungen, die eine ordnungsgemäße Überführung in den zollrechtlich freien Verkehr voraussetzen, nicht direkt. Dennoch können gem. Art. 86 Abs. 6 UZK auch in solchen Fällen die Waren von den Einfuhrabgaben befreit sein oder einer Abgabenbegünstigung unterliegen, wenn kein Täuschungsversuch vorliegt. Rechtsfolge des Art. 86 Abs. 6 UZK ist dann, dass die Zollschuld nicht bzw. zu einem geringeren Zollsatz entsteht. Im Reiseverkehr kommen hierfür z.B. tarifliche Abgabenbegünstigungen gem. Art. 56 aufgrund von Präferenzabkommen oder Abgabenbefreiungen nach der ZollbefrVO in Betracht. Die Prüfung der Abgabenbefreiungen nach Art. 41 ZollbefrVO bzw. Art. 203 UZK bei Benutzung des grünen Ausgangs kommt an dieser Stelle jedoch nicht mehr in Betracht, da für die den Einreisefreimengen bzw. der Rückwarenregelung unterliegenden Waren bereits keine Zollschuld gem. Art. 79 Abs. 1 a) UZK entsteht, siehe unter Punkt I. 1. c). Denn diese Waren sind gem. Art. 218 IA ordnungsgemäß in den zollrechtlich freien Verkehr übergeführt und damit nicht einfuhrabgabenpflichtig.

Prüfung von Art. 86 Abs. 6 UZK

Sofern bei einer Zollschuldentstehung nach Art. 79 UZK Anhaltspunkte für das grundsätzliche Vorliegen einer Abgabenbefreiung vorliegen, die aber nicht gewährt werden kann, weil keine ordnungsgemäße Überführung in den zollrechtlich freien Verkehr vorliegt, empfiehlt es sich, die Nichtentstehung der Zollschuld in Punkt „IV. Abgabenbegünstigung gem. Art. 86 Abs. 6 UZK" zu prüfen. Hintergrund: Die Norm setzt u.a. voraus, dass kein Täuschungsversuch vorliegt. Der Täuschungsversuch kann nur durch einen Zollschuldner begangen worden sein. Daher sollten die Voraussetzungen und die Rechtsfolge der Norm nach dem Zollschuldner in Punkt „IV. Abgabenbegünstigung gem. Art. 86 Abs. 6 UZK" geprüft werden.

Gibt es im Sachverhalt keine Anhaltspunkte für eine Prüfung von Art. 86 Abs. 6 UZK ist dieser Punkt mangels gutachtlicher Relevanz nicht anzuführen. In diesem Fall ist der Punkt „V. Erlöschen der Zollschuld" vorzuziehen. In solchen Fällen könnte wie folgt formuliert werden:

Formulierungsbeispiel in unproblematischen Fällen

„Eine Abgabenbefreiung über Art. 86 Abs. 6 UZK kommt nicht in Betracht, da die Befreiungsmöglichkeiten des Art. 41 ZollbefrVO bereits ausgeschöpft und weitere Abgabenbegünstigungen nicht ersichtlich sind."

Wird Art. 86 Abs. 6 UZK geprüft und liegt danach ein Fall der Nichtentstehung vor, ist die Prüfung der Zollschuld beendet. Die nachfolgenden Punkte wären demzufolge nicht zu erörtern.

V. Erlöschen der Zollschuld, Art. 124 Abs. 1 h) UZK

Bevor die Bemessung der Zollschuld geprüft wird, ist die Frage des Erlöschens der Zollschuld zu klären. Dabei ist insbesondere auf Art. 124 Abs. 1 h) UZK einzugehen.

> **Voraussetzungen des Art. 124 Abs. 1 h) UZK**
>
> 1. Zollschuldentstehung nach Art. 79 UZK
> 2. Keine erheblichen Auswirkungen auf die ordnungsgemäße Abwicklung des Zollverfahrens, Art. 124 Abs. 1 h) i) UZK i.V.m. Art. 103 DA
> 3. Kein Täuschungsversuch
> 4. Bereinigung der Situation

Ein Erlöschen kommt nach Art. 124 Abs. 1 h) i) UZK jedoch nur in Betracht, wenn sich die Verstöße nicht auf die ordnungsgemäße Abwicklung eines Zollverfahrens ausgewirkt haben.

Der Begriff „Zollverfahren“ erfasst einmal die in Art. 5 Nr. 16 UZK i.V.m. Art. 210 a) bis d) UZK genannten Zollverfahren und – bei weiter Auslegung des Begriffs – auch die vorübergehende Verwahrung. Bei Verletzungen der Gestellungspflicht gem. Art. 139 UZK liegt aber noch keine vorübergehende Verwahrung vor, die erst mit ordnungsgemäßer Gestellung beginnt, Art. 144 UZK. Dementsprechend wird in der Dienstvorschrift Z 0901 die Anwendbarkeit des Art. 124 Abs. 1 h) UZK auf Waren, für die eine Zollschuld entstanden ist, weil eine Verpflichtung in Bezug auf das Verbringen nicht erfüllt wurde, abgelehnt (Z 0901 Abs. 414 UAbs. 2).

Bei entsprechender Argumentation ist auch eine gegenteilige Ansicht vertretbar: Aufgrund der Formulierung des Art. 103 DA („In folgenden Fällen gilt ein Verstoß als nicht wesentlich für die ordnungsgemäße Abwicklung eines Zollverfahrens: [...]“) könnte es sich auch um eine gesetzliche Fiktion handeln. Demnach würde es sich bei allen in Art. 103 DA aufgeführten Fällen um Situationen handeln, die im Rahmen von Art. 124 Abs. 1 h) UZK als ohne erheblichen Auswirkungen auf die Abwicklung eines Zollverfahrens anzusehen sind, unabhängig davon, ob tatsächlich bereits ein Zollverfahren vorliegt. Dann wäre auch bei fehlender Gestellung ein Erlöschen bei proaktivem Verhalten gem. Art. 103 e) DA denkbar und die weiteren Tatbestandsmerkmale des Art. 124 Abs. 1 h) UZK – kein Täuschungsversuch und Bereinigung der Situation – sind zu prüfen.

> **Hinweis für Klausuren**
>
> In einer Klausur sollte das Rechtsproblem an dieser Stelle angesprochen und mit einer kurzen Begründung gelöst werden. Beispielsweise könnte folgende Formulierung gewählt werden:

> „Es könnte ein Erlöschen der Zollschuld gem. Art. 124 Abs. 1 h) i) UZK i.V.m. Art. 103 e) DA in Betracht kommen. Nach dem Wortlaut darf sich der Verstoß nicht auf die ordnungsgemäße Abwicklung eines Zollverfahrens ausgewirkt haben. Bei Verletzung der Gestellungspflicht liegt aber noch kein Zollverfahren i.S.d. Vorschrift vor (vgl. auch Z 0901 Abs. 414). Ein Erlöschen kommt damit nicht in Betracht.“

VI. Bemessung der Zollschuld

1. Bemessungszeitpunkt, Art. 85 Abs. 1 UZK

Die Bemessung der Zollschuld erfolgt grundsätzlich nach Art. 85 Abs. 1 UZK zum Zeitpunkt der Entstehung der Zollschuld, hier also zum Zeitpunkt der Verletzung der Gestellungspflicht, siehe unter Punkt II.

2. Bemessungsgrundlagen

Die Bemessungsgrundlagen sind: der Zollwert, die Menge, die Beschaffenheit und der Ursprung der Waren (vgl. auch Art. 86 Abs. 1 UAbs. 2 UZK). Zudem ist der Zollsatz eine weitere Bemessungsgrundlage. Denn nach Art. 56 Abs. 1 UZK ist der gemeinsame Zolltarif für die Ermittlung der Abgaben maßgeblich.

Im Reiseverkehr sieht der gemeinsame Zolltarif gem. Art. 56 Abs. 2 a) UZK i.V.m. Anhang 1, Teil I, Titel II D KN-VO einen pauschalen Zollsatz von 2,5% für einfuhrabgabenpflichtige Waren bis zu einem Wert von 700,– € vor.

Dieser pauschalierte Zollsatz von 2,5% ist in die nationale Pauschalierungsregelung des § 27 ZollVG i.V.m. § 29 ZollV eingearbeitet, die auch für die weiteren Einfuhrabgaben i.S.d. § 1 Abs. 1 S. 3 ZollVG gilt, also Einfuhrumsatzsteuer und Verbrauchsteuern. Die Berechnung der Abgaben erfolgt daher erst im Anschluss an die Prüfung des Entstehens von EUSt und ggf. Verbrauchsteuern, siehe dazu Schema 76.

Schema 76
Pauschalierung von Einfuhrabgaben im Reiseverkehr

Kommt es im Reiseverkehr zu der Entstehung von Einfuhrabgaben (Zoll, EUSt, ggf. auch Verbrauchsteuern), stellt sich im Rahmen der Berechnung des Abgabenbetrags die Frage nach der Pauschalierung der Einfuhrabgaben. Die Pauschalierungsmöglichkeit für Zoll, EUSt und Verbrauchsteuern wird auf Grundlage der Verordnungsermächtigung des § 27 ZollVG gemeinsam in § 29 ZollV geregelt.

Hinweis

Der Zolltarif sieht gem. Art. 56 Abs. 2 a) UZK i.V.m. Anhang 1, Teil I, Titel II D KN-VO einen pauschalen Zollsatz von 2,5% für einfuhrabgabenpflichtige Waren bis zu einem Wert von 700,– € vor. Dieser pauschalierte Zollsatz von 2,5% ist in die nationale Pauschalierungsregelung des § 29 ZollV mit eingearbeitet.

Bei einer EUSt-Entstehung kommt für die Bemessung der Einfuhrumsatzsteuer ebenfalls eine Steuerermäßigung gem. § 5 Abs. 2 Nr. 8 UStG in Betracht, wenn eine Verzollung nach dem Pauschalsatz möglich ist. Auch diese Steuerermäßigung ist in § 29 ZollV mit eingearbeitet.

Darstellung in der Klausur

Die Pauschalierungsmöglichkeit bezieht sich gem. § 27 ZollVG i.V.m. § 29 ZollV auf alle Einfuhrabgaben i.S.d. § 1 Abs. 1 ZollVG (also Zoll, EUSt und VSt). Die Berechnung der Höhe der Einfuhrabgaben im Wege der Pauschalierung sollte in der Klausur daher in einem separaten Prüfungspunkt nach der Prüfung der Entstehung der Abgabenschuld für Zoll, EUSt und ggf. VSt erfolgen. Bei dem Prüfungspunkt Bemessung der jeweiligen Einfuhrabgabe ist die Pauschalierungsmöglichkeit nur anzusprechen und auf die spätere Prüfung zu verweisen.

I. Voraussetzung der Pauschalierung

Nach § 27 Abs. 1 ZollVG i.V.m. § 29 ZollV können die Einfuhrabgaben für einfuhrabgabenpflichtige Ware, also die Höhe eines zu zahlenden Zolls, einer EUSt- und Verbrauchsteuerschuld pauschaliert berechnet werden.

§

§ 29 Abs. 1 ZollV – Pauschalierte Abgabensätze

Für einfuhrabgabenpflichtige Waren im Sinne des § 1 Abs. 1 Satz 3 des Zollverwaltungsgesetzes, die

1. von Reisenden gelegentlich und ausschließlich zum persönlichen Gebrauch oder Verbrauch, für ihren Haushalt oder als Geschenk in ihrem persönlichen Gepäck eingeführt werden oder
2. in gelegentlichen Sendungen nichtkommerzieller Art von natürlichen Personen aus Gebieten, die weder zum Zollgebiet der Gemeinschaft noch zu der Insel Helgoland gehören, unentgeltlich an andere natürliche Personen gesandt werden und ausschließlich zum persönlichen Gebrauch oder Verbrauch im Haushalt des Empfängers bestimmt sind

> und deren Wert je Reisender oder je Sendung 700 Euro nicht übersteigt, werden die Einfuhrabgaben nach den in Absatz 2 festgesetzten pauschalierten Sätzen erhoben. [...]

1. § 29 Abs. 1 Nr. 1 ZollV

Die Voraussetzungen für die Pauschalierung sind in § 29 Abs. 1 ZollV genannt. Nach § 29 Abs. 1 Nr. 1 ZollV kann es zu einer Abgabenpauschalierung kommen, wenn Reisende Waren gelegentlich und zum persönlichen Gebrauch bzw. Verbrauch für ihren Haushalt oder als Geschenk einführen.

> **Hinweis**
>
> Eine Pauschalierung ist gem. § 29 Abs. 1 Nr. 2 ZollV auch für gelegentliche Sendungen nicht kommerzieller Art von nicht unionsansässigen natürlichen Personen an andere natürliche Personen möglich.

2. Wertgrenze

Der Wert der einfuhrabgabenpflichtigen Waren darf je Reisenden 700,– € nicht überschreiten.

Dabei ist zu beachten, das hier nur Waren zu berücksichtigen sind, die nicht bereits nach Art. 41 ZollbefrVO i.V.m. § 2 EF-VO von den Einfuhrabgaben befreit sind. Es sind also neben den Freimengen für verbrauchsteuerpflichtige Waren auch die Waren im Rahmen der Wertgrenze von 430,–/300,– € nicht mit zu berücksichtigen. Für die verbleibenden Waren ist bis zu einem Warenwert von 700,– € eine Pauschalierung möglich. Wird die Wertgrenze von 700,– € überschritten, ist eine Pauschalierung insgesamt nicht möglich.

> **Ermittlung des Warenwerts**
>
> Für die Ermittlung des Warenwerts enthält die ZollV keine weiteren Vorgaben. Sofern der Klausursachverhalt den Warenwert nicht vorgibt, ist auf den Zollwert gem. Art. 69 ff. UZK abzustellen, vorrangig also auf den Transaktionswert, Art. 70 UZK. Dabei ist zu beachten, dass im Reiseverkehr keine gesonderten Beförderungskosten für die Waren anfallen, die gem. Art. 71 Abs. 1 e) ii) UZK hinzugerechnet werden könnten (vgl. Z 5101 Abs. 78).

3. (Kein) Antrag nach § 29 Abs. 3 ZollV

Sofern die Ware nach dem Zolltarif abgabenfrei ist, erfolgt die Pauschalierung nur auf Antrag des Beteiligten, § 29 Abs. 3 S. 1 ZollV.

Nach § 29 Abs. 3 S. 2 ZollV erfolgt keine Pauschalierung, wenn eine Abgabenerhebung nach dem Zoll- oder einem Steuertarif beantragt wird.

II. Berechnung der Höhe der Einfuhrabgaben

Liegen die Voraussetzungen für die Pauschalierung vor, ist die Höhe der Einfuhrabgaben gem. den Pauschalsätzen gem. § 29 Abs. 2 ZollV zu berechnen.

Beispiel:

- Zigaretten: 0,19 € je Stück
- Schaumwein: 2,30 € je Liter
- Pfeifentabak bis zu 1 kg: 40,30 € je kg
- Andere Waren: 17,5% des Werts

Sofern in § 29 Abs. 2 Mengenbegrenzungen festgelegt sind, gilt der pauschalierte Abgabensatz nicht für Waren, die die angegebenen Höchstmengen überschreiten.

III. Kleinbetragsregelung

Eine Erhebung der Abgaben erfolgt gem. der aktuell (2017) gültigen Fassung des § 23 Abs. 1 ZollV nicht, wenn die Einfuhrabgaben i.S.v. § 1 Abs. 1 ZollVG im Reiseverkehr weniger als 3,– € betragen und ansonsten, wenn sie weniger als 5,– € betragen.

Überlagerung des § 23 ZollV durch Art. 88 Abs. 1 DA

Problematisch ist, ob die Kleinbetragsregelung des § 23 ZollV unter der Geltung des UZK überhaupt noch anwendbar ist, oder von Art. 88 DA als höherrangigem Recht überlagert wird. Artikel 88 Abs 1 DA sieht einen im Ermessen der Zollbehörden stehenden Verzicht auf eine Mitteilung einer Zollschuld bei einem Einfuhrabgabenbetrag unter 10,– € nur für Fälle der Zollschuldentstehung gem. Art. 79 UZK, nicht aber bei einer Zollschuldentstehung gem. Art. 77 UZK vor.

Rechtsentwicklung beobachten

Die ZollV wird aktuell (Stand 2017) überarbeitet, die weitere Rechtsentwicklung sollte daher im Auge behalten werden.

VIEL
SPAß!
FERNANDEZ 14

ICE

WIR SIND SCHON 20 MINUTEN LÄNGER UNTERWEGS ALS GEPLANT!
UND DAS ZUM GLEICHEN PREIS, JUHU!

FERNANDEZ

Der absolute

BAHN SINN

Mit einem Vorwort von Jan Zerbst

LAPPAN

NEIN, MIT DEM DEUTSCHLANDTICKET KOMMEN SIE NICHT BIS MALLORCA.

Das große Bahnsinns-Buch von Fernandez

Lehdies en Tschennelmen, aua trejn is nau sörti Minitz lejt. Wi will suhn erreif Frankfurt Mejn Stejschn.
Verstehen Sie auch nur Bahnhof?
Ich liebe es, mit dem Zug zu fahren. Hier werden all meine oberflächlichen Klischees vom Bahnfahren ein ums andere Mal eindrucksvoll bestätigt. Zuverlässig kann ich meinen Platz frei wählen. Entweder neben dem Döner verschlingenden DJ, der sein neues Set in Festivallautstärke anhört, oder der achtköpfigen Familie, die sich offenbar alle schwelenden Konflikte für genau diese Bahnfahrt aufgehoben hat. Natürlich kann ich auch an der Zugtoilette vorbei Richtung Bordbistro flanieren, einen tiefen Atemzug vom Duft der weiten Welt nehmen, um mir dann von einer höflich-aggressiven Servicekraft das Essen eines Sternekochs in der Mikrowelle auf Zimmertemperatur erwärmen zu lassen.
Trotz oder gerade wegen alledem: Bahnfahren ist in. Es ist die Fortbewegungsart unserer Zeit. Denn Bahnfahren ist nachhaltig. Und witzig. Zweitere Erkenntnis verdanken wir der unglaublichen Beobachtungsgabe von Miguel Fernandez. In unzähligen Büchern und Kalendern bringt er seit Jahren den hellen Bahnsinn von Reisenden und Pendler:innen in seinen einzigartigen Cartoons auf den Punkt.
Wir erinnern uns zurück. 2014. Die kleine Lokführergewerkschaft GDL legt immer wieder den Bahnverkehr lahm und löst Chaos an allen deutschen Bahnhöfen aus. Fernandez bringt seitdem allen gestressten Reisenden das Lächeln zurück ins Gesicht und die bahnbrechende Erkenntnis: „Du bist nicht allein mit deinen bahnsinnigen Erlebnissen." Und geteilter Bahnsinn ist ja bekanntlich halber Bahnsinn.
Bei Fernandez bietet ein Bahnmitarbeiter im Zug Kaffee, Snacks und Beruhigungsmittel an. Und Reisende jubeln, wenn sie zum selben Preis doppelt so lange fahren dürfen. Zynismus schwingt immer mit, aber keine Schwere, keine Politik, kein erhobener Zeigefinger. Die Bilder sind bunt, die Figuren sind schräg, die Themen pendeln zwischen Klischees, herrlichen Flachwitzen und saudummen Fahrgästen. Und genau diese Konfrontationstherapie ist eben die beste Pendler-Medizin.
Der Sammelband, den Sie in den Händen halten, ist ein Highlight der Bahnsinns-Erfolgsserie. Aus den über 200 Cartoons auf 128 Seiten sprechen jahrelange Bahnfahr-Erfahrung, Detailverliebtheit und die Gabe, in den ärgerlichsten Momenten die Komik zu sehen. Denn der Teufel steckt ja im Abteil. Eine Pflichtlektüre, die Bahnfahrer:innen in vollen Zügen genießen sollten.
Dieses Buch ist wie der einzige ruhige Teil im ICE: Erste Klasse!

Jan Zerbst

JOCHEN! MENSCH, DU HAST DICH JA ÜBERHAUPT NICHT VERÄNDERT!
MIAMI VICE

12
Köln Hbf
ca. 30 Min
Verspätung
SCHNAUZE VOLL! MORGEN FAHRE ICH MIT DEM AUTO!
C

WARUM BREMST DER DENN WIE EIN IRRER?!
ZUM GLÜCK HATTE ICH MICH GERADE FESTGEHALTEN.
NOTBREMSE

SAGEN SIE, FAHREN SIE IM BUS MORGENS IMMER NOCH MIT DEN VIELEN SCHULKINDERN?
YO, IST TOTAL CRINGE, ABER MAN GEWÖHNT SICH DRAN, DIGGA.

NEIN, EINE FAHRKARTE KANN ICH IHNEN NICHT ZEIGEN, ABER ICH HABE HIER EINE EINTRITTSKARTE VOM OPELTREFFEN 1992 IN WANNE-EICKEL. NA, WAS SAGEN SIE JETZT?

EINSTEIGEN, DABEI SEIN! AB GEHT DIE WILDE FAHRT! DAS MACHT LAUNE, WOOP, WOOP!
ER HAT FRÜHER AUF JAHRMÄRKTEN GEARBEITET.

ENTSCHULDIGUNG... MEINEN SIE, WIR WERDEN PÜNKTLICH ANKOMMEN?
HA HA HA HA HA HA
MÖCHTEN SIE EINEN KAFF... EINE HEISSE, SCHWARZE FLÜSSIGKEIT, DIE MIT VIEL MILCH UND VIEL ZUCKER EINIGERMASSEN GENIESSBAR SCHMECKT?

EIGENTLICH MAG ICH DEN JOB ALS ZUGBEGLEITER... WENN NUR DIE FAHRGÄSTE NICHT WÄREN!

UPS...

SCHON WIEDER ZU SPÄT! MARCO, WAS SOLL BLOSS MAL AUS DIR WERDEN?
LOKFÜHRER?

SOLL ICH MEINE SCHUHE WIEDER ANZIEHEN?

SEIT WIR DIE KONTROLLEN AN DEN ROCKERCLUB OUTSOURCEN, GIBT ES KAUM NOCH SCHWARZFAHRER.
DB

NEIN, ICH ZIEHE MICH ERST WIEDER AN, WENN DIE KLIMAANLAGE FUNKTIONIERT!

RAUCHER-
BEREICH

agen
EGIO
JUNGER MANN, DAS IST NICHT DER RAUCHERBEREICH!
POLIZEI
POLIZE
2

SIE BRAUCHEN UNSERE FAHRAUSWEISE NICHT ZU SEHEN.

SEHEN SIE, NUN HABEN SIE UNSER NEUES VIOLENCE-PREVENTION-SYSTEM AUSGELÖST, DAS ÜBERGRIFFE AUF ZUGBEGLEITER VERHINDERT.

HOL DIR DOCH EIN DEUTSCHLANDTICKET UND GUCK DIR MAL DAS LAND AN!?
WARUM SOLLTE ICH WOANDERS-HIN WOLLEN?
BRAUHAUS

ICH KOMME BALD! ICH KOMME BALD!
NIE WIEDER MIT EINEM VON DER BAHN!

ENTSCHULDIGEN SIE, IST DIES DENN NICHT DIE U8 RICHTUNG INNENSTADT?

MIT DIESEM TICKET HÄTTEN SIE IN NEUSTADT AUSSTEIGEN MÜSSEN.
ICH STECKE IM SITZ FEST.

WANN FÄHRT DER 9 UHR-ZUG?

SIE HABEN DA EINE LÜCKE IM LEBENSLAUF.
DA WAR ICH MIT DER BAHN VON HANNOVER NACH OBERHAUSEN UNTERWEGS.

LUUUKAS!! LUKAS, WO BIST DU?

DARF ICH IHNEN MEINEN PLATZ ANBIETEN?
DU DARFST MIR AUCH DEINEN SCHOSS ANBIETEN, MEIN HÜBSCHER!

GRIPPEWELLE!

ICH HABE DIR DOCH GESAGT, DASS MIR SCHLECHT WIRD, WENN ICH ENTGEGEN DER FAHRTRICHTUNG SITZE!

TODESURSACHE?
DEUTSCHLANDTICKET.
AN ENTKRÄFTUNG GESTORBEN, ALS ER HIER AUF DEM LAND AUF EINEN BUS WARTETE.
POLIZEI

MEIN HERR, AUCH WENN SIE GEBURTSTAG HABEN, MUSS ICH IHRE FAHRKARTE SEHEN.
STÜCK TORTE?

NORMALERWEISE HABEN WIR JA NICHTS DAGEGEN, WENN MAN HIER MAL EINEN KLEINEN SNACK ZU SICH NIMMT...
...ABER?!

DIE HEIZUNG IST DEFEKT. ABER DAFÜR GEHT DIE KLIMAANLAGE ENDLICH WIEDER!

ICH LIEBE DIE STRECKE NACH SOLTAU!
BESUCHEN SIE DEN
HEIDE PARK
SOLTAU

DUMMERCHEN! RATTEN IN DER U-BAHN SIND DOCH NICHTS BESONDERES!

HACH! BAHNFAHREN! KEINE STAUS... KEINE AUFFAHRUNFÄLLE...

BITTE ENTSCHULDIGEN SIE, DASS ICH ZU SPÄT ZUM VORSTELLUNGSGESPRÄCH KOMME!
SIE SIND EINGESTELLT!
DB

HEEE, WIESO IST DER DENN HEUTE PÜNKTLICH?!

STIMMT, SARDINEN KÖNNTE ICH MAL WIEDER ESSEN.

IST MEINE MUSIK ZU LAUT?

MIR IST VORHIN EINE SCHWARZE KATZE ÜBER DEN WEG GELAUFEN.
GLAUBST DU ETWA AN DIESEN QUATSCH?

MAN KANN DA KEIN FENSTER ÖFFNEN.

NÄCHSTES MAL NEHME ICH NICHT DIE TALIBAHN.

FÜR DIE 3. KLASSE HAT MAN ERSTAUNLICH VIEL BEINFREIHEIT!

MOMENT NOCH! ICH HABE DAS TICKET GANZ SICHER IRGENDWO.

MINIATUR WUNDERLAND

DOCH, NATÜRLICH DÜRFEN FAHRGÄSTE IHRE GERÄTE IN DIE STECKDOSEN STECKEN...
DANN VERSTEHE ICH NICHT, WO IHR PROBLEM IST.

HÖREN SIE, ICH KANN DOCH NICHTS DAFÜR, DASS DIESER ZUG NOCH NICHT IN DEN BAHNHOF EINFAHREN KANN, WEIL AUSGERECHNET IHR ANSCHLUSSZUG DAS GLEIS BLOCKIERT!

ICH MUSS MIT! ICH MUSS MIT!
HE-SHE-IT

LASS ES MAL RUHIGER ANGEHEN! GLAUB MIR, DU BIST KURZ VOR EINEM BURNOUT.

vodafone
DIES IST DER SCHLIMMSTE SAFTLADEN, DEN ICH KENNE!
UND ICH BIN BAHNKUNDE!!

nstorf
SO... HEUTE WIRD MEIN LETZTER TAG IN DIESEM JOB!

DER BUS IST EINFACH VORBEI GEFAHREN.
SCHON WIEDER! IST DER BLIND?
H

NÄCHSTER HALT: MORDOR HAUPTBAHNHOF
AH, HIER MUSS ICH RAUS.

TUT MIR LEID, ABER DER FAMILIENSPARPREIS GILT NICHT FÜR BLUTSBRÜDER.

SIE WOLLTE HEUTE MIT DEM FAHRRAD FAHREN, WEIL ES GESÜNDER IST.

SOLL ICH IHNEN MIT DEM KOFFER HELFEN?
OH, SEHR FREUNDLICH!
ICH VERREISE NIE OHNE MEINE HANTELN.

GESUNDHEIT!

SICHERHEITSHINWEIS: BITTE LASSEN SIE IHR GEBÄCK NICHT UNBEAUFSICHTIGT!
Gebäck
Gebäck
Gebäck

SELBSTZERSTÖRUNGS-SEQUENZ EINGELEITET. DETONATION IN 5...4...3...
Fahrkarten
DB BAHN

JA UND? SIE ARBEITEN DOCH AUCH IN DER BAHN!

HALLO FAHRDIENSTLEITUNG? ICH GLAUBE, ICH HABE MICH VERFAHREN!

DB Information
WIE LÄUFT'S BEI DIR?
ES IST BEREITS MITTAG UND ICH HATTE NOCH NICHT DAS BEDÜRFNIS, JEMANDEN ZU WÜRGEN.

UND ICH HABE 7.000 PS, IHR PFEIFEN!

NICHT VERGESSEN, DAS BÄUMCHEN VERTRÄGT KEINE ZUGLUFT!
GUT, DASS ICH MIT DEM BUS FAHRE!

DIESER TUNNEL NIMMT KEIN ENDE.
TUNNEL? DAS IST BOCHUM.

SCHAFFNER! KLOPAPIER IST ALLE!

WIESO ZEIGEN SIE MIR NUR EINE HALBE FAHRKARTE?!

DIE MAUER MUSS WEG!
IHR ZUG HATTE WOHL MÄCHTIG VERSPÄTUNG, WAS?

VERDAMMT UNBEQUEM, SO EIN GLEISBETT!

ENDLICH FERTIGGEKACKT? KANN ICH DIE TOILETTE JETZT NOCH BETRETEN?
ICH WÜRDE NICHT MAL DEN GLEICHEN WAGEN BETRETEN.

THORSTEN, BITTE! KANNST DU DEINE MUSIK NICHT MIT DEM HANDY HÖREN WIE ANDERE LEUTE AUCH?
WC HANNOVER HBF

BEI DER BAHN GIBT ES JETZT VIELE QUEREINSTEIGER.

AUFGRUND EINER STRECKENSPERRUNG WIRD SICH UNSERE WEITERFAHRT VERZÖGERN. UNSERE VORAUSSICHTLICHE ANKUNFTSZEIT IST FEBRUAR.
VERDAMMT...

NEUE FRISUR ODER GAB ES AM BAHNHOF WIEDER EINE ZUGDURCHFAHRT?

ER HAT SELBST SCHULD!
ER HAT SELBST SCHULD!
Fahrkar
DB BAHN

BERND IST ÜBER 40 JAHRE MIT DER S-BAHN GEFAHREN.

DAS NEUE SYSTEM GEGEN TÜRBLOCKIERER ARBEITET GANZ HERVORRAGEND!

HACH, DA WERDEN ERINNERUNGEN WACH. HIER RIECHT ES WIE IM MOSHPIT AUF WACKEN!

IST HIER
NOCH FREI?

SIND SIE VERRÜCKT
GEWORDEN?!
NEIN, ICH BIN DER ERFINDER
DER ANTI-ANREMPEL-JACKE!

HAPPY BIRTHDAY
HAPPY BI
IHR WOLLT MAL UNGE-STÖRT SEIN, STIMMT'S?
EIN DEUTSCHLANDTICKET! VIELEN DANK!

DA BEKOMMT DER BEGRIFF "SPEISEWAGEN" EINE GANZ NEUE BEDEUTUNG.

ZWEI TAGE NOCH BIS ZUM URLAUB!
EIN TAG NOCH BIS ZUM URLAUB!
ENDLICH URLAUB!
SAFARI TOURS

NICHT GANZ KORREKT, FRAU SCHULZE! EIGENTLICH FRAGEN WIR ERTAPPTE SCHWARZFAHRER NACH IHREM AUSWEIS.

BAHNSTREIKS SIND SCHLECHT FÜR DIE STOSSDÄMPFER.

NICHTS DAGEGEN, WENN HIER MAL JEMAND EINNICKT, ABER...

WIRD DIE BAHN EIGENTLICH VON ADIDAS GESPONSERT?!

Hannover Hbf
Information
ICH HABE DIR GESAGT, NIMM DEN LINKEN TUNNEL, INDY!

JOSCHA, RIECHST DU DAS AUCH? HIER GRILLT IRGENDWO JEMAND.

FÜR MICH SIEHT ER WIE JEMAND AUS, DER EINE FAHRKARTE DABEI HAT.
JA, LASSEN WIR IHN SCHLAFEN. MAN MUSS AUCH EINFACH MAL VERTRAUEN KÖNNEN.
KILL

MANCHMAL HASSE ICH MEINEN SUPER-GERUCHSSINN.

KÖNNTEN SIE BITTE AUFHÖREN, DIE TETRIS-MELODIE ZU SUMMEN?
1
2

ACHTUNG, DIESER ZUG VERKEHRT HEUTE IN UMGEKEHRTER WAGENREIHUNG!

NOTHÄMMER SIND EINE TOLLE SACHE, ABER WIE WÄRE ES MAL MIT NOT-DEODORANTS?

4
Raucher-
bereich
Rebel

ACH JA, ICH BIN JA EBEN ZUM ZUG GERANNT.

IST DER KONTROLLEUR WEG? ICH KRIEGE KEINE LUFT MEHR!

HALLO? IHREN FAHRSCHEIN BITTE!

ERST FAND ICH ES JA GUT, DASS DIE BAHN UMWELTFREUNDLICHER WERDEN WILL.
QUATSCH NICHT SO VIEL, WIR HABEN SOWIESO SCHON VERSPÄTUNG!

ENTSCHULDIGUNG, WO MACHT MAN DENN HIER DEN AUFGUSS?

ICH HASSE DIESEN TUNNEL.

ICH WÜRDE IHNEN MEIN TICKET JA GERN ZEIGEN, ABER...

GANZ SCHÖN HART, SO EINE WEICHE!

DA HABEN WIR JA DIE TODESURSACHE... LUNGENZÜGE!

HA! DIESE STEIFE KÖRPERHALTUNG... DER MÜRRISCHE GESICHTSAUSDRUCK... DIESER HERRISCHE TONFALL... SIE KÖNNTEN FAST EIN ECHTER SCHAFFNER SEIN!

ZIEHE VON HINNEN, GESINDEL! PRINZESSINNEN BRAUCHEN KEINE FAHRKARTE!
ICH HASSE FASCHING!

OH JA! TIEFER! TIEFER!!
Fahrkarten

JUNGER MANN, WARUM BIETEST DU DER DAME NICHT DEINEN PLATZ AN?
ICH MÖCHTE NICHT, DASS SIE SICH ALT FÜHLT.

ICH WÜRDE MICH SCHÄMEN, SO AUSZUSEHEN.
ICH WÜRDE MICH SCHÄMEN, SO AUSZUSEHEN.

NEIN, RECHTS VOR LINKS GILT NICHT FÜR ZÜGE.
FAHR-SCHULE

ABER JA, ICH HABE EINEN HUND. SIND SIE BLIND?!

OH FÜRST DER FINSTERNIS, MACH, DASS DIE BAHN EIN EINZIGES MAL PÜNKTLICH KOMMT!
AUCH MEINER MACHT SIND GRENZEN GESETZT.

BIN ICH IN KACKE GETRETEN?
BIN ICH IN KACKE GETRETEN?
BIN ICH IN KACKE GETRETEN?
NIE WIEDER BOHNENEINTOPF!
1

GERADE NOCH SO DIE BAHN GEKRIEGT, WAS?

WELCHES DATUM HABEN WIR?
DEN 9. APRIL.
WELCHES JAHR?
2

ZUM PARKHAUS? DA SIND SIE HIER GANZ FALSCH.
Poststraße
6 Goethestrasse 2
8 Westbahnhof 5
6 Goethestrasse 7
1 Wasserwerk 9

DEINE MUTTER FÄHRT DEN RESTLICHEN WEG MIT DEM ZUG.

HILFE!! DIESER KERL WOLLTE MICH AUF SEINEN WAGEN ZERREN!
ES HANDELT SICH UM EINE VERWECHSLUNG!
3
4
Restmüll

Raucher
Trinker

SIE WAREN NICHT GEMEINT!

OKAY, ICH HAB'S BEGRIFFEN: ERST AUSSTEIGEN LASSEN!

ALTER, NIMM DEN NÄCHSTEN BUS! DER HIER IST VOLL!
ICH BIN DER FAHRER.
H

HEY, DIE AMPEL WAR ROT!
BEI MIR WAR SIE NOCH GRÜN.

WENN SIE ALS ZUGBEGLEITER ARBEITEN WOLLEN, MÜSSEN SIE AUCH MIT BELEIDIGUNGEN UMGEHEN KÖNNEN, SIE KACKVOGEL.
DB

171
271
JUNGER MANN, WAS HABEN WIR HEUTE FÜR EINEN TAG?
ALLTAG.

SCHON FÜNF MINUTEN VERSPÄTUNG... NA, AUF DIE AUSREDE BIN ICH GESPANNT!

AUF GLEIS 4 HAT JETZT EINFAHRT: ICE 576
NA ENDL... UPS!?

DB Fund-
büro

KAFFEE? SNACKS? BERUHIGUNGSMITTEL?

GUTEN TAG, ICH WÜRDE GERN DIE FAHRSCHEINE SEHEN.
ICH AUCH.

EIN REGIONALEXPRESS HAT MEINEN SMART UMGEWEHT.

NETTER VERSUCH.
MIAU!

06:58
IC 1074
++ unbestimmt verspätet +++
9
Hambu-g-Altona

EINEN INTERESSANTEN KLINGELTON HABEN SIE DA.
DAS IST DAS GEFLENNE VON MEINEM EX.

Verspätung ca. 60 Min.
5a
11:31
Stuttgart - Ulm
München Hbf
ICE 973 Stuttgart Hbf
RE 14 von Mainz Hbf
EIN GANZ NEUER SERVICE DER DEUTSCHEN BAHN! BEI VERSPÄTUNGEN ÜBER 30 MINUTEN HÄNGEN WIR BOXSÄCKE ZUM ABREAGIEREN AUF.

ICH HABE MIR BEIM EINSTEIGEN DEN FUẞ VERSTAUCHT!
BIS WIR ANKOMMEN, IST DAS VERHEILT.

ICH WÜRDE JA AUCH LIEBER KRANK ZU HAUSE BLEIBEN, ABER IM BÜRO IST MOMENTAN SO UNGLAUBLICH VIEL ZU TUN.

MEINE FRESSE, WAS FÜR EIN MORGEN! ZUERST HABE ICH VERSCHLAFEN UND MUSSTE OHNE FRÜHSTÜCK LOS. DIE FAHRT ZUM BAHNHOF WAR EINE KATASTROPHE, MEIN ZUG WAR TOTAL ÜBERFÜLLT UND HATTE 30 MINUTEN VERSPÄTUNG... UND DANN AUCH NOCH DIESES BESCHISSENE WETTER!
WAS MACHST DU HIER? DU HAST DOCH HEUTE FREI?
2023

DER TUT NIX!
WC HANNOVER HBF

HARRY POTTER IST TOTAL UNREALISTISCHER QUATSCH.
WEGEN DER ZAUBERER UND DER TROLLE?
WEIL DER ZUG NACH HOGWARTS PÜNKTLICH ABFÄHRT!

DIE FAHRSCHEINE BITTE.
NA TOLL!

ICH FINDE, DEIN MANN ÜBERTREIBT ES MIT SEINEM NEUEN HOBBY EIN WENIG.
DA STEHT EINE HANDTASCHE AUF GLEIS 8!!

ACHTUNG AN GLEIS VIER, DER ZUG VERKEHRT HEUTE IN UMGEKEHRTER WAGENREIHUNG!
KANN UNS EGAL SEIN! UNSERE PLÄTZE SIND GENAU HIER IN DER MITTE.
IST JA SUPER.

ALTER! ICH HABE VOLL DEN FLASHBACK VON DEN KRASSEN PILZEN GESTERN!
BERUHIGE DICH, DAS IST NUR DER HUNDERTWASSER-BAHNHOF.

PSCHT, HÖRT MAL! GENAU DER SOUND, DEN WIR SUCHEN!

NA GUT... SO KOMME ICH AUCH NACH MÜNCHEN.

Gleis
VERDAMMTER STREIK!
DER STREIK IST SEIT LETZTER WOCHE ZU ENDE.

HEEE! MEIN KOFFER!

GÄÄÄHN! SIND WIR SCHON IN MÜNCHEN?

NANU? MIR IST PLÖTZLICH SO LANGWEILIG!
WIR ERREICHEN GERADE HANNOVER.

PAPA, ALS DU AUF KLO WARST, HAT DER ZUG GANZ DOLL GEWACKELT!

ZENTRALE? HIER IST SCHON WIEDER EIN HARRY POTTER-FAN GEGEN DEN PFEILER GERANNT.
Gleis 9
Gleis 10

BETRUNKEN?! WIR?!?

SIE WÜRDEN NICHT GLAUBEN, WIE OFT SO ETWAS WÄHREND BAHNSTREIKS PASSIERT.

LEB WOHL, WELT! DER ZUG, DER IN 3 MINUTEN KOMMT, WIRD MEINEM LEBEN EIN ENDE MACHEN.

NORMALERWEISE HABE ICH JA NICHTS DAGEGEN, WENN HIER JEMAND WAS ISST, ABER...
MÖGEN SIE AUCH EINEN SCHINKENGRILLER?

BITTE GEBEN SIE ENDLICH DEN TÜRBEREICH FREI!!

IST SCHON KLASSE, SO EIN DEUTSCHLAND-TICKET!
1
2

...UND DANN BERÜHRTE MEIN PO KURZ DIE BRILLE DER U-BAHN-TOILETTE.
SCHWESTER! BEREITEN SIE ALLES FÜR EINE GESÄSSAMPUTATION VOR!

ICH KANN JETZT NICHT TELEFONIEREN, MAMA, ICH SITZE IM ZUG.
MUSST DU NICHT NOCH AN DEINER PRÄSENTATION ARBEITEN?
MACHE ICH MORGEN GANZ ENTSPANNT IM ZUG.

2
Sonderzug
16:32
Pankow
INSTANT OHRWURM!

MIT DEM DEUTSCHLANDTICKET KANN MEINE MUTTER UNS VIEL ÖFTER BESUCHEN KOMMEN.
SCHÖNEN DANK AUCH, VOLKER WISSING!

ICH KANN HEUTE NICHT KOMMEN, CHEF. ICH BIN IN DEN FALSCHEN BUS GESTIEGEN UND MACHE JETZT EINE KAFFEEFAHRT ANS STEINHUDER MEER.

ALLES OKAY?
ENTSCHULDIGEN SIE, ICH MUSS AM SCHLUSS VON TITANIC IMMER WEINEN!

ICH BIN PFARRER AUS PASSAU.
ICH BIN EIN LÜNEBURGER HEIDE.

JUNGER MANN, FEHLT IHNEN WAS?
MEIN BETT!

ENTSCHULDIGEN SIE, WANN FÄHRT DER LETZTE KREUZZUG?

DINGE, DIE ICH GERN MAL TUN WÜRDE.
RECHTS STEHEN, LINKS GEHEN!!

ENTSCHULDIGUNG, WO GEHT'S DENN HIER ZUM BAHNHOF?
DB
360-366-2

OH NEIN, ICH HABE MEINE TASCHE IM ZUG VERGESSEN!
OH NEIN, ICH HABE MEINE OMA IN OSNABRÜCK VERGESSEN!
A

DAS IST ABER MAL EIN SEHR DEUTSCHER SCHÄFERHUND.

BAHNHOFS-BISTRO
ICH WÜRDE DAS JA GLATT ESSEN, ABER SOLLTE NICHT VORHER DR. BOB KOMMEN?

EIGENTLICH WAR DAS HOME-OFFICE GANZ COOL.

X SIE SIND HIER

NICHT ALLE WEGE FÜHREN NACH ROM. WIR FAHREN NUR BIS PADERBORN.

GUTEN TAG, IHRE FAHRSCHEINE BITTE!
MIST!

GUTEN TAG! SCHLÜSSELDIENST! SIE HABEN SICH AUSGESPERRT?

ABER ICH WOLLTE EINE EISENBAHN, KEINEN BUS!
DAS IST DER SCHIENENERSATZVERKEHR!

HAST DU DIR DAS KENNZEICHEN GEMERKT?

AH, DA IST JA DIE FAHRKARTE! GANZ UNTEN, WAR JA KLAR, HAHA!

DER ZUG WAR PÜNKTLICH... ALLE TOILETTEN FUNKTIONIEREN... ICH HABE EINEN SITZPLATZ... IRGENDWAS STIMMT HIER NICHT!

ENTSCHULDIGUNG? DA HABE ICH RESERVIERT.

SAG MAL, WIE RUM HAST DU DEN PLAN IMMER GEHALTEN?

ICH HABE EINEN SPRAYER ERWISCHT. ICH WEISS NUR NICHT GENAU, OB ES SICH UM SACHBESCHÄDIGUNG HANDELT.

STIMMT, IN UNIFORM FÄHRT MAN KOSTENLOS, ABER DAS GILT NUR FÜR SOLDATEN UND POLIZISTEN!

DARF ICH MAL VORBEI? ICH MUSS IN VIERZIG MINUTEN AUSSTEIGEN.

...UND DAMALS, ALS ICH DIR DIE LEGO-RITTERBURG GEBRACHT HABE... UND DEN BATMAN-SCHLAFANZUG... UND...
SCHON GUT, ICH WILL DIE FAHRKARTE JA SCHON GAR NICHT MEHR SEHEN.

ICH HABE GELESEN, SEIT EINFÜHRUNG DES DEUTSCHLAND-TICKETS GIBT ES WENIGER VERKEHR AUF DEN STRAßEN.
DER STAU FÜHLT SICH GLEICH VIEL KÜRZER AN.

ICH HABE ANGST VOR VIREN UND BAKTERIEN, DESHALB FASSE ICH NICHT GERN DIE HALTESTANGEN AN.
WEICHEI!
FEIGLING!
LUSCHE!

ZU HAUSE WERDE ICH ERST MAL DUSCHEN.

WAS DENN? NOCH NIE ZUGVÖGEL GESEHEN ODER WAS?
DB

Tür unbenutzbar
Door not in use
Porte inutilisable
Porta non utilizzabile

Nachrichten aus der Betriebszentrale:

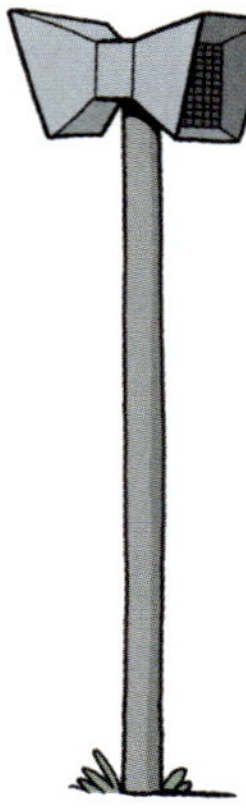

**Lehdies end Tschennelmen, Miguel Fernandez speaking.
Es ist der Bahnsinn!**

Geschlagene neun Jahre habe ich Bahnsinns-Cartoons gezeichnet, drei kleinere Bücher und acht Kalender sind entstanden. In diesem Sammelband zeige ich Cartoons, die bisher noch nicht in den Büchern erschienen sind sowie meine Lieblingscartoons der Serie. Auf den folgenden Seiten beantworte ich die schönsten Fragen meiner Follower aus den sozialen Netzwerken und plaudere aus dem Nähkäst… äh… Köfferchen.

Nadine Dine McGyver:

Warum die Bahn? Fährst du so oft?

Irgendwann 2013 war ich mit meinem Verleger verabredet, um ihm neue Buchideen vorzustellen. So richtig zufrieden war ich noch nicht, als ich in den Zug stieg. Moment mal … Zug … Bahn … Pendler …? Da hatte ich kurz vor Oldenburg plötzlich das Thema, das offensichtlich viele Menschen anspricht und zu dem mir jede Menge einfiel. Schließlich war ich damals ein Viertel meines Lebens als Pendler unterwegs gewesen.

Silke Metz fragt:

1. oder 2. Klasse?

Als ich noch Pendler war, habe ich mir tatsächlich Monatskarten für die Erste Klasse gegönnt. Nicht aus Dekadenz, sondern weil ich Zugfahrten immer zum Arbeiten genutzt habe und es unmöglich ist, Cartoons zu skizzieren, wenn man dicht gedrängt inmitten einer Menschenmenge zwischen Klo- und Zugtür steht. Ein Ticket für die Erste Klasse kann man also als Investition sehen … und sogar das Finanzamt ist damit einverstanden.

Fredi Barth fragt:

Würdest du selber gern mal einen Zug fahren?

Um Himmels willen! Das Größte, was ich in meinem Leben gefahren bin, war ein VW-Bus. Ich mag in Sachen Mobilität eher die kleinen Dinge des Lebens, darum liebe ich meinen Fiat 500.

Freddy Mehr-Curry fragt:

Ist es nicht seltsam für dich, dass du schon arbeitest, wenn du am Bahnhof stehst, um zu einem Termin zu fahren?

Ich sehe Bahnfahrten natürlich mit anderen Augen. Ich nehme viel wahr. Selbst wenn ich nur die anderen Fahrgäste beobachte, arbeite ich dann ja irgendwie. Das Komische ist, dass ich lange Jahre den Traum hatte, als Vollzeit-Cartoonist einmal nicht mehr täglich mit der Bahn fahren zu müssen. Dann war es irgendwann so weit und trotzdem blieb die tägliche Bahnfahrerei mein großes Thema.

Tom Siebenpfeiffer fragt:

Wie entstehen die Ideen für die Bahnsinn-Cartoons? Fährst du gezielt Bahn, um dich inspirieren zu lassen oder sind es eher zufällige Erlebnisse im Zug?

Natürlich kann man als kreativer Mensch nur etwas aus seinem Kopf rausholen, wenn man vorher etwas hineintut, aber es ist nicht etwa so, dass ich etwas im Zug erlebe und das genauso in einem Cartoon verarbeiten kann. Man nimmt eher die Szenerie, die Stimmung und die wiederkehrenden Gegebenheiten in sich auf, aus denen man dann Möglichkeiten für Gags herausarbeitet. Überspitzte Klischees, Übertreibungen und Absurditäten, so etwas macht Cartoons erst komisch. Aber manchmal sind die Dinge auch exakt so passiert, wie im Cartoon dargestellt. Z.B. der Lokführer, der sich ausschließt und nicht losfahren kann, das habe ich tatsächlich erlebt.

Thomas Kiefer fragt:

Hast du überhaupt eine Ahnung von der Eisenbahn? Kennst du den Unterschied zwischen Triebfahrzeug-/Lokführer und Zugführer? Weißt du, was ein Fahrdienstleiter macht?

Die ersten Cartoons habe ich zugegebenermaßen mit dem Halbwissen eines Fahrgastes gemacht, aber ich habe schnell gemerkt, dass das nicht ausreicht. Im Laufe der Zeit konnte ich mir durch Befragungen von Bahnangestellten (Danke, Stefan!), Recherche und berichtigende Kommentare auf Facebook nötiges Wissen aneignen, um keine sachlichen Fehler (mehr) zu machen. Um deine Frage zu beantworten: Ja, ich kenne inzwischen den Unterschied zwischen Lok- und Zugführer und weiß, was der Fahrdienstleiter tut.

Stefan O'Swald fragt:

Schafft die Bahn es, irgendwann keine Ideen mehr zu liefern?

Ideen-Nachschub gibt es bei so einem großen Thema zwar immer, aber man kann nun mal nicht unendlich viele Gags über Verspätungen oder Fahrkartenkontrollen machen. Und darum ist nach diesem Buch auch Schluss mit Bahnsinn. Das soll nicht heißen, dass nie wieder ein Pendler-Cartoon von mir kommt, aber das regelmäßige Befüllen von Themenkalendern beende ich lieber, bevor ich mich wiederhole. Man soll ja aufhören, wenn es am schönsten ist.

Dieser lange vorher entstandene Cartoon hatte 2020 seinen Platz im Pendlerkalender genau auf dem Höhepunkt der coronabedingten Klopapierkrise. Habe ich seherische Fähigkeiten?

Schiebende, verschwitzte und alkoholisierte Menschenmassen … Ist es der Moshpit auf einem Metal-Festival oder der Regionalexpress an einem sommerlichen Freitagnachmittag? Es gibt zumindest Parallelen …

Manche Cartoons funktionieren nur dadurch, dass sie eine Wunschvorstellung abbilden. Niemand mag Türblockierer!

Dieser Cartoon hätte vielleicht auch mit einem „Zug nach Osnabrück“ funktioniert … oder mit einem „Zug nach Nirgendwo“ … oder mit „einer kleinen Dick-Madame“.

Dieser Cartoon ist wie viele andere vor Corona entstanden. Damals ging so was noch als Witz durch

Ich gebe zu, dies ist ein ganz schlimmes Wortspiel, aber immerhin hat sich die Figur in diesem Cartoon nicht auch noch am SCHIENENbein verletzt.

Ja, es gibt sie, diese Leute, die am Ende der übervollen Rolltreppe stehen bleiben, um seelenruhig den Griff aus ihrem Rollkoffer zu ziehen und den Rucksack aufzusetzen, während Menschen hinter ihnen zu einem Knäuel werden oder unfreiwillig crowdsurfen.

Auch wenn es der Cartoon nicht vermuten lässt: Ich liebe Hannover! Ich liebe es aber eben auch, Klischees in Cartoons zu verarbeiten. Dieser Cartoon wurde bei seiner ersten Veröffentlichung auf Facebook so oft gemeldet, dass er vom Algorithmus entfernt wurde. Was ihre Stadt angeht, verstehen viele Hannoveraner offensichtlich keinen Spaß.

Als kleines Kind habe ich einmal im Fernsehen gesehen, dass der Alltag sehr grau und trist ist. Und weil ich damals dachte, der Alltag wäre ein bestimmter Tag im Jahr, so wie Allerheiligen oder Karfreitag, fragte ich mich, was das für verrückte Leute sein müssen, die freiwillig so einen trostlosen Feiertag begehen?

Fällt Ihnen an diesem Cartoon etwas auf? Die eigenen Erfahrungen dieser Art hat offenbar jeder Leser noch so deutlich vor Augen, dass noch nie einem aufgefallen ist, dass ich hier einfach vergessen habe, eine Bustür zu zeichnen.

Foto: Marcus Prell / Bild

Miguel Fernandez,

1974 in der Nähe von Hannover geboren, tauschte die Welt der Steuerberatung gegen ein Kommunikationsdesign-Studium ein, das er 2005 erfolgreich beendete. Seitdem hat er den schönsten Beruf der Welt und ist freiberuflicher Cartoonist und Illustrator.
Seine Serie „Gegen den Strich" erscheint in Zeitschriften und Magazinen, bei Lappan hat er zahlreiche Bücher veröffentlicht. Miguel Fernandez lebt und arbeitet in Hagenburg am Steinhuder Meer.
www.gegen-den-strich.com

1. Auflage 2024

– veränderte Neuausgabe –

ISBN 978-3-8303-6446-7

Cartoons und Texte: Miguel Fernandez
Vorwort: Jan Zerbst
Redaktion: Antje Haubner
Herstellung und Covergestaltung: Ralf Wagner

FOLGT UNS! facebook.com/lappanverlag
Instagram.com/lappanverlag
www.lappan.de
www.lappankalender.de